Das Briefwerk Uwe Johnsons

Jasmin Rittler

Das Briefwerk Uwe Johnsons

Bibliografische Information der Deutschen Nationalbibliothek
Die Deutsche Nationalbibliothek verzeichnet diese Publikation in der Deutschen Nationalbibliografie; detaillierte bibliografische Daten sind im Internet über http://dnb.d-nb.de abrufbar.

Zugl.: Rostock, Univ., Diss., 2016

Umschlagabbildung:
Foto: Paul Swiridoff; Copyright by Archiv/Museum Würth, Künzelsau.

28
ISBN 978-3-631-67738-4 (Print)
E-ISBN 978-3-653-07252-5 (E-PDF)
E-ISBN 978-3-631-70063-1 (EPUB)
E-ISBN 978-3-631-70064-8 (MOBI)
DOI 10.3726/978-3-653-07252-5

PL Academic Research ist ein Imprint der Peter Lang GmbH.

Peter Lang – Frankfurt am Main · Bern · Bruxelles · New York · Oxford · Warszawa · Wien

Diese Publikation wurde begutachtet.

www.peterlang.com

Gewidmet meinem Sohn, „dem kleinen Professor“

Inhaltsverzeichnis

Wäre gern ordentlich gewesen, unbeeinflusst von Biographie und Vergangenheit, mit richtigem Leben, in einer richtigen Zeit, mit den richtigen Leuten, zu einem richtigen Zweck. Ich kenne die Vorschriften.

(Uwe Johnson *Jahrestage*)

1. Einleitung

In den letzten Jahren haben sich zahlreiche Veränderungen und Fortschritte in der Uwe-Johnson-Forschung ergeben. Das Johnson-Archiv ist im Jahr 2009 von seinem ursprünglichen Standort in Frankfurt am Main nach Marbach am Neckar umgezogen und war dort zwischenzeitlich untergebracht.[1] Die Uwe Johnson-Gesellschaft mit Sitz in Rostock wurde am 26. Februar 2010 ins Leben gerufen. Der Unternehmer Dr. Ulrich Fries übernahm im Jahr 2012 das Uwe Johnson-Archiv von der Suhrkamp-Stiftung und brachte es in eine Stiftung ein. Seit Oktober 2012 befindet sich das Archiv in seinen neuen Räumlichkeiten der Universitätsbibliothek Rostock und wird nun sowohl der Universität Rostock als auch der Uwe Johnson-Gesellschaft für wissenschaftliche Forschungsprojekte und Erschließungsarbeiten zur Verfügung gestellt.[2] Zahlreiche Neuerscheinungen haben zudem die Forschungsliteratur bereichert: So ist im Jahr 2009 der Briefwechsel zwischen Uwe Johnson und Hans Magnus Enzensberger erschienen, und Katja Leuchtenberger brachte im Dezember 2010 eine neue Johnson-Biografie auf den Markt. Es folgten die Publikation des 16. Johnson-Jahrbuches im Februar 2011 sowie die im März 2011, im Dezember 2011, im November 2012 und 2013 herausgegebenen Johnson-Jahrbücher der Uwe Johnson-Gesellschaft. Auch Johnsons Bedeutung im Kontext der DDR-Geschichte wird zum einen durch Beiträge des Uwe Johnson-Symposiums Klütz mit dem Titel *Uwe Johnson und die DDR-Literatur*, zum anderen durch den von Burkhart Veigel herausgegebenen Band *Ich wollte keine Frage ausgelassen haben. Gespräche mit Fluchthelfern* beleuchtet. Der erstgenannte Band setzt sich primär mit Johnsons Bezug zur DDR-Literatur auseinander und versucht zu klären, ob Johnson aus heutiger Sicht als *ostdeutscher Autor*[3] verstanden wird und wie sich

---

1 Das Johnson-Archiv wurde von mir im Jahr 2010 besucht, daher stammen auch alle neu gewonnenen Briefmaterialien ursprünglich aus der Handschriftenabteilung des Deutschen Literaturarchivs in Marbach, was in den nachfolgenden Ausführungen mit den Siglen DLA-Marbach abgekürzt wird. Die Signaturen für die jeweiligen Schriftstücke, die des Weiteren mit Uwe Johnson-Archiv Rostock, UJA/H/ [Nr., Bl.] versehen sind, stammen jedoch nachträglich, aufgrund des Umzuges des Archivs im Jahr 2012 vom Deutschen Literaturarchiv in Marbach nach Rostock, aus dem sich aktuell befindlichen Uwe Johnson- Archiv in Rostock (Depositum der Johannes und Annita Fries Stiftung).

2 Vgl. http://www.uwe-johnson-gesellschaft.de/de/home/138-loi; Stand: 04.10.2012.

3 Hagestedt, Lutz; Hofmann, Michael: Das Gespräch mit Uwe Johnson hat es immer gegeben. Vorwort der Herausgeber. In: Uwe Johnson und die DDR-Literatur. Beiträge des Uwe Johnson-Symposiums Klütz. Dies. (Hg.). München 2011. S. 16.

dies auf die Bedeutung seiner Person und seiner Werke nach dem Scheitern des DDR-Systems auswirkt.[4] Die von Veigel herausgegebenen Interviews Johnsons mit den Fluchthelfern der Girrmann-Gruppe entstanden aus der Absicht Johnsons heraus, ein Buchprojekt zu diesem Thema umzusetzen, was letztlich nicht umgesetzt wurde. Die Interviews wurden auf Tonband aufgenommen und nun erstmals in Buchform herausgegeben. Veigel liefert in seinem Nachwort Gründe für Johnsons nachdrückliche und nahezu skeptische Interviewführung und gelangt letztlich zu dem Schluss, dass Johnson nicht an die Existenz von Menschen mit *echte[m] Altruismus*[5] geglaubt habe. Dieses Beispiel zeigt deutlich, dass die Beschäftigung mit Johnsons Biografie sowie die Analyse seiner sozialen Beziehungen häufig Raum für Vermutungen schaffen, was schlicht an Johnsons Verschwiegenheit liegt.

Seit das Uwe Johnson-Archiv sowie die Uwe Johnson-Gesellschaft ihren Sitz in Rostock haben, hat die Forschungsintensität zugenommen. Im Rahmen der vorliegenden Arbeit soll ebenfalls ein Beitrag zu den fortschreitenden Prozessen in der Uwe-Johnson-Forschung geleistet werden. Da bisher lediglich Rezensionen und wissenschaftliche Diskussionsbeiträge zu den Briefwechseln Uwe Johnsons vorliegen,[6] sollen Johnsons Briefe nun in einer Monografie behandelt werden mit dem Schwerpunkt darauf, seine brieflich gepflegten Beziehungen zu untersuchen, vor allem um den Raum des Spekulativen einzugrenzen. Des Weiteren versucht diese Arbeit mehrere Forschungsrichtungen miteinander zu verflechten, denn die Briefe liefern wertvolle Erkenntnisse, die auch für andere Fachrichtungen, wie beispielsweise die Psychologie, Soziologie, Geschichte und Politik, interessant sein könnten. Die johnsonschen Briefe stellen eine historische Quelle in Bezug auf die DDR-Politik dar, sie liefern Kenntnisse über den durch das politische System beschränkten Literaturbetrieb. Sie zeigen einen Autor, der aus psychologischer Sicht aufgrund seines zwanghaften Vorgehens bei der Arbeit, seines Bagatellisierungsverhaltens und durch seine Trinkgewohnheiten psychopathologisch auffällig ist, und sie spiegeln das Sozialverhalten einer speziellen Literatengruppe wider. Die literaturwissenschaftliche Analyse greift bei der Auseinandersetzung mit Johnsons Briefwerk auch die Beschäftigung mit der von Michel Foucault geprägten Begrifflichkeit der *Autorfunktion*[7] auf, wobei hier primär die neueren literaturwissenschaftlichen Strömungen eine Rolle spielen: Konkret ist im Rah-

4 Vgl. ebd. S. 15 f.

5 Johnson, Uwe: Ich wollte keine Frage ausgelassen haben. Gespräche mit Fluchthelfern. Hrsg. v. Burkhart Veigel. Berlin 2010. S. 243.

6 Zur Forschungsliteratur und den Briefwechseln Johnsons siehe Kapitel 2.2, 2.3 und 8.1.

7 Foucault, Michel: Was ist ein Autor? In: Texte zur Theorie der Autorschaft. Hrsg. v. Fotis, Jannidis; Gerhard, Lauer; Matias, Martinez; Simone Winko. Stuttgart 2000. S. 199.

men der Untersuchung ein Bezug zu Dirk Niefangers Thesen hergestellt worden, der nach dem realen Autor und dessen Selbstinszenierung fragt.[8]

Es ist nicht einfach den vorliegenden Forschungsbeitrag einer eindeutigen Forschungsmethode zuzuschreiben, da eben mehrere Forschungsrichtungen als auch Methoden bei der Untersuchung zum Tragen gekommen sind. Da die Arbeit ein umfangreiches Untersuchungsspektrum liefert, wobei primär literarische und historische Aspekte dargeboten werden, ist die Arbeit am ehesten im Kontext der Verflechtungsgeschichte einzuordnen.[9] Johnson, der sich selbst nicht mit der Formel *Dichter beider Deutschland*[10] identifizierte, wird jedoch aus heutiger Betrachtung als ein Paradebeispiel für die deutsch-deutsche Geschichte herangezogen.[11] Die Arbeit schafft durch die Perspektivenvielfalt ein komplexes Bild von Uwe Johnson als Briefeschreiber, was dazu einlädt, die Briefe anhand neuer Forschungsarbeiten aus fachlich benachbarten Betrachtungswinkeln heraus zu analysieren.

Hübsch wie schnell die Post geht, oder?,[12] mit dieser rhetorischen Frage beschließt Johnson am 11. Dezember 1962 seinen Brief an Siegfried Unseld. Die Vorzüge, die der schnelle Briefaustausch im 20. Jahrhundert zu bieten hatte, nutzte Johnson eifrig, um seine schriftliche Kommunikation voranzutreiben.[13] Es befanden sich zum Zeitpunkt der Untersuchung etwa 80 Kästen mit Briefmaterial im Uwe Johnson-Archiv,[14] die als Beweis für Johnsons umfängliches Korrespondenznetzwerk gelten. Johnsons überlieferter Briefverkehr setzt im Jahr 1952 ein und endet mit seinem Tod im Jahr 1984. In diesen 32 Jahren des Briefeschreibens hat sich Johnson eine eigene Briefkultur geschaffen. Historisch prägende Ereignisse wie der Zweite Weltkrieg und der Kalte Krieg[15] werden in seinen Briefen thematisiert und diskutiert, wie vor allem die Briefkorrespondenzen mit Hannah Arendt, Manfred Bierwisch, Hans

---

8 Vgl. Hoffmann, Thorsten; Langer, Daniela: Autor. In: Handbuch Literaturwissenschaft. Gegenstände und Grundbegriffe. Hrsg. v. Thomas Anz. Stuttgart 2013. S. 137.

9 Vgl. Brunner, Detlev; Grashoff, Udo; Kötzing, Andreas: Asymmetrisch verflochten? Einleitung. In: Asymmetrisch verflochten? Neue Forschungen zur gesamtdeutschen Nachkriegsgeschichte. Hrsg. v. Peter, Brunner; Udo, Grashoff; Andreas, Kötzing. Berlin 2013. S. 11–21.

10 UJB. S. 411

11 Vgl. Brenner, Peter J.: Neue deutsche Literaturgeschichte. Berlin, New York 2011. S. 299, 316 f.

12 UJB. S. 248.

13 Siehe Kapitel 2.1 Johnsons Briefwerk im Kontext der Briefkultur des 20. Jahrhunderts.

14 Informationen stammen aus dem DLA-Marbach.

15 Siehe Kapitel 2.1 Johnsons Briefwerk im Kontext der Briefkultur des 20. Jahrhunderts und Kapitel 2.5.2 Das verletzte Briefgeheimnis und seine Folgen.

Magnus Enzensberger und Siegfried Unseld belegen. Doch neben der brieflichen Darstellungsweise der aktuellen politischen Situation zeichnet sich Johnsons Konstrukt seines persönlichen Erlebens ab. Letzteres meint vor allem auch Johnsons Inszenierung seines eigenen Selbstbildes. Um dieses bestimmte Bild von sich und seiner Umwelt kreieren zu können, arrangierte er die Darstellung seiner Biografie, seines literarischen Schaffens und seine sozialen Beziehungen.

Natürlich ist bei einem Schriftsteller zu berücksichtigen, dass die Darstellung seines Lebens, seiner Werke und seiner Mitteilungen Inszenierungscharakter aufweisen können, denn der Literat ist sich seiner öffentlichen Position meist bewusst. Overlack vergleicht den Dichterbrief mit einer *kleine[n] Bühne,*[16] auf der die Beteiligten ihre Stücke selbst inszenieren. Wie der Adressat reagiert, das heißt also, ob er die Darstellungsweise des Senders mitträgt oder nicht, sagt etwas über das Verhältnis der beteiligten Briefpartner zueinander aus. Dies wird beispielsweise an Johnsons brieflichen Schilderungen seines Herzinfarktes deutlich. Seine Bagatellisierungsversuche rufen unterschiedliche Reaktion hervor. Arendt lehnt Johnsons Darstellung strikt ab und fordert ernst zu nehmende Auskünfte,[17] während Kempowski sich brieflich gar nicht äußert.[18] Kritiker könnten die unterschiedlichen Mitteilungszeitpunkte als Ursache für die ungleichen Reaktionen anführen, was allerdings keine hinreichende Erklärung für Johnsons unterschiedliche Darstellungsweisen liefern würde, da primär die verschiedenen Beziehungsqualitäten für die jeweiligen Briefreaktionen verantwortlich zu machen sind.

Wie bereits erwähnt, ist sich der Literat seiner Rolle im Brief bewusst. Er weiß, dass der Leser, und damit ist nicht nur der eigentliche Adressat, sondern ein lesendes Publikum gemeint,[19] von ihm literarisches Agieren in den Briefen erwartet. Der Literat weiß außerdem, dass seine Briefe von der Nachwelt gelesen werden können, vor allem weil der Brief oft eine, laut Täubrich, *modifizierte Form des Voyeurismus [ist], der die Verkaufszahlen jedes neu veröffentlichten Briefwechsels bekannter historischer Persönlichkeiten in die Höhe schnellen läßt.*[20] Es sei der *un-*

16 Overlack, Anne: Was geschieht im Brief? Strukturen der Briefkommunikation bei Else Lasker-Schüler und Hugo von Hofmannsthal. Tübingen 1993. S. 18.

17 Vgl. AJB. S. 157.

18 Vgl. KLB. S. 77 f.

19 Oft stand schon zum Zeitpunkt des Briefeschreibens fest, dass die Briefe später veröffentlicht werden sollten. Deshalb sind in den Briefen fiktive Selbstdarstellungen und Illusionen zu erwarten, was es auch in der vorliegenden Arbeit aufzudecken gilt.

20 Täubrich, Hans-Christian: Wissen ist Macht. Der heimliche Griff nach Brief und Siegel. In: Der Brief. Eine Kulturgeschichte der schriftlichen Kommunikation. Hrsg. v. Klaus Beyrer und Hans-Christian Täubrich. Heidelberg 1997. S. 46.

mittelbare Zugang zum Leben und Empfinden anderer Menschen,[21] der ein derartiges Verhalten auslöse. Um die Neugier und die Neigung des Menschen, sich für private Belange anderer zu interessieren, wusste Johnson.

Inwieweit er beabsichtigte, seine Briefkorrespondenzen zu publizieren, soll an einem Briefauszug mit Martin Walser verdeutlicht werden.[22] Dort schreibt Johnson, dass sich eine Publikation zumindest für die Nachfahren lohnen würde. Es finden sich aber in den Briefkorrespondenzen vereinzelt Ausschnitte, in denen Johnson fordert, der Briefpartner solle seine Briefe vernichten,[23] andererseits thematisiert er aber beispielsweise mit Unseld, wie ein veröffentlichter Briefwechsel gestaltet sein könnte.[24] Da Johnson bereits mit 49 Jahren verstarb, ist es nicht möglich zu eruieren, ob und in welchem Umfang Johnson beabsichtigte, seine Korrespondenzen zu veröffentlichen, deshalb werden lediglich Tendenzen präsentiert, die Johnsons Einstellung zur Briefpublikation wiedergeben.

Teilweise verfasste Johnson Briefe mit der Absicht, sie später einmal zu publizieren, weshalb die Briefe Johnsons hinsichtlich der Gestaltung und der Inhalte kritisch zu beurteilen sind: Es gilt zu beachten, dass Johnson seine Briefe bis ins kleinste Detail penibel plante und dass die Adressaten, die überwiegend Literaten, Künstler und Akademiker waren, sich selbst ebenfalls in Szene zu setzten wussten. Um den ‚tatsächlichen' Gehalt solcher Briefe erfassen zu können, werden bei der Analyse der Briefe folgende grundsätzliche Fragestellungen berücksichtigt: Welche Perspektive möchte der Schreiber den Leser einnehmen lassen und was soll dadurch betont und hervorgehoben und was im Verborgenem bleiben beziehungsweise was soll verschleiert werden? Warum wird eine bestimmte Situation genauso geschildert und nicht anders? Inwiefern sind die dargestellten Gefühle und Berichte eines Schreibers authentisch? Um diese Fragen hinreichend beantworten zu können, muss zuerst erschlossen werden, welcher ‚brieflichen Standards' sich der Literat bedient. Also etwa, welche Briefmaterialien er überwiegend verwendet, welche Begrüßungs- und Abschiedsformen er wählt, wie er prinzipiell von Ereignissen und persönlichen Erlebnissen berichtet und natürlich, mit welchen Menschen er verkehrt. Erst durch die Gewinnung solcher Fakten können Abweichungen erkannt und Besonderheiten erschlossen werden.

Die leitende Fragestellung bei der Analyse von Johnsons Briefwerk lautet daher: Was können die Briefe über Johnson aussagen beziehungsweise welches Bild kann von Johnson als Briefeschreiber gewonnen werden? Gegenstand der

---

21 Ebd. S. 46.

22 Siehe Kapitel 2.5.3 Der Brief als Ausdruck von *Lebensweise* und *Literaturproduktion*.

23 Vgl. KÖJB. S. 466.

24 Vgl. UJB. S. 59, 478.

Untersuchung sind die bislang veröffentlichten Briefkorrespondenzen von Uwe Johnson mit Siegfried Unseld, Hans Magnus Enzensberger, Günter und Anna Grass, Max Frisch, Fritz J. Raddatz, Hannah Arendt, Walter Kempowski sowie der nicht in einer eigenen Edition erschienene Briefwechsel mit Lotte Köhler.[25] Auch die Korrespondenz mit Jochen Ziem wird in die Analysen eingehen, allerdings aufgrund der fehlenden Adressaten-Schriftstücke nicht gesondert betrachtet. Des Weiteren werden bislang unveröffentlichte Briefe von Manfred Bierwisch, Martin Walser und Günther F. Seelig mit in die Untersuchungen einfließen. Das hier behandelte Material besteht insgesamt aus 1308 Briefen sowie mehreren Grafiken und neuem Fotomaterial.

Um einen ersten Zugang zu den johnsonschen Briefen zu erhalten, wird zunächst das Briefmaterial an sich untersucht, denn oft sind es eben nicht nur die tatsächlich niedergeschriebenen Worte und Inhalte, die den ‚wahren' Kern einer Mitteilung an die Oberfläche transportieren. Zum Beispiel lässt sich an einem Brief, der auf zerknittertem Papier geschrieben wurde und zahlreiche Fehler enthält, erkennen, dass der Schreiber bestenfalls in Eile war oder er sein Gegenüber nicht genügend wertgeschätzt hat. Bei Johnson entstehen diese Tippfehler, für die er sich auch zumeist entschuldigt, wenn er entweder eine neue Schreibmaschine benutzt[26] oder seine Schreibmaschine technische Defekte aufweist.[27] Ein Brief hingegen, verfasst auf hochwertigem Papier und womöglich noch mit Siegel oder einem speziellen Briefkopf geziert, zollt dem Adressaten Respekt und stellt den Absender als ehrenwert und den Anlass als wichtig heraus. Dies gilt auch für Johnson, der stets auf hochwertiges Briefpapier achtete.[28] Bei Frisch gelingt es ihm einmal nicht, und er schreibt: *bitte, verzeihen Sie mir solche Sorte Papier […] es sind Umstände einer Vorlese-Reise […].*[29]

Das Erscheinungsbild eines Briefes sagt somit auch immer einiges über den Schreiber selbst aus: Ist er chaotisch, schlampig, gewissenhaft, romantisch, verträumt, sachlich oder überaus korrekt? All dies lässt sich an seiner Briefgestaltung erkennen – daran, welches Briefpapier verwendet, ob der Brief handgeschrieben oder maschinell erstellt wurde und wie schnell Antwortbriefe versendet wurden.[30]

25 Siehe Kapitel 3 Die Briefpartner.
26 Vgl. UJB. S. 937.
27 Vgl. UJB. S. 793, 1041; FJB. S. 117; AJB. S. 63.
28 Siehe Kapitel 2.4 Material.
29 FJB. S. 35.
30 Vgl. Woesler, Winfried: Der Brief als Dokument. S. 41–45.

Im Rahmen der Untersuchung soll deshalb zuerst das Offensichtliche ermittelt werden: Welches Papier, welche Tinte und welcher Schreibmaschinentyp wurde von Johnson verwendet, um dann im nächsten Schritt durch dessen Analyse zu den nicht sofort offensichtlichen Informationen zu gelangen. Die Beobachtung, dass Johnson beispielsweise anfänglich per Hand mit schwarzer Tinte auf Leinenpapier schreibt und später mit der Schreibmaschine auf Verlagspapier tippt, legt offen, dass es zwischenzeitlich eine Veränderung in Johnsons Lebensweise gegeben haben muss. Hier fallen gleich mehrere Aspekte zusammen, etwa dass Johnson vom Studenten zum Schriftsteller wurde, der durch seine Verbindungen zum Suhrkamp-Verlag nun auch Zugang zu qualitativ hochwertigem Papier hatte, dass er sich das handschriftliche Schreiben nur noch für Postkarten vorbehielt, zum einen weil er wegen seiner Handschrift getadelt wurde, zum anderen weil er durch seine Frau Elisabeth in den Besitz einer Schreibmaschine gekommen war – dies sagt im Übrigen auch etwas über das frühe Beziehungsstadium der Eheleute aus. Die Wahl von stets gutem Briefpapier zeigt, welchen Stellenwert das Briefeschreiben für Johnson hatte. Anhand der verschiedenen Schreibmaschinentypen und der verwendeten Briefformate lassen sich Johnsons Reiselust und seine Auslandsaufenthalte erkennen. Auch das Verwahren der Durchschläge in eigens angelegten Ordnern lässt auf Johnsons Persönlichkeitsstruktur und auf Ängste, die sich durch ein starkes Kontroll- und Sicherheitsbedürfnis äußerten, schließen. Es wird bereits an dieser Stelle deutlich, wie tief diese zum Teil trivial wirkenden Aspekte des Briefes mit Johnsons Gefühlsleben, seinen persönlichen Wahrnehmungen und Anschauungen verwoben sind.

In einem weiteren Analyseschritt wird anhand verschiedener Aspekte versucht zu ermessen, welchen Zweck die Briefe für Johnson erfüllen und welches Bild er von sich selbst in den Briefen zeichnet. Hierzu wird zunächst die Anzahl der Briefe, die Johnson zu Lebzeiten verfasste, ermittelt, um Aussagen über sein Kommunikationsverhalten treffen zu können, wie beispielsweise ob er ein eifriger oder mäßiger Briefeschreiber war. Auch die Beobachtung, mit wem und wie lange Johnson brieflichen Kontakt hielt, liefert Auskünfte zu seiner Person. Es ist, wie bereits erwähnt, auffallend, dass Johnson scheinbar nicht ohne Grund mit zahlreichen Künstlern und Literaten im Kontakt stand, zumal seine Briefaktivitäten besonders ausgeprägt sind, wenn er an einem literarischen Werk arbeitete beziehungsweise wenn eines seiner Werke erschienen war.[31] Viele Briefkontakte Johnsons hielten über mehrere Jahrzehnte an, was deutlich macht, dass Johnson an verlässlichen und dauerhaften Bindungen interessiert war. Da zudem seine Briefpartner überwiegend männlichen

31 Siehe Kapitel 2.2 Versuch einer Bestandsaufnahme.

Geschlechts sind, nehmen die Korrespondenzen mit Frauen eine Sonderstellung ein, die sich auch in Johnsons Briefgestaltung deutlich abzeichnet.[32] Eine weitere Besonderheit der Briefgestaltung zeigt sich, wenn Johnson mit älteren Personen im schriftlichen Kontakt steht wie beispielsweise mit Max Frisch oder Hannah Arendt.[33] Die Untersuchung des sozialen Netzwerkes belegt, dass Johnsons Korrespondenzen stets übergeordnete Zwecke zu erfüllen haben. Dazu zählt vor allem Johnsons Kreierung eines sich selbst auferlegten Images wie zum Beispiel das des literaturverständigen Kritikers und des politisch versierten Bürgers, der sich für seine ‚Heimaten' engagiert.[34] Die Schaffung einer selbst gewählten und für die Öffentlichkeit brauchbaren Dichterbiografie scheint eines seiner wichtigen Ziele bei der Verfassung seiner Briefe gewesen zu sein. Dabei versucht Johnson, persönliche und vertrauliche Komponenten durch verschiedene Strategien zu kontrollieren, um so ein Bild von sich zu schaffen, das einen skandalfreien, moralisch korrekten und sprachgewandten Autor zeigt. Des Weiteren dienten die Briefe zur Inspiration, was vor allem in den *Jahrestagen* zum Tragen kommt, denn Johnson verwendet dort Briefinhalte zur Gestaltung der entsprechenden Einträge.[35] Teilweise wurden die Briefe, um eine finanzielle Einnahmequelle zu schaffen, verfasst, wie aus manchen Briefkorrespondenzen hervorgeht.[36]

Aufgrund des hohen Stellenwertes, den die Briefe in Johnsons Leben aus verschiedensten Gründen einnahmen, wird Johnsons Umgang mit dem Medium Brief untersucht, um dabei zu klären, wie beispielsweise Johnson seine Post bearbeitete und welche Kriterien ihm beim Briefeschreiben wichtig waren.[37] Die Beleuchtung dieser Aspekte könnte das Bild von Johnson, der sich in der Diskrepanz befand, einerseits ein Briefeschreiber aus Leidenschaft zu sein und andererseits ein Dichter, der Briefe hauptsächlich im Bewusstsein der öffentlichen Zurschaustellung verfasste, erweitern und präzisieren.

---

32 Siehe Kapitel 3.3.3 Korrespondenz mit Anna Grass, Kapitel 3.6 Briefwechsel mit Hannah Arendt und Kapitel 3.8 Briefwechsel mit Lotte Köhler.

33 Siehe Kapitel 3.4 Briefwechsel mit Max Frisch und Kapitel 3.6 Briefwechsel mit Hannah Arendt.

34 Hier wird von ‚Heimaten' gesprochen, da Johnson sowohl in der DDR, in der BRD, in den USA und in England lebte. Während all dieser Lebensstationen interessierte sich Johnson für die jeweilige Politik und versuchte unter anderem, globale Zusammenhänge herzustellen und zu thematisieren.

35 Siehe hierzu die gleichnamigen Kapitel Verknüpfung zwischen Brief und Werk (3.1.5, 3.2.4, 3.3.5, 3.4.3, 3.5.4, 3.6.3, 3.7.3, 3.9.2, 3.10.2).

36 Siehe Kapitel 2.5.3 Der Brief als Ausdruck von *Lebensweise* und *Literaturproduktion.*

37 Siehe ebd.

Nach Auswertung der ‚äußeren' Briefkriterien wird anhand der ausgewählten acht Briefwechsel nachgezeichnet, wie Johnson seine Beziehungen im Brief gestaltet und welche Strategien er dabei anwendet. Zunächst wird erneut von dem ‚Offensichtlichen' ausgegangen. Das beinhaltet unter anderem die Untersuchung der Briefformalitäten und ihrer Funktionalität. Unter den Begriff der Briefformalitäten fällt die Analyse der Rubriken ‚Ort und Datum', ‚Begrüßung' und ‚Abschied'.[38] Johnson schafft es durch seine kreative und individuelle Nutzung dieser banalen Formalitäten, seine emotionale Verbundenheit zum Briefpartner, unabhängig der Wertung (positiv vs. negativ), zum Ausdruck zu bringen. Oftmals sind hier Johnsons authentische Gefühle eingearbeitet, und er erreicht mit dieser spezifischen Schreibart, auf subtile Art und Weise, eine enorme Wirkung, die anhand der Antwortschreiben der Adressaten deutlich wird. Wer mit Johnson in Kontakt stand, musste ein feines Gespür für dessen Chiffrierungsversuche entwickeln, vor allem deshalb, weil Johnson wenig von sich preisgab, und wenn er dies tat, dann kontrolliert, wie die Auswahl und die systematische Abarbeitung immer wiederkehrender Themen im Brief sichtbar machen.[39] Es soll in diesem Zusammenhang auch herausgearbeitet werden, inwiefern Johnson, der in seinen brieflichen Mitteilungen sehr wohl auch klare Worte findet, hier den Brief als Medium für den Übergang von privaten Mitteilungen zum Werk nutzt.

Es ist gewissermaßen natürlich, dass Briefe versteckte Botschaften beinhalten, da der Brief im engeren Verständnis stets ein Geheimnis, das nur einer bestimmten Person beziehungsweise einem bestimmten Personenkreis offenbart werden soll, in sich birgt. Das Briefgeheimnis wird rechtlich seit 1949 durch das Grundgesetz mit dem Artikel 10 geschützt.[40] Trotz dieser Regelung wurde die Post sowohl in der BRD als auch in der DDR überwacht und das Briefgeheimnis gebrochen.[41] Täubrich stellt folgerichtig dar, dass es genau diese Art von Geheimnis selbst ist, die *[h]armlose Neugier, (An-) Teilnahme, Mitwissen-Wollen, Schnüffelei, Intrige, Spionage, Kontrolle [und] Zensur*[42] verursachen kann. Bezüglich Spionage und Kontrolle machte Johnson seine eigenen Erfahrungen: Er musste erleben, wie er durch das DDR-

38 Siehe Kapitel 2.5.4 Briefformalitäten und ihre Bedeutung.

39 Siehe Kapitel 2.5.5 Johnsons autobiografische Selbstinszenierung im Brief.

40 Vgl. Woesler, Winfried: Der Brief als Dokument. S. 50.
Vgl. Foschepoth, Josef: Postzensur und Telefonüberwachung in der Bundesrepublik Deutschland (1949–1968). In: ZfG Zeitschrift für Geschichtswissenschaft 57, 5/2009. S. 413.

41 Siehe Kapitel 2.5.1 Das Briefgeheimnis.

42 Täubrich, Hans-Christian: Wissen ist Macht. Der heimliche Griff nach Brief und Siegel. S. 46.

System eingeschränkt wurde, und ahnte, dass seine Briefe von der Stasi überwacht wurden. Wie Johnson zum Briefgeheimnis steht und wie er es zu schützen versucht, wird anhand seiner Testamentsentwürfe[43] und an den von der Stasi abgefangenen Briefen deutlich. Diese Briefe stellen zudem Johnsons politisches Agieren im DDR-System dar und zeichnen ein Stück Kulturgeschichte nach.[44]

Doch Johnsons Verdienst reicht weit über die bloße Darstellung der geschichtlichen Ereignisse in seinem Briefwerk hinaus, wie Fritz J. Raddatz in seinem Nachruf angesprochen hat:

> Da hat nun einer sich von uns wegbegeben, der nie wirklich >>da<< war, Teil von irgend jemandem schon gar nicht: ein Autor, dessen Prosakunst – das steht längst fest und ist ganz unumstößlich – die Literatur dieses Jahrhunderts prägte; eine eher peinliche Platitüde inzwischen, spätestens nach Vollendung dieser grandiosen Sondierung unser aller Versehrung, die *Jahrestage* heißt.[45]

Dieses Zitat rühmt einerseits Johnsons Leistungen, offenbart aber zugleich, wie Johnson von seinen Zeitgenossen, hier im Falle von Raddatz, eingeschätzt wurde. Johnsons verschwiegene und oft unnahbare Art wird von vielen seiner Briefpartner thematisiert, und der Wunsch nach Nähe und Vertraulichkeit wird in deren brieflichen Mitteilungen deutlich. Es wurde bereits angedeutet, dass diese Distanziertheit eine von Johnson eingesetzte Strategie ist, um einerseits sein Selbstbild entsprechend nach außen zu gestalten. Andererseits stellt dies eine Taktik dar, um den Briefpartner zu manipulieren. Um das erkennen zu können, stehen im ersten Analyseabschnitt die allgemeingültigen Aspekte zu Johnsons Briefwerk im Vordergrund. Es werden Johnson Briefbestand, das Material, die Briefgestaltung und die behandelten Themen, unter Berücksichtigung der politischen Zeitgeschehnisse, untersucht. Der zweite Schritt beinhaltet die Untersuchung von Johnsons Sozialkontakten hinsichtlich ihrer individuellen Beschaffenheit,[46] in der Annahme, dabei auf wichtige Strategien und Techniken zu stoßen, die Johnson in den Briefen anwendet, um seine Wirklichkeit darzustellen. Bei diesen Strategien und Techniken handelt es sich unter anderem um ‚Verschleierungsstrategien', einen bewusst eingesetzten ‚Nähe-Distanz-Wechsel' und um ‚kontrollierte Emotionalität', die Johnson primär zur Erreichung seiner Ziele einsetzt.

---

43 Siehe Kapitel 2.5.1 Das Briefgeheimnis.

44 Siehe Kapitel 2.5.2 Das verletzte Briefgeheimnis und seine Folgen und Kapitel 3.9 Briefkorrespondenz mit Manfred Bierwisch.

45 Raddatz, J. Fritz: Zwischen Zärtlichkeit und Rachestrahl. In: Johnson-Jahre. Zeugnisse aus sechs Jahrzehnten. Hrsg. v. Uwe Neumann. Frankfurt am Main 2007. S. 374.

46 Siehe Kapitel 3 Die Briefpartner.

Durch die hier sogenannte ‚Verschleierungsstrategie' bewirkt Johnson in seinen Briefen, dass er durch unpräzise Angaben, wie beispielsweise bei der Darstellung seines Herzinfarkts oder bei der Trennung von seiner Frau, den Briefpartner dazu verleitet, weitere Fragen zu stellen. Meist lässt er diese Nachfragen unbeantwortet oder erteilt bruchstückhaft Auskunft, was häufig dazu führt, dass Briefpartner mit Nachdruck Informationen von Johnson einfordern. Das Verschleiern führt häufig dazu, dass Johnson auf seine Briefpartner verschlossen, geheimnisvoll und unnahbar wirkt, was allerdings den Effekt hat, das Kommunikationsbestreben beim Adressaten zu steigern. Des Weiteren stellt er mit dieser Strategie sicher, dass seine Biografie nicht deutlich an die Oberfläche gelangt, denn er lässt durch die Fragen seiner Briefpartner Raum für Spekulationen. Er lässt sie vermuten, wie es ihm gehe, ohne dabei selbst etwas zu sagen. Als Hannah Arendt dieses Vorgehen einmal beim Namen nennt, freut sich Johnson über ihre Beobachtungsgabe, was wiederum ein Beweis für Johnsons taktisches Vorgehen beim Schreiben ist. Diese Methode bewirkt zudem, dass auch ein später lesendes Publikum sich kein eindeutiges Bild von Johnson erschließen kann, denn der zeitliche Abstand erschwert den Zugang zu den brieflichen Mitteilungen, zumal auch das Verständnis für Johnsons Persönlichkeit und dessen Handlungsweisen weiter in die Ferne rückt.

Der sogenannte ‚Nähe-Distanz-Wechsel' bewirkt, wie die ‚Verschleierungsstrategie', dass der Adressat verunsichert wird, denn einmal ist ihm Johnson so nahe und im nächsten Moment auch wieder nicht. Dieser Wechsel sorgt dafür, dass die Freundschaft nicht statisch bleibt, man sich umeinander bemühen muss, wobei meist Johnson ‚umworben' wird, da er sich häufig ungerecht behandelt fühlt und bei seinem Briefpartner Schuldgefühle auslöst. Es ist etwa zu beobachten, dass, immer wenn Johnson ein bestimmtes Anliegen bei seinem Gegenüber anbringen möchte, er Nähe suggerierende Bausteine in seine Briefe einfließen lässt wie Scherze, herzliche Anreden, Betonen von Gemeinsamkeiten und herzlichen Abschied. Dieser Wechsel an Emotionen führt auch dazu, dass die Personen, die Johnson um Rat fragt, vor allem nach einer Distanzphase, sich aufgrund der plötzlichen Zuwendung wichtig fühlen und ihre Meinung wertgeschätzt glauben und sich daher noch mehr engagieren, um Johnsons Bitte nachzukommen. Dieser Wechsel zeigt aber auch, wie schwer es für Johnson ist, Nähe und freundschaftliches Interesse zu ertragen, denn sobald ein brieflicher Austausch zu sehr in die emotionale Tiefe zu gleiten droht, zieht sich Johnson zurück. Dies tut er auch, wenn er sich in seiner emotionalen Ausdrucksweise missverstanden fühlt.

‚Kontrollierte Emotionalität' meint das Phänomen, dass Johnson seine eigenen Emotionen nur soweit mitteilt, wie er es für dienlich erachtet. Er ist in seinen Briefen darum bemüht, das der Situation angemessene Maß beim Ausdruck emotionaler Botschaften zu finden, was zum Beispiel daran zu erkennen ist, dass Johnson, wenn er einen emotionsgeladenen Brief verschicken möchte, vorab mehrere Entwürfe verfasst, bis er schließlich seine entsprechende Version gefunden hat. Diese Briefentwürfe wirken dann oft wie eine Art Ventil für Johnsons erste emotionale Reaktion, die sich von Entwurf zu Entwurf verändert und abschwächt. Auffallend ist, dass bei Johnson überwiegend zwei Emotionen vorherrschen, nämlich entweder Wut oder Melancholie. Die Strategie der ‚kontrollierten Emotionalität' meint aber auch, dass Johnson brieflich nicht auf emotional negative beziehungsweise problematische Ereignisse seiner Briefpartner reagiert. Grundsätzlich ist festzustellen, dass Johnson bemüht ist, Emotionalität gekonnt und dosiert in seinen Briefen einzusetzen. Dies kann in jedem der hier untersuchten Briefwechsel beobachtet werden, woraus sich auch die verschiedenen Abhängigkeitsgefälle der Briefpartner in der Analyse erkennen lassen.

Insgesamt betrachtet führt die Analyse der Briefkorrespondenzen zu der Erkenntnis, dass Johnsons Briefe äußerst konstruiert sind, zum einen was den Rahmen selbst, sprich die gewählten Formalitäten, zum anderen was die Gestaltung der emotionalen Belange betrifft. Des Weiteren wird Johnsons Kontrollbedürfnis durch verschiedene, seinen Briefen beigelegte Dokumente, wie zum Beispiel Kopien von Briefen, die er aus Sicherheitsgründen einer weiteren Person zukommen ließ, und auch diverse Zeitungsausschnitte, deutlich. Johnsons akribischer Umgang mit der Post, angefangen von der Abholung beim Postamt, der Sortierung der Briefe, der Beachtung einer Reihenfolge beim Verfassen der Antwortschreiben, der Einbeziehung seiner Ehefrau in den Briefverkehr sowie die Personifizierung seiner Schreibmaschine, um nur einige Punkte zu nennen, lassen erkennen, wie wichtig Johnson das Briefeschreiben war. Es sind die kleinen Details, die zeigen, was Johnson über das Briefeschreiben transportieren möchte. Es zeichnet sich ein vielseitiges Bild von Johnson, dem Briefeschreiber ab: Man findet in seinen Briefen einen weltoffenen, reiselustigen, charmanten, politisch und historisch geprägten Literaten wieder, der durch seine Wortgewandtheit und seine sprachkünstlerische Ausdrucksweise seine Briefpartner zu fesseln weiß. Er zeigt sich in seinen Briefen gern auch von der Seite des literarisch bewanderten, scharfen Kritikers, der mit analytischem Sachverstand die Werke anderer Schriftsteller rezensiert. Obwohl Johnson über seine Familie nur wenig Informationen offenbart, finden sich Mitteilungen, die Johnson als einen familienbetonten und treuen Menschen auszeichnen. Auch wenn die Briefe private und persönliche Inhalte aufweisen, sind sie doch eher zweckgebunden und dem Literaturbetrieb verschrieben.

Des Weiteren ist erkennbar, dass Johnsons Briefwerk aufgrund der hohen Literarizität, die die Briefe aufweisen, in Verbindung mit seinen Werken zu bringen ist. Es liegt die Vermutung nahe, dass Johnson seine Briefe gezielt verwendete, um seine Werke weiter voranzutreiben. Inwiefern dieser Prozess stattgefunden hat und wie er sich unter Umständen im Werk widerspiegelt, soll an Johnsons Werk *Jahrestage* und an der *Skizze eines Verunglückten* nachvollzogen werden. Die Darstellung dabei ist nicht auf Vollständigkeit angelegt. Es sollen nicht jeder einzelne Brief und nicht jeder Eintrag der *Jahrestage* dargestellt werden, sondern es werden lediglich die wichtigsten Aspekte herausgegriffen und ein Gesamteindruck vermittelt. Ziel der Arbeit ist es, Johnson als individuellen Briefeschreiber dargestellt, seine Strategien und Absichten erkennbar gemacht zu haben und die Antwort auf die Eingangsfrage, nämlich was sagen die Briefe über Johnson aus, gefunden zu haben.

Vielleicht bestätigt sich Raddatz' Eindruck, dass Johnson nie wirklich *da* war, auch in den Briefen, und die Untersuchung zeigt womöglich, dass man dort nur die bloße Hülle von Johnsons selbst geschaffenem Konstrukt vorfindet.

2. Johnson als Briefschreiber

2.1 Johnsons Briefwerk im Kontext der Briefkultur des 20. Jahrhunderts

Ein umfängliches Verständnis von Johnsons Briefwerk ist nur dann zu erlangen, wenn man Johnsons Briefe im briefgeschichtlichen Kontext des 20. Jahrhunderts näher betrachtet. Es sollen dabei Fragen geklärt werden wie: War Johnson ein eifriger Briefeschreiber für seine Zeit? Entsprechen seine Briefe den typischen Charakteristika der Briefschreibekunst des 20. Jahrhunderts? Und welche Besonderheiten weisen Johnsons Briefe für die damalige Zeit auf?

Zunächst wird jedoch auf die geschichtliche Entwicklung des Briefes und dessen gesellschaftliche Bedeutung eingegangen, um die wesentlichen Kennzeichen des Briefeschreibens im 20. Jahrhundert herauszustellen.

Die Bezeichnung *Brief* stammt aus dem 9. Jahrhundert und leitet sich von dem lateinischen Wort *brevis* ab, was übersetzt *kurz* bedeutet, da die Briefe ursprünglich nur kurze Mitteilungen waren.[47] Die Geschichte des Briefes beginnt bereits im Zeitalter des alten Ägypten, Babylons und Assyriens. Dort wurden die ältesten Briefüberlieferungen entdeckt, die auf Papyrus, Kalksteinscherben und Tontafeln niedergeschrieben waren.[48] Im klassischen Altertum gewann der Briefaustausch sichtlich an Relevanz und man unterschied bereits zwischen privaten, öffentlichen, amtlichen und literarischen Briefen. Die Briefsammlungen antiker Autoren, wie zum Beispiel von Ovid und Aristoteles, dienten bis ins 14. Jahrhundert als Vorbild und Grundlage für die Entwicklung der mittelalterlichen Briefkommunikation. Da die Briefe überwiegend in lateinischer Sprache verfasst waren, wurden sie hauptsächlich von Klerikern und wenigen Laien verstanden. Folglich wurde der Brief zu einer schriftlichen Kommunikationsform, die vor allem für den Gedanken- und Informationsaustausch zwischen Gelehrten der Klöster und der Universitäten stand.[49]

Es ist zum Teil Größen wie Hildegard von Bingen, Heinrich von Nördlingen und Martin Luther[50] zu verdanken, dass letztlich seit dem Spätmittelalter immer

---

47 Vgl. Kluge, Friedrich: Etymologisches Wörterbuch der Deutschen Sprache. Berlin, New York 1995. S. 135.

48 Vgl. Krauße, Erika: Der Brief als wissenschaftshistorische Quelle. In: Dies. (Hg.). Der Brief als wissenschaftshistorische Quelle. Berlin 2005. S. 2.

49 Vgl. ebd. S. 2 f.

50 Vgl. ebd. S. 3. Der Reformator Martin Luther engagierte sich dafür, dass Briefe deutschsprachig verfasst und somit der Bevölkerung zugänglich gemacht wurden.

mehr Briefe mit privaten Inhalten verschickt wurden.[51] Es setzte die Zeit der Boten ein, die anfänglich im Auftrag von Herrschern unterwegs waren, aber später auch für Klöster und Universitäten tätig wurden. Zu den Überbringern der Nachrichten gehörten Ritter, Soldaten, Emigranten, Pilger, Fahrende und Bettelmönche.[52] Mit zunehmendem Briefverkehr entwickelte sich eine Botenordnung, die heute als Vorläufer der modernen Post angesehen werden darf.[53]

Obwohl im 16./17. Jahrhundert europaweit, allerdings primär in Frankreich, zahlreiche private Briefe kursierten, etablierte sich der umgangssprachliche und intime Schreibstil in Deutschland noch nicht. Die meisten Briefe handelten von geschäftlichen Belangen. Die Wahrung der Formalitäten und Höflichkeitsfloskeln war stets oberstes Gebot. Der starre, sogenannte Kanzleistil wich erst im 17./18. Jahrhundert einem zierlich-höfischen Briefstil.[54] Die Entstehung des modernen Briefes geht mit der Briefreform Christian Fürchtegott Gellerts einher. Im Jahr 1751 veröffentlicht Gellert seine Abhandlungen, die den Leser anleiten sollen, wie ein guter Brief zu schreiben sei. Dort fordert er bereits, dass der Brief das Gespräch nachahmen und zum Ausdruck persönlicher Erfahrungen und Individualität werden soll.[55] Die damit verbundene Nähe des geschriebenen Wortes zur mündlichen Rede suggerierte den Eindruck von Natürlichkeit.[56]

Vom 18. bis zur Mitte des 19. Jahrhunderts erreichte die deutsche Briefkultur ihren Höhepunkt: Deutschland war zu dieser Zeit eine gesplittete Nation mit *kleinere[n] oder mittlere[n] Kulturzentren, wie Weimar, Jena, Heidelberg, München, Dresden, Göttingen etc.*[57] In diesem politisch und kulturell zerfallenen Deutschland war die Bevölkerung in den Provinzen ohne brieflichen Austausch von Isolation bedroht. Da auch die Reisebedingungen zur damaligen Zeit zu den so-

51 Vgl. ebd. S. 2 f.

52 Vgl. Beyrer, Klaus: Der alte Weg eines Briefes. Von der Botenpost zum Postboten. In: Der Brief. Eine Kulturgeschichte der schriftlichen Kommunikation. Hrsg. v. Klaus Beyrer und Hans-Christian Täubrich. Heidelberg 1996. S. 11 f.

53 Vgl. ebd. S. 12–27.

54 Vgl. Kording, Inka K.: „Wovon wir reden können, davon können wir auch schreiben". Briefsteller und Briefknigge. In: Der Brief. Eine Kulturgeschichte der schriftlichen Kommunikation. Hrsg. v. Klaus Beyrer und Hans-Christian Täubrich. Heidelberg 1996. S. 27–30.

55 Vgl. Gellert, Fürchtegott Christian: Gedanken von einem guten deutschen Brief. In: Christian Fürchtegott Gellerts sämtliche Schriften. Leipzig 1854. S. 548 f.

56 Vgl. Schlaffer, Hannelore: Glück und Ende des privaten Briefes. In: Der Brief. Eine Kulturgeschichte der schriftlichen Kommunikation. Hrsg. v. Klaus Beyrer und Hans-Christian Täubrich. Heidelberg 1996. S. 34 f.

57 Krauße, Erika: Der Brief als wissenschaftshistorische Quelle. S. 5.

genannten ‚Kulturzentren' erschwert waren, wurden Briefe hauptsächlich mit dem Zweck, ein wissenschaftliches Netzwerk zu errichten, verschickt. Häufig wurden Briefe mit gleichem Inhalt an mehrere Adressaten versandt (Rundbrief), oder die Briefe wurden in einem größeren Zirkel vorgelesen, um eine bestmögliche Wissensverbreitung zu gewährleisten. Die Zeit der Aufklärung begünstigte das Bedürfnis, sich geistig auszutauschen und die Wissenschaft voranzutreiben, was wiederum dazu führte, dass immer mehr Briefkorrespondenzen geführt wurden. Die gesellschaftlichen, politischen und wirtschaftlichen Entwicklungen, wie zum Beispiel die Industrialisierung und der damit verbundene Fortschritt der Technik, spiegelten sich in dem knappen und nüchternen Briefschreibstil wider, der unter anderem zum Kennzeichen des Briefstiles im 20. Jahrhundert wurde.[58]

Doch diese Art des Schreibens währte nicht auf Dauer, zumindest was den privaten Brief betraf. Die Briefe waren, wie Ebrecht äußert, *Krisensymptome und zugleich Selbstrettungsversuche einer individualisierten Subjektivität, die meist die Gefahr des Scheiterns in sich trug.*[59] Dieses von Krisen erschütterte Individuum, das versuchte, seine Probleme in Briefen zu bewältigen, vor allem nach den beiden verheerenden Weltkriegen, fand oft nur durch den brieflichen Austausch die Möglichkeit, die eigene Einsamkeit zu überwinden. Besonders Menschen, die während des Nationalsozialismus im Exil lebten,[60] nutzten die Briefkommunikation als Ersatz für persönliche Gespräche und als Ventil für ihre Emotionen. Im Kalten Krieg bestand die Möglichkeit, sich uneingeschränkt austauschen zu können, für die Bürger der DDR nur beschränkt, da sie durch die Postüberwachung eines wichtigen Kommunikationsmittels beraubt wurden.[61]

Ebrecht erläutert, dass die Briefpartner vor allem im 20. Jahrhundert mit Wunschbildern in ihren Briefen jonglierten, weshalb manche Briefwechsel wie trügerische Illusionen anmuten, ein Scheinbild zweier Menschen, die sich durch ihre idealisierten und fiktionalen Darstellungen oft Leid zufügten. Inwiefern dies

---

58 Vgl. ebd. S. 5 ff.

59 Ebrecht, Angelika: Brieftheoretische Perspektiven von 1850 bis ins 20. Jahrhundert. In: Brieftheorie des 18. Jahrhunderts. Texte, Kommentare, Essays. Hrsg. v. Angelika Ebrecht, Regina Nörtemann und Herta Schwarz. Stuttgart 1990. S. 244.

60 Auch wenn Johnson nicht im Exil lebte, so nutzte er die Briefkommunikation durchaus zur Verarbeitung von Kriegserfahrungen des Zweiten Weltkrieges, wie besonders in der Korrespondenz mit der jüdischen Gelehrten Hannah Arendt deutlich wird (vgl. 3.6.1, 3.6.2).

61 Vgl. Woesler, Winfried: Der Brief als Dokument. In: Kolloquium der Deutschen Forschungsgemeinschaft. Probleme der Brief-Edition. Hrsg. v. Wolfgang Frühwald, Hans-Joachim Mähl und Walter Müller-Seidel. Bonn, Bad Godesberg 1977. S. 50.

auf Johnson und seine Briefpartner zutrifft, wird in Kapitel 3 behandelt, es sei an dieser Stelle vorweggenommen, dass Johnson durch seine Verschwiegenheit und emotionale Kontrolliertheit manche Freundschaft auf die Probe stellte.

Johnsons briefliches Schweigen entspricht auch nicht den Charakteristika der Briefkultur im 20. Jahrhundert, als man versuchte, anhand der Briefe sich der eigenen Gefühlswelt mit allen Tiefen und Verstrickungen hinzugeben.[62] Adorno ist der Ansicht, dass die Ratio und die Technik, die eigentlich das Briefeschreiben hätten begünstigen müssen, da der Mensch einer individuellen und emotionalen Instanz bedurfte, zum Verschwinden des privaten Briefes führten.[63] Der private Brief mit seiner emotionsgeladenen Subjektivität gewann zwar durch die fortschreitende Technik an Bedeutung, wurde aber von anderen Medien, wie beispielsweise dem Telefon, verdrängt.

Das 20. Jahrhundert war kein Jahrhundert der Briefkommunikation, was schlichtweg an den neuen Medien lag. Doch dies gilt allerdings nicht für Uwe Johnson, denn dieser war ein fleißiger Briefeschreiber seiner Zeit (vgl. Kap. 2.2), und er ließ sich dabei auch nicht von einem Staatssystem, das jegliche Form von Kommunikation überwachte, einschüchtern. Johnson, der 1959 nach West-Berlin umzog, hielt trotz aller Widrigkeiten brieflichen Kontakt zu engen Freunden und Vertrauten in der DDR (vgl. Kap. 2.5.2, 3.9.1, 3.10.1). Hans Magnus Enzensberger schreibt Johnson am 11. November 1962 Folgendes:

> wie ich hoere soll berlin wieder einmal ein bundesland werden. Sollte es soweit kommen, dann solltest du dich nach einem anderen domizil umsehen, du waerst dann unbeliebt bei den oberhaeuptern beider stadtteile. ich brauche dir nicht eigens zu sagen: was in diesem brief und in allen anderen briefen und drucksachen steht ist *cosmic secret.* vive la trahison.[64]

Was politische Angelegenheiten betrifft, waren Johnson und seine Briefpartner nicht verschwiegen, wie unter anderem dieses Zitat belegt. Dass es eben kein ‚cosmic secret' gab, wie Enzensberger es bezeichnet, war Johnson stets bewusst. Da der Brief durch das mitlesende DDR-Staatssystem mit dem belastenden Aspekt des Verrats behaftet war, scheint Johnson in seinen Briefen so wenig Persönliches wie möglich von sich offenbart zu haben. Die Briefwechsel Johnsons

---

62 Vgl. Ebrecht, Angelika: Brieftheoretische Perspektiven von 1850 bis ins 20. Jahrhundert. S. 244–256.

63 Vgl. Adorno, Theodor W.: Nachwort. In: Walter Benjamin. Briefe. Hrsg. v. Gershom Scholem und Theodor W. Adorno. Frankfurt am Main 1966. S. 16 f.

64 Hans Magnus Enzensberger, Uwe Johnson: >>fuer Zwecke der brutalen Verstaendigung<<. Der Briefwechsel. Hrsg. v. Henning Marmulla und Claus Kröger. Frankfurt am Main 2009. S. 49 f. Der Briefwechsel wird des Weiteren mit den Siglen EJB abgekürzt.

erwecken häufig den Eindruck, eine Arbeitskorrespondenz zu sein, ein Netzwerk literarischen und politischen Austausches, der in einer Fülle privater, aber belangloser Inhalte verpackt ist. Über Johnson als Privatperson erfährt man wenig, es gibt viel Nichtgesagtes, das sich zwischen den Zeilen vermuten lässt.

Der Tätigkeit des Briefeschreibens im 20. Jahrhundert liegt, laut Ebrecht, meist ein Mangel zugrunde, der mittels eines Adressaten kompensiert werden sollte.[65] Oft steckte der Schreiber in einem Dilemma, da er sich meist in einer Form der Isolation befand, die nur durch den Briefadressaten aufgehoben werden konnte. Nicht selten ist der Brief daher ein Selbstentwurf - ein Entwurf, der zeigen sollte, wie man gerne gewesen wäre oder wie etwas hätte sein sollen. Die Funktion des Briefes im 20. Jahrhundert ist daher gekennzeichnet durch den *Konflikt zwischen Beziehungslosigkeit bzw. Individuation und dem Wunsch nach Gemeinschaft bzw. Allgemeinheit [...].*[66] Auch Johnsons Briefe weisen diesen *Konflikt* auf, vor allem ab dem Jahr 1976: Johnson trennte sich von seiner Ehefrau und hat ein Jahr zuvor einen Herzinfarkt erlitt, weshalb er sich zunehmend zurückzog (vgl. Kap. 2.2, Abb. 6). Johnson schreibt ab diesem Zeitpunkt nun wesentlich weniger Briefe und schafft es kaum noch, seine Isolation zu durchbrechen. Briefpartner wie Max Frisch und Walter Kempowski greifen Johnsons Einsamkeit in ihren Briefen auf (vgl. Kap. 2.5.5) und sind bemüht, Johnson aus seiner persönlichen Krise durch ihre schriftliche Anteilnahme herauszuholen, was letztlich jedoch nicht gelang. Johnson hält seine privaten Probleme nur ungern in Briefen fest und antwortet auf zu tiefgreifende emotionale Fragen seiner Briefpartner nicht. Johnson legt durch seine Reaktionen im Brief häufig fest, über welche Themen geschrieben werden darf und über welche nicht. Zudem hat er eine ganze Reihe an Themen parat, die er immer wieder auf ähnliche Weise bei seinen Briefpartnern anbringt (vgl. Kap. 2.5.5). Johnson nutzt von Anfang an die Briefe nicht nur, um Freundschaften zu pflegen oder Teil einer ‚Gemeinschaft' zu sein (beispielsweise Leipziger Freundeskreis, *Gruppe 47*, Suhrkamp-Autoren, etc.), sondern vor allem, um seine eigene Person entsprechend in Szene zu setzen (vgl. Kap. 2.5.3, Kap. 3). Doch Johnsons Selbstinszenierung beschränkt sich nicht nur auf seine brieflichen Mitteilungen: Die nachfolgenden Fotos (vgl. Abbildung 1 bis 5) zeigen Johnson bei Schreibarbeiten in seinem Atelier.

65 Vgl. Ebrecht, Angelika: Brieftheoretische Perspektiven von 1850 bis ins 20. Jahrhundert. S. 246.

66 Ebd. S. 246.

Abb. 1 Uwe Johnson am Schreibtisch im Jahr 1965.

Abb. 2 Uwe Johnson am Schreibtisch im Jahr 1965.

Abb. 3 Uwe Johnson an der Schreibmaschine im Jahr 1965.

Abb. 4 Uwe Johnson an der Schreibmaschine im Jahr 1965.

Abb. 5 Uwe Johnson an der Schreibmaschine im Jahr 1965.

Die Aufnahmen wurden im Jahr 1965 von dem Fotografen Paul Swiridoff gemacht und bilden Johnson zu einer Zeit ab, als dieser schon literarische und persönliche Höhepunkte in seinem Leben erreicht hatte: Im Jahr 1962 heiratete Johnson seine Frau Elisabeth, Tochter Katharina wurde geboren und Johnson hatte mit seinen Werken *Mutmassungen über Jakob* und *Das dritte Buch über Achim* Erfolge erzielt. 1964 verfasste er sein Werk *Zwei Ansichten*, das 1965 veröffentlicht wurde.[67] Auf den Fotos ist Johnson nun so zu sehen,

67 Vgl. Leuchtenberger, Katja: Uwe Johnson. Suhrkamp BasisBiographie 47. Berlin 2010. S. 31–39.

wie er es zum damaligen Zeitpunkt selbst arrangiert hat: Johnson trägt seine für ihn charakteristische schwarze Lederjacke, dazu ein schwarzes Hemd und eine schwarze, schmale Lederkrawatte. Auf dem Schreibtisch sind allerhand Utensilien zu erkennen, wie verschiedene Ledermäppchen, wobei eines davon mit Notizpapier ausgestattet ist. Des Weiteren ist an der Tischkante, hinter der gläsernen mit einem Teebeutel befüllten Tasse, ein kleines Gerät zu sehen. Dabei könnte es sich entweder um ein Diktiergerät oder um ein Radio, etwa so eines, wie er es Manfred Bierwisch einmal zukommen ließ (vgl. Kap. 3.9.1), handeln. Vorne am Tisch steht ein großer, runder und benutzter Aschenbecher, der dazu passende Deckel liegt daneben, so als ob Johnson gerade eben geraucht habe (vgl. Abbildung 3). Auf einigen Bildern ist Johnson stilvoll mit seiner Pfeife abgebildet und nicht mit Zigarette. Auf dem Tisch (vgl. Abbildung 5) sieht man neben der Pfeife eine große Schachtel, in der sich vermutlich Tabak oder Streichhölzer befunden haben. Johnson präsentiert sich auf den Bildern sowohl an der Schreibmaschine sitzend und tippend, als auch handschriftlich mit einem silbernen, schmalen Kugelschreiber und Pfeife im Mund Aufzeichnungen machend (vgl. Abbildung 4). Das Atelierfenster ist geöffnet, womöglich zwecks frischer Luft im Arbeitsraum oder vielleicht auch, um Geräusche von draußen hören zu können, die inspirieren oder zumindest das Gefühl der Abgeschiedenheit beim Schreiben nehmen.

Johnsons Briefe sind nur bedingt mit den charakteristischen Kennzeichen der Briefkultur des 20. Jahrhunderts in Einklang zu bringen: Johnson nutzte die Möglichkeit des Briefeschreibens weniger zum Austausch emotionalen Erlebens, sondern um seine Biografie und sein Image bewusst zu gestalten. Erst später dienen Johnson die Briefe auch dazu, um seine Isolation zu durchbrechen, allerdings verliert er abei nie die Kontrolle über seine Gefühle. Johnsons Mitteilungen stellen sich sprachlich präzise und nüchtern dar und sind weniger emotional aufgeladen, wie es beispielsweise bei Fritz J. Raddatz der Fall ist. Johnsons Briefe umgibt, obwohl sie überwiegend direkt und sachlich formuliert sind, der Esprit des Geheimnisvollen, da die Briefe den Eindruck erwecken, dass hinter dieser Nüchternheit und Kontrolliertheit etwas Ungesagtes mit hoher Relevanz steht. Johnson versuchte also nicht, wie es für die zeitgenössische Briefkultur üblich war, seine privaten Probleme und Krisen in Briefen zu bewältigen, sondern sie eher zu verbergen. Er war ein Meister des Verschweigens, Verhüllens und Verzerrens, sodass behauptet werden darf, dass Johnson in puncto Briefeschreiben sich gegen den zeitgenössischen Strom richtete. Er legte seine Probleme nicht offen dar, dennoch ist es fragwürdig, ob er letztlich nicht doch an seiner eigenen Selbstinszenierung und Taktik scheiterte. Seine Briefe legen jedoch Zeugnis über seine Bemühungen ab, nichts Intimes zu offenbaren. Wie auch auf den Bildern zu sehen ist, steht in den Briefen Johnsons Arbeit im Vordergrund und selten er selbst als Privatperson.

2.2 Versuch einer Bestandsaufnahme

Thomas Manns Briefbestand umfasst etwa 40.000 Briefe,[68] bei Goethe sind es circa 15.000 verfasste Briefe.[69] Im Vergleich dazu umfasst Johnsons Briefbestand in etwa 10.000 bis 12.000 Briefstücke, wobei Originale und Kopien, Johnsons Durchschläge, sowie seine gesammelten Zeitungsausschnitte bei der statistischen Erschließung mitgezählt wurden.[70]

Manfred Bierwisch hat Recht, wenn er sagt, Johnson habe einen ganzen *Korrespondenz-Kosmos*[71] geschaffen. Dies trifft besonders zu, wenn man bedenkt, dass das 20. Jahrhundert eben kein Zeitalter der Briefkommunikation war. Meine Auswertungen im Deutschen Literatur Archiv in Marbach ergaben, dass Johnson zu seinen Lebzeiten etwa 2.000 Briefe verfasste und mit 276 Personen in Verbindung stand. 71 Korrespondenzen davon verlaufen einseitig, genauer gesagt wandten sich 67 Personen davon schriftlich an Uwe Johnson, ohne von ihm jemals eine Antwort erhalten zu haben. Weitere vier Personen erhielten Post von Johnson, ohne ihm jedoch geantwortet zu haben. Somit kann man vorläufig davon ausgehen, dass Johnson sich mit 205 Personen in einem wechselseitigen Austausch befand.[72] Unter den 205 Briefwechseln befindet sich eine Korrespondenz, von der nur die Briefe Johnsons erhalten sind. Es handelt sich hierbei um die Briefe an Jochen Ziem, die, wie Erdmut Wizisla spekuliert, von Johnson möglicherweise nach dessen Auseinandersetzung mit dem ehemaligen Studienkollegen vernichtet wurden.[73]

Die erhaltenen Briefwechsel variieren enorm in ihrem Umfang. Es gibt Korrespondenzen, die insgesamt nur aus zwei ausgetauschten Schriftstücken bestehen, wie zum Beispiel im Fall von Volker Henckel oder Margarete Bond.

68 Schriftliche Auskunft des Thomas-Mann-Archivs vom 23.12.2010.

69 Schriftliche Auskunft des Goethe- und Schiller-Archivs vom 10.01.2010.

70 Vgl. Opitz, Michael: Der Erzähler Uwe Johnson in seinen Briefen. In: Johnson-Jahrbuch. Bd. 18. Hrsg. v. Holger Helbig, Bernd Auerochs, Katja Leuchtenberger, Ulrich Fries. Göttingen 2011. S. 39.

71 Schriftliche Auskunft von Prof. Dr. Manfred Bierwisch am 07.10.2010.

72 Informationen aus dem DLA-Marbach. Die Daten wurden von mir im Archiv erschlossen und ausgewertet.

73 Schriftliche Auskunft von Dr. Erdmut Wizisla am 12.12.2010.

Dem gegenüber stehen umfangreiche Briefkorrespondenzen[74] wie beispielsweise mit Ingeborg Bachmann,[75] Reinhard Baumgart,[76] Margret Boveri,[77] Michael Hamburger,[78] Alice Hensan,[79] Heinz Lehmbäcker,[80] Hans Meyer,[81] Leila Vennewitz[82], Helen Wolff[83] und Martin Walser.[84] Die verfassten Schriftstücke von

74 Die bereits veröffentlichten Briefwechsel mit Siegfried Unseld, Hans Magnus Enzensberger, Max Frisch, Fritz J. Raddatz, Hannah Arendt, Walter Kempowski und Lotte Köhler werden hier nicht näher beschrieben, da diese Briefwechsel jeweils in gesonderten Kapiteln vorgestellt werden. Für die statistischen Datenerhebungen wurden die Korrespondenzen allerdings berücksichtigt.

75 Johnson hat an die Schriftstellerin Ingeborg Bachmann 36 Briefe und zwei Telegramme verschickt. Bachmann wiederum sendete 40 Briefe, zehn Telegramme, zwei Briefkarten und zwei Billette an Johnson. Die Korrespondenz erstreckt sich von 1961 bis 1972.

76 Dem Schriftstellerkollegen Reinhard Baumgart hat Johnson 32 Briefe und ein Telegramm zukommen lassen. Dafür hat er 38 Briefe, zwei Karten und zwei Briefkarten von Baumgart erhalten. Der Briefaustausch vollzog sich zwischen 1966 und 1983.

77 Dieser Briefwechsel wirkt ungleich gewichtet, denn Margret Boveri hat Johnson 92 Briefe und 16 Karten geschrieben, während dieser der Schriftstellerin nur 32 Briefe und ein Telegramm sandte. Zwischen 1968 und 1975 haben sich die beiden Literaten verständigt.

78 An Michael Hamburger schrieb Johnson lediglich 14 Briefe, erhielt aber 37 Briefe und zwei Postkarten von dem Schriftstellerkollegen. Der schriftliche Austausch fand im Zeitraum von 1966 und 1981 statt.

79 Alice Hensan, die auch Eule, L'hibou, Owl oder Owldor von Johnson genannt wurde, erhielt von ihm 25 Briefe und drei Telegramme. Die ehemalige Rostocker Zimmerwirtin Johnsons, die zugleich auch eine weitläufige Verwandte von Johnsons Ehefrau Elisabeth war, hat Johnson 83 Briefe, 24 Telegramme, 18 Karten und ein Billett geschickt. Bei dieser Korrespondenz gilt zu beachten, dass der von Johnson verfasste Briefanteil nur deshalb verhältnismäßig gering erscheint, weil hier die 73 Briefe, die er gemeinschaftlich an Alice und deren Tochter Dora verfasste, gesondert betrachtet werden müssen. Geschrieben wurde hier im Zeitraum von 1959 bis 1984.

80 Dem Schulfreund Heinz Lehmbäcker hat Johnson 36 Briefe geschrieben und von Lehmbäcker 74 Briefe, 23 Karten, zehn Briefkarten und vier Telegramme zugeschickt bekommen. Ihre Korrespondenz erstreckt sich von 1952 bis 1983.

81 Johnson hat seinem damaligen Literaturprofessor Hans Mayer 34 Briefe gesendet. Mayer, der Johnsons Talent schon sehr früh erkannte, trug mit 31 Briefen und einem Typoskript *Ein Conférencier aus Ostberlin* zur gemeinsamen Korrespondenz bei. Die Schriftstücke wurden zwischen 1969 und 1979 verfasst.

82 Von der Übersetzerin Leila Vennewitz erhielt Johnson 39 Briefe, zwei Telegramme und eine Karte. Er selbst hat ihr 20 Briefe geschrieben. Der Briefwechsel, der lediglich auf die gemeinsame Arbeit ausgerichtet ist, umfasst die Jahre 1970 bis 1977.

83 Nach der Korrespondenz mit Siegfried Unseld handelt es sich aktuell um den zweitumfangreichsten Briefwechsel. Johnsons amerikanische Verlegerin Helen Wolff hat ihm 140 Briefe, sechs Telegramme und zwei Billette geschickt. Umgekehrt erhielt sie von ihm 86 Briefe und fünf Telegramme. In den Jahren 1965 bis 1984 haben sich die beiden geschrieben.

84 Mit Martin Walser hat Johnson in den Jahren 1960 bis 1981 schriftlichen Kontakt. Walser, ebenfalls Schriftsteller, schickte Johnson 59 Briefe, 43 Karten und ein Telegramm; Johnson schrieb ihm 91 Briefe und drei Telegramme.

Johnson und seinen Leipziger Freunden Klaus Baumgärtner, Manfred Bierwisch, Eberhard Klemm und Joachim Menzhausen dürften ebenfalls umfassende Briefkorrespondenzen repräsentieren.[85] Es sollten aber auch die etwas weniger umfangreichen Briefwechsel wie mit Rudolf Augstein,[86] Fritz Fries,[87] Gertrud Ganz,[88] Elizabeth F. Lobl,[89] Bernt Richter,[90] Sonja Richter,[91] Klaus Roehler,[92] Hann Trier[93] und Erika Werckmeister Beachtung erfahren.[94]

Wie sich aus diesen Namen schon erschließen lässt, verkehrte Uwe Johnson hauptsächlich mit Schriftstellerkollegen und -kolleginnen. Darüber hinaus pflegte Johnson Kontakt zu Schulfreunden, Studienkollegen, Ärzten, Psychologen, Rechtsanwälten, Schauspielern und Theaterleuten, Verlegern, Redakteuren und Publizisten, Übersetzern, Malern und Bildhauern, Philosophen, ehemaligen Leh-

85 Es konnten keine genauen Daten ermittelt werden, da die Briefe im Marbacher Archiv nur bedingt zugänglich waren. Es ist aber anzunehmen, dass aufgrund der freundschaftlichen Verhältnisse, die Briefkorrespondenzen recht umfänglich sein dürften.

86 Der Verleger Rudolf Augstein schrieb 20 Briefe und zwei Telegramme an Johnson. Von jenem hat er ebenfalls 20 Briefe und zwei Telegramme in den Jahren 1965 bis 1982 erhalten.

87 Die Korrespondenz von Fritz R. Fries und Uwe Johnson setzt sich aus 25 Briefen, 14 Karten, drei Briefkarten und drei an Johnson adressierten Telegrammen sowie aus 34 Briefen, die von Johnson verschickt wurden, zusammen. Die Nachrichten wurden in den Jahren 1966 bis 1983 ausgetauscht.

88 An seine ehemalige Schul- und Studienkollegin Gertrud Ganz hat Johnson zwölf Briefe geschrieben und selbst 16 Briefe, drei Briefkarten und eine Karte in dem Zeitraum von 1954 bis 1981 erhalten.

89 Von seiner Psychologin Elizabeth F. Lobl erhielt Johnson 28 Briefe und schrieb ihr selbst 19 Briefe. Die Korrespondenz besteht von 1977 bis 1982.

90 Bernt Richter hatte mit Johnson in den Jahren 1962 bis 1982 Kontakt; er schrieb ihm 17 Briefe, neun Briefkarten und zwei Karten, worauf Johnson mit vier Briefen reagierte.

91 Lediglich 13 Briefe schrieb Johnson an die damalige Fluchthelferin Sonja Richter, die seiner Frau Elisabeth bei der Flucht aus der DDR in die BRD geholfen hat. Sonja Richter hat zehn Briefe, zwölf Briefkarten und zehn Karten an Johnson in den Jahren zwischen 1966 und 1983 gesendet.

92 20 Briefe, fünf Billette und eine Karte schickte der Schriftstellerkollege Klaus Roehler an Johnson. Erhalten hat Roehler 21 Briefe in dem Zeitraum von 1963 bis 1973.

93 Der Maler Hann Trier wandte sich mit 17 Briefen, 16 Karten, zwei Briefkarten an Johnson und stand somit seiner Frau Marlene Trier, die Johnson 24 Briefe geschrieben hat, etwas nach. Johnson richtete insgesamt zehn Briefe an das Ehepaar Trier. Die Korrespondenz besteht von 1960 bis 1982.

94 Erika Werckmeister hat Johnson über Siegfried Unseld kennengelernt. Johnson und seine Frau Elisabeth nutzten Werckmeisters Haus in Dahmeshöved, um dort Urlaub zu machen. In den Jahren zwischen 1960 und 1978 wurden 26 Briefe, eine Briefkarte und eine Postkarte von Werckmeister sowie 17 Briefe und ein Telegramm von Johnson verschickt.

rern, Professoren aus den Fachbereichen Germanistik, Literatur, Linguistik und Malerei sowie zu Nachbarn und weitläufigen Bekannten.

Im Anhang befindet sich eine alphabetisch geordnete Liste der bisher erfassten Personen, die zu Uwe Johnsons Briefpartnern gerechnet werden (vgl. Kap. 8.2). In diese Liste wurden auch drei Institute aufgenommen, mit denen Johnson in Kontakt stand, allerdings konnten keine Daten erschlossen und diese somit statistisch nicht berücksichtigt werden; Gleiches gilt für amtliche Schreiben, die Johnson verfasste.

All die hier präsentierten Daten können nur als eine Momentaufnahme verstanden werden, da vermutlich zahlreiche Briefe innerhalb der nächsten Jahre ergänzt werden müssen. Im Nachlass befindet sich zudem eine Vielzahl an Briefen, von denen man annimmt, dass es sich dabei um Leserbriefe oder Schülerfragen handelt, die einst an Johnson gerichtet wurden.

Forschungsgrundlage dieser Arbeit sind nur die veröffentlichten Briefwechsel Johnsons mit Siegfried Unseld, Hans Magnus Enzensberger, Günter/Anna Grass, Max Frisch, Fritz J. Raddatz, Hannah Arendt, Walter Kempowski und Lotte Köhler. Die gewonnenen Erkenntnisse basieren im Wesentlichen auf diesen acht Korrespondenzen. Für die insgesamt 1470 analysierten Schriftstücke, darunter 1308 Briefe, 107 Postkarten, 55 Telegramme und eine Widmung, ergibt sich folgende Verteilung.

Abb. 6 Anzahl der von Uwe Johnson verfassten Briefe (aus dem Zeitraum von 1959 bis 1984).

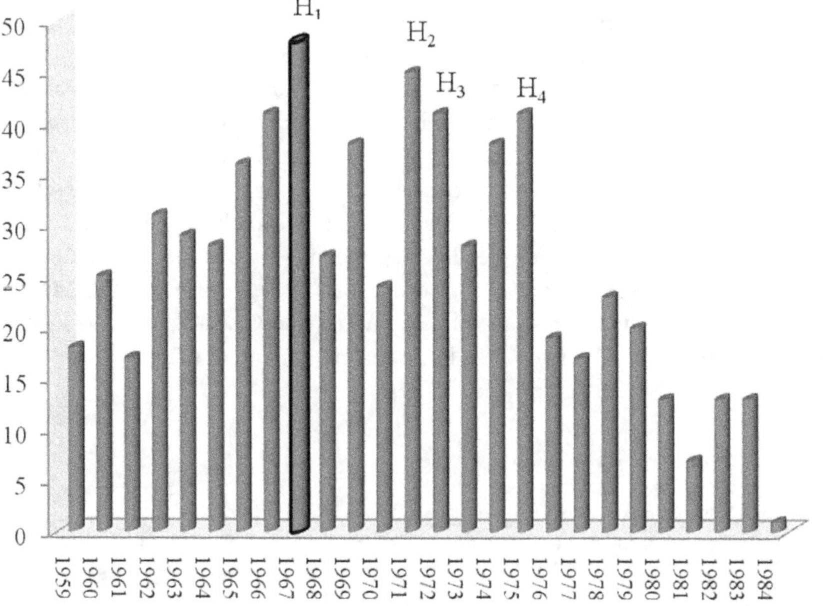

Wie Abbildung 6 zeigt, sind die meisten Briefe in den Jahren 1967, 1971, 1972 und 1975 verfasst worden. Auffallend ist, dass die ersten drei Korrespondenzhöhepunkte in den Jahren zustande kamen, als Johnson seine Bände der *Jahrestage* herausbrachte. Der vierte und damit vollendende Teil der *Jahrestage* im Jahr 1983 bewirkte keine so hohe briefliche Resonanz. Das mag allerdings an Johnsons gesellschaftlichem Rückzug, bedingt durch seinen zunehmend schlechter werdenden physischen und psychischen Zustand, gelegen haben. Der dritte Höhepunkt ist im Jahr 1975 zu erkennen, als Johnson seinen Herzinfarkt erlitt. Danach schreibt Johnson im Vergleich zu den vorangegangenen Jahren deutlich weniger Briefe. Obwohl die Einzelanalysen der acht untersuchten Briefwechsel bezüglich ihrer Verteilungsformen variieren, wie in den entsprechenden Kapiteln noch erläutert wird, zeichnet sich bislang ab, dass Johnsons Briefaktivitäten immer dann besonders hoch waren, wenn er an seinen Werken arbeitete. Diese Annahme wird auch inhaltlich plausibel: Ein Großteil seiner Briefe bezieht sich auf den Literaturbetrieb und weniger auf Privates.[95] Es bleibt jedoch abzuwarten, ob sich diese These letztlich bestätigen lässt, wenn die Werkausgabe zu Uwe Johnson erschienen ist.

2.3 Briefe und Briefwechsel in der Forschung

Es existieren einige Hinweise auf die Briefe beziehungsweise Briefwechsel Johnsons in der Forschung, weshalb im Anhang, um einen Überblick zu erhalten, forschungsrelevante Beiträge verzeichnet sind (vgl. Kap. 8.1).

Im nachfolgenden Abschnitt stehen jedoch nur Ausführungen im Vordergrund, die eigens den Briefwechseln gelten: Hierzu zählen die Tageszeitungen, in denen man Ankündigungen und Kurzrezensionen zu den jeweils neu erschienenen Briefkorrespondenzen findet, sowie die *Johnson-Jahrbücher*, in denen schon seit Jahren alle Briefwechsel besprochen werden. Ulrich Fries beschäftigte sich beispielsweise ausführlich mit der Korrespondenz von Uwe Johnson und Max Frisch.[96] Die aktuellen *Johnson-Jahrbücher* präsentieren erstmals Schriftstücke aus den Korrespondenzen mit Wolfgang Wicht und Gisela Lange und liefern Rezensionen zu den Briefwechseln Johnsons mit Anna und Günter Grass, Fritz J. Raddatz und Walter Kempowski.

95 Vgl. Opitz, Michael: Der Erzähler Uwe Johnson in seinen Briefen. S. 42, 44.

96 Vgl. Fries, Ulrich: Goin' Goin' Gone. Zu: Der Briefwechsel Max Frisch/Uwe Johnson. In: Johnson-Jahrbuch. Bd. 7. Hrsg. v. Ulrich Fries und Holger Helbig. Göttingen 2000. S. 237–265.

Von ebenfalls hoher Relevanz sind Mitteilungen über Korrespondenzen, die bisher nicht in einer eigenen Werksausgabe erschienen sind: Katja Leuchtenberger beschreibt im Jahr 2005 den Briefwechsel mit Fritz Rudolf Fries als eine Beziehung geprägt von *Spiel. Zwang. Flucht.*[97] Auch Bernd Neumann informiert in seiner Uwe-Johnson-Biografie über bisher unveröffentlichte Briefkorrespondenzen: So erfährt man dort beispielsweise über Johnsons Briefkontakt zu Sonja Richter, dass er sich inhaltlich mit Themen wie Freiheit, Tod und Suizid beschäftigt haben soll. Der Briefwechsel mit Ingeborg Bachmann liefert angeblich intime Einblicke in Johnsons Eheleben. Bachmann und Johnson sollen aufgrund ihres ähnlichen Seelenempfindens und ihrer Sehnsucht nach Heimat verbunden gewesen sein.[98] Neue Erkenntnisse liefert auch der Beitrag von Opitz, der unter anderem Briefauszüge aus der Korrespondenz Johnsons mit Ingeborg Bachmann und Herbert Nachbar liefert.[99]

Der ehemalige Leiter des Johnson-Archivs Eberhard Fahlke trug ebenfalls einiges dazu bei, dass Johnsons Briefe publik wurden. In seinem Buch >>*Ich überlege mir die Geschichte…*<<*. Uwe Johnson im Gespräch* präsentiert er Auszüge aus der Korrespondenz Johnsons mit der englischen Übersetzerin Leila Vennewitz, die sich primär auf eine gemeinsame Zusammenarbeit konzentriert.[100] Die *Inselgeschichten* sind ein Sammelsurium von einzelnen Briefen, die Fahlke zusammenstellte. Er präsentiert hier Briefe von Uwe Johnson an Hans Joachim Schädlich, Christine Jansen, Karin Wittulsky, Alice und Dorothy Hensan, Lore und Joachim Menzhausen, Erika Klemm, Elisabeth Lobl, Heinz Lehmbäcker, Antonia und Felix Landgraf, Rudolf Augstein, Helene Ritzfelder und an Herrn Ogrowsky.[101] Fahlke stellt fest, dass Johnsons *Inselgeschichten* im Wesentlichen schon in Johnsons

---

97 Leuchtenberger, Katja: Spiel. Zwang. Flucht. Uwe Johnson und Fritz Rudolf Fries. Ein Rollenspiel in Briefen. In: Johnson-Jahrbuch. Bd. 13. Hrsg. v. Michael Hofmann. Göttingen 2006. S. 45–69.

98 Vgl. Neumann, Bernd: Uwe Johnson. Mit zwölf Porträts von Diether Ritzert – Studienausgabe. Hamburg 1996. S. 844–850, 682–688.

99 Vgl. hierzu auch Opitz, Michael: Der Erzähler Uwe Johnson in seinen Briefen. S. 48–54. Opitz liefert erstmals Einblicke in die besagte Korrespondenz anhand ausgewählter Briefauszüge.

100 Vgl. Fahlke, Eberhard; Gaines, Jeremy: Auskünfte für eine Übersetzerin. Zum Briefwechsel zwischen Uwe Johnson und Leila Vennewitz. In: >>Ich überlege mir die Geschichte…<<. Uwe Johnson im Gespräch. Hrsg. v. Eberhard Fahlke. Frankfurt am Main 1988. S. 315–350.

101 Vgl. Fahlke, Eberhard (Hg.): Uwe Johnson. Inselgeschichten. Frankfurt am Main 1995. S. 199 f. Es wurden hier nur die Briefpartner aufgelistet, die in noch keinem bisher veröffentlichten Briefwechsel vorkommen.

Briefen beschrieben sind. Dabei bemerkt er zudem, dass Johnson überwiegend Freunden und Bekannten aus der Schweiz, USA und DDR von seinem Inselleben in den Briefen berichtet, während er Freunden aus Westdeutschland nichts über sein Leben in Sheerness schriftlich mitgeteilt haben soll.[102]

Wie die Ausführungen darlegen, gibt es unterschiedliche Betrachtungsweisen und Intensionen, wie die Briefwechsel Johnsons dargestellt und aufbereitet werden. Die Auseinandersetzung mit den entsprechenden Quellen bringt teilweise erhebliche Schwierigkeiten mit sich, da einige Beiträge aufgrund der bislang unveröffentlichten Briefkorrespondenzen nicht prüfbar sind und man auf die Darstellungen und Interpretationen der jeweiligen Autoren angewiesen ist. Des Weiteren werden durch die Fokussierung auf einen bestimmten Themenschwerpunkt, wie zum Beispiel die Briefe zu den *Inselgeschichten*, andere relevante Aspekte außer Acht gelassen. Selbiges gilt für die einzelnen Rezensionen, die sich häufig mit der Beziehung Johnsons und dem jeweiligen Briefpartner beschäftigen und dabei die Qualität und Bedeutung des Briefes für die Briefpartner nicht berücksichtigen. Es wird deutlich, dass sich nur dann ein Bild über Johnson als Briefeschreiber erzeugen lässt, wenn man versucht, die in der Forschungsliteratur präsentierten Teilaspekte zusammenzufügen.

2.4 Material

Um an Informationen zu Johnsons verwendetem Material zu gelangen, war es notwendig, mehrere Quellen zu erschließen, da es bislang hierzu keine eigene Darstellung gibt. Der nachfolgende Abschnitt soll zeigen, welche Materialien Johnson zum Briefeschreiben verwendete und wie er sie einsetzte.

Aus dem einleitenden Beitrag von Erdmut Wizisla, der 19 Briefe, 17 Postkarten und fünf Ansichtskarten Johnsons an Jochen Ziem in *Leaving Leipsic next week* herausgegeben hat,[103] erfährt man einiges über Johnsons verwendetes Schreibmaterial sowie über dessen Schriftbild. Johnson schreibt, wie auch beispielsweise in den Briefen an Jochen Ziem der Fall, zeitweise seine Briefe auf holzfreiem Papier mit leichter Tönung und Leinenstruktur und verwendet dabei schwarze Tinte,[104] wie er selbst in den *Begleitumständen* äußert.[105]

---

102 Vgl. ebd. S. 195.

103 Vgl. Uwe Johnson. >>Leaving Leipsic next week<<. Briefe an Jochen Ziem/Texte von Jochen Ziem. Hrsg. v. Erdmut Wizisla. Berlin 2002. S. 21.

104 Vgl. ebd. S. 29.

105 Die bereits von Wizisla zitierte Passage soll hier der Vollständigkeit halber aufgeführt werden: Dann hat einer Pech, wenn für ihn die Feder am wenigsten auf einem

Bis auf die letzten vier Schreiben an Jochen Ziem, die mit der Schreibmaschine getippt sind, verfasste Johnson seine Mitteilungen handschriftlich. Johnsons Schriftbild variiert je nachdem, ob er in Druckbuchstaben oder in Schreibschrift schreibt. Johnsons Handschrift rief bei einigen seiner Leser Schwierigkeiten beim Entziffern hervor. Hans Mayer beispielsweise konnte Johnsons Klausur über Heinrich Heine nicht bewerten, da es ihm nicht möglich war, Johnsons Schrift zu lesen. Auch Johnson selbst war sich der Problematik bezüglich seiner speziellen Handschrift bewusst und entschuldigt sich, wie aus seinem Brief vom 30. August 1952 an Charlotte Luthe hervorgeht, für seine unleserliche Schrift.[106] Auch sieben Jahre später noch spricht Johnson am 23. Dezember 1959 gegenüber Siegfried Unseld die Schwierigkeit an, dass seine Handschrift nicht lesbar sei:

> Sie hatten aber mit der Hand geschrieben. Antwortete ich nun ebenso eigenhändig, so käme Ihnen im besten Falle ein Gefühl intimen Misstrauens und weihnachtlicher Unbestimmtheit; nur lesen könnten Sie meine Schrift nicht.[107]

Auch wenn Johnson seine Handschrift als nicht lesbar deklariert, so gab es auch Personen wie Lotte Köhler, die sein Schriftbild durchaus *schön*[108] fanden. Johnson schrieb in seinen frühen Jahren seine Briefe noch per Hand und erst im Laufe der Zeit mit der Schreibmaschine. Sind ihm beim Schreiben mit der Schreibmaschine Tippfehler unterlaufen, so kommt es vor, dass er diese stehen

---

>>Leinenpapier<< kratzt. Wie soll er da eine Fülle auftreiben, wenn die Regierung selber schreiben lässt auf holzigem Papier! Will er das bewerkstelligen mit dem Ankauf unzähliger >>Geschenkpackungen<< aus einem monatlichen Budget von 130 Mark Stipendium, wird er Senf wählen müssen als Belag für sein Brot. Es ist selbst verschuldet, wenn einer sein Schriftbild nur in schwarzer Farbe erträgt (auf den Vorwurf der Exzentrizität antworte ich mit der Auskunft, dass grüne Farbe reichlich im Handel war), solches Schwarz aber so tief im Süden der Republik angefertigt wird, dass es den Bezirk Rostock nur zufällig erreicht. (Johnson, Uwe: Begleitumstände. Frankfurt am Main 1996. S. 69 f.)

106 Vgl. ZJB. S. 29.

107 Uwe Johnson, Siegfried Unseld. Der Briefwechsel. Frankfurt am Main 1999. S. 59. Der Briefwechsel wird des Weiteren mit den Siglen UJB abgekürzt.

108 Lotte Köhler und Uwe Johnson. Briefwechsel 1971–1973. In: Uwe Johnson. Befreundungen. Gespräche, Dokumente, Essays. Hrsg. v. Roland Berbig, Thomas Herold, Gesine Treptow und Thomas Wild. Berlin 2002. S. 450. Köhler hat von Johnson selbst keinen handschriftlich verfassten Brief erhalten, aber sie konnte Johnsons handschriftlich vorgenommenen Korrekturen, in dem an Hannah Arendt gerichteten Manuskript *Reise nach Klagenfurth [!]*, sehen. Der Briefwechsel wird des Weiteren mit den Siglen KÖJB abgekürzt.

ließ und kommentiert.[109] Manchmal entschuldigt sich Johnson aber auch für unterlaufene Fehler in seinen Briefen, wie die folgenden Aussagen belegen: *Entschuldige: früh am Morgen verschreibe ich mich ziemlich regelmässig*[110] oder *Es tut mir leid, dass meine Tastatur nicht echte Umlaute erlaubt; meinetwegen koennen Sie oe und ae etc. stehen lassen*[111] oder *bitte, verzeihen Sie mir solche Sorte Papier und der Schreibmaschine die Fehler, die sie aus freien Stücken machen wird; es sind Umstände einer Vorlese-Reise [...].*[112]

Die eben angeführten Beispiele beinhalten aber noch weitere wichtige Informationen, wie dass Johnson seine Briefe auch von unterwegs schrieb, dass er eine amerikanische Schreibmaschine besaß, welche die deutschen Umlaute nicht kannte, und dass Johnson Wert auf qualitatives Papier legte. In seinem Brief an Hans Magnus Enzensberger vom 4. August 1960 erfährt man hierzu: *Ich deute Ihnen meine Beschäftigung an und beziehe mich also auf die tägliche Benutzung jenes grobfaserigen Papiers, !das in treuherzigem Druck die Veränderungen der Welt rechtfertigt und betreibt.*[113]

Derzeit gibt es relativ wenige Informationen zu Johnsons Schreibmaterialien. Johnson versuchte, qualitativ hochwertiges Schreibpapier zu verwenden, und gebrauchte entweder das Standard-A4-Format oder das amerikanische Format.[114] Manchmal, so geht aus den Briefen hervor, benutzte er auch Verlagspapier oder Briefpostvordrucke.[115] Seine Durchschläge sind meist auf hauchdünnem weißem, fast schon transparent wirkendem Papier getippt. Zudem gibt es zahlreiche Durchschläge, die auf der Rückseite von bereits bedrucktem Papier fixiert wurden. Johnson machte sich offensichtlich in diesem Fall keine Gedanken um die Nachwelt, denn diese Abdrucke, die er ursprünglich als Sicherungskopien für sich selbst aufbewahrte, stehen auf amtlichen Schreiben, Einladungen, Ankündigungen für Veranstaltungen und dergleichen geschrieben.

---

109 Vgl. Opitz, Michael: Der Erzähler Uwe Johnson in seinen Briefen. S. 40.

110 UJB. S. 190.

111 Uwe Johnson, Fritz J. Raddatz. „Liebes Fritzchen“ – „Lieber Groß-Uwe“. Der Briefwechsel. Hrsg. v. Erdmut Wizisla. Frankfurt am Main 2006. S. 23. Der Briefwechsel wird des Weiteren mit den Siglen RJB abgekürzt.

112 Max Frisch, Uwe Johnson. Der Briefwechsel 1964–1983. Hrsg. v. Eberhard Fahlke. Frankfurt am Main 1999. S. 35. Der Briefwechsel wird des Weiteren mit den Siglen FJB abgekürzt.

113 EJB. S. 17.

114 Schriftliche Auskunft von Dr. Erdmut Wizisla am 10.12.2010.

115 Schriftliche Auskunft von Dr. Erdmut Wizisla am 10.12.2010.

Johnsons erste Schreibmaschine schenkte ihm seine Frau Elisabeth, wie man aus einem Brief an Raddatz erfährt.[116] Hans Meyer berichtet er im Jahr 1956, dass er sein Boot verkauft habe und nun im Besitz einer Schreibmaschine sei.[117] Johnson war im Besitz einer amerikanischen Schreibmaschine, einer IBM-Kugelkopfmaschine[118] sowie dem elektrischen Modell der *Olympia Report de Luxe* (vgl. Abbildung 7).

Seine Postkarten beschriftete Johnson trotz seiner Vorliebe für die Schreibmaschine meist per Hand. Dabei verwendete er bevorzugt einen Kugelschreiber und schrieb seine Mitteilungen in Großbuchstaben.

Ansichtskarten wählte er mit Bedacht aus und trieb kleine Spielereien damit,[119] was im Fall Walter Kempowskis besonders offensichtlich ist. Hier tauschten zwei Mecklenburg-Liebhaber zahlreiche Ansichtskarten aus – meist mit einem Motiv der Stadt Rostock.[120] Auch an die Ehefrau von Manfred Bierwisch schickte Johnson eine spezielle Postkartenserie.[121] Bisher in der Forschung nicht erwähnt ist eine ganz besondere Ansichtskarte, die Johnson im Jahr 1979 an Siegfried Unseld sandte. Darauf abgebildet ist die aus der griechischen Mythologie stammende *Proserpine*, gemalt von Gabriel Rossetti (vgl. Kap. 3.1). Zahlreiche Postkarten wurden aber auch ohne spezielleren Kontext verschickt wie zum Beispiel Urlaubspostkarten, die lediglich den Aufenthaltsort bekannt geben. Es ist anzunehmen, dass Johnson viele Ansichtskarten verschickte, die den jeweiligen Beziehungen entsprechend charakteristische Spezifika enthüllen könnten.

---

116 Vgl. RJB. S. 237.

117 Vgl. Opitz, Michael: Der Erzähler Uwe Johnson in seinen Briefen. S. 39, Anm. 2.

118 Schriftliche Auskunft von Dr. Joachim Unseld am 28.10.2010.
Vgl. Neumann, Bernd: Uwe Johnson. S. 785.

119 Schriftliche Auskunft von Dr. Erdmut Wizisla am 10.12.2010.

120 Vgl. Uwe Johnson, Walter Kempowski. <<Kaum beweisbare Ähnlichkeiten>>. Der Briefwechsel. Hrsg. v. Eberhard Fahlke und Gesine Treptow. Frankfurt am Main 2006. S. 73, 90, 92, 112, 113, 115, 121. Der Briefwechsel wird des Weiteren mit den Siglen KJB abgekürzt.

121 Schriftliche Auskunft von Prof. Dr. Manfred Bierwisch am 27.10.2010.

Abb. 7 Uwe Johnsons Olympia Report de Luxe Schreibmaschine; Baujahr um 1978.

2.5 Johnsons Umgang mit dem Medium Brief – individuelle Besonderheiten

2.5.1 Das Briefgeheimnis

Nur wenige Jahre, nachdem das Grundgesetz 1949 mit dem Artikel 10 zur Wahrung der individuellen Persönlichkeitsrechte verabschiedet wurde, setzen Johnsons erste Korrespondenzen ein. Das bedeutet, dass zu diesem Zeitpunkt Johnsons Briefe und die seiner Briefpartner wie folgt rechtlich geschützt waren:

> (1) Das Briefgeheimnis sowie das Post- und Fernmeldegeheimnis sind unverletzlich.
>
> (2) Beschränkungen dürfen nur auf Grund eines Gesetzes angeordnet werden. Dient die Beschränkung dem Schutze der freiheitlichen demokratischen Grundordnung oder des Bestandes oder der Sicherung des Bundes oder eines Landes, so kann das Gesetz bestimmen, daß sie dem Betroffenen nicht mitgeteilt wird und daß an die Stelle des Rechtsweges die Nachprüfung durch von der Volksvertretung bestellte Organe und Hilfsorgane tritt.[122]

Gerade die Erfahrungen des Zweiten Weltkrieges haben das Grundgesetz für die Deutschen zu einem erheblichen und unverzichtbaren Instrument werden lassen, welches einen vernünftigen und stabilen Verfassungsschutz gewährleisten sollte.[123] Zudem wird das Briefgeheimnis seit dem Jahr 1975 von dem Paragrafen 202 des Strafgesetzbuches geschützt. Allerdings gilt Folgendes nur für verschlossene Briefe:

> (1) Wer unbefugt
>
> 1. einen verschlossenen Brief oder ein anderes verschlossenes Schriftstück, die nicht zu seiner Kenntnis bestimmt sind, öffnet oder
> 2. sich vom Inhalt eines solchen Schriftstücks ohne Öffnung des Verschlusses unter Anwendung technischer Mittel Kenntnis verschafft, wird mit Freiheitsstrafe bis zu einem Jahr oder mit Geldstrafe bestraft, wenn die Tat nicht in § 206 mit Strafe bedroht ist.
>
> (2) Ebenso wird bestraft, wer sich unbefugt vom Inhalt eines Schriftstücks, das nicht zu seiner Kenntnis bestimmt und durch ein verschlossenes Behältnis gegen Kenntnisnahme besonders gesichert ist, Kenntnis verschafft, nachdem er dazu das Behältnis geöffnet hat.
>
> (3) Einem Schriftstück im Sinne der Absätze 1 und 2 steht eine Abbildung gleich.[124]

---

122 http://www.bundestag.de/dokumente/rechtsgrundlagen/grundgesetz/gg.html; Stand: 13.01.2011.

123 Vgl. Foschepoth, Josef: Postzensur und Telefonüberwachung in der Bundesrepublik Deutschland (1949–1968). In: ZfG Zeitschrift für Geschichtswissenschaft 57, 5/2009. S. 413 f.

124 http://beck-online.beck.de/; Stand: 13.01.2011.

Johnson war sich offensichtlich dieser Rechte bewusst, was zu einem vertrauenswürdigen und respektvollen Umgang mit dem Medium Brief führte, wie auch aus Johnsons vorläufig Letztem Willen hervorgeht:

> Alle in meinem Besitz befindlichen, an mich geschriebenen Briefe sollen an deren Absender oder deren Familien, soweit auffindbar, zurückgesandt werden.[125]

Auch wenn Johnson kurz vor seinem Ableben sein Testament änderte und der eben zitierte Absatz aus dem Testament vom 16. Oktober 1975 seine Gültigkeit verlor, schützte Johnson die Privatsphäre seiner Briefpartner. In seinem endgültig wirksamen Testament vom 22. März 1983 legt er fest, dass die *Briefe (außer denen, die für die Verwaltung meines Gesamtnachlasses benötigt werden)*[126] gemäß der Rechte an den Suhrkamp Verlag übergehen sollen. Zwar wurden die Briefe nun nicht mehr an die Briefpartner zurückgegeben, aber zumindest werden sie bis heute bewahrt.

Trotz der Vorsichts- und Schutzmaßnahmen weiß man jedoch, dass Johnson zu Lebzeiten seine Briefe nicht ausschließlich alleine las und somit nicht immer an die Wahrung der Persönlichkeitsrechte seiner Briefpartner dachte. An einigen Stellen findet man in den bereits veröffentlichten Korrespondenzen Aussagen, die belegen, dass seine Frau Elisabeth Kenntnis von Briefinhalten haben musste.[127] Wie häufig sie Johnsons Briefe las oder inwiefern Johnson ihr von den Inhalten erzählte, kann nicht geklärt werden, allerdings liegt die Vermutung nahe, dass Elisabeth umfänglich in Johnsons Schriftverkehr eingebunden war und womöglich bis zur Trennung 20 Jahre lang mit den Briefen ihres Mannes bestens vertraut war. Doch auch Siegfried Unseld, Burgel Zeeh, Max Frisch, Günter Grass und Hans Magnus Enzensberger erhielten zum Teil, wenn auch nur bedingt, Einblicke in Johnsons Briefwechsel, denn Johnson verschickte in prekären Situationen, sowohl in privater als auch geschäftlicher Hinsicht, Sicherungskopien.[128]

Johnsons Absicherungsbedürfnis hing vor allem mit den innenpolitischen Ereignissen Deutschlands zusammen und hatte einen enormen Einfluss auf sein Verhalten. Bisher bietet die Forschungsliteratur nur wenige Informationen zu

---

125 Lübbert, Heinrich: Der Streit um das Erbe des Schriftstellers Uwe Johnson. Frankfurt am Main 1998. S. 22.

126 Ebd. S. 39.

127 Vgl. RJB. S. 202.

128 Vgl. UJB. S. 72 f., 73 f., 209 f., 213 ff., 295 f., 341 ff., 401 ff., 530, 584 f., 742 f., 804 f., 887, 913 f., 924 f.; FJB 43 ff., 47 f.; KJB 125 ff.
Die hier angegebenen Quellen dienen nur als Beispiele. Es ist zu erwarten, dass sich auch in anderen, bisher unveröffentlichten Korrespondenzen weitere Sicherungskopien befinden.

Johnsons Selbstschutzmaßnahmen, die er aufgrund des DDR-Systems zu ergreifen für notwendig hielt. Der Briefwechsel mit Siegfried Unseld zeigt zumindest in Nuancen, welche Gefahren Unseld und Johnson vom Ministerium für Staatssicherheit (MfS, Stasi) ausgehend befürchteten. In einem Artikel des *Spiegels* wird angedeutet, dass Johnson womöglich Angst davor hatte, von der Stasi verschleppt zu werden. Als Beleg hierfür präsentiert der *Spiegel*-Autor ein Zitat aus den *Begleitumständen*: Johnson schreibt, dass die Wohnung eines Schriftstellers vor der Stasi durch drei Ausgänge, drei Türen aus Stahl gesichert sein sollte.[129] Inwiefern Johnson seine Wohnung mit Absicht durch eine Eisentür sichern ließ, ist nicht bekannt, allerdings heißt es bei Neumann, dass Johnsons Schwägerin Jutta Schmidt erstickte, *nachdem sie es nicht mehr geschafft hatte, jene Eisentür zu öffnen, die Uwe Johnson ein Inbegriff des Schutzes gewesen war.*[130] Zu Johnsons Lebzeiten hielten manche seine Sorgen und Vorsichtsmaßnahmen für überzogen, doch heute weiß man, dass tatsächlich Entführungen vonseiten der Stasi ausgeführt wurden.[131]

Doch dies waren nicht Johnsons einzige Bedenken. Dass Telefonate abgehört, Personen überwacht und Briefe von der Stasi mitgelesen wurden,[132] war Johnson und seinem sozialen Umfeld klar. Der folgende Abschnitt soll anhand der hier erstmals veröffentlichten Briefauszüge aus der Korrespondenz von Uwe Johnson und Manfred Bierwisch zeigen, welche Auswirkungen die Verletzung des Briefgeheimnisses durch das Ministerium für Staatssicherheit auf die persönlichen Verhältnisse haben konnte.

2.5.2 Das verletzte Briefgeheimnis und seine Folgen

Johnson vermutete schon immer, dass er vom Ministerium für Staatssicherheit observiert wurde. Die Methoden der Stasi waren ihm bekannt (vgl. Kap. 3.10.1), und wie sehr er fürchtete, dass auch seine Post abgefangen wurde, beweisen die Aussagen, die Johnson in seinen Briefen an Bierwisch trifft. Ihre Korrespondenz handelt auch davon, wie mit dem mitlesenden Staatssystem umzugehen sei (vgl. hierzu Kapitel 3.9.1). Zunächst geht es in diesem Kapitel um die neu gewonnene Erkenntnis, dass Johnson nicht nur während seiner Aufenthalte in der DDR be-

129 Vgl. Drei Türen aus Stahl. Neuentdeckte Dokumente zeigen, wie der aus der DDR stammende Schriftsteller Uwe Johnson von der Stasi beobachtet wurde. Der Spiegel; Nr. 24, 13.06.1994, S. 196 ff.

130 Neumann, Bernd: Uwe Johnson. S. 616.

131 Vgl. Greiner, Bettina: Verdrängter Terror. Geschichte und Wahrnehmung sowjetischer Speziallager in Deutschland. Hamburg 2010. S. 138, 144.

132 Vgl. Macrakis, Kristie: Die Stasi-Geheimnisse. Methoden und Technik der DDR-Spionage. München 2009. S. 247–335.

obachtet wurde, sondern dass vor allem sein Postverkehr nach Ostberlin im Fokus der MfS-Interessen stand. Bernd Seiler behauptet zwar, dass sich das MfS *keine Mitschriften von Telefongesprächen, abgefangene Briefe oder sonstiges konspiratives Material*[133] beschafft hätte, doch dieser Aussage muss nach eigenen Recherchen widersprochen werden. In den Stasi-Akten Johnsons finden sich einige Briefe, die vom MfS abgefangen wurden. Dabei wurden manche Briefe nur als Kopie verwahrt und nach Sichtung weitergeleitet, andere Briefe hingegen erreichten den gewünschten Adressaten nicht (vgl. Kapitel 3.9.1).

Einer dieser abgefangenen Briefe, der wahrscheinlich nie an seinem Bestimmungsort angekommen ist, sollte im Postkasten von Manfred Bierwisch landen:

> in Friedenau
> 3. Januar, 1963
>
> Dear Jake:
>
> Ein Neues Jahr. Ein Neues Jahr! das wenn käme.
>
> Ja also wir bedanken uns für die Salatschüssel und zeigen uns empfänglich für Herrn [*] literarische Bemühungen, aber damit einen Abend werden wir nicht veranstalten, denn wir werden jede Woche einhäusiger.
>
> Neulich schickte ich dir ein Päckchen, das enthielt:
> 50 g Golden Mixture Tabak
> 1 Jahreskalender
> 1 Landmann, Jüdische Witze
> 1 Robbe-Grillet, Augenzeuge
> 1 Brod, Franz Kafka
> 1 Yacine, Nedschma
> 1 Adorno, Quasi una fantasia
> 1 Eich, Botschaften des Regens
> 1 Knowles, In diesem Land (Umbruch)
> 1 DM, Jahrbuch
>
> und war, obwohl an Schwere zum Pakettarif angewachsen, regelmässig gekennzeichnet als Geschenksendung keine Handelsware.
> Vielleicht hatte man dich doch im Verdacht, du würdest aus deinen verschütteten privatwirtschaftlichen Neigungen und hiermit eine Eckbuchhandlung aufziehen, denn strahlend wie mit einem Weihnachtspaket kam der Paketbote mit deinem zurück und nahm 20 Pf. Trinkgeld für meine vier Treppen, bevor ich den Stempel der Kontrolle und meine Schrift erkennen konnte.

---

133 Seiler, Bernd W.: Johnsons Prager Geheimagent. Schluss-Strich unter eine Legende. In: Internationales Uwe-Johnson-Forum. Bd. 10. Hrsg. v. Carsten Gansel und Nicolai Riedel. Frankfurt am Main 2006. S. 52, Anm. 41.

Darauf schickte ich dir ein Päckchen, das enthielt
50 g Golden Mixture Tabak
6 Fl Underberg Magenbitter
1 Jahreskalender
1 Landmann, Jüdische Witze
1 Robbe-Grillet, Augenzeuge
1 Yacine, Nedschma
1 Eich, Botschaften des Regens.

Gestern brachte die Post es in die [*]. Auf deiner Seite scheint ein Beamter am Werk, der den Staatsrat in Verruf bringen möchte. Gleichzeitig schickt mir [*] einen quasi offenen, gedruckten Brief mit den faksimilierten Unterschriften ostdeutscher Kulturprominenz, der eine schreckenerregende Analyse westdeutscher Verhältnisse zum Anlass nimmt, alle Kulturprominenz westdeutschen guten Willens zu einem Offenen Gespräch mit der ostdeutschen einzuladen. Wahrscheinlich bist auch du nicht fähig zu erraten, was anstössig ist an Autoren wie Eich oder Landmann. Offiziell verboten ist nur die Einfuhr militaristischer, oder faschistischer, Werke. Es ist aber neulich eine Sendung zurückgekommen mit dem Grund der Abweisung: Druckerzeugnis. Die beiden überstempelten Adressen mit der jeweiligen Kontrollnummer lege ich dir bei, im Fall du willst Nachforschungen anstellen. [...][134]

Der hier präsentierte Briefauszug zeigt deutlich die Problematik der Briefüberwachung auf und beschreibt die Konsequenzen, die sich hieraus ergeben konnten: Johnson hat sich mit solchen Paketsendungen verdächtig gemacht und wurde aufgrund des Verdachts auf *Kuriertätigkeit*[135] beziehungsweise der Befürchtung, er würde *staatsgefährdende[s] Schriftmaterial*[136] zwischen der BRD und DDR hin- und herschmuggeln, observiert. Wie der Briefauszug belegt, verschickte Johnson Büchersendungen und transportierte auch Bücher bei seinen Besuchen in die DDR. Zu einer umgekehrten Situation kam es, als Johnson noch in der DDR lebte und bei seinem Rückreiseantritt in eine Kontrolle geriet. Von dieser Begebenheit berichtet er Siegfried Unseld am 24. August 1965:

hier schicke ich dir was mir einfiel von den Begegnungen mit Suhrkamp. [...] Die Bücher, die er mir beim ersten Besuch schenkte, waren von Radiguet >>Der Ball des Comte d'Orgel<<, das >>Jugendbildnis<< Alain-Fournier und das >>Taschenbuch

134 BStU/MfS-AP 14173. S. 37. Abdruck mit Genehmigung von Manfred Bierwisch. Das Schriftstück stammt aus den Stasi-Akten Johnsons, die bei der BStU verwahrt werden. Die mit * gekennzeichneten Stellen dienen zur Wahrung der Persönlichkeitsrechte Dritter. In den Stasi-Akten befanden sich auch noch andere Briefe, die hier allerdings nicht abgedruckt werden konnten.

135 BStU/MfS-AP 14173/92. S. 72.

136 Ebd. S. 72.

> für junge Menschen<<. Ich bat ihn um Hesses >>Glasperlenspiel<<, das wollte er mir nicht geben, offenbar aus erzieherischen Gründen. (Mit diesen Büchern geriet ich am Bahnhof Friedrichstrasse in eine Gepäckkontrolle und durfte sie nur behalten, weil dem Kontrolleur der Name Hesse bekannt war.)[137]

Johnson war nicht nur in diese Kontrolle geraten, sondern wurde auch am 15. November 1972 von einem DDR-Beamten überprüft, wie aus den Stasi-Akten hervorgeht.[138] Dieser Vorfall, der ebenfalls glimpflich ausging, wird aber in den Briefen Johnsons nicht erwähnt.

2.5.3 Der Brief als Ausdruck von *Lebensweise* und *Literaturproduktion*

In einem Werkstattgespräch mit Uwe Johnson fragt Horst Bienek den Schriftsteller, ob er nach dem Schreiben irgendeiner Art von Entspannung bedürfe. Johnson antwortet darauf, dass es für ihn entspannend sei, zur Post zu gehen und seine Briefe abzuholen.[139] Bierwisch äußert, dass das Briefeschreiben für Johnson eine *Lebensweise war – und zum wenigsten also auch Teil einer Literaturproduktion.*[140] Der nachfolgende Abschnitt beschäftigt sich mit dieser Aussage, und es soll zunächst geprüft werden, inwiefern die Briefe als Ausdruck von *Lebensweise* zu verstehen sind. In einem weiteren Schritt soll gezeigt werden, was an Johnsons Briefen als literarisch, im Sinne einer gezielten *Literaturproduktion*, betrachtet werden kann.

In Johnsons Briefen findet man Auszüge, die belegen, dass für ihn das Briefeschreiben Priorität hatte und dann erst die Arbeit folgte. So heißt es beispielsweise in dem an Frisch gerichteten Brief vom 3. Oktober 1979 *[v]or der Arbeit aber kommt die Korrespondenz [...]*[141] oder in dem Brief an Enzensberger vom 9. März 1965 *[...] ich hatte mir vorgenommen die Postmappe nicht anzurühren, bevor ich die Autogeschichte zu Ende habe [...]*,[142] was letztlich bedeutet, dass Johnson es hier vorzieht, den Brief an Enzensberger zu schreiben. Diese Beispiele zeigen nicht nur, dass Johnson das Briefeschreiben dem Arbeiten vorzieht, sondern es wird deutlich, wie wichtig ihm der Austausch mit seinen

137 UJB. S. 399.

138 Vgl. BStU/MfS-AP 14173/92. S. 249.

139 Vgl. Bienek, Horst: Werkstattgespräch mit Uwe Johnson. In: Fahlke, Eberhard: >>Ich überlege mir die Geschichte...<<. Uwe Johnson im Gespräch. Frankfurt am Main 1988. S. 205.

140 Schriftliche Auskunft von Prof. Dr. Manfred Bierwisch am 07.10.2010.

141 FJB. S. 217.

142 EJB. S. 108.

Briefpartnern war. In dem Zitat an Enzensberger verweist Johnson explizit auf seine *Postmappe*, was dem Briefpartner suggeriert, wie sorgfältig Johnson mit seiner Post umgeht und welch hoher Stellenwert dem Brief zukommt: Dieser wird nicht entsorgt, lieblos irgendwo abgelegt oder auf irgendeinen Papierstapel geworfen, sondern er wird ordentlich verwahrt und zuverlässig beantwortet. Bislang gibt es kaum Informationen, die die Fragen hinreichend klären konnten, ob Johnson ein bestimmtes Vorgehen beim Briefeschreiben präferierte und in welcher Umgebung er seine Briefe überwiegend verfasste. Man weiß nur aus dem Gespräch mit Bienek, dass sich Johnson zum Schreiben an seinen Werken gerne in einem Zimmer mit Türen, die nur er öffnen konnte, befand. Sonst habe er nichts weiter gebraucht, so teilt er es zumindest im Jahr 1962 dem Interviewpartner mit.[143] Opitz beschreibt des Weiteren, dass Johnson seine Schreibmaschine mit einem Riemen zuband und um die Schulter gepackt immer bei sich hatte.[144]

Die Frage, die sich hierbei stellt, ist, warum Johnson die Schreibmaschine stets bei sich trug? Wollte er dies, um jederzeit an seinen Werken schreiben zu können, oder war es ihm wichtig, seine Eindrücke und Erlebnisse sofort seinen Briefpartnern mitteilen zu können, denn immerhin verfasste Johnson seine Briefe auch auf Reisen? Es wäre auch möglich, dass Johnson, der mit den Methoden der Stasi vertraut zu sein schien, vielleicht befürchtete, dass seine Schreibmaschine heimlich registriert werden könnte und er sie aus Sicherheitsgründen stets mitführte (vgl. Kap. 3.9.1).[145] Opitz gibt hier lediglich an, dass Johnson die Schreibmaschine wie einen *Kugelschreiber oder Füllfederhalter*[146] bei sich hatte, ohne weitere Gründe für dieses Verhalten zu benennen.

Johnson, dem seine Schreibmaschine offensichtlich ein treuer Wegbegleiter war, tippte in der Regel zuerst die Adresse des Empfängers auf den Briefumschlag, bevor er sich dann dem Inhalt des Briefes widmete. Die Briefe wurden meist der Reihenfolge ihres Eingangs nach beantwortet, aber in besonderen Fällen machte Johnson Ausnahmen und zog gewisse Briefe vor.[147] Die erhaltene und abgearbeitete Post legte Johnson in Ordnern ab, wobei die Korrespondenzen von Johnsons engsten Vertrauten jeweils in eigens angelegten Ordnern

143 Vgl. Bienek, Horst: Werkstattgespräch mit Uwe Johnson. S. 205.

144 Vgl. Opitz, Michael: Der Erzähler Uwe Johnson in seinen Briefen. S. 39.

145 Vgl. Anatomie der Staatssicherheit. Geschichte, Struktur und Methoden – MfS Handbuch. Hrsg. v. Siegfried Suckut, Ehrhart Neubert, Walter Süß, Roger Engelmann, Bernd Eisenfeld und Jens Gieseke. Berlin 2004. S. 384–396.

146 Opitz, Michael: Der Erzähler Uwe Johnson in seinen Briefen. S. 39.

147 Vgl. RJB. S. 228.

einsortiert wurden.[148] Die verfassten Briefe wurden teilweise per Luftpost oder Eilboten versandt. Auch einen Nachsendeantrag mit einer Laufzeit von einem Jahr hat Johnson gestellt, als er nach England umzog, um seine Post weiter zu erhalten.[149]

Obwohl Johnson gewissenhaft mit seiner Post umging, sind ihm auch kleinere Malheurs passiert, wie der Brief Siegfried Unselds vom 10. März 1972 bestätigt: *P. S. Den >>Lieben Christian<< können wir nicht ausmachen, deshalb senden wir den Brief, der irrtümlich im Umschlag steckte, an Dich zurück.*[150]

Humoristisch angehaucht sind Johnsons Schilderungen über die Menge der Briefe zu verstehen, die er zu beantworten hatte; so schreibt er beispielsweise von einem weihnachtlich bedingt verstopften Briefschacht[151] oder von den Strömen an Post, die durch seine Briefklappe hindurch wollen.[152] Ein mit dem Brief verwandtes Thema ist die Schreibmaschine[153] oder, wie Johnson sie nennt, *macchina da scrivere*,[154] die in den Briefen zu eigenem Leben erweckt wird. Sie findet Erwähnung, wenn sie defekt ist oder wenn ihr Tippfehler humorvoll zur Last gelegt werden (vgl. Anhang Kap. 8.8).

Das Briefeschreiben diente Johnson aber nicht nur zur Unterhaltung, sondern erfüllte häufig auch den Zweck, Geschehnisse zu konservieren. Leuchtenberger spricht auch von Johnson als *zuverlässige[m] Archivar*.[155] Ein Beispiel für die Vorliebe Johnsons, Ereignisse schriftlich festzuhalten, zeigt Johnsons Notiz bezüglich eines persönlichen Vorkommnisses mit Martin Walser:

> [...] Es sei doch etwas Intimes an der Genauigkeit, mit der er mich jeweils im Innersten treffe, das letzte Mal im Oktober 1974 mit seinem Kommentar zu dem Klagenfurter-Buch: man müsse sich wohl hüten, wenn man mir Briefe schreibe.[156]

---

148 Vgl. Unseld, Siegfried: Uwe Johnson. >Für wenn ich tot bin<. Frankfurt am Main 1997. S. 53 f.

149 Vgl. KJB. S. 76.

150 UJB. S. 733.

151 Vgl. EJB. S. 165.

152 Vgl. RJB. S. 225.

153 Vgl. Opitz, Michael: Der Erzähler Uwe Johnson in seinen Briefen. S. 52 ff. Opitz verdeutlicht die Bedeutung der Schreibmaschine in Johnsons Briefen am Beispiel von bislang unveröffentlichtem Briefmaterial bei Ingeborg Bachmann.

154 UJB. S. 950.

155 Leuchtenberger, Katja: Uwe Johnson. S. 122.

156 Uwe Johnson-Archiv Rostock (Depositum der Johannes und Annita Fries Stiftung), UJA/H/252405, Bl. 11. Im weiteren Verlauf werden die Signaturen mit Uwe Johnson-Archiv Rostock UJA/H/ [Nr., Bl.)] abgekürzt.

Auch Joachim Unseld äußert, dass Johnsons Briefe stets einen Zweck zu erfüllen hatten, und darüber hinaus:

> Johnson war ein großer und großartiger Briefschreiber. Der die Form seiner Briefe bis in die Formulierungen hinein genau überdachte. Da war in meiner Sicht wenig Spontanes, mehr Geplantes. Romantik gab es da nicht. Die Briefe erfüllten immer Zweck.[157]

Auch Günter Grass sieht es ähnlich, zumindest was die Konstruiertheit der johnsonschen Briefe betrifft:

> Übrigens teilte sich Johnsons Humor mündlich auch weniger manieriert mit als in seinen Briefen, die manchmal den Eindruck erwecken, sie seien für den Nachlaß geschrieben.[158]

Seine Briefe wirken zum Teil gestellt, doch das war auch Johnson klar, denn wie Bierwisch vermutet, machte sich Johnson schon frühzeitig Gedanken über das Publizieren seiner Briefwechsel, *immerhin war er ein Autor im Lichte der Öffentlichkeit und dachte auch über sich so.*[159] Doch wenn man Johnsons von 1975 bis 1983 gültiges Testament liest, erweckt es den Eindruck, als strebte er keine Publikation seiner Briefe an. Die an ihn geschriebenen Briefe sollten, wie er es in seinem Testament fordert, an die jeweiligen Absender zurückgeschickt werden, ferner sollten keine privaten Informationen aus seinem Leben bekannt gegeben werden.[160] Johnson fordert, dass *alle sonstige Korrespondenz, Akten, Bänder, Notizen, Kalender, Tagebücher*[161] vernichtet und das Schreiben einer Biografie nach seinem Tode unterbunden werden müsse. Zudem dürfe nichts veröffentlich werden, das *nicht eindeutig literarischer Art*[162] sei. An diesem Punkt angelangt, erkennt man deutlich, dass unabhängig davon, ob Johnson sich letztlich für eine Publizierung seiner Briefwechsel aussprach oder nicht, die Briefe zumindest gedanklich hinsichtlich ihrer literarischen Tauglichkeit überprüft wurden. In manchen Korrespondenzen findet man jedoch konkrete Aussagen, die sich als gezielte Publikationsabsicht Johnsons deuten lassen. Im Juni 1966 schreibt Johnson, nachdem sechs Jahre Brieffreundschaft mit Martin Walser verstrichen sind, Folgendes:

> Lass einer dir sagen: Du handelst unbedacht. Setz das Gegenteil von Handeln ein. Du schreibst Keinem-Einem, und es mag dir jetzt gefallen, und reuen wird es dich spaeter. Was soll aus den Leuten werden, wenn sie betagt sind und eben noch ruestig,

157 Schriftliche Auskunft von Dr. Joachim Unseld am 28.10.2010.

158 Schriftliche Auskunft von Dr. Günter Grass am 19.10.2010.

159 Schriftliche Auskunft von Prof. Dr. Manfred Bierwisch am 29.11.2010.

160 Vgl. Lübbert, Heinrich: Der Streit um das Erbe des Schriftstellers Uwe Johnson. S. 22.

161 Ebd. S. 22.

162 Ebd. S. 22.

> von [*] ueber [*] zu mir, wenn sie sich ein kleines Geld verdienen wollen mit einer Edition deiner Briefe, und ich muesste [*] oder Herrn [*], oder mir zur Antwort geben; So sehr ich Ihr Vorhaben begruesse, bedaure ich, von Walser nur den einen oder anderen Zettel aus Hotelfaechern bekommen zu haben, oder: In der Anlage uebergebe ich Ihnen Fotokopien von 24 (vierundzwanzig) nach dem Leben erfundenen Briefen Walsers und hoffe auf Ihre Erkenntlichkeit ... Vielleicht stoert dich der Nach-Ruhm, aber es koennten deine Toechter am Ende zwei Fruehstuecke bezahlen mit drei Saetzen aus einem Brief, den du mir geschrieben hast an einem Abend, der ohnehin verdorben war. [...][163]

Johnson ist offensichtlich doch nicht abgeneigt gegenüber Briefeditionen, die für den sogenannten *Nach-Ruhm* dienlich sind. Natürlich haben im Fall Johnsons andere darüber zu entscheiden, ob ein mit ihm geführter Briefwechsel publiziert werden soll oder nicht, aber Johnsons tendenzielle Absichten können aus seinen jeweiligen Korrespondenzen entnommen werden. Inwiefern von Anfang an geplant war, einzelne Briefwechsel zu edieren, kann nicht festgestellt werden, allerdings belegen die Korrespondenzen mit Hans Magnus Enzensberger oder Siegfried Unseld, dass zumindest später eine Publikation angedacht war (vgl. Anhang Kap. 8.8). Joachim Unseld äußert sich in diesem Zusammenhang wie folgt:

> Geplant war eine Veröffentlichung der Briefe natürlich in den Anfängen nicht expressis verbis. Gehen Sie aber davon aus, dass jeder Autor und jeder der mit einem Autor von Bedeutung korrespondiert, weiss, dass diese Briefe über kurz oder lang veröffentlicht werden. [...] Von einer Selbstinszenierung des Verlegers im Hinblick auf spätere Veröffentlichungen können Sie jederzeit ausgehen. SU hätte jeden seiner Briefwechsel zur Veröffentlichung bringen wollen.[164]

Natürlich muss man davon ausgehen, dass, wenn man mit einem Schriftsteller in Kontakt steht, Briefinhalte sowie Gespräche in dessen literarisches Arbeiten mit einfließen oder gar wortwörtlich übernommen werden können, was unter Kapitel 3 ausführlich dargelegt wird, unter anderem auch als Johnson sich mit Max Frisch ausgiebig über die Grenzen von Autobiografie im eigenen Werk austauschte. Aufschlussreich an dem Zitat Joachim Unselds ist jedoch die Aussage, dass Siegfried Unseld sich in den Briefen selbst inszeniert. Selbiges gilt auch für Uwe Johnson, wobei der Grad, inwieweit er seine Briefe zum Zweck der Selbstinszenierung konstruierte beziehungsweise authentisch niederschrieb, schwer zu

---

163 Uwe Johnson-Archiv Rostock, UJA/H/252365, Bl. 23.
Die mit * gekennzeichneten Felder wurden zur Wahrung der Persönlichkeitsrechte Dritter eingefügt.

164 Schriftliche Auskunft von Dr. Joachim Unseld am 28.10.2010.

bestimmen ist. Seine Briefe weisen generell etwas Durchdachtes auf, wurden aber eben nicht ausschließlich nur für den Nachlass geschrieben. Es gibt zwar Briefentwürfe, die Johnson erst nach entsprechender Umformulierung abschickte, aber das beweist nicht, dass Johnson alle seine Briefe exakt plante, wie auch das nachfolgende Zitat von Joachim Unseld bestätigt:

> Die Abgrenzung von authentisch und Selbstinszenierung ist im Falle Johnsons unscharf. Selbstverständlich war der oberkorrekte Wahrheitsfanatiker Johnson ungemein authentisch, wollte dies auch sein, was dadurch Teil seiner Selbstinszenierung wurde. Für sein ungeheures Gedächtnis und seine nachtragende Art, andere an Dinge zu erinnern, die sie schon längst vergessen hatten oder absichtlich vergessen wollten, war er berüchtigt. Er machte sich in seiner Bedingtheit nicht immer Freunde. Da gab es durchaus Verletzungen (z. B. Martin Walser). Seine Briefe konnten mitunter wie Waffen wirken.[165]

Inwiefern Johnsons Briefe zu *Waffen* wurden und welche Kriterien beziehungsweise Ereignisse er zu Selbstinszenierungszwecken einsetzte, wird in Kapitel 3 immer wieder deutlich. Doch selbst wenn Johnsons Briefe teilweise gekünstelt wirken, so erhielt er trotzdem zahlreiche Komplimente für seine Briefkunst. Besonders die Damenwelt bedankte sich für *schöne Briefe*,[166] aber auch seine männlichen Briefpartner zeigten sich beeindruckt.[167] Im Anhang befindet sich eine Zitatensammlung, die belegt, welchen Stellenwert beziehungsweise welche Wirkung die Briefe Johnsons auf seine Briefpartner hatten (vgl. Anhang Kap. 8.8). Da der Brief ein wichtiges Medium im Kreise Johnsons darstellt, wird er von Johnson und seinen Briefpartnern teilweise personifiziert und häufig aufgegriffen. Immer wieder liest man von der Freude über die ausgetauschten Briefe, und im Gegenzug von der Enttäuschung, Traurigkeit und der Angst, wenn die ersehnte Post zu lange ausbleibt. Es fällt auf, dass Johnson überwiegend für seine Freude stiftenden Briefe gerühmt wird (vgl. Anhang Kap. 8.8).[168] Johnson und seine Briefpartner bemühen sich zudem immer wieder, funktionale beziehungsweise originelle Bezeichnungen für ihre Briefe zu wählen. So nennt

165 Schriftliche Auskunft von Dr. Joachim Unseld am 28.10.2010.

166 Uwe Johnson, Anna Grass, Günter Grass. Der Briefwechsel. Hrsg. v. Arno Barnert. Frankfurt am Main 2007. S. 69. Weitere Belege finden sich im Anhang. Der Briefwechsel wird des Weiteren mit den Siglen GJB abgekürzt.

167 Vgl. Opitz, Michael: Der Erzähler Uwe Johnson in seinen Briefen. S. 40 f. Im Anhang befindet sich eine Zitatensammlung, die diese These weiter belegt.

168 Vgl. Opitz, Michael: Der Erzähler Uwe Johnson in seinen Briefen. S. 43. Opitz führt Aussagen von Herbert Nachbar und Jochen Ziem als Gegenbeispiele an, die belegen, dass es auch Personen gab, die Johnsons brieflichen Schreibstil nicht mochten.

beispielsweise Fritz J. Raddatz seine Briefe auch *Quackelbrief*,[169] oder Hannah Arendt bedankt sich für einen *Absagebrief*.[170] Häufig wird auch begründet, warum man nicht zum Briefschreiben kam oder unter welchen Umständen ein Brief verfasst wurde. Der Brief selbst mutiert auch gelegentlich zu einem ‚running gag', wie zum Beispiel in der Korrespondenz mit Hans Magnus Enzensberger, wo man sich über Briefmarken amüsiert.[171] Auch die Länge der verfassten Briefe und das verwendete Material bieten Anlass zum Schreiben beziehungsweise zum Kommentieren. Besonders Hannah Arendt scheint einmal darüber erstaunt zu sein, dass sie Johnson einen für ihre Verhältnisse sehr ausführlichen Brief schrieb.[172] Sie war eine Liebhaberin der johnsonschen Briefe, empfand sie aber nie gut genug, um ein echtes Gespräch mit ihm zu ersetzen.[173]

Die Begrenzung der schriftlichen Kommunikation war allen Beteiligten stets klar und wird deshalb auch in den Briefen angesprochen. Man rief zur gegenseitigen Verschwiegenheit auf, um sicher sein zu können, dass der Briefpartner verstand, was man selbst als streng vertraulich erachtete.[174] All diese Aspekte weisen darauf hin, dass die Briefe in Johnsons Leben einen hohen Stellenwert einnahmen und sowohl ‚Lebensweise' als auch ‚Literaturproduktion' waren: Sie dienten Johnson als spätere Geldeinnahmequelle, als ein intensives Hobby, als Erprobungsstätte für seine Werke und letztlich als Kommunikationsmöglichkeit mit seinen Briefpartnern. Die letzten drei Personen, die vor Johnsons plötzlichem Ableben noch einmal in den Genuss kommen sollten, Briefe von ihm zu erhalten, waren Max Frisch, Rolf Michaelis und Joachim Unseld. Man fand diese drei beschrifteten Briefumschläge, jedoch unbefüllt, auf Johnsons Schreibtisch liegen.[175]

2.5.4 Briefformalitäten und ihre Bedeutung

2.5.4.1 Ort und Datum

Es gibt zahlreiche Ratgeber, die Anregungen, Hilfestellungen und Tipps für die Gestaltung formal korrekter Briefe anbieten. Auch zu Johnsons Lebzeiten gab es

169 RJB. S. 51.
170 AJB. S. 103.
171 Vgl. EJB. S. 24.
172 Vgl. AJB. S. 68.
173 Vgl. ebd. S. 139.
174 Vgl. EJB S. 85; FJB S. 205; KÖJB S. 474.
175 Schriftliche Auskunft von Dr. Joachim Unseld am 19.11.2010.
Vgl. Unseld, Siegfried: Uwe Johnson. S. 52

solche Hilfswerke, in denen beispielsweise geregelt wurde, welches Briefformat sich für einen geschäftlichen Brief eignete, wie dort der Briefkopf angelegt werden sollte und welche Abschiedsformen geläufig waren. Auch für private Angelegenheiten fanden sich Musterexemplare, die dem jeweiligen Anlass entsprechend präpariert waren.[176]

Johnson verwendete natürlich auch bestimmte formale Briefstandards, benutzte aber auch kreative Varianten, um seine Briefe zu gestalten. Das Besondere bei Johnson ist, dass er versuchte, mit seinen Briefpartnern jeweils einen individuellen Umgangston zu finden und spezifische Briefformalitäten zu entwickeln. Johnson hielt sich in seinen Briefen zwar meist an den formalen Rahmen, das heißt, er gab stets das Datum und den Ort an, bemühte sich aber dabei, diese Angaben an den freundschaftlichen Verständigungscode anzupassen.

Dies lässt sich gut an den Briefen mit Hans Magnus Enzensberger zeigen, denn dort kommt es zu deutlichen Abänderungen der Briefformalitäten. Johnson kürzt in diesen Briefen, häufiger als sonst, seinen Wohnort ab und variiert bei den Datumsangaben. So steht die Abkürzung *nyc*[177] beziehungsweise *NYC*[178] für den Wohnort Johnsons in New York City. Einmal schreibt er auch *nycrsd*[179] anstatt *New York City, River Side Drive.* Gelegentlich gibt Johnson auch in seinem Briefkopf die vollständige Adresse an. In den Briefen an Enzensberger findet man häufig die Abkürzung *bf* für Berlin Friedenau. Manche Briefe sind auch mit dem Kürzel *Sh* für Sheerness on Sea versehen.[180] Verwirrend an einigen Datumsangaben ist, dass Johnson beispielsweise keine Begrenzungskennzeichen wie etwa Punkt, Komma oder Schrägstrich verwendet. Dieses Problem ist auch in dem Briefwechsel mit Enzensberger ersichtlich, denn dort schätzen die Herausgeber einen Brief irrtümlich als undatiert ein: Johnson schreibt *4860 Dameshöved*[181] in dem Briefkopf nieder, was den 4. August 1960 datieren soll. Diese Schreibung verwendet Johnson des Öfteren, besonders in Briefen an Enzensberger: *4160*[182] oder *281160 bf*[183] oder *nyc 27966.*[184]

176 Vgl. Luckow, Ernst: Anschriften und Anreden. Heidelberg 1960. S. 8–58.
177 EJB. S. 144, 179, 180, 183, 184, 190, 192, 193, 197, 198, 203.
178 Ebd. S. 130, 133, 148, 150, 152, 156, 159, 163, 164, 167, 169.
179 Ebd. S. 171.
180 Schriftliche Auskunft von Dr. Erdmut Wizisla am 12.12.2010.
181 EJB. S. 17.
182 Ebd. S. 10.
183 Ebd. S. 18.
184 Ebd. S. 144.

Die Abkürzung *nyc* verwendet Johnson auch in den Briefen an Günter Grass und Fritz J. Raddatz. In den Briefen mit Siegfried Unseld schreibt Johnson den Ort und die Datumsangaben fast immer aus. Er verzichtet hierbei auf Spielereien und macht exakte Angaben wie *New York City[,] 10. August 1966*[185] oder *Friedenau in Berlin[,] 26. Januar 1974*[186] oder *Sheerness[,] 15. Januar 1981.*[187] Die Erklärung für dieses Schreibverhalten liegt offensichtlich an der vorrangig geschäftlichen Beziehung der beiden Briefpartner, wobei auch Ausnahmen wie beispielsweise Johnsons Angabe *Im Schreibabteil des HANSEAT*[188] gelegentlich vorkommen. Den gemeinsamen politischen Interessen entsprechend, werden in den Briefen an Hannah Arendt Ortsangaben wie: *Berlin 41 (U.S. Sector)*[189] oder *Friedenau, benannt nach einem Krieg im 19. Jahrhundert*[190] formuliert. Aber auch der charmante und verspielt humoristische Umgangston, den Johnson bei Frauen gerne an den Tag legt, spiegelt sich in den Ortsangaben. An Arendt schreibt er Folgendes: *am 31. Oktober, 1971 sitzt jemand und denkt: Liebe Frau Arendt*[191] oder *Friedenau etwa 70 Sekunden bis zum Aufsetzen der Flugzeuge auf der Piste des Lufthafens Tempelhof zu Westberlin sowie auch den 19. Oktober, 1973*[192] oder *in Frieden-Au: da ist der Himmel blau! Da tanzt der Ziegenbock mit seiner Frau! (Lokale Folklore).*[193] Auch Geburtstagsgrüße an Lotte Köhler werden auf ähnlich sympathische Art und Weise in die Ortsangabe integriert: *New York, an Ihrem Geburtstag 1972.*[194]

Johnson folgte keinem festen Prinzip, wie er seine Orts- und Datumsangaben gestaltete, deshalb finden sich auch zahlreiche Angaben mit unterschiedlichen Bedeutungskontexten wieder: Beispielsweise verdeutlicht er gegenüber Siegfried Unseld mit einem *Friedenau a. d. Pechsträhne*[195] seinen derzeitigen Gemütszustand. In der Zeit, als Johnson in New York lebte und sich dort hei-

185 UJB. S. 447.
186 Ebd. S. 813.
187 Ebd. S. 997.
188 Ebd. S. 165.
189 AJB. S. 108.
190 Ebd. S. 124.
191 Ebd. S. 61.
192 Ebd. S. 100.
193 Ebd. S. 130.
194 KÖJB. S. 440.
195 UJB. S. 833. Johnson verwendet diese Angabe, als es zu Zwistigkeiten mit Unseld wegen des Projekts *Walküre* kommt (vgl. hierzu Kapitel 3.1.3).

misch fühlte, bringt er dies in seinen Briefen durch englische Angaben wie *NYC 28 July 1966*[196] zum Ausdruck. Als Johnson vom 1. Juli 1961 bis zum 15. August 1961 an den von Henry Kissinger geleiteten *Internationalen Seminaren* an der *Harvard Summer School of Arts* teilnahm,[197] schreibt er sowohl Hans Magnus Enzensberger als auch Günter Grass am gleichen Tag: *Cambridge Mass. [,] 4-VII-1961*,[198] eine Schreibweise, die dort so üblich war.

Wenn man Johnsons Orts- und Datumsangaben klassifizieren möchte, so könnte man sie verschiedenen Gruppierungen zuordnen. Zum einen gibt es humoristische, politisch angehauchte und emotional bekennende Angaben. Sodann gibt es auch Varianten, die den Ort genauer umschreiben beziehungsweise die Lage noch deutlicher herausstellen, wie zum Beispiel in den Briefen an Fritz J. Raddatz und Max Frisch. Dort gibt es Bezeichnungen wie *Berlin, Gross Friedenau*,[199] *Friedenau in Berlin[,] Westlicher Ortsteil (Alt Friedenau)*,[200] *Friedenau, unweit der Sarrazinstrasse*,[201] *Friedenau, um vier Ecken*[202] oder *Planquadrat Rathaus*.[203] Bei Reisen gibt er auch gelegentlich seinen Status an, wie *Uwe Johnson auf Reisen*[204] oder *Uwe Johnson, fast schon wieder Postfach II, I Berlin 410*.[205] Was die verschiedenen Datumsdarstellungen betrifft, so soll die nachfolgende Grafik (vgl. Abbildung 8) die unterschiedlichen Formen stellvertretend für zahlreiche andere Fundstellen repräsentieren.

---

196 EJB. S. 130.
197 Vgl. GJB. S. 11, Anm. 1.
198 Ebd. S. 11, EJB. S. 24.
199 RJB. S. 113.
200 Ebd. S. 115.
201 FJB. S. 50.
202 Ebd. S. 52.
203 Ebd. S. 74.
204 RJB. S. 251. Der Brief wurde am 1. Januar 1978 geschrieben. Johnson besuchte zu diesem Zeitpunkt die Familie Landgraf in Neustadt am Rübenberg.
205 EJB. S. 74. Johnson befand sich zu dem im Brief vermerkten Zeitpunkt vom 21. Juni 1963 in Dahmeshöved.

Abb. 8 Johnsons Variantenvielfalt bezüglich der Datumsangaben.

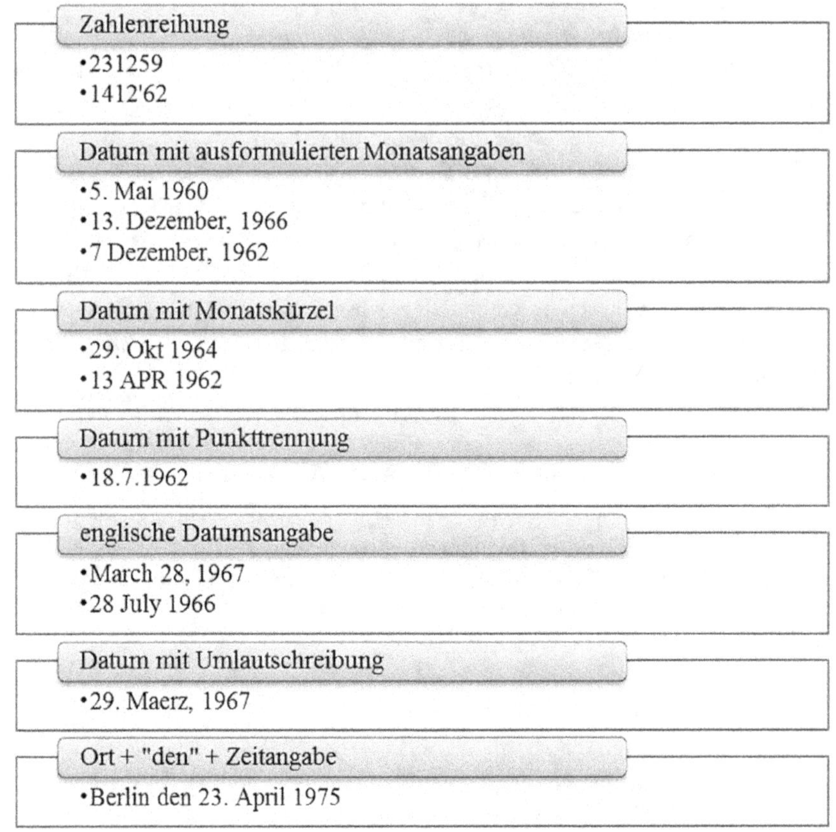

2.5.4.2 *Begrüßung*

Auch bei der Begrüßung zeigte sich Johnson einfallsreich und hantierte mit einer Fülle von unterschiedlichen Varianten. Zunächst lässt sich bei Johnson die Standardbegrüßung ‚Lieber Herr [XY]' beziehungsweise ‚Liebe Frau [XY]' erkennen. Die Form ‚Sehr geehrter Herr [XY]' beziehungsweise ‚Sehr geehrte Frau [XY]' tritt bei Johnson kaum auf. In seinen Briefen mit Walter Kempowski benutzt er diese Anrede gelegentlich, allerdings als eine neutral genutzte Begrüßungsform, während bei Fritz J. Raddatz ein *Sehr geehrter Herr Raddatz*[206]

206 RJB. S. 207.

negativ auszulegen ist. Johnson wählte diese Begrüßung, als er mit Raddatz aufgrund des Eheverrats die Freundschaft beendete.

Johnson verwendete als Zeichen des Respekts Anreden, die den gesellschaftlichen und wissenschaftlichen Status der Adressaten repräsentierten. *Lieber Herr Doktor Enzensberger,*[207] *Glückwunsch Herr Professor,*[208] *Liebe Professor Lotte*[209] oder *Lieber Herr Dr. Unseld* -[210] sind Begrüßungsformen, die selten eingesetzt werden, aber doch vorhanden sind. Entweder um zum Titel zu gratulieren oder aus anfänglicher Höflichkeit, aus Ehrerbietung heraus oder gelegentlich auch spaßeshalber. Auch besondere Verbindungen zueinander wie zum Beispiel ein nachbarschaftliches Verhältnis werden in der Anrede, vor allem bei Günter und Anna Grass, zum Ausdruck gebracht.

Weitere Extravaganzen in der Begrüßung sind in den Briefen mit Fritz J. Raddatz und Walter Kempowski nachzulesen. Mit Raddatz pflegte Johnson eine Art Anredespiel, wobei der Fokus auf den Vornamen Raddatz' gerichtet war. Inszeniert wurde dies von Fritz J. Raddatz selbst, und Johnson konnte sich nach etwas zögerlichem Verhalten auf diese spezielle Anredeform wie *Fritzchen! Ach Fritzchen,*[211] *Liebes Fritzchen Nummer Eins,*[212] *Liebes Fritzchen Cäsarisch Eins,*[213] *Liebes erstes Fritzchen,*[214] *Liebes Fritzchen I,*[215] *Liebes Fritzchen I ohne I,*[216] *Liebes Fritzchen Ohne I,*[217] *Liebes unbeziffertes Fritzchen,*[218] *Liebes Fritzchen I–III*[219] und *Wundersames Fritzchen*[220] einlassen. Diese Aufzählung zeigt, auf welch abwechslungsreiche Art und Weise die beiden sich geschrieben haben, und inwiefern Raddatz durch seine selbst gewählten Namensgebungen Johnson zahlreiche Anknüpfungspunkte bot.

---

207 EJB. S. 136.
208 RJB. S. 245. Raddatz wurde Honorarprofessor an der TU Hannover.
209 KÖJB. S. 455.
210 UJB. S. 12.
211 RJB. S. 22.
212 Ebd. S. 56.
213 Ebd. S. 71
214 Ebd. S. 75.
215 Ebd. S. 91.
216 Ebd. S. 100.
217 Ebd. S. 101.
218 Ebd. S. 113.
219 Ebd. S. 244, 251.
220 Ebd. S. 264.

Ein ähnliches Anredespiel zeigt sich auch in der Korrespondenz mit Walter Kempowski: *Lieber Herr von Kempowski,*[221] *Lieber Graf K.*[222] und *Lieber Graf Kempowski*[223] sind hier Johnsons bevorzugte Neckereien, die daraus entstanden, dass Kempowski sich selbst darüber mokierte, dass sein Name meist falsch geschrieben werde. In einem Schreiben vom 6. April 1971 verwendet Kempowski ein Briefpapier, auf dessen oberem Seitenrand zahlreiche Namensverfehlungen zu Kempowski stehen.[224] Dass Johnson ihn *in den Adelsstand*[225] mit der Anrede *von* erhebt, ist der Grundstein für Johnsons Witzelei mit dem Grafen. Bernd Neumann nennt für diese spezielle Anredeform allerdings einen anderen Auslöser; die sozialen Verhältnisse, aus welchen die beiden Literaten stammten, seien der Schlüssel für das Anredespiel. Dass Johnson selbst einer dem kleinbürgerlichen Milieu zugeordneten Familie angehörte, Kempowski hingegen einer wohlhabenden Rostocker Reederfamilie, soll Johnson durch die Betitelung mit *Graf Kempowski* zum Ausdruck gebracht haben.[226]

Auch Jochen Ziem pflegt Johnson auf besondere Art anzusprechen: *Lieben Ziem,*[227] *Halloh Schochen,*[228] *Lieben Schochen,*[229] *Guten Tag, Schochen Ziem,*[230] *Guten Tag Herr Ziem,*[231] *Ja lieben Ziem,*[232] *Lieben Ziem, Joachim mit Vornamen,*[233] *Lieben Joachim Ziem,*[234] *Sehr geehrter Herr Ziem in Düsseldorf,*[235] *Dear brother Joaquin*[236] und *Ehrenwerter Joachim Ziem*[237] zeigen Johnsons Gepflogenheiten in jungen Jahren, zwischen ungezwungener und vornehmer Anredegestaltung zu wechseln. Johnson Briefe sind auch sprachlich auffallend: Der Satzbau entspricht nicht dem üblichen Standard, und detailverliebte Wortschmückungen werden

221 KJB. S. 11, 23.
222 Ebd. S. 43.
223 Ebd. S. 71.
224 Ebd. S. 10.
225 Ebd. S. 25.
226 Vgl. Neumann, Bernd: Uwe Johnson. S. 653.
227 ZJB. S. 39.
228 Ebd. S. 41.
229 Ebd. S. 43.
230 Ebd. S. 48.
231 Ebd. S. 51.
232 Ebd. S. 68.
233 Ebd. S. 78.
234 Ebd. S. 79.
235 Ebd. S. 82.
236 Ebd. S. 84.
237 Ebd. S. 88.

zwischen den Kernaussagen eingeschoben, womöglich um den Sprachgebrauch etwas aufzulockern beziehungsweise um den Studentenstatus zur Schau stellen zu können.

Auch die persönlichen Spitznamen wie *Mang* für Hans Magnus Enzensberger,[238] *Jake* für Manfred Bierwisch, *James* für Klaus Baumgärtner, *James* für Joachim Menzhausen, *Béla* für Eberhard Klemm,[239] *Dorothy* für Dora Hensan, *Eule/Owl/L'hibou/Owldor* für Alice Hensan,[240] *Tante Dot* für Doreen Wangerin,[241] *Jochen* für Hans Joachim Schädlich[242] und *Schochen* für Jochen Ziem lohnen einer genaueren Betrachtung. Johnson schafft mit diesen individuellen Anredeformen Vertrautheit und vermittelt dem Briefpartner das Gefühl, eine besondere Person in Johnsons Leben zu sein. Dies wiederum stärkt und stabilisiert die Beziehung zueinander, was vor allem für die Briefkommunikation äußerst relevant ist, wenn man berücksichtigt, dass der Brief im Grunde genommen ein *Gespräch zwischen räumlich Getrennten*[243] ist. Des Weiteren zeigen diese speziellen Anredeformen, wie kreativ Johnson war und wie strategisch sinnvoll er diese im Brief einsetzt: Es ist bemerkenswert, wie das bloße Variieren der Anredeformen Nähe, Distanz, Enttäuschung, Dankbarkeit, Respekt oder Humor transportieren kann.

Ein weiterer nicht zu unterschätzender Faktor bei Johnson ist vor allem der Respekt gegenüber dem Alter als solchem, was in den Briefen beispielsweise mit Max Frisch und Hannah Arendt zum Tragen kommt.

Den 23 Jahre älteren Max Frisch begrüßt Johnson stets mit *Lieber Herr Frisch,* und auch als Frisch selbst von *Lieber Uwe Johnson*[244] zu *Lieber Uwe*[245] übergeht, behält Johnson seine förmliche Standardbegrüßung bei. Wohl etwas irritiert von diesem zurückhaltenden Benehmen reagiert Frisch, als er merkt, dass sein jüngerer Schreibpartner nicht auf die gleiche freundschaftliche Ebene eingeht, in seinem nächsten Brief wieder mit *Lieber Uwe Johnson.*[246] Von da an hält

---

238 Vgl. EJB. S. 74.

239 Vgl. Neumann, Bernd: Uwe Johnson. S. 287 ff. Hier werden die Spitznamen mit den entsprechenden Entstehungsgeschichten erläutert.

240 Informationen aus dem DLA-Marbach.

241 Informationen aus dem DLA-Marbach.

242 Informationen aus dem DLA-Marbach.

243 Kording, Inka K.: „Wovon wir reden können, davon können wir auch schreiben." S. 27.

244 FJB. S. 15, 20, 23, 26, 31 f., 34.

245 Ebd. S. 36.

246 Ebd. S. 45.

Frisch in der Zeit von 1972 bis 1973 ebenfalls an der förmlichen Begrüßung fest, verwirft sie aber mit seinem Brief vom 10. Juli 1973[247] gänzlich. Offensichtlich begriff Max Frisch im Lauf der Zeit, was Johnson mit seinem hartnäckigen Festhalten an solch einer Begrüßungsform bezweckte: Der Respekt vor dem Altersunterschied sollte in dem Briefwechsel zum Ausdruck kommen, weshalb sich Frisch schließlich am 22. Juli 1976 provokant und selbstironisch mit *[...] Herr Frisch*[248] verabschiedet.

Auch gegenüber Hannah Arendt bleibt das Altersgefälle von 28 Jahren in den Briefen lange spürbar. Zwar kann sich Johnson ab dem Jahr 1972 – es sind immerhin fünf Jahre Briefkommunikation vergangen – zu *Liebe Hannah*[249] durchringen, obwohl Arendt schon seit ihrem Brief vom 23. Februar 1969 die Anredeform *Lieber Uwe*[250] wählt. Johnson unternimmt zunächst eine Art schriftlichen Annäherungsversuch mit *Liebe Hannah A.,*[251] bevor er sich endgültig traut, Arendt mit Vornamen anzusprechen. Arendt, die ähnlich wie Frisch von Johnsons zögerlichem Verhalten, die förmlichen Muster abzulegen, verunsichert ist, macht dies in ihrer Anrede am 30. Juni 1970 deutlich, als sie schreibt: *Lieber Uwe, (darf ich doch? wegen Altersunterschied).*[252]

Dass Anreden zu Verunsicherungen führen können, wird auch Johnson bewusst, als Hannah Arendts Mann Heinrich Blücher verstorben ist. Zuvor unterschreibt Arendt auf ihrer Postkarte vom 24. Juli 1968 erstmals mit dem Nachnamen ihres Mannes, um zu signalisieren, wie sie künftig angesprochen werden möchte. Johnson ignoriert dies offensichtlich und nennt sie nur *Frau Blücher*, wenn er einen Brief an das Ehepaar richtet, ansonsten spricht er sie weiter mit ‚*Arendt*' an.[253] Erst nach dem Tod Heinrich Blüchers schreibt Johnson *Liebe Frau Blücher-Arendt*[254] und greift dann auf ihren Mädchennamen zurück.

Johnson brauchte häufig etwas mehr Zeit, um in seinen Briefen persönlicher zu werden, denn auch in der Korrespondenz mit Hans Magnus Enzensberger dauert es relativ lang, bis Johnson den gewünschten Namen *Mang* übernimmt. Enzensberger verabschiedete sich schon eine Zeit lang mit diesem Spitznamen,

247 Vgl. ebd. S. 66.
248 Ebd. S. 169.
249 AJB. S. 81.
250 Ebd. S. 21.
251 Ebd. S. 75.
252 Ebd. S. 32.
253 Vgl. ebd. S. 20, 34.
254 Ebd. S. 49.

aber Johnson hielt fast ein Jahr lang[255] an der Begrüßung *Lieber Hans Magnus*[256] fest, obwohl Enzensberger zwischenzeitlich provokant mit *dein mang, auch hans magnus*[257] ein unübersehbares Zeichen setzt. Als die Freundschaft für Johnson den nötigen Tiefgang erreicht hat, begrüßt er Enzensberger mit dem gewünschten Spitznamen. Dies hält bis zum 27. März 1967 an,[258] als Johnson seine Wohnungen an Dagrun und Ulrich Enzensberger untervermietet hat und sich der drohende Ärger bezüglich des Atelierfensters und der Kommune I bemerkbar macht.

Wie eben schon erwähnt, war Johnson etwas zögerlich, was vertraute Umgangsformen betrifft. Jedoch gilt dies nicht gegenüber allen Briefpartnern, denn in der Korrespondenz mit Günter und Anna Grass ist man sehr schnell dazu übergegangen, sich mit Vornamen anzusprechen. Auch im Briefwechsel mit Martin Walser kann diese rasche Vertrautheit beobachtet werden. Alle diese gesammelten Kriterien zeigen klar, dass Johnson schon bei der Begrüßung versuchte, einen individuellen und vertrauensförderlichen Ton zu treffen. Anhand der Begrüßung konnte der Briefpartner bereits vermuten, in was für einer Stimmung Johnson sich beim Schreiben befand und ob es sich inhaltlich um einen positiven oder negativen Brief handelte. Johnsons gewählte Anredeform transportiert zuverlässig die Intension, die dann im Brief zum Tragen kommt. Des Weiteren knüpft Johnson mit der Verwendung von Spitznamen an dem persönlichen Verhältnis zueinander an und drückt dadurch Wertschätzung und Respekt gegenüber seinem Briefpartner aus. Aus literarischer Sicht betrachtet, zeigt Johnson durch die Gestaltung der Begrüßung bereits hier sein kreatives und schöpferisches Potenzial.

2.5.4.3 Abschied

Noch akribischer und origineller ging Johnson bei der Gestaltung von Abschiedsformen vor. Das Schaubild (vgl. Abbildung 9) zeigt auf einen Blick, wie viele unterschiedliche Funktionen den johnsonschen Verabschiedungen zugeordnet werden können.

255 Vgl. EJB. S. 33–55.
256 Ebd. S. 33.
257 Ebd. S. 41.
258 Vgl. ebd. S. 179.

Abb. 9 Übersicht zu Johnsons Abschiedsformen.

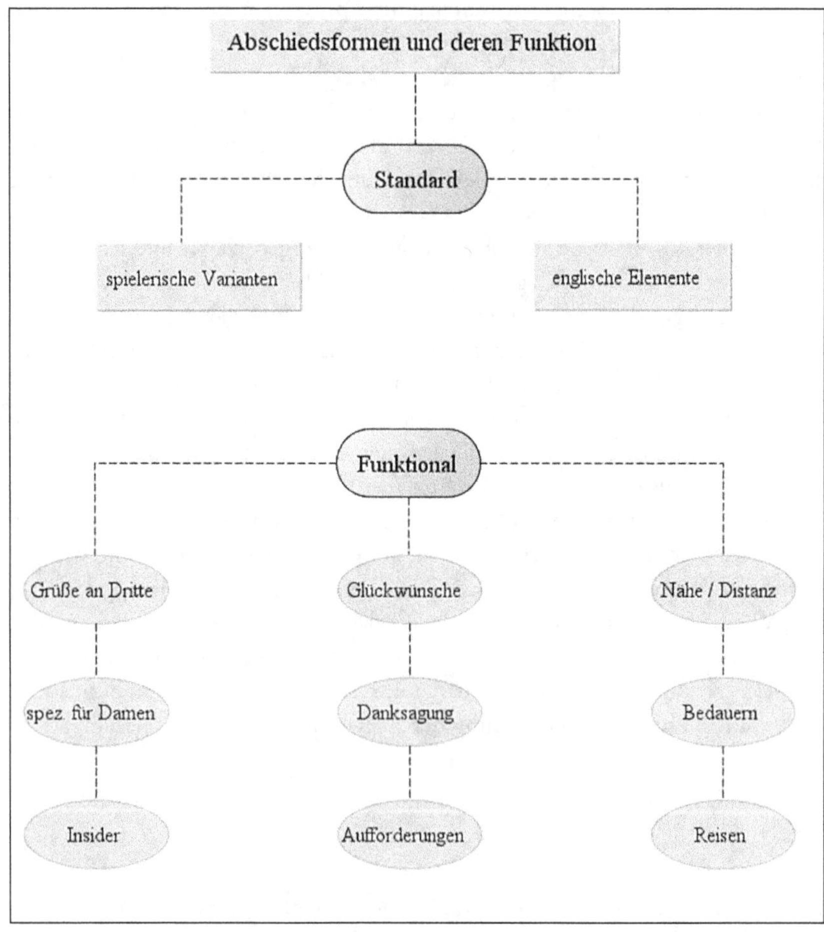

Diese vereinfachte Darstellung wirkt zunächst trivial, doch das Besondere hierbei ist, wie Johnson es verstand, seine Abschiedsfloskeln auf unterschiedlichste Art und Weise zu formulieren, und sein schriftstellerisches Können unter Beweis stellte. Der Anhang enthält Beispiele für die jeweiligen Gruppierungen (vgl. Kap. 8.7). Aufgrund der zahlreichen Varianten und der Menge an extravaganten Formulierungen können nicht alle Abschiedsformen dargestellt werden. Im Folgenden soll nun die vorangegangene Grafik kurz erläutert werden.

Johnsons Briefe enden anfänglich meist mit neutralen Verabschiedungen wie *ihr ergebener* oder *mit den schönsten Grüßen*. Da diese Formen häufig in Johnsons

Briefen zu lesen sind, werden sie als Standard festgelegt. Ergänzend zur erstgenannten Floskel ist zu sagen, dass Johnson die Standardverabschiedung *Ihr ergebener* seit dem Jahr 1960 benutzte. Möglicherweise übernahm Johnson diese Abschiedsform von Dagrun Enzensberger, denn erst seitdem sie sich erstmals am 20. April 1960 in dieser Form von Uwe Johnson verabschiedet,[259] findet sie sich seit dem 5. Mai 1960 auch bei Johnson wieder.[260] Diese neue Art der Verabschiedung fällt auf: *lassen Sie mal wieder von sich hören (lesen)? Und bitte wieder mit >>Ihr sehr ergebener<<!*[261] fordert Raddatz in seinem Brief vom 22. September 1966. Johnson kommt dieser scherzhaften Bitte fast zwei Jahre lang nach,[262] weshalb man auch davon sprechen kann, dass diese Standardverabschiedung im Falle Raddatz' zu einem ‚running gag' mutierte.

Auch wenn sich Johnsons briefliches Verhältnis zum Adressaten festigte, verwendete er immer noch die standardisierten Abschiedsfloskeln, allerdings in abgeänderter Form. Beispielsweise werden die Grüße dann zu *Allerschönsten Grüssen*[263] oder zu *Mit den Grüssen der Saison.*[264] Auch die Kombination mit englischsprachigen Elementen sorgt dafür, dass die Standardabschiede aufgelockert werden, wie beispielsweise bei einer Formulierung wie *Mit einem herzhaften Howdoyoulikeit?*[265] deutlich wird. Jedoch muss man an dieser Stelle achtgeben, denn Johnson setzte englische Ausdrucksweisen auch als ein Zeichen für Vertrautheit und Zuneigung ein.

Je länger ein Briefkontakt besteht, desto mehr funktionale Abschiedsformen lassen sich in den Briefen nachweisen. Mit der Gruppierung *Grüße an Dritte* sind vor allem Grüße gemeint, die Johnson den Frauen seiner Briefpartner ausrichten lässt, wie *Mit schönen Grüssen an deine Frau*[266] oder auch im umgekehrten Sinne, dass er von seiner Frau Elisabeth Grüße bestellt.

Von seinen Briefpartnerinnen verabschiedet er sich zumeist mit *Mit herzlichen Grüßen*[267] oder eingebauten Witzeleien. Bei Lotte Köhler beispielsweise greift Johnson gern den Vorfall mit ihrem verletzten Knie[268] sowie ihre Leidenschaft

259 Vgl. EJB. S. 15.
260 Vgl. UJB. S. 82.
261 RJB. S. 18.
262 Vgl. ebd. S. 18–54.
263 UJB. S. 604.
264 EJB. S. 120.
265 RJB. S. 42.
266 UJB. S. 707.
267 AJB. S. 20.
268 Vgl. KÖJB. S. 438, 440, 447, 449.

für heimatliche Reiseführer auf.[269] Von Anna Grass verabschiedet sich Johnson mit *Ihr ganz ergebener Nachbar,*[270] was die Verbindung der beiden deutlich herausstellt. Man findet aber auch Abschiede wie *Dies wünscht dir mit weissen und gelben Gruessen*[271] oder *Dies sind die allerfeinsten Grüße mit einem gelben Band*[272] oder *Mit einem blauen und gelben Bande.*[273] Mit Siegfried Unseld führen vor allem Johnsons Abschiedsformen, in denen er sich *empfiehlt* oder *unterschreibt,* zu einem humorvollen Umgang.[274]

Sogenannte Insider gibt es reichlich in den Briefkorrespondenzen, wie beispielsweise *Es ist nass, die Vögel frieren. Das sagte ich schon: dass ich Ihr Andenken erhalte*[275] oder *Treu & bieder.*[276] In der Kategorie *Insider* werden auch Verabschiedungsformen erfasst, die bestimmte Informationen enthalten, die ohne brieflichen Kontext nur im Abschied enthalten sind. Ein Beispiel hierfür ist Johnsons Verabschiedung in einem Brief an Fritz J. Raddatz vom 10. Oktober 1966: *Und ob Sie wieder und wie gegen einen Baum gefahren sind koennten Sie schreiben.*[277] Aus den Briefen erfährt man nicht, dass Raddatz im Oktober 1966 drei Autounfälle hatte.

Glückwünsche werden für neu erschienene Werke, für erfolgreiches Arbeiten, zu Weihnachten, Neujahr und Geburtstag, für schöne Urlaubstage, zur Hochzeit und Geburt, für die Gesundheit und dergleichen ausgesprochen. Danksagungen erfolgen für Besuche, Geschenke und für geleistete Hilfe. Johnsons Aufforderungsgesuche beziehen sich meist auf den Wunsch nach mehr Kontakt zueinander, sei es in Form von Briefen, Anrufen oder Besuchen.

Wer Johnson nahesteht, der wird mit Verabschiedungen wie *yours truly* oder *sincerely yours* beehrt. Auffallend hierbei ist, dass Johnson sich häufig mit diesen beiden Floskeln verabschiedet, wenn er entweder Hilfe von seinem Briefpartner benötigt oder ihm ein Freundschaftsbeweis erbracht wird. Wer allerdings nur *Mit freundlichen Grüssen* oder *Ihr Uwe Johnson* verabschiedet wird, ist entweder in Ungnade gefallen, wie beispielsweise Fritz J. Raddatz, oder mit Johnson nicht persönlich bekannt, wie beispielsweise im Fall von Schreiben an Institute oder Behörden.

Die Kategorie des *Bedauerns* beinhaltet unangenehme beziehungsweise beschwerliche Aspekte jeglicher Art, wie beispielsweise dass die Schreibmaschine

269 Vgl. ebd. S. 466, 471.
270 GJB. S. 50.
271 Ebd. S. 68.
272 Ebd. S. 111.
273 Ebd. S. 134.
274 Vgl. UJB. S. 24, 28, 30, 58.
275 EJB. S. 13.
276 UJB. S. 86.
277 RJB. S. 23.

defekt ist oder Johnson nicht besucht wird oder er selbst keine Zeit zum Briefeschreiben hat.

Johnson nutzte nicht nur bei den Orts- und Datumsangaben die Gelegenheit, seinen Reiseaufenthalt anzudeuten. Die Kategorie *Reisen* steht für Verabschiedungen, bei denen Johnson seine Reiseziele bekannt gibt oder betont, dass er aufgrund eines Reiseantritts in Zeitnot sei.

Zudem können folgende Auffälligkeiten in den Korrespondenzen festgestellt werden: Johnsons Abschiedsformen sind nicht immer klar voneinander abzugrenzen, oft kombiniert er mehrere Funktionen miteinander. Häufig sind seine Verabschiedungen sehr lang, wie zum Beispiel *Nunmehr knoepfe ich erwaehnten Mantel zu, ergreife einen Flugschein und ziehe vor Ihnen gleichfalls erwaehnten Hut.*[278] Johnson verabschiedet sich charakteristischer Weise auch mittels Satzform oder einer vorangestellten Frage, um die üblicherweise knappe Abschiedsform ein wenig hinauszuzögern. In Englisch verfasste Abschiede formuliert Johnson besonders gehäuft während seiner New Yorker Zeit.

Was seine Unterschrift betrifft, so unterzeichnet Johnson meist mit vollem Namen, aber es gibt auch Briefe, die nur mit den Initialen *U. J.*[279] oder der Kurzform *Uwe J.*[280] unterschrieben sind.

Ein formales Element, das Johnson sonst sparsam einsetzt, wird in den Briefen an Unseld häufig angewendet,[281] nämlich das *P.S.* oder auch *N.B.* Diese Funktion des *Post Scriptum* beziehungsweise der *Nebenbemerkung* nutzt Johnson meist in Zusammenhang mit einer Bitte, in der Hoffnung, diese beiläufig oder unauffällig schriftlich fixieren zu können.

2.5.5 Johnsons autobiografische Selbstinszenierung im Brief

Einmal sehen wir einander wieder und können die Unterschiede erzählen, genauer, mit mehr unmittelbarem Verständnis, als in Briefen,[282] schreibt Johnson am 19. März 1969 Hans Magnus Enzensberger. Dieses Zitat zeigt, dass Johnson den Brief nur bedingt als geeignetes Kommunikationsmittel betrachtete, da der Brief verschiedene Auffassungen von ein und derselben Sache hervorbringen konnte.

Nicht konkret genug ausgesprochen wird hierbei, welche Unterschiede Johnson meint: Bezieht er sich ausschließlich auf die Diskrepanz zwischen den dargestell-

---

278 Ebd. S. 48.

279 Ebd. S. 72.

280 Ebd. S. 94.

281 Vgl. UJB. S. 24, 26, 37, 40, 89, 96, 278, 359, 383, 396, 504, 681, 691, 703, 787, 864 f., 913, 923.

282 EJB. S. 85.

ten Briefinhalten und dem Verständnis des Adressaten, oder ist hier nicht auch der Unterschied zwischen dem Inhalt und dem tatsächlich Erlebten gemeint?

Diese Fragestellung spiegelt ein Grundproblem bei der Untersuchung der Briefe Johnsons wider, nämlich es kann nur das analysiert werden, was und vor allem wie Johnson es in seinen Briefen darstellt.

Obwohl Johnson alle relevanten Lebensstationen in seinen Briefen abhandelt, gibt es bislang keinen Briefwechsel, der Johnson als Person in Gänze erfassen könnte. Dies überrascht insofern, als aufgrund Johnsons geplantem und diplomatischem Vorgehen beim Schreiben, sowie seiner Vorliebe bei wichtigen Themen ähnliche oder sogar gleiche Formulierungen zu verwenden (vgl. Beispiele S. 77, 81), ein einheitliches Bild seiner Person über die diversen Briefwechsel hinfort zu erwarten gewesen wäre. Anhand der Analyse stellte sich jedoch heraus, dass die Briefe eher etwas Mosaikhaftes aufweisen. Johnson stellt sich und seine Erlebnisse zwar in den Briefen ähnlich dar, verteilt aber wichtige Informationen über mehrere Briefwechsel hinweg.

Dieses gezielte Streuen von Informationen kann hauptsächlich beobachtet werden, wenn es um emotionale Belange geht. Als Fazit lässt sich festhalten, dass die von Johnson hervorgebrachten Themen stets eine übergeordnete Funktion erfüllen: Sie spiegeln Johnsons Selbstverständnis, Schriftsteller zu sein, wider, sie lassen ihn als Privatperson nahbar werden, ohne zugleich zu intime Einblicke zu gewähren, und sie zeigen trivialerweise Johnsons Interessengebiete auf.

Die nachfolgende Grafik (vgl. Abbildung 10) präsentiert nun die Themen, die in den Briefen Johnsons häufig zur Sprache kommen, und erlaubt mittels Angaben der entsprechenden Referenzstellen ein individuelles Nachschlagen und Vertiefen der jeweiligen Sachverhalte. Es wurde versucht, die Themen ihrer Funktionen entsprechend anzuordnen: So stehen die Themenkategorien *Gulliver*, *Kursbuch*, *Gruppe 47* und *Projekt Walküre* für Johnsons Agieren als Schriftsteller unter gleichgesinnten Kollegen, was allerdings im Rahmen dieser Arbeit nicht näher betrachtet wird, da diese Thematik sich für eine eigenständige Forschungsarbeit anbieten würde. Das Thema *Cuba (Offener Brief)* nimmt eine Sonderstellung ein, weil es zeigt, welch scharfer Kritiker Johnson in literarischer als auch in privater Hinsicht sein konnte. Johnsons Freundschaftsverständnis und sein konkretes Verhalten kann anhand der Themen *Kommune I*, *Umzug nach England* und *Mexiko* erschlossen werden. Johnsons Umgang mit emotionalen Krisen lässt sich an den Themen *Keller-Story*,[283] *Herzinfarkt*, *Ehekrise*, *Identität Charlie*, *Schwägerin*, *Zahnschmerzen*, *Alter* und *Tod* repräsentieren. Die Themenbereiche *Hürliman Bier*, *Als*

283 Eigene Nomenklatur.

Deutscher im Ausland und *Kennedy School* beschreiben Johnson in Rollen wie der eines kultivierten Genießers, dem Deutschen im Ausland und als Vater.

Abb. 10 Johnsonsche Themenkomplexe.

Thema	Belegstellen
Gulliver	UJB 177-182, 189f, 195-198, 201, 219, 223, 233f, 240, 243ff, 248, 258ff,265, 267f, 275, 279, 286f, 291f, 425f / EJB 11-14, 25, 28f, 31-58, 90 / GJB 13-36
Kursbuch	UJB 381, 504 / EJB 67f, 87-95, 103-106, 109ff, 117, 119, 134-144, 147-150, 153, 155, 161, 201ff / GJB 29-53 / RJB 46 / AJB 10f
Gruppe 47	UJB 93, 97, 300f, 332, 350f, 595, 904f, 907, 910, 933-937 / EJB 12, 47, 92, 95ff / GJB 26, 71, 107, 127 / FJB 200f / RJB 13ff, 21, 33, 225, 227-234 / KJB 56, 77, 122, 126
Projekt Walküre	UJB 828, 830-834 / EJB 206 / FJB 72-75, 80, 88-92 / RJB 158f, 162f
Cuba (Offener Brief)	UJB 507, 707, 718f / EJB 154, 156ff, 160 / GJB 121 / FJB 33 / RJB 60-63 / AJB 57
Kommune I	UJB 480, 482f, 488, 492 / EJB 163, 166f, 172-186, 191f, 194f, 208 / GJB 86-97
Umzug nach England	FJB 76, 83-88 / RJB 166, 169 / AJB 131, 135-138 / KJB 76 / KÖJB 451
Mexiko	UJB 495 / EJB 161 / GJB 114 / FJB 13
Keller-Story	UJB 881 / FJB 176 / RJB 165 / AJB 145 / KJB 77 / KÖJB 456
Herzinfarkt	UJB 864, 874f, 876ff, 879ff / FJB 127ff, 132 / RJB 183f, 189 / AJB 153, 157, 160 / KJB 77 / KÖJB 453f
Ehekrise	UJB 891f, 924f, 995f / FJB 199, 203-207, 218, 220 / RJB 264f / KJB 86, 90ff
Identität Charlie	UJB 954 / FJB 102f, 135, 195, 198f, 230 / RJB 246, 249 / KJB 92ff, 117f
Schwägerin	UJB 498ff, 511f / GJB 103 / FJB 14 / RJB 55 / AJB 20
Zahnschmerzen	UJB 1003; FJB 194; RJB 184, 251
Alter	FJB 155, 157, 163ff, 169, 237 / RJB 99, 219 / AJB 32, 68, 157f, 161f
Tod	FJB 55, 182ff, 189f, 192f / AJB 49f
Hürliman Bier	UJB 1043-1046 / FJB 89, 134 / RJB 165 / KJB 100
Als Deutscher im Ausland	UJB 584 / FJB 87, 134ff, 158f, 161, 163 / AJB 96, 146ff / KJB 101, 109ff
Kennedy-School	UJB 772; GJB 116, 126; FJB 103, 125; RJB 76; AJB 20, 124f, 135; KJB 76f

Die Korrespondenzen, die im Jahr 1959 beginnen, thematisieren relativ ausführlich das Erscheinen der *Mutmassungen über Jakob*. Enzensberger schrieb hierzu eine Rezension, und auch Raddatz nahm sich Johnsons Erstling vor. Die *Mutmassungen über Jakob* werden häufig in den Briefen erwähnt sowie gemeinsame Arbeitsprojekte, die aus den Freundschaften heraus entstanden sind, wie beispielsweise das letztlich gescheiterte Zeitungsprojekt *Gulliver* oder Enzensbergers *Kursbuch*. Bei Tagungen der *Gruppe 47* trug der Freundeskreis um Johnson seine neuesten Werke vor. Daher liefern die Briefe Johnsons auch zahlreiche Informationen zur *Gruppe 47*. Je länger die von Hans Werner Richter ins Leben gerufene *Gruppe 47* existierte, desto problembeladener werden die brieflichen Mitteilungen hierzu. Zu bedenken gilt es, dass die Treffen der *Gruppe 47* häufig zu einem wichtigen Schauplatz für die einzelnen Teilnehmer wurden. Johnson traf dort die Personen, die für seine Biografie am relevantesten waren.

Johnson war sich darüber bewusst, welche Beziehungen für ihn wichtig waren, und so versuchte er, als Innovator mit dem Gemeinschaftsprojekt *Walküre* sich gegenüber seinem Verleger Siegfried Unseld erkenntlich zu zeigen (vgl. Kap. 3.1.3).

Das sich Engagieren ist eine Rolle, die Johnson auch sonst gern in den Briefen einnimmt, wenn er Freunden beispielsweise bei Immobilienangelegenheiten,[284] bei Schlichtungsversuchen, wie im Falle Frischs und seiner Frau Marianne (vgl. Kap. 3.4.3), und bei der literarischen Produktion, wie besonders bei Kempowski geschehen (vgl. Kap. 3.7.2), hilft. Insgesamt betrachtet liefern die frühen Briefe Johnsons wichtige Informationen darüber, wie Johnson sich selbst als Schriftsteller versteht, in welchen Situationen er mit Schriftstellerkollegen und Verlegern klar Stellung zu Projekten, aber auch politischen Sachverhalten, bezieht und wann er es aus diplomatischen Gründen bevorzugt, sich dezent im Hintergrund zu halten. Das gemeinsame literarische Arbeiten führte aber auch immer wieder zu Konflikten mit Kollegen, wie am Beispiel der Auseinandersetzung mit Enzensberger ersichtlich wird.

Genaue Ausführungen zu Enzensbergers Schriftstück *On leaving America*, das auch in Johnsons Werk *Jahrestage* eingearbeitet ist, kann unter den Kapiteln 3.2.4 und 8.5 nachgelesen werden. An dieser Stelle soll lediglich erläutert werden, was und vor allem wie Johnson über den Sachverhalt in seinen Briefen berichtet. Als Erstes tauscht sich Johnson hierzu mit Fritz J. Raddatz aus, welcher in seinem Brief vom 28. März 1968 mittels der kleinen Anspielung *Im übrigen geht man doch neuerdings nach Kuba*[285] Johnson zum Schreiben anregt. Am 1. Ap-

284 Vgl. EJB S. 96, 98 f.; GJB S. 201, FJB S. 50; KJB S. 69.
285 RJB. S. 60.

ril 1968 antwortet Johnson ausführlich zu diesem Thema. Im Mittelpunkt steht aber nicht Enzensberger selbst, sondern die Sicht des Schriftstellers Hans Erich Nossack, der von Enzensberger eine Entschuldigung gegenüber dem Rektor der Wesley-Universität erwartet.[286] Raddatz, der Johnsons Bericht Glauben schenkte, wird jedoch schnell von diesem aufgeklärt, dass es sich dem Briefdatum entsprechend um einen Aprilscherz handelt. Ergänzend sei hier nur erwähnt, dass Johnson seine Briefe gelegentlich zur Streuung von Gerüchten nutzte. Eines dieser Gerüchte, das Johnson absichtlich verbreitete, ist beispielsweise, dass er in Neu-Delhi die Leitung des Goethe-Hauses übernehmen werde,[287] ein Aprilscherz, der besonders durch Günter Grass in Umlauf gebracht wurde.[288] Doch um auf Enzensbergers *Offenen Brief* zurückzukommen: Am 10. August 1971, erst vier Jahre später, schreibt Johnson im fast gleichen Wortlaut jeweils einen Brief an Max Frisch und Hannah Arendt zu diesem Thema. Um die Ähnlichkeiten der Formulierungen zu demonstrieren, werden nun die beiden Briefpassagen vom 10. August 1971 im nachfolgenden Abschnitt miteinander verglichen:

Brief an Hannah Arendt	Brief an Max Frisch
[...] ich werde aber vom Verlag mit den Korrekturen des II. Bandes beworfen, und wieder sind sie auf Umbruch gesetzt. Zwar hat mein Verleger wiederum 712 Seiten Typoskript entgegengenommen mit einer Miene, die freudige Überraschung darstellte, aber er steht mit so dicken Bänden in Fortsetzung recht allein da in einer feuilletonistischen Umgebung, die ihren Benjamin nicht kennt und alle entscheidenden Schläge in der kleinen Form erwartet, und obendrein wird er wohl seinen Autor Enzensberger verlieren, weil ich nicht umhin konnte, und Mrs. Cresspahl erst recht nicht, zu dessen Offenem Brief On Leaving America Einfälle zu bekommen. So tapfer ist mein Verleger, und besser behandle ich ihn pfleglich. (AJB 56 f.)	Bis dahin sitze ich über den Korrekturen eines II. Bandes und denke gelegentlich abergläubisch an die glückliche Hand, die Sie mir dafür gewünscht haben. Unser Verleger zwar hat die 712 Seiten Typoskript mannhaft entgegen-genommen. Überhaupt hat er sich tapfer gezeigt. Ich habe jene Mrs. Cresspahl nicht davon abringen können, Einfälle zu bekommen anlässlich des Offenen Briefes (On Leaving America), den Hans Magnus Enzensberger im Januar 1968 an die Linke der U.S.A. gerichtet hat, sie über ihre eigene Lage und das eigene Land aufzuklären, und unser Verleger meint nun diesen Autor verlieren zu müssen, und zeigte nicht Wirkung, wie sonst die Boxer sagen. (FJB 33)

286 Vgl. ebd. S. 61 ff.

287 Vgl. EJB. S. 184. Hier klärt Johnson Enzensberger darüber auf, dass der Aprilscherz auf ihn und Unseld zurückzuführen sei.

288 Vgl. UJB. S. 471 und Anm. 2.

Die Übereinstimmungen sind deutlich zu erkennen, sogar die Details über Unseld werden exakt beibehalten. Doch aus der Korrespondenz mit Unseld selbst geht relativ wenig bezüglich dieser Angelegenheit hervor, außer dass Enzensberger mit dem Passus in den *Jahrestagen* letztlich einverstanden gewesen sein soll. Johnson wusste Enzensbergers Einstellung zu schätzen und versicherte gegenüber Unseld, dass seine kritische Darstellung des *Offenen Briefes* Enzensberger nicht *tadeln*[289] solle. Doch die nachfolgende Aussage, Enzensberger könne beim Lesen *auch Erinnerungen an eine Freundschaft finden,*[290] lässt das Gegenteil vermuten, denn ihre Freundschaft war bereits zu diesem Zeitpunkt, aufgrund der Vorfälle um die *Kommune I*, gescheitert. Auch der Sarkasmus, der sich in dem an Frisch gerichteten Brief befindet, nämlich dass Enzensberger die *Linke der U.S.A* habe über die eigene politische Lage aufklären müssen, ist nicht zu überlesen. So spöttisch, wie Johnson sich hier einerseits einem ehemaligen Freund gegenüber zeigt, so charmant konnte Johnson andererseits sein, wenn er sich einem Freund nahe fühlte. Seine freundschaftlichen Bekundungen brachte er dann auf unterschiedliche Art und Weise zum Ausdruck, wie zum Beispiel durch besondere Grußformeln, durch würdigende Aussagen zum *Alter* oder durch dankende Worte, wenn ihm ein Freund zur Hilfe eilte, wie beispielsweise Günter Grass, der Johnson bei der Auseinandersetzung mit der *Kommune I* zur Seite stand (vgl. Kap. 3.3.2). Auch die Hilfe von Max Frisch, vor allem in finanzieller Hinsicht, nahm Johnson gerne an, wie die nachfolgenden Ausführungen zu Johnsons Umzug nach England und sein geplantes Reisevorhaben nach Mexiko belegen.

Beginnend mit dem Brief von Max Frisch am 6. April 1974 erfährt man über Johnsons *Umzugsabsichten nach England* Folgendes:

> Und nun bitte ich Sie zu glauben, dass es in keinem Zusammenhang damit steht, wenn ich Ihnen heute schreibe, was ich nicht mehr muendlich habe sagen koennen, weil Marianne zugegen gewesen ist und davon vielleicht nicht wissen soll; die Aktion England. Ich bin traurig, wenn Sie einmal Berlin verlassen, und ich verstehe den Plan, glaube ich, sehr gut. Das koennte richtig sein. Das Darlehn, das Sie dafuer brauchen, 120 000 DM, wie Sie sagten, kann ich ohne weiteres geben, und es waere mir sogar willkommen; [...] Sie haben mich nicht darum gebeten, ich denke, das muesste es Ihnen eigentlich leichter machen, ein solches Darlehen von mir anzunehmen.[291]

---

289 Ebd. S. 719.

290 Ebd. S. 719.

291 FJB. S. 76.

Johnson nahm, wie bereits erwähnt, das zinslose Darlehen von Frisch an und investierte das Geld in den später erfolgten Hauskauf. Johnson schreibt Hannah Arendt hierzu am 14. Juni 1974 Folgendes:

> Nämlich, für die Zeit von Ende Juli bis Ende August haben wir ein Haus gemietet bei London, da soll aber gar nichts geschrieben werden. Sondern, von da aus, wollen wir kleine Reisen unternehmen, bis wir ein Haus gefunden haben, in dem wir für die nächsten Jahre leben können. Es ist doch wohl so, dass wir nach New York in Westberlin nicht wieder angewachsen sind, an den Riverside Drive können wir nicht zurück, da kommt uns England vor wie eine richtige Abwechslung, auch und vor allem wegen Katharina. Dieser Plan ist so zu sagen ein grosses Geheimnis, indem Sie davon sprechen können, mit wem Sie wollen. Wenn Sie aber mit einem davon nicht sprechen mögen, tun Sie es einfach nicht. O. K.?[292]

Doch Arendt berichtet der gemeinsamen Freundin Lotte Köhler von Johnsons Plänen, weshalb Köhler in ihrem Brief vom 29. Oktober 1974 genauere Angaben zu dem Umzugsvorhaben Johnsons zu erfragen versucht.[293] Auch Helen Wolff erzählte Arendt von Johnsons Absicht. Arendt konnte Johnsons Bitte nicht Folge leisten, da sie den Umzug Johnsons nicht akzeptieren wollte. Sie wünschte sich, dass Johnson zurück an den Riverside Drive kehre. Johnson erklärt in seinem Brief, datiert auf den 30. August 1974, warum er und seine Familie nach England umziehen möchten.[294] Den Umzug brachte Johnson im November 1974 endgültig hinter sich, als er noch einmal in Berlin zu tun hatte und seine letzten Habseligkeiten mitnahm.[295]

Anhand der inhaltlichen Aspekte, die aus der Sichtung der Briefe herausgearbeitet werden konnten, zeigen sich jedoch die für Johnson typischen Verhaltensweisen des ‚Verschleierns' und ‚Verschweigens' wieder: Der Umzug nach England soll geheim gehalten werden, wie Johnson von Arendt fordert. Johnson möchte selbst bestimmen, wem er davon berichtet. Dies zeigt sich zum Beispiel auch daran, dass Johnson Kempowski seine neue Adresse bewusst nicht mitteilte und dem Freund dies auch in seinem Brief andeutet (vgl. Kap. 3.7.2). Des Weiteren erwähnt Johnson in keinem Brief, dass Frisch an der Finanzierung des Hauses maßgeblich beteiligt war, und verschweigt auch, dass Frisch den Johnsons am 12. April 1966 5.000 DM für die bevorstehende *Mexiko*-Reise zukommen ließ.[296] Thematisiert wird gegenüber Frisch lediglich am 19. August 1966 Folgendes: *Mexiko steht uns bevor im naechsten Sommer, wenn wir quer durch das Land*

292 AJB. S. 130 f.

293 Vgl. KÖJB. S. 450.

294 Vgl. AJB. S. 130–136.

295 Vgl. ebd. S. 841, Anm. 2.

296 Vgl. Neumann, Bernd: Uwe Johnson. S. 625.

fahren, um es wieder zu verlassen.[297] Diese Ausführungen sind relativ dürftig, in Anbetracht dessen, dass Frisch Johnson hierbei finanziell unterstützte.[298] Hans Magnus Enzensberger wird am 7. Dezember 1966 von dem geplanten Sommerurlaub berichtet. Ein genaues Datum der Reise ist nicht bekannt, aber ein Sommerurlaub kam nicht zustande, wie der Brief an Anna Grass vom 8. November 1967 belegt, denn die Johnsons stellen eine Reise nach Mexiko erst in Aussicht.[299] Die brieflichen Schilderungen dienen schon lange im Voraus zur Ankündigung der Reise, auch wenn sie letztlich nicht angetreten wurde. Das Thema *Mexiko* zeigt deutlich, dass Johnson dazu neigte, banale Themen ausführlich in seinen Briefen zu behandeln und davon vielen Briefpartnern zu berichten, wobei wichtige Aspekte, wie hier die Finanzierungshilfen von Frisch, verschwiegen werden. Womöglich passte es nicht zu dem Bild des erfolgreichen Schriftstellers, der von anderen Geld erhielt, denn zumindest in den Jahren 1974 bis 1977 war es Johnson ein besonderes Anliegen, sich als aufopferungsbereiter Schriftsteller, der im Keller an seinen Werken unerlässlich zu arbeiten versuchte und dessen Privatleben dadurch schwand, darzustellen. Die nachfolgende Übersicht (vgl. Abbildung 11) präsentiert die Passagen, die hier unter dem Begriff *Keller-Story* zusammengefasst wurden und in immerhin sechs von acht untersuchten Briefwechseln erscheinen.

Diese Auszüge sind insofern interessant, als sie grundsätzlich dasselbe Thema beschreiben, aber die inhaltlichen Ausrichtungen bei genauerer Betrachtung sehr unterschiedlich sind. Dieses Beispiel verdeutlicht die These, dass Johnsons Briefe etwas Mosaikhaftes aufweisen und er Informationen zum gleichen Sachverhalt über mehrere Korrespondenzen hinweg streute. In den Briefkorrespondenzen wird der Baustein *Keller-Story*, der trivial betrachtet lediglich den Fakt beinhaltet, dass Johnson im Keller arbeitet, unterschiedlich eingesetzt: Im Fall Siegfried Unselds dient der Baustein als Beweis, an den *Jahrestagen* weiterzuschreiben, bei Max Frisch erfährt man etwas Privates über Elisabeths und Katharinas Vorhaben, gegenüber Raddatz stellt Johnson seine Arbeit als Ballast oder strenge Pflicht dar, wenn er davon spricht, an die *Maschine gekettet* zu sein. In Bezug auf die Mitteilungen gegenüber Hannah Arendt erfährt man, wie Johnson seinen Arbeitsplatz eingerichtet hat, welche Bücher er stets zum Arbeiten verwendete und wie wichtig dabei die Anordnung der einzelnen Materialien war, um ein heimatliches und vertrautes Gefühl, gleichsam wie in der der Wohnung in der *friedenauer Hauptstrasse*, herzustellen. Diese Information ist insofern relevant,

297 FJB. S. 14.

298 Vgl. Neumann, Bernd: Uwe Johnson. S. 625.

299 Vgl. GJB. S. 113 f.

als man dadurch erfährt, an welchem Ort Johnson sich beim Arbeiten besonders wohlgefühlt haben muss. Denn erstaunlicherweise berichtet er nicht von seinem Arbeitsplatz über dem Roxy-Kino an der nahegelegenen Reihnstraße, den er in den Jahren 1967 bis zum Umzug nach England 1975 nutzte.

Abb. 11 Johnsons Beschreibungen seiner Literaturwerkstätte (entnommen aus den entsprechenden Briefwechseln).

Briefauszug aus der Korrespondenz mit Siegfried Unseld

- Ich sitze im Keller und schreibe an einem Buch, dessen Titel wir hier lieber nicht erwähnen wollen. Da geht es so zu, am Abend muss man mir sagen, wie tagsüber das Wetter war, denn ich sehe ja nur das Geländer der Strandpromenade und den Himmel. Regen allerdings fällt mir auf. (UJB 881)

Briefauszug aus der Korrespondenz mit Max Frisch

- Elisabeth ist in Berlin, Frau Boveris Papiere im Geheimen Staatsarchiv zu untersuchen, die Tochter bei Freunden im Niedersächsischen in den Ferien, hier wird nur der Keller bewohnt. (FJB 176)

Briefauszug aus der Korrespondenz mit Fritz J. Raddatz

- Über das »perfide Albion« weiss ich Ihnen wenig mitzuteilen, da ich von Anfang an im Keller sass, an die Maschine gekettet. (RJB 165)

Briefauszug aus der Korrespondenz mit Hannah Arendt

- Nun aber steht im Keller fast alles wie in der friedenauer Hauptstrasse eingerichtet war, rechts von der Maschine das Sachwörterbuch der Geschichte von Dietz neben dem Lexikon zur Geschichte und Politik im 20. Jahrhundert von Kiepenheuer & Witsch, links davon ein Nachrichtenmagazin seit 1952, hinter mir das Luegersche Lexikon der gesamten Technik und das Wörterbuch des Kaufmanns, so zuverlässig einmauernd, dass ich morgens heimlich aus dem Fenster steigen könnte und unentdeckt spazierengehen auf der Strandpromenade, hinter deren Gitter ich an der Himmelsfarbe das Wetter errate. Denn wo man kocht und isst, wo man wohnt und schläft, das ist alles in den drei Ebenen über mir; hierher kommen Elisabeth und Katharina so selten, als wär es ein Sperrgebiet. Solch Vertrauen honorierend, bleibe ich brav an der Tastatur [...]. (AJB 145)

Briefauszug aus der Korrespondenz mit Walter Kempowski

- Ich sitze im Keller und versuche anzuschreiben gegen die Folgen eines Infarktes [...]. (KJB 77)

Briefauszug aus der Korrespondenz mit Lotte Köhler

- Von mir kann ich nur berichten, dass ich im Keller sitze, mit Blick auf Vorplatz, Geländer der Strandpromenade und den Himmel, im Blick der vorübergehenden Mitbürger, die nachsehen, ob ich fleissig bin, und dass ich fleissig bin, und dass das nicht recht nutzt. (KÖJB 456)

Der Grund hierfür könnte sein, dass Johnson dieses Schreibzimmer aus der Not heraus eingerichtet hatte, nachdem er aufgrund der Brandschäden in seiner Atelier-Wohnung in der Niedstraße 14, die bei dem tragischen Unfalltod der Schwägerin Jutta Schmidt entstanden sind, besagte Schreibstätte verlor.[300] In den Briefen wird dieser Verlust jedoch nicht angesprochen, erst durch die Keller-Metapher erfährt man erstmalig etwas über Johnsons Arbeitsplatz. Doch der Platz im Keller wird in den Briefen Johnsons zu einer Isolationszelle, die ihn von seiner Familie und seinem neuen Umfeld trennt. In den Briefen an Kempowski und Köhler bestätigt sich dieser Eindruck, wenn der Briefbaustein *Keller-Story* in einem sehr intimen Licht dargestellt wird und Johnson von seinem Infarkt und seinem Unvermögen zu schreiben knapp berichtet.

Erstaunlich ist hierbei, dass sich Johnson Personen anvertraute, mit denen er nur kurze Korrespondenzen führte. Auch bei Raddatz findet man in dem Brief vom 1. Januar 1978 Anspielungen auf Johnsons Schreibblockade, allerdings in die Metaphorik der *Zahnschmerzen* gepackt:

> Ihr letzter Brief ist datiert vom 26. Oktober 1977, und gewiss bekenne ich meine Zerknirschung. Es ist an dem, dass es mir bei dieser Reiserei etwas schlecht erging, und dass hatte unter anderem die Folge, dass mir in einem fort Zähne gezogen wurden, und alle waren sie Molaren. Was glauben Sie, was für Assoziationen dann die Tasten der Schreibmaschine bewirken.[301]

Das Interessante an der Symbolik ist, dass Johnson in dem Brief vom 21. Juni 1977 gegenüber Max Frisch auf eine sarkastisch-humoristische Art und Weise von seinen Zahnproblemen spricht.[302] Auch an dieser Stelle wird deutlich, dass Johnsons briefliche Darstellungen sich stark voneinander unterscheiden konnten. Selbst wenn man als Leser der Briefwechsel zunächst glaubt, nichts Ernsteres hinter den Schilderungen Johnsons vermuten zu dürfen, so liefert ein anderer Briefwechsel völlig neue und unerwartete Aspekte. Die Darstellungsvarianten lesen sich meist wie Ergänzungen und ergeben in ihrer Fülle ein aufschlussreiches und informatives Gesamtbild. Zudem belegen die bislang dargebotenen Ausführungen, dass es Johnson schwerfiel, über seine Emotionen offen zu schreiben, und er diese eher anhand metaphorischer Ausführungen zum Ausdruck brachte. Es gibt jedoch eine Ausnahme in den Briefen, wo Johnson sichtlich darum bemüht ist, emotional präsent zu sein, nämlich wenn er über den *Tod* schreibt.

---

300 Vgl. Neumann, Bernd: Uwe Johnson. S. 616.
301 RJB. S. 251.
302 Vgl. FJB. S. 194 f.

Als die Mutter von Martin Walser gestorben war, reagiert Johnson mit seinem Brief, datiert auf den 21. April 1967, wie folgt:

> Lieber Martin,
> es tut mir sehr leid dass deine Mutter gestorben ist. Ich habe eine sichere Erinnerung an sie, vor allem an das besorgte und zärtliche Laecheln, mit dem sie deine Ankuenfte und Abschiede entgegennahm. Du tust mir leid, nachdem ich begriffen habe dass unter den Schmerzen dieser einer der wenigen ist, die einen mit Sicherheit erreichen. Er geht andere nichts an, und hoffentlich verstehst du es nicht als zu aufdringlich, wenn ich dir vorhalten moechte dass du wenigstens keinmal aufgegeben hattest dich mit ihr zu verstaendigen und nicht ohne sie gelebt hast, solange sie lebte. Ich wuenschte, es gelaenge dir das gegen bittere Umstaende zu setzen. […][303]

Mit dieser Bekundung beweist Johnson Einfühlungsvermögen. Auch wenn das Verhältnis zwischen ihm und Martin Walser nicht immer unbelastet war, so zeigen beide an angebrachter Stelle Mitgefühl und Herzlichkeit. Dieser Brief nimmt eine Sonderstellung ein, denn Johnson reagiert nie wieder so sensibel auf eine Todesnachricht, auch wenn er sich um selbiges bei Hannah Arendt bemüht:

> […] Ein Brieftelegramm, unverzüglich: So einfach war es für mich nicht. Seit Anfang November sechs Wochen lang sass ich auf der westdeutschen Eisenbahn und dachte nach was ich sagen könnte. Weniger Mühe machte, dass etwas gesagt werden soll, mehr die Frage: was Sie sich sagen lassen könnten. Mir fällt zu der Banalität des Todes, der Absurdität des Sterbens immer mal was ein, aber ich mag es nicht mehr aussprechen. Es ist besonders überflüssig angesichts meiner Überzeugung, dass Herr Blücher diese Art von Zukunft mit sich abgemacht und erledigt hat. Was haben Sie davon, zu wissen, dass wir traurig sind über den nicht zu rechtfertigenden Vorfall. Wenn wir sagten, wir seien traurig über Ihre Lage, Sie würden sich verbitten, dass Einer sich an Vorstellung Ihrer Lage versucht. An was wir uns erinnern, es würde Ihr Bild von ihm doch stören. Verzeihen Sie, dass wir nichts zu sagen haben. Hilfe, das setzten Sie voraus: wenn wir welche leisten könnten, Sie würden sie abrufen.[304]

Johnson kann einiges dazu schreiben, wenn einem Freund ein schmerzlicher Verlust widerfuhr, doch bei eigenen schmerzlichen Erfahrungen findet er nur schwer passende Worte: Als Johnsons Mutter gestorben war, teilt er Hans Magnus Enzensberger am 8. März 1963 mit: *Wie du lebe ich auf einem dürren Ast; meine Mutter ist gestorben; Briefe kann ich nicht.*[305]

Auch als die *Schwägerin* Jutta Maria Schmidt in seiner Atelier-Wohnung in der Nacht zum 12. November 1967 tödlich verunglückt ist, findet man in den

303 Uwe Johnson-Archiv Rostock, UJA/H/252614, Bl. 24.
304 AJB. S. 49 f.
305 EJB. S. 68.

Briefen keine emotionalen Reaktionen hierauf, obwohl Johnson die Schwägerin finanziell unterstützte und eine gewisse Bindung sicherlich vorhanden war.[306] Johnson berichtet in seinen Briefen Folgendes: Ein Jahr vor dem tragischen Unglück teilt Johnson in seinem Brief vom 19. August 1966 Max Frisch mit, dass er seine Wohnung einer Verwandten anvertraut habe. Diese sei mit seinen Habseligkeiten allerdings nicht sorgsam umgegangen, weshalb er vermutet, die Wohnung erst Anfang September für einen Besuch Max Frischs wieder in Ordnung gebracht zu haben.

Der Brief an Siegfried Unseld vom 19. Dezember 1967 liefert mögliche Erklärungen für dieses Benehmen: Jutta Schmidt nahm schon seit Längerem Schlaftabletten ein, was Johnson bekannt war. Doch als Schmidt in einem Gespräch versicherte, dass sie nur gelegentlich zum Einschlafen eine Tablette nehmen würde, machte sich Johnson keine weiteren Gedanken. Er nahm an, dass seine Schwägerin nur aufgrund ihrer Lebensumstände eine Affinität zu Schlaftabletten entwickelte und in einem anderen Umfeld von der Sucht loskommen würde. Doch Jutta Schmidt griff, laut Aussagen der Polizei, wahrscheinlich in der besagten Nacht auch in Johnsons Wohnung zu Tabletten und ist mit der Zigarette in der Hand eingeschlafen. Da sie den Rauch nicht mehr rechtzeitig bemerkte, ist sie, laut Johnsons Darstellungen gegenüber Unseld, am Rauch erstickt. Johnson berichtet Unseld diesen Vorfall deshalb so ausführlich, weil er sich sorgt, für den Brandschaden selbst haften zu müssen, schließlich wusste er von der Tablettensucht, die den getrübten Bewusstseinszustand verursachte und des Weiteren zum Brandunglück führte.[307]

Der Brandunfall erscheint auch in der Korrespondenz mit Fritz J. Raddatz, der in seinem Telegramm vom 13. November 1967 Hilfe anbietet,[308] sowie in dem Brief von Alice Hensan am 2. Dezember 1967.[309] In den Briefen wird, wie bereits erwähnt, verschwiegen, dass Johnson seine Atelier-Wohnung aufgeben musste, und er zeigt auch keine Trauerreaktion. Man begegnet hier somit wieder dem typischen Verhaltensmuster Johnsons, nichts Vertrauliches preiszugeben und zu schweigen. Insgesamt betrachtet lässt sich feststellen, dass das Thema Tod einem in den Briefwechseln häufig begegnet. Immer wieder werden Herzinfarkte, tragische Todesumstände und Selbstmorde miteinander besprochen.

Diese drei Motive beziehen sich natürlich auch auf Johnson selbst: sein Herzinfarkt, der Tod seiner Schwägerin und seine eigenen Suizidgedanken. Johnson

306 Vgl. UJB. S. 498 f.
307 Vgl. ebd. S. 499 f.
308 Vgl. RJB. S. 55.
309 Vgl. Neumann, Bernd: Uwe Johnson. S. 616.

soll in seiner schweren Krise Unseld gefragt habe, ob er sich nicht das Leben nehmen solle.[310] Die Briefe an Unseld belegen die Suizidgedanken Johnsons jedoch nur einmal, nämlich in dem Brief vom 18. September 1975.[311] Das Thema Suizid in Johnsons Briefen wäre ein weiteres lohnenswertes Untersuchungsfeld, vor allem wenn die Korrespondenz mit Sonja Richter zugänglich sein wird, die laut Neumann hierzu Aufschluss bieten soll.[312]

Der nächste Abschnitt soll an den Themen *Herzinfarkt* und *Ehekrise* die eben erläuterten Aspekte, nämlich dass Johnsons Briefe von einer gewissen emotional kontrollierten Metaphorik geprägt sind und ein sogenanntes mosaikhaftes Schreiben von Johnson betrieben wurde, hervorheben. Des Weiteren wird unter Einbeziehung weiterer Quellen, wie der Johnson-Biografie, Mitteilungen von Zeitzeugen und ausgewählter Forschungsliteratur, gezeigt, wie Johnson emotionale Krisen in seinen Briefen darstellt beziehungsweise bewältigt. Dieses methodische Vorgehen ist insofern wichtig, um mögliche Diskrepanzen, die sich zwischen dem Erlebten und der Darstellung in den Briefen befinden können, ausfindig zu machen.

Bereits als Schüler wurde Johnson ein schwaches Herz diagnostiziert.[313] Seine späteren Rauch- und Trinkgewohnheiten haben das Risiko einer ernsthaften Erkrankung begünstigt, und am 18. Juni 1975 erlitt Johnson im Alter von 40 Jahren einen Herzinfarkt.[314] In einem ärztlichen Attest vom 24. Juni 1975 steht, dass Johnson mehrere Wochen ruhen und für mindestens zwei Monate nicht arbeiten solle.[315] Relativ zeitnah berichtet Johnson zuerst seinem Verleger Siegfried Unseld am 30. Juni 1975 von dem Herzinfarkt:

> Dies zu tun waren wir aber nicht imstande, weil ich mich in etwas befinde, was die Ärzte eine medical condition nennen. Ich glaube, es hat etwas mit dem Herzen zu tun, mag das aber nicht einsehen. Ich bitte Dich eingedenk unserer Freundschaft, dies strikt für Dich zu behalten. […] Zur Zeit kann ich nicht arbeiten. Diese Ärzte haben mir professional work verboten für die nächsten zwei Monate >>or so<<, richtig mit Attest, so dass ich meine Verpflichtungen für den Herbst auch noch mit fachmännischer Rükkendeckung absagen kann.[316]

310 Vgl. Unseld, Siegfried: Uwe Johnson. S. 44.

311 Vgl. UJB. S. 876 ff. Johnson betont, dass es das Vertrauen Unselds sei, das ihn noch am Leben halte.

312 Vgl. Neumann, Bernd: Uwe Johnson. S. 844–850.

313 Vgl. Neumann, Bernd: Uwe Johnson. S. 723.

314 Vgl. UJB. S. 864, Anm. 1; 877.

315 Vgl. Neumann, Bernd: Uwe Johnson. S. 723.

316 UJB. S. 864 f.

Unseld reagiert auf diese Nachricht zunächst nicht schriftlich, sondern fordert Johnson sogar zur Arbeit an den *Stichworten* für Max Frisch auf, was vorerst ein falsches Bild von Unseld als hartherzigem Freund ergibt.[317] Nur anhand eines Briefes an Elisabeth Johnson vom 2. Juli 1975 wird ersichtlich, dass Unseld bereit war, für die medizinischen Kosten aufzukommen.[318] Allerdings bietet Unseld erst am 18. August 1975 seine Hilfe an, nachdem er von Burgel Zeeh erfahren hat, dass Johnson bereits auf dem Weg der Besserung war. Johnson antwortet brieflich nicht mehr, er war enttäuscht von Frisch und Unseld, die an seinen *Stichworten* Kritik übten. Unseld bezichtigt Johnson daraufhin der *Geheimnistuerei*[319] bezüglich des Infarkts und unterstellt ihm mangelndes Interesse an dem Buchprojekt. Johnson versucht, Unseld erneut zu erklären, dass er krank sei, ein *Infarkt, mit Schäden in den Herzkranzgefässen,*[320] wie er nun drei Monate nach dem Vorfall wisse. Am Tiefpunkt angekommen gewährt Johnson, der bereits im vorangegangenen Brief vom 8. Juli 1975 seine Depression andeutet, Unseld Einblick in seine psychische Verfassung:

> Es ist heute auf den Tag drei Monate her, dass mir das passierte, und in den letzten Wochen habe ich einige Male schon mehr als eine Seite pro Tag geschrieben. Nur vor den Passagen, die für einen lustigen, oder komischen, Verlauf anstehen, graut es mir. Denn übrig geblieben ist eine wüste Depression. Ich kann ohne Scham, weil wahrheitsgemäss, solche Plattheit versichern wie: dass ich keine Lust mehr habe zu leben, und mir jede Handlung abquälen muss als Pflicht. Es ist dein Vertrauen, das mich hält.[321]

Obwohl Johnson deutlich davon spricht, nicht mehr leben zu wollen, äußert Unseld lediglich, dass Johnson durch dieses *Tal*[322] hindurch müsse und er es auch schaffen werde, da Johnson von seinem Umfeld gebraucht werde. Johnson teilt Unseld daraufhin lediglich mit, dass er *menschenscheu*[323] geworden sei und keine körperlichen Anstrengungen auf sich nehmen könne. Zudem hat Johnson ein neues Testament angefertigt und fordert Unseld auf, die anderen bereits verfassten Testamente an ihn zurückzuschicken.[324] Danach werden die Themen Herzinfarkt und Depression nicht mehr in den Briefen behandelt, und Johnson meldet am 8. November 1975, dass er im Keller sitze und an den *Jahrestagen* arbeite.[325]

---

317 Vgl. ebd. S. 866–869.
318 Vgl. ebd. S. 869, Anm. 3.
319 Ebd. S. 875.
320 Ebd. S. 877.
321 Ebd. S. 877 f.
322 Ebd. S. 878.
323 Ebd. S. 879.
324 Vgl. ebd. S. 879 f.
325 Vgl. ebd. S. 881.

Johnson informiert im Lauf der Zeit Max Frisch, Hannah Arendt, Fritz J. Raddatz und Lotte Köhler von seinem Herzinfarkt, Günter Grass und Hans Magnus Enzensberger schreibt er davon nicht. Am 11. Juli 1975 wendet sich Frisch an Johnson, um nach seinem Ergehen zu fragen, und bietet ebenfalls finanzielle Unterstützung an, falls Johnson aufgrund hoher Arztkosten Hilfe benötige. Johnson antwortet Frisch erst am 20. August 1975 und greift, obwohl zwischenzeitlich schon Telefonate und briefliche Mitteilungen erfolgt sind, den Infarkt in einem andern Zusammenhang auf:

> Sie beschämen mich mit Ihrem Brief von vorgestern, denn ich habe ja schon zwei zu beantworten unterlassen. Das kann ich nicht entschuldigen mit den Folgen jenes anekdotischen Infarkts, leider muss ich dies Versäumnis erklären mit dem beiliegenden Brief an Sie, an dem ich fünf Wochen lang gesessen habe. Diese letzte Fassung ist auch noch misslungen, ich möchte die Sache nun aber vom Halse haben.[326]

Von Bedeutung sind hier zwei Aspekte: Zum einen wird der Infarkt zu etwas Anekdotischem herabgesetzt, und zum anderen äußert Johnson, dass der Grund für die lange Schreibpause in seinen Versuchen lag, einen angemessenen Brief an Frisch zu schreiben. Trotz der fünf Wochen, die er für diesen einen Brief brauchte, war er mit der letzten Fassung immer noch nicht zufrieden. Daran erkennt man, wie pedantisch und auf eine optimale Inszenierung bedacht Johnson beim Briefeschreiben sein konnte, vor allem wenn es sich dabei um Briefe handelte, die er seinem Ermessen nach an ehrwürdige Personen schicken wollte. Obwohl Frisch selbst schon Erfahrungen mit Depressionen hatte, vertraute sich Johnson ihm nicht an.[327] Anders verhält es sich, als Johnson Hannah Arendt am 3. August 1975 von seinem Infarkt berichtet:

> Bitte erschrecken Sie nicht, und bei Ihrer Erfahrung mit Infarkten werden Sie sich ja ohnehin kaum >>verfieren<<, wenn ich Ihnen gehorsamst melde, dass ich einer statistischen Vorschrift in einer geradezu anekdotischen Weise unterworfen wurde. Das Alter von etwa 40 Jahren stimmt, der Infarkt ist eingetroffen, nur ist es mir nicht in einer Eigenschaft als Manager zugestossen, welches selbe einen Fehler in der Statistik entblössen sollte, mir vaterlandslosem Subjekt aber nur gerade wieder das Anekdotische und den Genuss an dem selben herstellt. Ein Ärztekollegium hat mir jegliche Arbeit und Erfreulichkeit wie Reisen untersagt. Dabei ist gar nichts los, der Herzspezialist im Landeskrankenhaus von Kent kann sich mit mir auf deutsch unterhalten, wenn er das Wort >>Wehmut<< nun einmal nur gebrauchen kann in der Artikulation, die ein wahrscheinlich polnisches Kind vor 1933 hat erlernen müssen, und meine gute Frau Lassesman sorgt für alles was übrig bleibt.[328]

326 FJB. S. 134.
327 Vgl. ebd. S. 124 und Anm. 175.
328 AJB. S. 153.

Johnson schreibt wieder von einem *anekdotischen* Vorfall, spielt diesmal aber seine Erkrankung noch weiter herunter, indem er Statistiken heranzieht, so als ob es fast normal sei, einen Infarkt zu erleiden. Auch die Schilderung des Arztes sowie der Bezug zu dem polnischen Kind sollen von dem Infarkt ablenken. Arendt schreibt daraufhin am 23. August 1975, dass sie die Statistiken nicht beeindrucken und dass sie handfestere Informationen zu Johnsons Gesundheitszustand wünsche.[329] Tatsächlich aber bezweifelt sie, dass Johnson einen Infarkt hatte, vielmehr vermutet sie, dass er aufgrund seines ausgeprägten Alkoholkonsums einen Zusammenbruch erlitten hat, wie sie Mary McCarthy am 22. August 1975 in einem Brief mitteilt. Johnson erschien ihr zu jung für einen Herzinfarkt.[330] Johnson reagiert auf Arendts Forderung und berichtet in seinem Brief vom 27. August 1975:

> Lassen Sie, bitte, zu meinen Gunsten sprechen, dass es einer von den minderen war, a minor one, mit ein wenig Beschädigung der Herzkranzgefässe. Das habe ich mit acht Wochen im Bett abgemacht, denn die Ärzte benutzten für die Elektro-Kardiogramme Geräte, die kann man tragen wie einen Plattenspieler. Als die Ergebnisse sie mehr und mehr befriedigten, holte die Ambulanz mich ins Landeskrankenhaus nach Maidstone, da forderte eine andere Ärztekommission mich auf, von nun an gesund zu werden, spazieren zu gehen, auch ein wenig arbeiten soll ich.[331]

Auch in diesem Brief stellt Johnson seine Erkrankung in einem milderen Licht dar. Ähnlich berichtet er auch Fritz J. Raddatz am 11. September 1975 von seinem Herzinfarkt und lässt dabei seinen gezogenen Backenzahn nicht unerwähnt:

> Nun heisst es, es gehe mir nicht gut. Daran ist so viel, dass mir, dem Witzbedürfnis der Statistik zuliebe, nun auch ein Infarkt zugestossen ist mit leichter Beschädigung der Herzkranzgefässe und dass ich von einem Ärztekollegium im Landeskrankenhaus von Kent für geheilt erklärt worden bin, mit den erwartbaren Auflagen und Verboten. Gewiss bin ich ein wenig flügellahm und mache mir Sorgen, wie es denn weitergehen kann mit dem Buch, aber es geht mir gut. Vielleicht sollte ich, der Vollständigkeit halber, hinzusetzten, dass mir vorgestern ein Backenzahn entfernt wurde, aber das fühle ich kaum noch, so dass ich nicht klagen kann über mein tatsächliches Befinden, wem immer zu Gefallen.[332]

Raddatz erkennt Johnsons ‚Verschleierungstaktik' und schreibt ihm am 2. Dezember 1975:

---

329 Vgl. ebd. S. 157.

330 Vgl. Brightman, Carol (Hg.): Hannah Arendt, Mary McCarthy. Im Vertrauen. Briefwechsel 1949–1975. München 1997. S. 547.

331 Ebd. S. 161.

332 RJB. S. 184.

> trotzdem wüsste ich gern mal genaueres und würde weniger spröde auskünfte appreziieren – wie geht es nun wirklich mit der gesundheit, was tun Sie nach dem infarkt, um keinen zweiten zu kriegen (mir erzählte jemand, Sie hätten gar zwei gehabt – ???). [...] erzählen Sie mir doch mal in einem brief davon; auch, ob Sie nun weder trinken noch rauchen (was ich mir grauenvoll vorstelle).[333]

Johnson antwortet am 20. Dezember 1975, dass er keinen zweiten Infarkt hatte, auf nichts verzichten müsse und seine Frau ihn in die Stadt begleite, damit er seine vorgeschriebenen Spaziergänge tätige. Auch dass er wieder an der Schreibmaschine säße,[334] erwähnt er, doch alles andere, was er Unseld anvertraute, findet man in dieser Korrespondenz nicht.

Je länger der Vorfall zurücklag, desto abgeschwächter und knapper fielen Johnsons Erläuterungen zu seinem Herzinfarkt aus. Lotte Köhler entschuldigt sich in ihrem Brief vom 8. Oktober 1975 bei Johnson für ihre mangelnde Reaktion auf seinen Infarkt.[335] Johnson antwortet in seinem Brief vom 16. Oktober 1975 kurz:

> Von mir kann ich nur berichten, dass ich im Keller sitze, mit Blick auf Vorplatz, Geländer der Strandpromenade und den Himmel, im Blick der vorübergehenden Mitbürger, die nachsehen, ob ich fleissig bin, und dass ich fleissig bin, und dass das nicht recht nutzt.[336]

Im Grunde äußert er sich hier nicht zu seinem Herzinfarkt, sondern deutet seine aus dem Infarkt resultierende Schreibblockade an. Auch zwei Jahre nach seinem Infarkt berichtet er immer noch davon, im Keller zu sitzen, und zieht die Statistik heran, um Walter Kempowski von dem Vorfall zu unterrichten. Er schreibt am 29. Juni 1977:

> Ich sitze im Keller und versuche anzuschreiben gegen die Folgen eines Infarktes, den ich der Statistik zuliebe vor zwei Jahren mir habe beikommen lassen. Zu unserer eigenen Verwunderung benutzen wir London, ausser für den Weg zum Flugplatz, und Fachärzten, kaum.[337]

Das Zitat liefert nahezu beiläufig die Information, dass Johnson nach wie vor Fachärzte aufsuchte. Von seiner Therapie, die er bei einer Psychologin in England durchführte, berichtet er jedoch keinem.[338] Über seine Ehe- und Schreibkrise liest man in den Briefen relativ wenig, es sind eher Johnsons Werke, die Hinweise

333 Ebd. S. 189.
334 Vgl. ebd. S. 195.
335 Vgl. KÖJB. S. 454.
336 Ebd. S. 456.
337 KJB. S. 77.
338 Informationen aus dem DLA-Marbach.

auf sein emotionales Erleben liefern, wie der nachfolgende Abschnitt aus den *Begleitumständen* zeigt:

> Dem Verfasser wird im Juni 1975, als er nach einem Umzug seine Arbeit wieder ausgepackt hat und ein Abschluss ernstlich in Aussicht steht, endlich eröffnet: sein Umgang mit den tschechoslowakischen Elementen des Buches sei durchaus weniger unabhängig und freihändig gewesen, als er zwar habe annehmen dürfen. Es gebe in der Tat eine Möglichkeit, seine berufliche Integrität in Frage zu stellen. Denn er habe bei den >>Jahrestagen<< sich helfen lassen von der Absolventin eines prager Semesters, die er für seine Frau bloss gehalten, für seine Mitarbeiterin bloss angesehen habe, wenn sie ihm den Inhalt des Wortes rosny in der tschechischen Sprache aufschlüsselte [...]. In Wahrheit sei sie seit dem Herbst 1961 in inniger Verbindung mit einem Vertrauten des S.T.B., des tschechoslowakischen Staatssicherheitsdienstes, der über fast anderthalb Jahrzehnt seine Information zog aus einer Standleitung von Kontakt und Treff und Korrespondenz. [...] Eine Beschädigung der Herzkranzgefässe war begleitet von einer Beschädigung des Subjekts, das ich in der I. Vorlesung eingeführt habe als das Medium der schriftstellerischen Arbeit, als das Mittel einer Produktion. Es ist nur billig, dass jemand für seinen Mangel an Respekt für die Zustandsbeschreibung >>writer's block<<, die Schreibhemmung, zurechtgewiesen wurde mit der Erfahrung einer solchen Verfassung am eigenen Bewusstsein. Jemand in der Lage der Depression wird sich zur gewohnten Zeit an die Schreibmaschine setzen, sobald die Ärzte ihm das erlauben; erleben wird er eine umfassende Unfähigkeit, etwas zu Papier zu bringen [...].[339]

Dieser Auszug ist in der Forschungsliteratur häufig zitiert und zu Interpretationszwecken verwendet worden. Es wurde anfänglich diskutiert, inwiefern es sich dabei um autobiografische Angaben handelt. In diesem Kapitel soll gezeigt werden, wie Johnson seinen Briefpartnern von dem Ehebruch berichtete und inwiefern er seine Freunde für seine autobiografische Darstellung heranzog.

Bernd Neumann berichtet, dass Johnson am 18. Mai 1975 von dem Ehebruch seiner Frau zufällig erfahren habe. Johnson selbst nennt in dem vom 21. Februar 1983 verfassten Testament ein anderes Datum:

> Im Juni 1975 gab sie – ungewollt, es rutschte ihr so heraus – zu, seit November 1961 ein festes Verhältnis mit einem Mann gehabt zu haben, der in Prag, der Hauptstadt der C.S.S.R., wohnte...[340]

Die Frage der Datierung ist insofern relevant, denn wenn Johnson tatsächlich im Juni 1975 von dem Ehebruch erfahren hat, so besteht möglicherweise ein Zusammenhang zu seinem Herzinfarkt, und dies wiederum wäre typisch für Johnsons Verschwiegenheit in den Briefen, wenn es um private Angelegenheiten

339 Johnson, Uwe: Begleitumstände. S. 451 f.

340 Lübbert, Heinrich. Der Streit um das Erbe des Schriftstellers Uwe Johnson. S. 30.

geht. Bernd Neumann schreibt, dass Johnsons handschriftlich verfasster Brief an Erika Klemm, in dem er um ihre Hilfe gebeten haben soll, *furchtbare Zerstörungen*[341] aufweise. Johnsons schlechter psychischer Zustand soll sich folglich auch in seinen handschriftlichen Mitteilungen abgezeichnet haben. Des Weiteren habe Johnson, laut Neumann, Erika Klemm mitgeteilt, dass die *Medikamentenkur gegen seine Depressionen [...] nicht gefruchtet habe,*[342] dies wäre eine sehr private Mitteilung, wie man sie sonst zumindest in keinem der untersuchten Briefen finden konnte.

Michael Hofmann vermutet, dass Johnsons Misstrauen aus seiner Kindheit herrührte. Johnson soll seiner Mutter insgeheim Vorwürfe gemacht haben, dass sie den Vater verraten habe.[343] Johnsons generelles Misstrauen und seine spätere Isolation sollen, laut Hofmann, zu dieser *Verschwörungstheorie*[344] beigetragen haben, in der Johnson seine Ehefrau beschuldigte, ein Verhältnis zu einem Spion gehabt zu haben. In Johnsons Testament vom 21. Februar 1983 heißt es hierzu:

> Erst im Frühjahr 1978 erfuhr ich – nicht von meiner Frau, sondern zufällig –, daß ihr Liebhaber neben seinem bürgerlichen Beruf noch für den Staatssicherheitsdienst der Tschechoslowakei tätig war. Als das herausgekommen war, im April 1978, verließ mich meine Frau.[345]

Tilman Jens führt hingegen einen anderen Trennungsgrund an: Elisabeth Johnson soll ihren Mann verlassen haben, weil das Ehedrama an die Öffentlichkeit gelangt sei.[346] Es ist bekannt, dass Fritz J. Raddatz für das Öffentlichwerden des Ehebruchs verantwortlich gemacht wurde. Während man in den Briefen Johnsons, wie bereits erwähnt, nichts von einem Geheimagenten nachlesen kann, erfährt man dort allerdings Unerfreuliches über Fritz J. Raddatz. Der behauptete später jedoch, nichts mit alldem zu tun gehabt zu haben, und publiziert sogar in *DIE ZEIT* den Brief Johnsons, in dem er des Verrats beschuldigt wird.[347]

Öffentlich beteuerte Raddatz seine Unschuld, aber dies änderte nichts an Johnsons Ansicht. Er befand Raddatz für schuldig an seiner persönlichen Mi-

341 Neumann, Bernd: Uwe Johnson. S. 745.

342 Ebd. S. 745.

343 Vgl. Hofmann, Michael: Uwe Johnson. Stuttgart 2001. S. 19.

344 Ebd. S. 34.

345 Lübbert, Heinrich. Der Streit um das Erbe des Schriftstellers Uwe Johnson. S. 31.

346 Vgl. Jens, Tilman: Unterwegs an den Ort wo die Toten sind. Auf der Suche nach Uwe Johnson in Sheerness. München 1984. S. 60.

347 Vgl. Lesebücher deutscher Not und Schande. Uwe Johnsons ‚Frankfurter Vorlesung' und Stephan Hermilis ‚Aufsätze und Reden'. Von Fritz J. Raddatz. In: DIE ZEIT, Nr. 42, 10.10.1980, S. 8.

sere, und somit musste dieser mit dem Bruch der Freundschaft leben. Johnson unterlässt es in seinen Briefen nicht, Siegfried Unseld, Max Frisch und Walter Kempowski von Raddatz' Fehlverhalten zu unterrichten. Hier werden die Briefe nun wieder bewusst eingesetzt, um die eigene Biografie dahingehend zu gestalten, dass es einen konkreten Schuldigen an dem Unglück gibt, nämlich Raddatz, der als vermeintlicher Verräter in diversen Briefen verantwortlich gemacht wird. Was nun der tatsächliche Auslöser für die Trennung der Eheleute war, ist bis heute nicht geklärt, in den untersuchten Briefen wahrt Johnson Stillschweigen zu den Gründen, warum seine Ehe letztlich scheiterte. Johnson schreibt Max Frisch am 31. August 1978 lediglich Folgendes bezüglich seines persönlichen Dilemmas:

> am Rande von Ernst Blochs Beerdigung, in der >>Krone<< zu Tübingen, habe ich Ihnen gesagt, Sie würden aus einer meiner nächsten Arbeiten vielleicht schliessen auf eine private Notlage und dann wünschen, ich hätte Sie bereits ins Vertrauen ziehen sollen, als sie begann. Jedoch werde ich eher behindert durch die mündliche oder briefliche Mitteilung von einem Unglück, das zunächst einmal nur mich betroffen habe, und ich wolle vertrauen auf den Versuch herauszufinden, ob es darüber hinaus auch geeignet sei, erzählt zu werden als eine weniger subjektive Erfahrung. Sie haben dies auf der Stelle verstanden, und ich danke Ihnen für die Unbefangenheit, die Sie unserem Umgang erhalten haben.[348]

Johnson spielt hier auch auf die *Skizze eines Verunglückten* an, in der er seine Erfahrung zu verarbeiten versuchte. Zudem erklärt er Frisch, warum er sich ihm nicht eher anvertraute: Die Angelegenheit habe zunächst nur ihn selbst betroffen. Nun folgt ein Passus, der die oben ausgeführte Begründung für die Trennung der Johnsons bekräftigt – der Eheskandal wurde öffentlich. Noch nennt Johnson den Verantwortlichen nicht, sondern umschreibt es folgendermaßen:

> Dann war es wohl unausbleiblich, und auf die übliche Art unerklärlich, dass jemand in Westdeutschland etwas läuten hörte. Weniger unabdingbar war seine Entscheidung, eine Fragen-Kampagne in Gang zu setzen. Aber er ist nun einmal süchtig nach Gerüchten, und gar nach solchen intimen Charakters. Hätte er mich selber befragt, so wäre ihm ja die politesse du coeur auferlegt gewesen, die er sich innig nachsagt, und der Kitzel, der Spass entgangen. Nun braucht es ihm wenig anzukommen auf die erwartbare Folge, dass eine solche Veröffentlichung von dritter Seite die Beteiligten festhält in Verhältnissen, aus denen sie sich noch hätten lösen können, wären sie in Ruhe gelassen worden. Da er Leute benutzt von so vervielfältigender Kraft wie Hans Mayer, muss ich befürchten, dass etwas zu Ihren Ohren dringt, auf das Sie unter diesen neuen Bedin-

348 FJB. S. 203.

> gungen einen Anspruch haben in der Form einer persönlichen Meldung, hier ist sie: Elisabeth und ihre Tochter leben seit einigen Monaten von mir getrennt, unter einer mir unbekannten Adresse.[349]

Sachlich teilt Johnson Frisch mit, er könne zum jetzigen Zeitpunkt nichts Näheres zu den Umständen sagen, zum einen weil er den Vorfall nicht niederschreiben könne, zum anderen weil er keine Parteilichkeit aufkommen lassen wolle. An Entwürfen für diesen Brief habe er zwölf Tage gearbeitet. Auch wenn Johnson sich bemüht, seine emotionale Verletzung zu verbergen, bleibt seine tiefe Betroffenheit nicht verborgen, wenn er von Katharina als der Tochter Elisabeths spricht und nicht von ihr als der gemeinsamen Tochter. Frisch reagiert mit seinem Brief vom 6. September 1978 folgendermaßen:

> Man weiss, dass der andere in Briefen überspielt, was ihn am meisten bedrängt, und es entsteht etwas Unstimmiges, etwas Unhaltbares sozusagen Komisches, wenn ich versucht habe, Briefe zu schreiben, als bekümmere mich, Sie betreffend, keine Ahnung. Es geht nicht. Ich habe es dann und wann versucht und ich habe es gelassen. Ich hoffe, dass Sie das verstehen.[350]

Frisch hat Johnson mit seinen Worten tatsächlich erreicht, denn er gesteht sich in seinem Brief vom 13. September 1978 selbst ein, dass seine oberflächlichen Geschichten dazu dienen, bestimmte Dinge zu verdecken.[351] Diese für Johnson typische Taktik, Dinge nicht zu kommunizieren und die eigenen Emotionen zu kontrollieren, wird an diesem Beispiel besonders deutlich.

Diesmal versucht Johnson zumindest zu erklären, warum er nicht mit Frisch gesprochen hat, wobei das Medium Brief eine ausschlaggebende Rolle spielt:

> Es bleibt mir, Ihnen zu danken für die Genauigkeit, mit der Sie meine Beweggründe noch einmal ausgeführt haben, und für das Verständnis: welches Verhalten mir gerade Ihnen gegenüber verwehrt war. Dass ich mich in Sachen der Unbefangenheit geirrt habe, bedaure ich ungemein, um so mehr, als ich Ihnen da lästig geworden sein mag. Aber Sie haben recht, ein brieflicher Umgang unter solcher Belastung, er verbietet sich. Ich bin traurig darüber, habe aber die jämmerliche Genugtuung, das einsehen zu können.[352]

Johnson möchte sich aber dieser Begrenztheit nicht völlig ergeben, und so teilt er Frisch in seinen Briefen nun Persönliches aus seinem Alltag mit. Dabei geht es auch darum, wie Johnson versucht, seine Ehefrau aus seinem Leben zu verdrängen. Schweigen sollte helfen, und sein Umfeld unterstützte ihn dabei:

---

349 Ebd. S. 203 f.

350 Ebd. S. 205.

351 Vgl. ebd. S. 206.

352 Ebd. S. 207.

> [...] und weil es zu tun hat mit dem Weggeschwiegenen, will ich nachtragen: die Handwerker, die ins Haus kommen noch zu Aufträgen, die sie von uns gemeinsam erhalten haben, versprechen sich besten Falles ein einziges Mal, und nie mehr ist die Rede von >>Mrs Johnson<<. Im Pub sind früher vergnügte Witze gerissen worden über die Pünktlichkeit, mit der >>Charlie<< früher wegging zu einer Familientafel – >>wir wissen schon, wann dein Donnergong schlägt, Charlie, nach dir stellen wir die Uhr!<< – jetzt gibt es keinen Kommentar dazu, dass ich zu ganz anderen, späteren Abendzeiten komme, und jede Erkundigung nach meinen privaten Umständen hat aufgehört. Ein Name ist vollständig verschwunden aus dem Gespräch.[353]

Weiter berichtet Johnson, dass er sich stets als ein partnerschaftlich festgebundener Mann ausgebe, sobald eine Frau an ihm Interesse zeige. Er wollte nach der Trennung von Elisabeth keinerlei nähere Frauenbekanntschaften machen. Dass Johnson sich täglich im Pub *Napier* aufhielt, ist bekannt, und weil die Menschen dort zu ihm standen, wurde das Pub zu einer Art zweiten Heimat, von der Johnson häufig in seinen Briefen erzählt. Da mit der Trennung von seiner Frau allerdings auch die Fragen nach seinem Privatleben aufhörten und Johnson in Sheerness kaum enge Freunde hatte, vereinsamte er immer mehr.

In seinen Erinnerungsnotizen hält er hierzu Folgendes fest: *Zum anderen, ich bin nun zu lange allein gewesen in Sheerness, und ich mag von ihrem Besuch Aufheiterung erwartet haben.*[354] Gemeint ist hier die Familie Walser, auf deren Besuch Johnson hoffte. Diese Aussage ist bislang die einzig bekannte, in welcher Johnson selbst einräumt, einsam zu sein und *Aufheiterung* nötig zu haben. Freilich äußert er in seinen Briefen immer wieder, dass er sich über Besuch freuen würde und jeder Besucher auch willkommen sei, und so bittet Johnson beiläufig um Gesellschaft, wie beispielsweise Max Frisch mit einem Brief vom 4. Januar 1979:

> Sollten Sie einmal unverhofft vor dem Haus stehen und die Gartentür verbarrikadiert finden, so wollen Sie doch an etwas anderes glauben als an Menschenfeindschaft, nämlich an die Flutgefahr.[355]

Menschenfeindlich war Johnson nicht, aber menschenscheu, wie er es Unseld bereits geschrieben hatte. Diese Scheu bereitete ihm Probleme, sich Freunden anzuvertrauen, vor allem in Bezug auf seine Ehekrise und spätere Trennung. In seinen Memoiren hält Johnson Folgendes fest:

> Mehrmals Schweigen bei Imbiss im Hotelcafè, das einen Namen aussparte und damit das Verhalten der Trägerin. Mit Martin allein in der Hotelhalle. Mehrmals Anwand-

353 Ebd. S. 206.

354 Uwe Johnson-Archiv Rostock, UJA/H/252405, Bl. 8.

355 FJB. S. 208 f.

> lungen der Bereitschaft, mich ihm anzuvertrauen, immer wieder unterdrückt mit der Feststellung, ich sei ja unsicher in dem Wunsch, was zu erwarten.[356]

Erleichtert schreibt Johnson am 13. Juli 1979, dass es ihm gelungen sei, sich endlich aus seiner Krise, die im Sommer des Jahres 1975 ausgelöst wurde, befreit zu haben.[357] Allerdings fällt er bereits im Oktober 1979 zurück in sein *schwarze[s] Loch,*[358] wie er es bezeichnet. Anfänglich beabsichtigte Johnson, Max Frisch über seinen Zustand zu informieren, doch der Brief Johnsons vom 3. Oktober 1979, der sich schon in einem zum Versand bereiten Briefumschlag befand, wird nie abgeschickt.[359] Johnson ließ Frisch weiterhin in dem Glauben, seine Krise überwunden zu haben.

Den Grund für Johnsons Zurückhaltung liefert er in dem Brief vom 10. Juli 1980, in dem er schreibt, er habe für Frisch eine Ausnahme gemacht: *dieser eine hat es eben geschafft; dieser eine hat sich selbst heilen können.*[360] Dieser eine ist Uwe Johnson selbst, der seinem Freund Max Frisch, der auch immer wieder unter Depressionen litt, wie aus dessen Brief vom 9. August 1979 hervorgeht, Mut machen wollte. Doch eben zitierte Aussage beinhaltet mehr, nämlich dass Johnson es geschaffte hatte, aus all dem vorangegangenen Unglück *geheilt* hervorzukommen. Dies war sicher ein wichtiger Blickwinkel, den Johnson den Leser einnehmen lassen wollte, nachdem sein Image durch das Öffentlichwerden seiner Ehekrise beschädigt war.

Johnson greift in seinem Brief vom 10. Juli 1980, zwei Jahre nach dem Scheitern der Ehe, nochmals den vermeintlichen Auslöser für die endgültige Trennung auf. Wieder wird auf Fritz J. Raddatz verwiesen, der aus Neugier die Umstände der Ehekrise in Johnsons näherem Umfeld erfragt haben soll.[361] Frisch hält in seinen Briefen fest, dass er kein Wort über das Scheitern der Ehe verloren habe, auch Jahre später nicht, als das meiste bereits an die Öffentlichkeit gelangt war. Im Jahr 1980 betont Frisch diesen Sachverhalt erneut und bezeichnet sich als *Geheimnisträger*[362] der johnsonschen Eheproblematik. Johnson berichtet hierzu in besagtem Brief vom 10. Juli 1980 Folgendes:

> [...] zu Ihrer Unterhaltung führe ich die Reaktion von Günter Grass an, der sich als einen >>Geheimnisträger<< von gewiss einer anderen Seite als der meinen her empfindet: Der grosse G.G. bezeichnet in einem Telefongespräch mit Suhrkamps jene letzten

356 Uwe Johnson-Archiv Rostock, UJA/H/252405, Bl. 8.
357 Vgl. FJB. S. 213.
358 Ebd. S. 213.
359 Vgl. ebd. S. 217.
360 Ebd. S. 219.
361 Vgl. ebd. S. 220.
362 Ebd. S. 218.

> drei Seiten als >>unmöglich<<; [...] Die literarische Ehrengerichtsbarkeit, als deren Sitz unser aller G.G. sich selbst etabliert hat, schickt zum tieferen (und sinnlosen) Nachgraben eine Hilfstruppe vor, Fritzchen Raddatz [...].[363]

Das letzte Mal wird Elisabeth Johnson in der Korrespondenz mit Frisch am 22. September 1980 erwähnt:

> In Sachen Archiv werde ich so verfahren, dass alle Skripten seit Montauk an die Stiftung gehen. Vielleicht finden Sie dies übereilt und der Pietät ermangelnd. Meine Erklärung verdankt sich dem Umstand, dass die Widmungen immer noch an eine zweite Person gerichtet sind, und in die Richtung dieser Person zu denken muss ich mich immer noch hüten. Ihre Briefe an mich schicke ich dem Archiv, sobald ich an eine unbewachte Kopiermaschine gerate.[364]

Auffallend an diesem Passus sind zwei Dinge: Zum einen scheut sich Johnson nicht zuzugeben, dass er die Trennung immer noch nicht verkraftet hat, zum anderen fürchtet er entweder nach wie vor eine Überwachung durch die Stasi oder durch die Presse, da er betont, ein unbewachtes Kopiergerät suchen zu müssen, bevor er die Briefe herausgeben könne. Frisch geht in seinem Brief vom 26. Oktober 1980 auf diese Aspekte nicht ein, sondern möchte von Johnson wissen *Wie können Sie allein leben?*[365] Auch Kempowski interessiert sich im selben Jahr, am 1. November 1980, für Johnsons Einsamkeit: *Ich denke oft an Sie und meine, dass Sie vielleicht einsam sind?*[366] Geantwortet hat Johnson nicht, obwohl er am 3. September 1980 Walter Kempowski von der Trennung unterrichtet:

> Vor dem Klatsch im westdeutschen Literaturtheater sind Sie wohl besser geschützt, als Sie annehmen. Denn Sie schreiben mir, als sässe ich hier umringt von irgend welchen Meinen und in einer Familie. Mir ist eröffnet worden, dass ich nie eine Familie hatte; so lebe ich denn seit Jahren allein, und muss noch froh darüber sein. Darüber haben die Klatschmäuler der Branche, Klein Fritzchen Raddatz immer voran, so innig sich die Zungen verbogen, dass ich gleichsam öffentlich werden musste damit. Sie finden das in dem anliegenden Buch [...].[367]

Diesmal schickt Johnson seine *Begleitumstände* per Post mit, um Kempowski deutlich zu machen, warum er und seine Frau getrennt lebten. Auch die Distanz zur eigenen Tochter wird zunehmend deutlicher, als Johnson schreibt, nie eine Familie gehabt zu haben. Kempowski bringt daraufhin seine *Teilnahme*

---

363 Ebd. S. 220.
364 Ebd. S. 225.
365 Ebd. S. 226.
366 KJB. S. 98.
367 Ebd. S. 89 f.

hinsichtlich der Affäre[368] in einem Brief zum Ausdruck. Johnson, der nun in Kempowski einen Verbündeten erkennt, nutzt die Gelegenheit und schreibt in seinem Brief vom 27. Oktober 1980 von Raddatz' *Klatschsucht*,[369] die seine Situation verschlimmert habe.[370] Die Durchsicht der Briefe zeigt, dass Johnson nach dem Jahr 1980 niemandem mehr in seinen Briefen etwas über seine Frau berichtet. Seine brieflichen Mitteilungen bezüglich der beiden Themenkomplexe *Herzinfarkt* und *Ehekrise* erstrecken sich von dem Zeitpunkt des konkreten Geschehens 1975/76 bis zur letzten Nachricht Johnsons über eine Zeitspanne von bis zu vier Jahren.

Zeitgleich zu den brieflichen Schilderungen des Herzinfarkts berichtet Johnson seit 1975 häufig von dem englischen Pub *Napier*, in dem er die neue *Identität Charlie* beziehungsweise *Charles* verliehen bekam. Fest an Rituale gebunden – er kam immer zur gleichen Uhrzeit, saß immer auf demselben Platz, trank immer dieselben Getränke und verhielt sich, ausgerüstet mit Buch und Bleistift, meist ähnlich[371] – gewann Johnson durch die routinierten Abläufe Stabilität und Sicherheit. Es ist daher verständlich, dass seine Geschichten in den Briefen hierzu recht positiv ausfallen. Wie Jens schildert, trank Johnson in dem Pub gern *Hürlimann-Bier*,[372] was auch in den Briefen erwähnt wird. Alkohol ist generell ein Thema, das häufig von ihm und seinen Briefpartnern angeführt wird. So erfährt man in den brieflichen Mitteilungen von Max Frisch, dass dieser vom Alkohol loskommen möchte, von Fritz J. Raddatz, der das gemeinsame Weintrinken mit Johnson gleichermaßen begrüßt wie bedauert, sowie von Hannah Arendts *Campari*-Genuss, der sich zum 'running gag' entwickelt.

So sehr sich Johnson auch mit der englischen Identität *Charlie/Charles* anfreundete, weil sie ihm ein Stück weit das Gefühl der Einsamkeit nahm und dabei half, die schmerzliche Vergangenheit zu verdrängen, eins konnte die neue Identität nicht lösen, nämlich die *als Deutscher im Ausland* zu leben. Im Jahr 1974 verständigte sich Johnson diesbezüglich mit Hannah Arendt und Max Frisch. Es fiel ihm schwer zu glauben, dass man im Ausland als Deutscher es verdiente, fair behandelt zu werden. Deshalb betont er am 4. August 1974

368 KJB. S. 91.
369 Ebd. S. 95.
370 Vgl. ebd. S. 95.
371 Vgl. Jens, Tilman: Unterwegs an den Ort wo die Toten sind. S. 27 f.
372 Vgl. ebd. S. 26. Es kam auch mit der Hürlimann-Brauerei zu einem Briefwechsel; das geht zumindest aus dem Buch von Jens sowie aus den Briefen mit Burgel Zeeh (vgl. UJB. S. 1043–1046) hervor.

in seinem Brief an Frisch: *Die jetzige Besitzerin hat nichts gegen Deutsche als Nachfolger.*[373] Am 20. August 1975 berichtet Johnson Frisch zum selben Thema folgende Begebenheit:

> […] wo sie mich tarnen gegen deutsche Touristen, wo ein ehemaliger Bomberpilot mir schilderte, >>now i bombed Hamm to fucking bits<<, mir ausdrücklich meine Nationalität verzieh und daraufhin sofort Lokalverbot bekam, wo ich manchmal schon mitmachen durfte bei den gelegentlich vorgeschriebenen Redensarten (>>it's all in the mind<<) […].[374]

Es ist anzunehmen, dass Johnson vor allem mit dem widersprüchlichen Verhalten der Engländer gegenüber den Deutschen Schwierigkeiten hatte. Einerseits wurde er als individuelle Person in die Gemeinschaft integriert, anderseits war der stereotype Deutsche nach wie vor ein Hassobjekt. In dem Brief an Hannah Arendt, datiert auf den 18. Dezember 1975, thematisiert Johnson das für ihn paradoxe Umgehen der Engländer mit der deutschen Geschichte:

> […] solche Ortswahl scheint an uns rätselhafter als etwa unsere deutsche Herkunft auffiele. Jawohl, der Ort ist am Weihnachtstag 1914 als erster in England überhaupt bombardiert worden, während der Schlacht um England zerschlugen die Deutschen den Flugplatz der Insel und ein Dorf gleich dazu, auch war dies die Einflugschneise der Nazibomber auf dem Weg nach London; die alten Leute erinnern sich wohl an den Krieg, auch jüngere stehen um das Mahnmal, wenn da gebetet und gesungen wird. Hat aber einer unseren früheren Wohnsitz aus uns herausgefragt, heisst es: Berlin. Beautiful City. I've been there. Remember the time when we had our honeymoon there. Would you care for a drink? Oh come on. Be a dashing fellow tonight! Zum Beispiel, and that is what I want to find out.[375]

Der Kern der Aussage bleibt gleich: Johnson traute dem friedvollen Umgang nicht, obwohl er sich darum bemühte. Dass dies nicht wirklich gelingt, zeigt der Brief vom 10. Mai 1976 an Frisch:

> Wieder und wieder gibt es Momente, da verzweifeln wir an der Möglichkeit, uns dieser Mentalität zu adaptieren, so beim Anhören eines Quiz im Rundfunk, wo Einer in drängendem, federndem, treibenden Ton nach der letzten Äusserung einer Notoreität vor der Hinrichtung fragt und die Antwort quittiert in der folgenden Weise: Eichmann. Korrekt. Und nun begeben wir uns auf das Gebiet der klassischen Musik! … Sie haben ja recht, es geht sie nichts an, sie sind Äonen davon entfernt; damit aber wir von ihnen auch.[376]

---

373 FJB. S. 87.
374 Ebd. S. 134.
375 AJB. S. 147 f.
376 FJB. S. 161.

Johnson kann die Geschichte der Deutschen nicht einfach ablegen und fühlt sich verantwortlich. Die Schuldfrage ist im Leben Johnsons, aber auch in seinen Werken stets präsent und nahezu ein Markenzeichen für Johnson. Gedanken zu diesem Thema macht sich auch Kempowski am 18. Dezember 1980 und teilt diese Johnson mit:

> [...] Ihr Entschluß, in England zu leben, hat für mich etwas Exklusives an sich. Ich schrieb Ihnen wohl schon, daß ich vor dem Ausland einen ziemlichen Horror habe. [...] Und dann das ganze noch als Deutscher! Dauernd die ganze Nazisache mit mir herumtragen und mich genötigt zu fühlen „wiedergutzumachen", was ja natürlich nicht geht und einem jegliche Ungezwungenheit nimmt.[377]

Kempowskis Auffassungen bestätigen, was Johnson die ganze Zeit über quält. Erst acht Monate später, am 3. August 1981, antwortet Johnson, wobei dieser Brief eine Zusammensetzung der Geschichten, die Johnson an Hannah Arendt und Max Frisch bereits geschrieben hat, ist. Auch die Formulierungen der entsprechenden Passagen sind fast identisch. Was jedoch die Antwort an Kempowski so besonders macht, ist, dass Johnson offensichtlich für sich selbst zu einer Antwort kommt:

> Es liesse also sich zusammenfassen in dem einigen Beschluss, dem Deutschen die Nationalität und Geschichte nie zu vergessen, und in der Entscheidung der Mehrheit, ihn damit in Ruhe zu lassen, da er offenbar selber es vorzieht, dies schweigend abzumachen.[378]

Der Brief an Kempowski kann also im gegenwärtigen Untersuchungsfeld als eine Art Fortsetzung der vorangegangenen Korrespondenzen mit Arendt und Frisch gewertet werden. Die Briefe fügen sich hier wie ein Puzzle ineinander. Es ist anzunehmen, dass es sicherlich noch weitere Briefe zu den jeweiligen Themenkomplexen gibt, die sich in dieses Mosaik der johnsonschen Briefmitteilungen einfügen lassen.

Es gibt in den Briefen Johnsons allerdings auch ein Motiv, das nahezu überall gleich von ihm gehandhabt wird, und das betrifft das Thema *Kennedy School*, was natürlich unmittelbar mit Johnsons Verhältnis zur Tochter Katharina zu tun hat. Stolz berichtet Johnson in den Briefen von der Einschulung der Tochter und wie sie sich dabei anstellt. Ausführungen hierzu finden sich in den Briefwechseln mit Unseld, Grass, Frisch, Raddatz, Arendt und Kempowski wieder. Die Fülle der Briefe zu diesem Ereignis zeigt, wie wichtig Johnson wohl der Eintritt der Tochter in die Schule war, denn ansonsten findet man kaum Informationen über Katharina. Das Besondere hierbei ist auch, dass ihr Name selten genannt wird

377 KJB. S. 101.
378 Ebd. S. 110.

und Johnson von dem *Kind* spricht. Mit dieser Methode scheint Johnson seine Tochter vor der Öffentlichkeit schützen zu wollen und er gibt zugleich wenig von seiner Rolle als Vater preis.

Dieses Stillschweigen über seine Familie behält Johnson konsequent bei, auch nur am Rande lässt sich aus den Briefen auf die Existenz seiner Schwester Elke schließen. Über seine Herkunft, seine Eltern oder sonstigen Verwandten ist in den Briefen nichts zu lesen. Dies zeigt deutlich, dass Johnson seine Biografie ganz bewusst auch in den Briefen steuerte, wenn er nichts über seine Herkunft verraten möchte. Als Fazit lässt sich festhalten, dass Johnson sich in den Briefen selbst inszenierte und es ihm ein Anliegen war, die Briefe eher im Lichte von Beschäftigung mit Literatur erscheinen zu lassen. Emotionen wurden nur ausgedrückt, wenn sie kontrollierbar und unverfänglich waren. Und selbst als es einmal nicht gelang, die Kontrolle zu wahren, nämlich als Raddatz an die

Öffentlichkeit mit einem Brief Johnsons ging, versuchte Johnson, die Situation wieder über briefliche Mitteilungen und indirekte Verweise auf seine Werke in seinem Sinne zu lenken. Auch wenn Johnson bemüht war, seine Biografie zu arrangieren, Lebensereignisse zu verschweigen und emotional unantastbar zu sein, lässt er den Leser zumindest zwischen den Zeilen gelegentlich seine Empfindungen erahnen. Die Briefe Johnsons machen insgesamt den Eindruck, für die Öffentlichkeit geschrieben worden zu sein, und vielleicht waren sie sogar ein gekonnt angelegtes Werbemittel für Johnsons Werke, denn gerade das Nichtgesagte in den Briefen, und das meint konkret Themen wie den Herzinfarkt, die Schreibkrise, die Ehekrise, das Verschweigen der Familie Johnson und die Verwicklungen in das DDR-System, wecken das Interesse an dem Schriftsteller Uwe Johnson und dessen Arbeiten. Wer letztlich über die Privatperson Johnson sprechen möchte, spricht auch immer über seine Werke.[379]

---

379 Vgl. Kap. 3.1.5, 3.2.4, 3.3.5, 3.4.3, 3.6.3, 3.7.3, 3.9.2, 3.10.2. Hier werden die Verknüpfungen zwischen Werk und Brief genau dargestellt.

3. Die Briefpartner

3.1 Briefwechsel mit Siegfried Unseld

3.1.1 Zahlen, Fakten, Daten

Der damals 22-jährige Uwe Johnson schickte am 22. Februar 1957 sein Erstlingswerk *Ingrid Babendererde* an Peter Suhrkamp. Er erhoffte sich mit Unterstützung von seinem damaligen Professor Hans Mayer, den Verlag von seinem Buch überzeugen zu können. Doch obwohl Suhrkamp anfänglich begeistert von dem jungen Autor aus der DDR war, lehnte er eine Publikation in seinem Hause ab. Beraten wurde der Verlagsgründer Peter Suhrkamp von Siegfried Unseld, der sich gegen das Buch *Ingrid Babendererde* äußerte und das Werk nicht für die Öffentlichkeit bestimmt sah.[380]

Das erste offizielle Treffen zwischen Johnson und Unseld fand schließlich im März 1959 statt. Anlass hierzu bot Johnsons Versuch, sich mit einem anderen Werk im Hause Suhrkamps zu behaupten. Die *Mutmassungen über Jakob* überzeugten, und es kam zu einem Vertragsabschluss, der unter anderem von Unseld, der zu diesem Zeitpunkt noch nicht Nachfolger Peter Suhrkamps war, vollzogen wurde. Man verabredete sich im Restaurant *Hustler* an der Schloßstraße in Berlin-Steglitz, um alles Wichtige zu besprechen. Von diesem Zeitpunkt an galt das freundschaftliche Band als geknüpft.[381]

Der Briefwechsel zwischen Autor und Verleger setzt rasch nach diesem gemeinsamen Essen ein. Ein Telegramm von Unseld lässt am 13. Juli 1959 die Korrespondenz entstehen, die immerhin 25 Jahre lang aufrechterhalten wird. 769 Schriftstücke regeln die geschäftlichen und privaten Belange der beiden. Der Briefanteil Johnsons ist dabei deutlich höher als der von Unseld (vgl. Abbildung 12).

Abb. 12 Verteilungsübersicht der Briefe im Briefwechsel von Siegfried Unseld und Uwe Johnson.

Aufschlüsselung der Korrespondenz	
Insgesamt	702 Briefe 34 Postkarten 33 Telegramme
Anteil von Uwe Johnson	432 Schriftstücke an Siegfried Unseld
Anteil Siegfried Unseld	337 Schriftstücke an Uwe Johnson

380 Vgl. Johnson, Uwe: Ingrid Babendererde. Frankfurt am Main 1992. S. 251–260.

381 Vgl. Neumann, Bernd: Uwe Johnson. S. 344 f.

Insgesamt betrachtet verläuft der Briefkontakt kontinuierlich. Es werden im Schnitt zwischen etwa 30 bis 40 Nachrichten jährlich untereinander ausgetauscht, wobei die Anzahl der Briefe in den letzten vier Jahren der Korrespondenz, also von 1980 bis 1984, recht rapide sinkt. Den Höhepunkt der Korrespondenz bildet das Jahr 1963 (vgl. Abbildung 13).

Abb. 13 Anzahl der verfassten Briefe pro Jahr im Briefwechsel zwischen Siegfried Unseld und Uwe Johnson (1959 bis 1984).

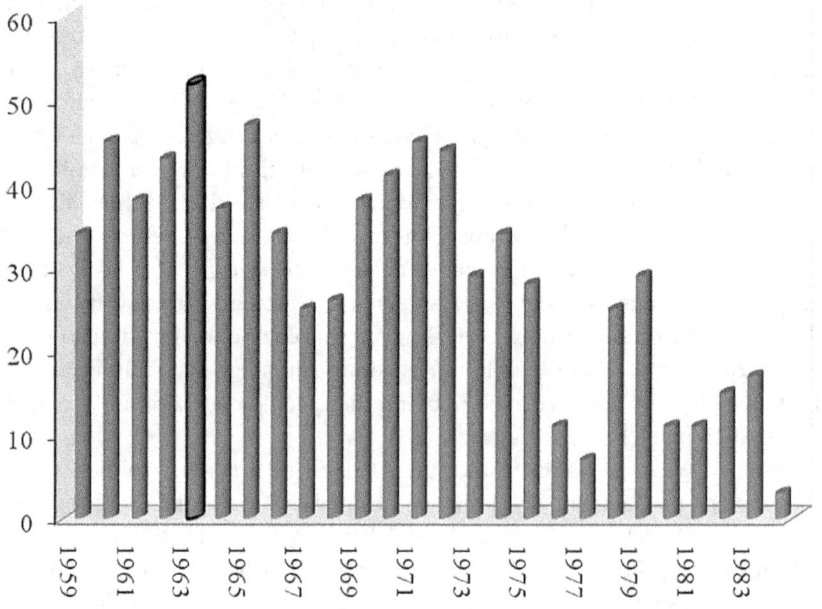

In Anbetracht des bereits dargestellten Gesamtverlaufs von Johnsons Briefwechseln (vgl. Kap. 2.2) wurde zu Beginn der Untersuchung vermutet, dass sich ein Maximum der brieflichen Mitteilungen gemäß der johnsonschen Vita in einem weitaus repräsentativeren Jahr ergeben würde, wie zum Beispiel im Jahr 1968, als der erste Teil der *Jahrestage* erschienen ist, oder im Jahr 1975, als Johnson seinen Herzinfarkt erlitten hat. Die Korrespondenz endet mit einem Telegramm von Unseld, das er am 12. März 1984 an Johnson schickte.

Der Schriftsteller Uwe Johnson ist vermutlich in der Nacht vom 23. auf den 24. Februar 1984 einsam gestorben.[382] Unseld war einer der wenigen Menschen,

---

382 Vgl. Opitz, Michael: Der Erzähler Uwe Johnson in seinen Briefen. S. 59. Opitz erläutert, dass Johnson wahrscheinlich in der Nacht zum 24. Februar 1984 verstorben ist.

mit denen Johnson ununterbrochen in Kontakt stand. Natürlich lag dies auch an dem geschäftlichen Abhängigkeitsverhältnis der beiden, aber Unseld war nicht nur Verleger und Geschäftspartner Johnsons, sondern auch ein Freund, der ihn ein Leben lang begleitete.

3.1.2 Starthilfe in ein neues Leben

Siegfried Unseld wurde nach Suhrkamps Ableben am 31. März 1959 zum Nachfolger und alleinigen Verleger des Suhrkamp Verlags.[383] Johnsons erste Buchveröffentlichung stand unmittelbar bevor. Für Autor und Verleger war dies gleichermaßen der erste große Schritt in eine breite Öffentlichkeit. Unseld äußert hierzu in seinem Brief vom 1. Oktober 1959:

> Daß Ihr Erstling auch für mich ein Erstling ist, soll unsere Freude an dem Buch vermehren. Wir haben beide allen Grund, uns gegenseitig glückwünschend die Hände zu schütteln. Der Geburtsakt dieses Buches soll ja auch gleichzeitig eine Brücke, ein Sprungbrett für Kommendes sein, und daß ich mir davon Vieles erhoffe, das wissen Sie ja.[384]

Unseld bewies Weitblick; die *Mutmassungen über Jakob* erhielten hervorragende Kritiken, und auch Johnsons Nachfolgewerke – besonders das Aushängeschild *Jahrestage* – brachten dem Suhrkamp Verlag Erfolg ein. Johnson schien für Unseld ein vielversprechender Schriftsteller zu sein, der sich im Laufe der Zeit zu einer gewinnbringenden Größe für den Suhrkamp Verlag entwickeln könnte. Unseld kümmerte sich seit dem gemeinsamen Unternehmen, nämlich Johnsons Erstling auf den Markt zu bringen, intensiv um den jungen Autor. Der anfänglich in der DDR lebende Johnson wollte sein Werk ursprünglich unter einem Pseudonym publizieren, um weiterhin in der DDR leben zu können.

Am 10. Juli 1959 entschloss sich Johnson, die DDR zu verlassen, und zog nach Berlin, um sich dort eine neue Existenz aufzubauen.[385] Dabei wurde Johnson von Unseld unterstützt. Dieser schrieb sogar ein Empfehlungsschreiben an das Bezirksamt Zehlendorf, um Johnsons Zuzugsgenehmigung voranzutreiben.[386] Zahl

---

Johnson schickte Friedrich Denk einen Brief und Buchsendungen zu, die mit dem Poststempel vom 23. Februar 1984 versehen sind. Nach Auskünften des Postamts von Sheerness muss Johnson an diesem Tag noch gelebt haben, damit er diese Post auf den Weg bringen konnte. Er wäre daher folglich erst am 24. Februar 1984 gestorben. Neumann vermutet Johnsons Tod allerdings in der Nacht vom 22. auf den 23. Februar 1984 (vgl. Neumann, Bernd: Uwe Johnson. S. 859).

383 Vgl. Michalzik, Peter: Unseld. Eine Biographie. München 2003. S. 103 f.

384 UJB. S. 38.

385 Vgl. Grambow, Jürgen: Uwe Johnson. Reinbek bei Hamburg 1997. S. 132.

386 Vgl. UJB. S. 9.

reiche Briefe bekunden immer wieder Unselds Bereitschaft, Johnson in seinem neuen *Erlebniskreis*[387] Westdeutschland zu helfen – und das auch in finanzieller Hinsicht, falls nötig. Johnson, der sich fühlt wie einer, der *eben erst auf die Welt gekommen sei, ohne Hilfe und schutzlos,*[388] bat Unseld um ein Befürwortungsschreiben an das Wohnungsamt Berlin-Schöneberg, um die später berühmt gewordene Atelierwohnung[389] in der Niedstraße 14 mieten zu können. Unseld leistete erneut Hilfe, und Johnson bezog im Oktober 1959 sein neues Zuhause. Johnson soll, laut Neumann, die Wohnung mit einer Eisentüre sichern haben lassen, womöglich um eine Entführung zurück in den Osten zu verhindern, denn Johnson und Unseld hielten einen Übergriff durch den Geheimdienst der DDR nicht für unmöglich.[390] Aus diesem Grund lebte Johnson auch zehn Jahre lang unter einer Deckadresse *unbehelligt in einem Postfach.*[391]

Neben der wohnlichen Situation nahm sich Unseld eines weiteren Anliegens an, nämlich Johnson *persönlich in das literarische Leben einzuführen,*[392] weshalb er den Jungautor recht bald zu den verschiedensten Veranstaltungen einlud, um ihn mit Persönlichkeiten wie Max Frisch, Günter Eich oder Helene Weigel zusammenzubringen. Johnson nahm diese Möglichkeiten dankbar an, aber es sollte sich zeigen, dass er sich nicht allen Anweisungen Unselds beugte: So war Johnson beispielsweise trotz Abraten des Verlegers gewillt, das Stipendium der Villa Massimo anzunehmen, oder was seine Arbeiten anbelangte eigensinnig, wenn es um Korrekturarbeiten ging.[393] Doch im Großen und Ganzen war das erste gemeinsame Jahr gut verlaufen, was auch die 34 ausgetauschten Schriftstücke belegen. Um an den Erfolg anzuknüpfen, schreibt Unseld im Dezember 1959:

> Die Begegnung mit Ihnen, die Hoffnung auf eine lange Strecke gemeinsamen Weges, auf Freundschaft – dies alles sind Marksteine in meiner inneren Topographie. Dass Sie auch so fühlen, sei mein Wunsch.[394]

---

387 Ebd. S. 18.

388 Ebd. S. 33.

389 Vgl. ebd. S. 33 f.

390 Vgl. ebd. S. 42 ff. Diese Angst geht aus dem Brief von Unseld, am 13. November 1959, deutlich hervor. Der beigelegte *FAZ*-Artikel mit der Überschrift *Geflüchteter Schriftsteller zurückgeholt* soll auch Johnson auf diese Gefahr aufmerksam machen. Unseld schlägt Johnson deshalb vor, sich ein Postfach anzuschaffen.

391 „Autor braucht Gehirnwäsche". In: Der Spiegel, Heft Nr. 2, 06.01.1992, S. 129.

392 UJB. S. 19.

393 Vgl. ebd. S. 25 f., 57, 61.

394 Ebd. S. 58. Ein genaues Datum ist nicht angegeben.

Unseld, der gelegentlich einen etwas theatralischen Ton anschlägt, kann Johnson damit nicht beeindrucken. Etwas irritiert über die Situation antwortet er am 23. Dezember 1959:

> [...] nun war es das Papier des Verlags und insofern geschäftlich: ohne dass der Ton verändert war, ich kann es so nicht trennen, es sei denn wir teilten die reinen Technika an die Abteilungen Ihres Hauses auf und behielten uns die besonderen Fragen der Lebenskunst, den Herbsthimmel und unsere guten Wünsche füreinander in einem persönlichen Briefwechsel vor. Es soll Herrn Unseld nicht verbittern dass er der Verlag ist und Herr Unseld und beides in einem für mich, [...].[395]

Letzter Satz aus diesem Zitat wird auch in der Forschungsliteratur häufig angeführt, da er das Kernproblem der Verbindung der beiden treffend beschreibt. Auch das Thema Briefwechsel wird hier bereits angeschnitten.

1960 drängte Unseld Johnson zum literarischen Arbeiten, schließlich wünschte er, *bald einen zweiten Johnson ankündigen*[396] zu können. Johnson versteht die Aufforderung deutlich, was er auch in seiner Verabschiedung zum Ausdruck bringt: *Ich bin den ganzen Tag lang Ihr ganz ergebener und soll einen lesbaren Roman schreiben gefälligst.*[397] Hiervon berichtet er auch Dagrun Enzensberger im selben Wortlaut in seinem Brief vom 5. Mai 1960.[398]

Zwischenzeitlich sollte Johnson jedoch an seinem Image arbeiten und eine Art Lebenslauf mit persönlichen Darstellungen ausarbeiten, was ihm jedoch schwerfiel. Da er nicht in der Lage war, sich selbst zu beschreiben, wollte er das Dilemma umgehen, indem er Zitate über sich sammelte und daraus einen Text gestaltete, was wiederum bei Unseld positiven Anklang fand.

Unselds Marketingstrategien gingen auf. Die *Mutmassungen über Jakob* verkauften sich hervorragend, weshalb eine zweite Auflage geplant wurde und Johnson ein Sonderhonorar von 5.000 DM bescheren sollte. Was die Finanzen betraf, so zögerte Johnson nicht, Unseld in puncto Steuererklärungen um Rat zu fragen. Man hatte in dieser Hinsicht großes Vertrauen zueinander. Johnsons Nachfolgewerk *Das Dritte Buch über Achim*, für den anfänglich noch der Titel *Beschreibung einer Beschreibung* diskutiert wurde, schritt in Johnsons literarischer Werkstatt voran, dennoch kommt es mit dem Brief vom 23. November 1960 zur ersten Auseinandersetzung. Unseld unterstellt Johnson, er habe zu Publikationszwecken ein Kapitel der *Beschreibung einer Beschreibung* an den Fischer-Verlag

---

395 Ebd. S. 59.
396 Ebd. S. 66.
397 Ebd. S. 82.
398 Vgl. EJB. S. 15.

offeriert und somit die Vertragsrechte mit dem Suhrkamp Verlag gebrochen. Johnson reagiert hierauf in seinem Brief vom 24. November 1960 ärgerlich. Der Sachverhalt kann jedoch schnell aufgeklärt und ein vertrauter Umgangston gefunden werden.[399]

In privater Hinsicht lag der Fokus der Korrespondenz aus dem Jahr 1960 primär auf Johnsons künftiger Ehefrau Elisabeth Schmidt, die zum damaligen Zeitpunkt in der DDR lebte. Zudem wurde eine Reise nach Amerika geplant, denn Henry Kissinger lud zu einem internationalen Seminar an der Harvard University ein. Dies war sicher ein Schlüsselerlebnis für Johnson sowie später Anstoß für seine *Jahrestage.*[400] Johnson kam viel herum während seines Amerika-Aufenthalts,[401] und als Unseld anbot, ihm einen zweijährigen Aufenthalt in New York zu ermöglichen, konnte Johnson nicht widerstehen.

Zusammenfassend lässt sich feststellen, dass die insgesamt 45 ausgetauschten Schriftstücke aus dieser Zeit zahlreiche werktechnische Diskussionen beinhalten. Die *Beschreibung einer Beschreibung* führt zudem zu weitläufigen Gesprächen, in die nun auch Enzensberger und Walser involviert werden. *Marktpsychologische Titeldiskussionen,*[402] wie Johnson es bezeichnet, führten letztlich zu dem Ergebnis, dass das Werk unter dem Titel *Das dritte Buch über Achim* auf dem Markt erscheint. Ähnlich wie schon bei seinem Erstlingswerk erntete Johnson auch hier viel Lob, vor allem von Unseld.

Am 31. Oktober 1961 spricht Unseld Johnson mit *Lieber Uwe*[403] an und führt den Briefwechsel damit auf eine vertraulichere Ebene, zumal bereits am 30. Mai 1961[404] und 26. Juni 1961[405] die Aufforderung Unselds nach persönlicheren Mitteilungen laut wird. Das Jahr 1961 endete mit dem Gerücht, Johnson wolle wieder zurück in die DDR, und mit einem von Hermann Kesten verursachten Skandal (vgl. Kapitel 3.1.3), der bis in das Jahr 1962 in den Briefen präsent ist.

3.1.3 Zwischen Freundschaft und Geschäftsbeziehung

Hermann Kesten unterstellte Johnson im November 1961, er habe in Italien den Bau der Berliner Mauer verteidigt, woraus ein großes Medienspektakel entstand.

399 Vgl. ebd. S. 70–103.
400 Vgl. ebd. S. 87–98.
401 Vgl. Grambow, Jürgen: Uwe Johnson. S. 132.
402 UJB. S. 127.
403 Ebd. S. 164.
404 Vgl. ebd. S. 140.
405 Vgl. ebd. S. 146.

Johnson verlor beinahe sein Stipendium für die Villa Massimo, da der Vorsitzende der CDU/CSU-Bundesfraktion Heinrich von Brentano, dies aufgrund der Aussagen Kestens forderte. Aus Unselds Brief vom 22. Januar 1962 geht hervor, dass Johnson nach Kestens falschen Anschuldigungen sogar von italienischen Journalisten belästigt wurde. Zahlreiche Diskussionen und Zeitungsartikel sind über das Mailänder Gespräch, das Johnson am 11. November 1961 mit Hermann Kesten im *Circulo Turati* führte, erschienen. Es dauerte eine Weile, bis Johnsons guter Ruf wiederhergestellt war und die *Kesten-Affäre* ad acta gelegt werden konnte.[406]

Nach Klärung dieser Angelegenheit stand dem Aufenthalt in der Villa Massimo im Jahr 1962 nichts mehr entgegen. Am 28. Februar desselben Jahres heiratete Johnson die mittlerweile aus der DDR geflüchtete Elisabeth Schmidt. Trauzeuge war Siegfried Unseld, wie der Brief Johnsons vom 17. März 1962 belegt.

Themenschwerpunkt wird nun das geplante Zeitungsprojekt *Gulliver*, das heftige Diskussionen im Suhrkamp-Zirkel hervorrief. Involviert in das letztlich gescheiterte Projekt, eine internationale Zeitschrift zu gründen, waren unter anderem Martin Walser, Hans Magnus Enzensberger, Ingeborg Bachmann und Günter Grass.[407]

Zwischen Johnson und Unseld kam es immer häufiger zum Streit. Die ersten Konflikte zeichnen sich in den Briefen des Frühjahrs 1962 ab. Johnson hatte nach wie vor kein eigenes Konto und musste sich daher Geld von Martin Walser leihen, was Unseld als äußerst unangenehm empfand. Zwar hatte er anfänglich Verständnis dafür, dass Johnson aufgrund seiner Übersiedlung aus der DDR so unsichtbar wie möglich leben wollte, doch war es seiner Meinung nach nun Zeit für ein eigenes Konto.[408]

Am 10. Mai 1962 beschwert sich Johnson darüber, dass Unseld ohne seine Einwilligung Auszüge aus dem Werk *Das dritte Buch über Achim* im Desch Verlag veröffentlichte. Trotz dieses Vorfalls kommt es sieben Monate später erneut zu einer Beschwerde aufseiten Johnsons, da Unseld wieder ungefragt Auszüge aus dem gleichen Werk herausgab. Diesmal erscheint Johnsons Text im Taschenbuchformat beim Fischer Verlag.[409] Unseld sah jedoch über Johnsons Klagen hinweg. Stellung beziehen musste er allerdings, als Johnson ihm in seinem Brief vom 30. November 1962 Folgendes vorwirft:

406 Vgl. ebd. S. 164–169.

407 Vgl. ebd. S. 177–182, 189 f., 195 f.

408 Vgl. ebd. S. 186 ff.

409 Vgl. ebd. S. 202, 244 f.

> Wenn du mich warnst Elisabeth zu heiraten, so nehme ich das für freundschaftliche wenn auch unzutreffende Sorge. Wenn du aber eine Person meines näheren Umgangs nicht nur missbilligst, sondern zusätzlich und allgemein erklärst du seiest entsetzt über meinen Umgang, verschlägt es mir die Sprache dermassen, dass ich doch lieber nur für deine Person entscheiden lassen möchte mit wem ich umgehe.[410]

Was Freundschaften sowie das Verhältnis zu seiner Frau betrifft, so reagierte Johnson sehr empfindlich. Unseld verteidigte sich damit, dass er nicht vor Elisabeth gewarnt habe, sondern vor einer zu voreiligen Eheschließung. Weiter äußerte er, dass Johnson natürlich seine Freunde selbst wählen müsste, aber er dazu doch eine Meinung haben dürfte. Am Ende des Jahres 1962 hoffte Johnson nur noch, dass man sich im nächsten Jahr besser verstehen werde. Von dieser Aussage aufgewühlt zog Unseld eine Art Resümee aus dem gemeinsam Erlebten. Er versuchte, Johnson seine erlittenen Verletzungen deutlich zu machen, vor allem vor dem Hintergrund, dass es sein persönlicher Einsatz war, der Johnson zum Erfolg verhalf, und er dennoch nur Undank von Johnson ernten müsse.[411]

Trotz der guten Absichten beiderseits verlief das Jahr 1963 nicht weniger turbulent. Eines der Hauptthemen ist das Zeitungsprojekt *Gulliver*. Johnson forderte einen ehrlicheren Umgang unter den Redaktionsmitgliedern. Offensichtlich war es unter den sieben Mitgliedern zu Auseinandersetzungen gekommen, die dazu führten, dass über Abwesende gerichtet wurde, was Johnson zu vermeiden wünschte.[412]

Zur großen Enttäuschung aufseiten Unselds kam es, als Johnson den Ablieferungstermin für seinen Beitrag >>*Berliner Stadtbahn und andere Prosa*<< nicht einhalten konnte.[413] Unseld druckte allerdings Prospekte in einer Höhe von einer Million und verkraftete diesen finanziellen Verlust nur schwer. Wiederum erteilte Unseld beziehungsweise seine Werbeabteilung dem Mohn-Verlag ohne Johnsons Wissen die Zustimmung, Texte von Johnson in einer Anthologie herauszugeben. Johnson erfuhr erst durch Raddatz von dem Vorfall. Er verlangte von Unseld eine Aufklärung bezüglich des Sachverhaltes sowie die Verhinderung der Publikation. Unseld, der sich diesmal seiner Schuld bewusst war, kümmerte sich um die Angelegenheit und konnte den Vorgang unterbinden.

Während Unseld erneut Lob für sein Engagement erwartete, sorgte sich Johnson mehr um den psychischen Gesundheitszustand von Ingeborg Bachmann.[414] Unseld war allerdings für Johnsons ausführliche Berichte über Bachmann nicht

410 Ebd. S. 241.
411 Vgl. ebd. S. 254–257.
412 Vgl. ebd. S. 258.
413 Vgl. ebd. S. 268.
414 Vgl. ebd. S. 289, 291, 295, 297.

empfänglich. Ungeachtet Johnsons Betroffenheit forderte Unseld von diesem einen Beitrag mit biografischem Charakter für den Almanach. Johnson stößt durch diesen Arbeitsauftrag jedoch an seine persönlichen Grenzen:

> So einer wird mir nicht leicht fallen, denn ich halte die Biografie eines Schriftstellers weder für eine Erläuterung noch für eine Erklärung seiner Vorbringung, und umgehen kann man die Absicht nur mit etwas gequälten Witzen.[415]

Im Jahr 1963 stand Johnson nur ungern im Rampenlicht und klagt in seinen Briefen über Kopfschmerzen und Schreibprobleme.[416] Als er Unseld letztlich seine Vita vorlegte, in der er dem Verleger für die Amerikareise dankte, reagierte Unseld distanziert. Er wollte nicht mit der Reise in Verbindung gebracht werden und das, obwohl er sonst Johnson stets aufforderte, die Unterstützung des Verlags mehr zu würdigen.[417] Betrachtet man die Korrespondenz des Jahres 1963 gesondert, ergibt sich keine plausible Erklärung, warum dieses Jahr den Höhepunkt des Briefwechsels repräsentiert. 52 Schriftstücke werden ausgetauscht, ohne dass tatsächlich etwas Außergewöhnliches vorgefallen wäre. Zahlreiche Erkenntnisse liefern die Briefe jedoch über Johnsons literarisches Leben und sein Selbstbild.

Im Jahr 1964 weigert sich Johnson, trotz Nachdruck vonseiten Unselds, seinen Geburtsort in der Vita anzugeben, da er solche Angaben als *nicht bedeutsam*[418] erachtete. Diese Aussage wirkt widersprüchlich, wenn man bedenkt, wie sehr Johnson auf seine heimatlichen Wurzeln fixiert war.[419] Einige seiner Freundschaften existierten und basierten nur aufgrund eines gemeinsamen heimatlichen Kontextes. Auch in den *Jahrestagen* ist Heimat nicht nur ein Gefühl, sondern auch ein konkreter Ort. Die nächsten Briefe thematisieren wieder mehr Geschäftliches: Johnsons Finanzen werden miteinander durchgesprochen sowie neue Arbeitsprojekte, die neue Zwistigkeiten aufbrachten. Johnson lehnte es ab, ein Hörspiel aus den *Mutmassungen über Jakob* zu machen, während Unseld gegen Johnsons Fernsehprojekt *Der 5. Kanal* war. Er befürchtete die Abnutzung von Johnsons Namen und dem damit verbundenen guten Ruf.[420]

---

415 Ebd. S. 290.

416 Vgl. ebd. S. 300 f., 306, 316 f.

417 Vgl. ebd. S. 321 ff.

418 Ebd. S. 325.

419 Vgl. Schwarz, Wilhelm J.: Gespräche mit Uwe Johnson. In: >>Ich überlege mir die Geschichte…<<. Uwe Johnson im Gespräch. Hrsg. v. Eberhard Fahlke. Frankfurt am Main 1988. S. 235. Johnson betont in diesem Interview, dass Heimat nicht durch ein gesellschaftliches System geschaffen wird, sondern durch Personen und Landschaften.

420 Vgl. UJB. S. 328–345.

Letzteres beschäftigte Johnson im Zusammenhang mit der *Gruppe 47*. Johnson erkannte die Gefahren, die von der Presse ausgingen; vor allem wenn private Angelegenheiten von in der Öffentlichkeit stehenden Personen ausgebreitet wurden, wie es bei der Trennung von Max Frisch und Ingeborg Bachmann der Fall war. Unseld sollte dabei helfen, mit dem Verleger vom *Stern*, Gerd Bucerius, eine vernichtende Serie über die *Gruppe 47* zu verhindern.[421]

Ärger mit der Presse gab es aber auch im Falle Johnsons selbst. Der Brief an Unseld vom 16. September 1964 meldet: *Dein Verhalten kommt mir vor wie ein Vertrauensbruch und ist mir unbegreiflich.*[422] Johnson las zufällig in einem *Spiegel*-Artikel, dass Unseld bereits einen neuen Roman von Uwe Johnson fürs nächste Jahr ankündigte, obwohl er noch gar nichts vorweisen konnte. Unseld beteuerte seine Unschuld und erklärte, wie es durch falsche Interpretationen der Presse zu solch einer Ankündigung kommen konnte, wodurch Johnson milde gestimmt wurde.[423] Die letzten Briefe des Jahres 1964 widmen sich wieder dem Literaturbetrieb: Johnson sollte 400 Exemplare von *Das dritte Buch über Achim* signieren und seine *Me-ti*-Texte abliefern.[424]

Beruflich engagiert zeigen sich Verleger und Autor in den 47 ausgetauschten Briefen des Jahres 1965. Johnson verfasste gerade sein neustes Werk *Zwei Ansichten*, dessen Kategorisierung zum Roman ihn anfänglich störte. Deshalb versuchte er, Unseld darauf aufmerksam zu machen, dass es sich hierbei eben nicht um einen Roman handelte. Letztlich blieb die Bezeichnung Roman aber doch auf Johnsons Wunsch hin stehen. Weitere Differenzen gab es, weil Johnson mit dem Cover nicht einverstanden war und Unseld wiederum den Titel unpassend fand. Unselds mangelndes Interesse an dem Werk enttäuschte Johnson, denn immerhin lieferte er die ersten sechs Kapitel ab und erhielt keinerlei Feedback. Am 7. Mai 1965 schickt er diesbezüglich folgendes Telegramm: *[…] DESINTERESSE KANN MAN PRAKTISCHER AUSDRUECKEN.*[425] Solch ein Verhalten Unselds duldete Johnson nicht, zumal er betonte, wie viel Zeit ihm die *Autogeschichte*[426] abrang. Nichtsdestotrotz arbeitete er weiter an den Texten Brechts[427] und plante ein neues Projekt. Er forderte hierzu zahlreiche Zeitungen

421 Vgl. ebd. S. 350 f., 353.
422 Ebd. S. 349.
423 Vgl. ebd. S. 348 f.
424 Vgl. ebd. S. 352–356.
425 Ebd. S. 374.
426 Vgl. ebd. S. 374.
427 Vgl. ebd. S. 363–373.

an, um das Projekt *ddR 1966*[428] verwirklichen zu können, was letztlich aufgrund des großen Aufwandes verworfen wurde.[429]

Die Briefe aus dieser Zeitperiode beinhalten wenig Privates. Am Rande erfährt man von Johnsons Vorhaben, mit Günter Grass zusammen nach Amerika zu reisen, was Unseld jedoch nicht guthieß, denn Johnson sollte sich lieber um sein Buch *Zwei Ansichten* kümmern. Unseld stellte sich wie schon im Jahr 1959, als es um den Stipendien-Aufenthalt in der Villa Massimo ging, gegen die Reisepläne Johnsons, weil er auf dem deutschen Büchermarkt präsenter sein sollte.[430] Unseld verfolgte das Vorhaben, Johnsons Bücher auch in der DDR bekannt zu machen,[431] da kam Johnsons abwehrendes Verhalten bezüglich der ihm auferlegten *Formel* >>*Dichter beider Deutschland*<<[432] ungelegen.

Johnson wehrte sich heftig gegen diese Pauschalisierung und das sein Leben lang. In seiner Rede zur Verleihung des Wilhelm-Raabe-Preises am 8. Oktober 1975 macht er nochmals deutlich, was er schon 1964 strikt von sich wies: Seine Figuren und deren Darstellung sollten im Vordergrund stehen und nicht der politische Kontext. Er war der Ansicht, dass der Zustand eines Menschen von gesellschaftlichen Systemen bedingt werde, aber dabei könne es sich auch um ein Liebesverhältnis oder freundschaftliches Bindungsgefüge handeln; es müsse nicht primär ein politisches System sein.[433] Mit seinen Stellungnahmen zu der sogenannten *Formel* verstieß Johnson gegen das, worüber Unseld ihn zum Schweigen verpflichten wollte.[434]

Inwiefern Johnsons Statement bezüglich der Formel *Dichter beider Deutschland* Auswirkungen auf das Publikationsvorhaben in der DDR hatte, ist nicht abschätzbar. Für Johnson ist viel problematischer, dass er nicht mehr nach Ostberlin einreisen darf, wie er in seinem Brief vom 3. Januar 1966 mitteilt. Das Jahr 1966 ist aber prinzipiell kein aufschlussreiches Korrespondenzjahr.[435] Auffallend ist lediglich der Brief Johnsons vom 20. Juni 1966, der von Geldtransaktionen Unselds mit den ostdeutschen Behörden berichtet. Außerdem kommt es in besagtem Brief

---

428 Ebd. S. 416.

429 Vgl. ebd. S. 416 ff., 418 ff.

430 Vgl. ebd. S. 57 f., 379.

431 Vgl. ebd. S. 406.

432 Ebd. S. 411.

433 Vgl. Johnson, Uwe: >>…habe aber nie die Absicht gehabt, durch Partheischriften den Tageslärm zu vermehren.<<. In: >>Ich überlege mir die Geschichte…<<. Uwe Johnson im Gespräch. Hrsg. v. Eberhard Fahlke. Frankfurt am Main 1988. S. 73.

434 Vgl. UJB. S. 411.

435 Vgl. ebd. S. 419, 426, 453.

zum Streit, weil Unseld sich unhöflich gegenüber Helen Wolff verhalten haben soll.[436] Unseld hat zudem dem Erdmann Verlag Textpassagen Johnsons für eine Anthologie zur Verfügung gestellt, ohne dessen Einverständnis. Unseld, der sich zwar zunächst aus der Affäre ziehen wollte, entschuldigte sich das erste Mal bei Johnson.[437]

Am 9. Februar 1967 ist es nun ganz offiziell: Johnson darf nicht mehr nach Ostberlin reisen. Was man ihm im Jahr zuvor nur an der Grenze mitteilte,[438] wird jetzt vom Ministerium für Kultur schriftlich fixiert. Unseld versuchte zwar, mit einem Schreiben Gegenteiliges zu bewirken, blieb jedoch erfolglos.[439] Eine weitere enttäuschende Erfahrung mit dem ostdeutschen System war wohl, dass die Brecht-Ausgabe, an der man so lange gearbeitet hat, nicht in der DDR publiziert wurde, weil Johnson als *Me-ti*-Redakteur daran beteiligt war.[440]

Doch es gab auch noch andere Schwierigkeiten, wenngleich mehr in privater Hinsicht. Während seines Aufenthalts in New York überließ Johnson seine Räumlichkeiten Dagrun und Ulrich Enzensberger. Sein entgegenkommendes Verhalten wurde jedoch missbraucht, als sich die Kommune I in seiner Wohnung Platz verschaffte (vgl. Kap. 2.5.5, 3.2.3, 3.3.2). Johnson, der relativ lange im Unklaren über die Situation in seinem Zuhause blieb, bat daher Unseld, Zeitungsausschnitte über die Enzensbergers zu sammeln. Nachdem die Kommune I Johnsons Wohnung räumen musste und es zu einem Bruch zwischen Johnson und Hans Magnus Enzensberger kam, fordert Johnson in seinem Brief vom 16. Mai 1967 Unseld zu folgenden Auskünften auf:

> Sag mir doch einmal was der westberliner Zweig der Dynastie Enzensberger ueber mich sagt, denn mir sagen sie es nicht. Aus Andeutungen glaube ich zu verstehen dass ich als der eigentliche Boesewicht in diesem Familiendrama fungiere, und saehe mich gern einmal von der Seite.[441]

Doch Unseld teilte Johnson nur mit, dass seinem Eindruck nach Hans Magnus Enzensberger ihm nicht böse sei.[442] Als dann Johnsons Schwägerin Jutta Schmidt in seiner Wohnung ums Leben kam[443] und Johnson seine Schreibstätte samt Schreibmaschine, Schreibtisch und Schreibtischstuhl verlor, sollte Johnson dem

436 Vgl. ebd. S. 434–439.
437 Vgl. ebd. S. 447, 452.
438 Vgl. ebd. S. 421.
439 Vgl. ebd. S. 472 f.
440 Vgl. ebd. S. 486.
441 Ebd. S. 488.
442 Vgl. ebd. S. 490.
443 Vgl. ebd. S. 498 f.

Verleger das *Ingrid*-Manuskript für eine kürzere Publikation aushändigen. Da aber die Wohnung in Schutt und Asche lag, musste Johnson persönlich aus New York anreisen, um das Manuskript zu suchen. Dies war dem Verleger ein Flugticket wert, und er bot Johnson zudem ein Darlehen an, um sich wieder neu einrichten zu können. Beides nahm der Schriftsteller dankbar an. Die Korrespondenz des Jahres 1968 endet mit einer Sicherungskopie Unselds, die an Max Frisch gerichtet ist. Johnson sollte die Kopie aufbewahren und Frisch aushändigen, falls sie bei Frisch nicht ankommen sollte.[444]

Eine weitere Sicherungskopie erhielt Johnson Anfang 1969. Unseld hatte nicht nur Differenzen mit Frisch, sondern auch mit Fritz R. Fries. Johnson setzte sich für Fries ein und stimmte diesem zu, ungerecht vom Suhrkamp Verlag behandelt worden zu sein. Zahlreiche Briefe schreibt Johnson, um Fries zu verteidigen und dessen Werke für Publikationszwecke zu bewerten. Johnson wurde im Jahr 1969 selbst zu einem wertvollen Kritiker und Lektor. Er stand Unseld beratend zur Seite, auch in der Angelegenheit mit Fritz J. Raddatz, der als Mitarbeiter für den Suhrkamp Verlag in Betracht gezogen wurde. Aber aufgrund der Spannungen zwischen ihm und Unseld scheiterte jedoch das Vorhaben. Johnson fungierte zwar als schlichtender Mittelsmann, konnte allerdings wenig ausrichten.[445] Der letzte Brief des Jahres 1969 endet mit Unselds Neujahrsmotto: *das Jahr 1970 soll ein Jahr für die >>Jahrestage<< werden.*[446]

Im Jahr 1970 handeln die meisten Briefe tatsächlich von Johnsons Arbeit an den *Jahrestagen*. Es kam diesbezüglich jedoch zu Auseinandersetzungen zwischen Verleger und Autor. Johnson war, wie auch schon im Fall der *Zwei Ansichten*, mit dem Umschlag des Buches nicht einverstanden, aber seine Ablehnung wurde nicht ernst genommen. Die kontrahierenden Standpunkte der beiden führten zu gegenseitigen Vorwürfen, die über das eigentliche Problem weit hinausgingen. Johnson thematisiert in seinen Briefen[447] das Kernproblem zwischen ihm und Unseld, nämlich die Vermischung von Geschäftlichem und Privatem.

Auf die Spitze getrieben wurde dieser Streit, als Unseld wieder einen Text ungefragt publizieren ließ. Diesmal waren es Passagen aus den *Jahrestagen*, die im *Spiegel* veröffentlicht wurden. Johnson, der dieses Privileg bereits dem *Merkur* zugestand, befürchtete nun Ärger. Unseld jedoch versuchte, die Schuld an dem Dilemma Johnson selbst zu geben. Er hätte mit Hans Paeschke vom *Merkur* gesprochen, der alle Vorwürfe, die Johnson seinem Verleger machte, entkräftete.

444 Vgl. ebd. S. 501–529.

445 Vgl. ebd. S. 530–590.

446 Ebd. S. 591.

447 Vgl. ebd. S. 599–604, 609–616, 612 f., 621–625.

Aber Johnson fand heraus, dass es nie solch ein Gespräch gegeben hat. Unseld, der sich jedoch nicht als Lügner bezeichnen ließ, drohte Johnson *Dauerverheerungen*[448] an, wenn er sich nicht entschuldigen sollte. Johnson beharrte auf seinem Standpunkt, und Unseld musste seinen Fehler einräumen.

Man bemühte sich im gegenseitigen Einverständnis darum, die Emotionen nun besser zu kontrollieren, um zum normalen Tagesgeschäft zurückfinden zu können. Die darauf folgenden Briefe sind sachlich und höflich formuliert, aber distanziert, was sich besonders an den Abschiedsformen zeigt. Der letzte Brief des Jahres 1970 endet mit Johnsons Bericht über seine Lesereise und den Beschwerden von Buchhändlern, die den Suhrkamp Verlag in Verruf bringen würden.[449] Unseld nimmt hierzu keine Stellung, obwohl er es in seinem Brief vom 9. Dezember 1970 ankündigt.

Das Jahr 1971 wird wieder zu einem brieflichen *Jahrestage*-Jahr: Der Klappentext wurde erfolgreich gestaltet, der Anhang zum Werk *Mit Cresspahls Augen* geschrieben, und ein dritter Teil der *Jahrestage* war in Planung, weshalb Johnson zu Inspirationszwecken nach New York reisen wollte. Außerdem erklärte Johnson ausführlich den Bauplan des Mehrteilers *Jahrestage*, erläuterte dabei das Kerngerüst, die Bedeutung seiner Protagonisten und beschreibt die Quintessenz, die er mit seinem Werk verfolgt.[450]

Neben den vielen *Jahrestage*-Briefen thematisieren einige Briefe die Auseinandersetzung zwischen Johnson und Unseld bezüglich der *Horváth-Kopien*. Die Akademie der Künste wandte sich an Johnson, als der Suhrkamp Verlag sich weigerte, für die besagten Kopien[451] zu bezahlen. Man ließ Johnson den Briefwechsel zwischen der Akademie und dem Verlag zukommen und erhoffte sich eine Vermittlung. Als Johnson dem Verleger zugunsten der Akademie ins Gewissen reden wollte, reagierte Unseld gereizt und bat Johnson, sich aus der Angelegenheit herauszuhalten. Er empfand Johnsons Engagement als *peinlich*[452] und als eine überflüssige Einmischung, ungeachtet dessen, dass Johnson von der Akademie um Hilfe gebeten wurde.[453]

Johnson veröffentlichte gerade erst den zweiten Band der *Jahrestage*, da drängte Unseld bereits auf den dritten Teil. Johnson konnte aber den neuen Band nicht termingerecht abliefern, und so wuchs der Druck vonseiten Unselds immer mehr,

---

448 Ebd. S. 631.
449 Vgl. ebd. S. 636–653.
450 Vgl. ebd. S. 663 ff., 685–692, 712–719.
451 Vgl. ebd. S. 669.
452 Ebd. S. 676.
453 Vgl. ebd. S. 669–678.

worüber Johnson sich in seinem Brief vom 21. November 1972 beschwert.[454] Im darauf folgenden Jahr wurde beschlossen, nicht nur einen dritten, sondern auch einen vierten Teil der *Jahrestage* herauszubringen. Die Korrespondenz des Jahres 1973 enthält bis auf zwei Begebenheiten kaum Erwähnenswertes, die etwas über Johnsons öffentliches Ansehen sowie sein Selbstbild offenbaren. Ersteres bezieht sich auf den von Unseld verfassten Brief vom 17. Februar 1973: Johnson beeindruckte den Künstler Gian P. so sehr, dass dieser ihn malen wollte, wozu Johnson schlichtweg nichts sagte. Der zweite briefliche Inhalt hat mit Wolfgang Hildesheimers *Masante* zu tun, denn darin äußerte sich dieser negativ über den Vornamen Uwe und befürchtete nun, dass Johnson ihm das übel nehmen könnte. Johnson kannte die besagte Passage nicht, allerdings berichtet er Unseld selbst am 29. März 1973 von seiner Abneigung gegenüber seinem Namen:

> Es sind darin ja die Umstände von 1934 aufbewahrt, und ich lernte den Vornamen früh genug hassen, weil im Deutschunterricht ein Gedicht deklamiert werden musste, das schloss mit der erhabenen Wendung: >>Sagt Mutter, s' ist Uwe<<. Die Wut des Neunjährigen reichte dann nicht aus für eine Änderung, und wenigstens die Lächerlichkeit solchen Namens ist ja später durch einen Fußballkünstler aus Hamburg ein wenig abgearbeitet worden.[455]

In Hinblick auf Johnsons Selbstbild äußert sich Günter Grass in einem Interview mit Berbig und Wizisla folgendermaßen: *Ich erinnere mich – ‚Johnson und die Frauen' – wie viele ihn schätzten und ihm beizubringen versuchten, daß er nicht häßlich sei.*[456]

Zu den Frauen, von denen Grass hier spricht, gehören unter anderem auch Ingeborg Bachmann und Hannah Arendt. Johnson konnte sehr charmant sein im Umgang mit Frauen. Als Ingeborg Bachmann am 17. Oktober 1973 starb, machte sich Johnson auf den Weg nach Klagenfurt, um im Gedenken an sie die Erzählung *Eine Reise nach Klagenfurt* zu verfassen.[457] Für Hannah Arendt setzte sich Johnson ein, als Unseld sich ihr gegenüber im Jahr 1974 *unhöflich, to put it mildly,*[458] wie Arendt selbst schreibt, verhielt. Vorausgegangen war folgender Sachverhalt: Johnson sollte im Auftrag des Verlages bei Hannah Arendt anfragen,

---

454 Vgl. ebd. S. 736–764.

455 Ebd. S. 779 f.

456 Grass, Günter: Distanz, heftige Nähe, Fremdwerden und Fremdbleiben. Gespräche über Uwe Johnson. In: >>Wo ich her bin…<<. Uwe Johnson in der DDR. Hrgs. v. Roland Berbig und Erdmut Wizisla. Berlin 1993. S. 118.

457 Vgl. UJB. S. 804 ff.

458 Ebd. S. 836. Das Original stammt aus der Korrespondenz mit Hannah Arendt (vgl. AJB. S. 133).

ob sie ihre sechs Essays aus dem Jahr 1948 nicht dem Suhrkamp Verlag für eine Publikation zur Verfügung stellen wolle.

Arendt war von dem Vorhaben angetan und gab ihr Einverständnis zu diesem Projekt.[459] Johnson leitete daraufhin alle mit Arendt schriftlich ausgetauschten Details an Unseld wortwörtlich weiter. Als Arendt jedoch nichts mehr vom Verlag hörte, kam es zu der oben zitierten Aussage. Johnson, der wieder die Rolle des Vermittlers einnahm, fordert Unseld am 30. August 1974 dazu auf, unverzüglich an Arendt zu schreiben. Als Johnson jedoch am 27. Oktober 1974 schriftlich von Hannah Arendt erfahren muss, dass man sich bei ihr wegen der Rechte informieren wollte, obwohl sie dazu längst schon Auskünfte gegeben hat, wird Johnson ungehalten. Er schreibt Unseld am 18. Dezember 1974, obiges Zitat noch einmal angeführt, dass man ihn vor Arendt blamiert habe. Es war ihm unbegreiflich, warum er erst dazu aufgefordert wurde, Arendt für den Verlag zu gewinnen, wenn dann keine Resonanz erfolgte.[460]

Noch am gleichen Tag schreibt Johnson an Arendt: *solange ich Suhrkamps nicht die Meinung gegeigt hatte zu ihrem Auftreten, wollte ich Ihnen nicht unter die Augen kommen.*[461] Inwiefern Johnson tatsächlich dem Suhrkamp Verlag die *Meinung gegeigt hatte,* zeigt sein Brief vom 18. Dezember 1974: *Lieber Siegfried, entschuldige bitte, aber ich möchte mich beschweren.*[462] Der Disput zog sich bis ins Jahr 1975. Erst als Johnson im Februar 1976 erfuhr, dass Arendts Essays unter dem Titel *Die verborgenen Traditionen* erscheinen sollten, war ein freundschaftlicher Umgang zwischen ihm und Unseld wieder möglich.[463]

Doch es kam bald erneut zum Streit: Johnson und Max Frisch planten anlässlich des bevorstehenden 50. Geburtstages von Unseld eine Überraschung. Die Vorbereitungen hierzu liefen unter dem unglücklich gewählten Decknamen *WALKÜRE,* wozu Johnson und Frisch zahlreiche Autoren baten, zeichnerische Beiträge für die Gestaltung einer Mappe einzureichen, die man Unseld schenken wollte. Als Johnson und Frisch am 10. Juni 1974 ihrem Verleger eine Gästeliste mit den Personen schicken, die er zu seinem Geburtstag einladen soll, gerät Unseld in Rage.[464] Natürlich wusste er nicht, dass die aufgelisteten Personen diejenigen

459 Vgl. Hannah Arendt, Uwe Johnson. Der Briefwechsel. Hrsg. v. Eberhard Fahlke und Thomas Wild. Frankfurt am Main 2004. S. 114 ff. Der Briefwechsel wird des Weiteren mit den Siglen AJB abgekürzt.

460 Vgl. UJB. S. 848.

461 AJB. S. 145.

462 UJB. S. 848.

463 Vgl. ebd. S. 853.

464 Vgl. ebd. S. 828, 830–834.

waren, die sich an dem Projekt beteiligten. Johnson war über Unselds Reaktion betrübt, aber entschuldigte sich dennoch bei ihm, und von dem Projekt *Walküre* ist in den Briefen nichts weiter zu lesen. Laut Peter Michalzik wurde die *Kassette mit gezeichneten Geburtstagsgrüßen*[465] allerdings überreicht, wobei das Geschenk Unselds *Herz nicht bewegt*[466] habe.

Möglicherweise berührte Unseld die Geste nicht, da er mit Johnson und Frisch im Jahr 1974 kein gutes Auskommen hatte.[467] Johnson versuchte zumindest, zwischen Unseld und Frisch zu vermitteln, was relativ erfolglos blieb.

Diese Rolle veränderte sich jedoch im Jahr 1975: Johnson arbeitete an den *Stichworten* für Max Frisch, bis ihn sein Herzinfarkt außer Gefecht setzte. Daraufhin kam es zu einigen Turbulenzen, denn Unseld musste den Umfang des Werkes kürzen und gab zu verstehen, dass Frisch mit dem Werk so nicht zufrieden war. Johnson war darüber bestürzt, konnte aber aufgrund seines gesundheitlich bedingten Arbeitsverbots nichts unternehmen. Während Frisch auf Johnsons Zustand Rücksicht nahm und seine Zufriedenheit zum Ausdruck brachte, kam es zwischen Johnson und Unseld zur Konfrontation. Michalzki erläutert, dass es seit dem Jahr 1973 zu keinem *persönlichen Ton*[468] zwischen Johnson und Unseld mehr gekommen sei und die *Vertrauensformeln [...] rituell*[469] wurden. Als Beispiel präsentiert er ein Zitat aus dem Brief Johnsons vom 18. September 1975, das jedoch ohne den entsprechenden Kontext zu einer anderen Interpretation führt: Johnson offenbarte Unseld seine Gefühle und betonte, dass es Unselds Vertrauen in ihn sei, was ihn noch am Leben halten würde.

Der Behauptung Michalzkis kann man hier definitiv nicht zustimmen, ganz im Gegenteil: Johnson informierte Unseld als Ersten über seinen Herzinfarkt und seine damit verbundenen Depressionen. Man kann folglich nicht von einer ritenhaften Floskel Johnsons sprechen und schon gar nicht von einem unpersönlichen Ton. Am 17. November 1975 schreibt Unseld dem niedergeschlagenen Johnson: *Ich freue mich, diese Nachrichten, die Du mir schickst, zu kennen. Ich versuche ja nicht nur das Problem kleine Wut – große Wut zu lösen, sondern auch das der kleinen und großen Geduld.*[470] Unseld bezieht sich hierbei auf Johnsons vorangegangene Mitteilung, dass er wieder an den *Jahrestagen* arbeite. Unseld war erleichtert, das zu hören, schreibt aber dennoch über die sich aufgestaute Wut.

465 Michalzki, Peter: Unseld. S. 214.

466 Ebd. S. 214.

467 Vgl. UJB. S. 820 ff., 842 ff., 846.

468 Michalzki, Peter: Unseld. S. 217.

469 Ebd. S. 217.

470 UJB. S. 882.

Auch wenn Johnson in seinem Brief vom 20. November 1975 die Gründe für Unselds Missmut nicht recht in Verbindung bringen kann, so meint Unseld die Geduld, die er bezüglich der schleppenden Arbeit an den *Jahrestagen* aufbringen muss, wie er in seinem Brief vom 21. November 1975 mitteilt.

In den Jahren 1976 bis 1978 änderte sich im Leben Johnsons sehr viel, wovon die Briefe an Unseld Zeugnis abliefern. Am 17. Juli 1976 bedankt sich Johnson bei Unseld für dessen Verständnis und ist erleichtert, sich ihm bezüglich seiner Ehekrise anvertraut zu haben.[471] Eine Reaktion Unselds bleibt jedoch aus, und seine brieflichen Nachrichten an Johnson werden kürzer und oberflächlicher. Es folgen primär Mitteilungen über literaturbetriebliche Aspekte, wie die Klärung zentraler Fragen, ob und inwiefern die Literatur bedroht sei, und über den Stand zu Johnsons Projekt *Von dem Fischer un syner Fru.*[472]

Johnson, der im Jahr 1977 vor allem versuchte, seine Ehe zu retten, schreibt in diesem Jahr nur dreimal an Unseld. Die Briefe enthalten wenig Informatives, außer dass Johnson beabsichtigte, seine Schwester, die sonst kaum in seinen Briefen erwähnt wird, zu besuchen. Unseld hatte in dem Jahr Verständnis für Johnsons Lebenssituation und soll ihm, laut den brieflichen Aussagen Johnsons vom 23. Dezember 1977, eingeräumt haben, die Arbeit an den *Jahrestagen* zunächst einzustellen. Dies wirkt merkwürdig, da Unseld zwei Tage zuvor Johnson schriftlich mitteilt, dass er hoffe Johnson würde an dem Werk, was er sich so sehr wünsche, weiterarbeiten.[473]

Von einer Fertigstellung der *Jahrestage* konnte im Jahr 1978 kaum die Rede sein. Johnson war mit privaten Auseinandersetzungen beschäftigt; dabei überwiegend mit Fritz J. Raddatz. Am 19. Februar 1978 schickt Johnson seinem Verleger eine Kopie seines an Raddatz gerichteten Briefes. Johnson befürchtete, dass die Freundschaft zu Martin Walser durch falsche Anspielungen von Raddatz gefährdet sein könnte. Raddatz habe nämlich zu Walser am Telefon gesagt, dass er und Johnson über sein Werk *Jenseits der Liebe*, welches von Reich-Ranicki negativ beurteilt wurde, *den Stab gebrochen*[474] hätten. Der Brief vom 18. August 1978 verrät den großen Schmerz Johnsons über den Verlust dieser Freundschaft. Während sich Raddatz der Anschuldigungen erwehrte und eine Entschuldigung von Johnson erwartete, wendet sich dieser aufgebracht am 7. September 1978 an Unseld:

> bitte, entschuldige, dass ich dich schon wieder belästige. Aber es ist eine Sache, die ich klar haben möchte, und nur du könntest mir da helfen. Leider hat es wieder etwas zu

---

471 Vgl. ebd. S. 891 f.

472 Vgl. ebd. S. 892–899.

473 Vgl. ebd. S. 903–906.

474 Ebd. S. 913.

> tun mit Herrn Raddatz, Fritzchen, Macher von Meinungen, Schicksalsstifter. Nicht nur verlangt er von mir eine Entschuldigung, er spricht auch von meiner >>Überreaktion in Sachen Walser (über die selbst Martin Walser lachte)<<. Ist es möglich, dass Martin mir das eine sagt und einem Feuilleton-Redakteur das andere? für eine Lüge ist die Behauptung doch zu frech. Aber Martin könnte mir helfen bei dem Beweis, dass es eine ist. Bitte könntest du dies für mich bei ihm vermitteln?[475]

Johnson forderte bereits im Vorfeld von Raddatz, dass er seine falschen Aussagen bei Walser richtigstellen sollte. Unseld berichtet in seinem Brief vom 18. September 1978, dass Nachfragen bei Walser ergaben, dass dieser mit Raddatz nie über den 12. August 1978 gesprochen habe.[476] Diese Information ist verwirrend, denn am 12. August 1978 traf sich Unseld mit Elisabeth und Uwe Johnson sowie mit der Familie Walser in London.[477] Die Fragen, die sich hier stellen, sind zum einen, was an dem besagten Tag geschehen ist, und zum anderen, warum Elisabeth und Uwe noch gemeinsam in London waren, obwohl sie zu diesem Zeitpunkt schon getrennt lebten. Auch wenn die Angaben nun keinen konkreten Aufschluss liefern, eine Sache belegen sie zumindest: Raddatz muss Johnson belogen haben, entweder in Bezug auf den Inhalt des Telefonats mit Walser und/oder über seine Rolle bezüglich der Bekanntmachung der Ehekrise der Johnsons.

Die Vorkommnisse waren Johnson zu viel, und er entschloss sich deshalb, nicht an der für den 12. November 1978 angesetzten Tagung der *Gruppe 47* teilzunehmen. Er nennt Unseld in seinem Brief vom 21. Oktober 1978 die genauen Beweggründe für diese Entscheidung:

> Aber auf die Reise nach Saulgau werde ich verzichten. Das ist mir zu dicht an der Gegend Martins, und er könnte sich ja in letzter Stunde zu einem Auftritt entschliessen. Auch entginge mir ja das Fest notwendig über dem hartnäckigen Bemühen um das Vorzeigen guter Manieren und dem Vorsatz, Herrn Raddatz nicht auf das Maul zu schlagen.[478]

Solche harten Worte liest man sonst in keiner Briefkorrespondenz. Unseld reagiert hierauf kaum, und seine Briefe werden mit Einsetzen der johnsonschen Krisen noch kürzer.

Am 1. April 1979 schreibt Johnson bezüglich seiner Schwierigkeiten Folgendes:

> (Denn zu oft kommen Arbeitszeiten, da kehre ich mit den bestwilligen Vorsätzen heim zu dieser macchina da scrivere, das Pensum fertig geplant im Kopf – unvermittelt sitze

475 Ebd. S. 928.
476 Vgl. ebd. S. 930.
477 Vgl. ebd. S. 921, Anm. 1.
478 Ebd. S. 936.

> ich vor dem Tastenfeld gelähmt, und so bis zum Abend, ohne dass das Papier bewegt worden wäre. (Selbstverständlich gibt es hierfür eine medizinische Ausdeutung)).[479]

Johnson arbeitete gerade an seiner Poetik-Vorlesung, die ein Jahr später unter dem Titel *Begleitumstände* publiziert wird. An Erinnerungen anknüpfend beschreibt Johnson in demselben Brief die Freundschaft zu Unseld folgendermaßen:

> Nach zwanzig Jahren einvernehmentlichen wie streitbaren Gesprächs hast du auch erfahren von dem Ungeschriebenen, und so bist du für mich der menschliche Ort geworden, ohne den das einsamste Leben unmöglich ist: die Gewissheit, dass es in der Welt einen Menschen gibt, bei dem man als zusammengefasste Kenntnis sicher aufgehoben ist. Obwohl ich keiner Probe darauf bedurft hätte, hast du mir geholfen im schlimmsten Unglück meines Lebens, als ich mich jenseits von Hilfe glaubte. Damit ist erwiesen, warum von allen Freundschaften, die ich seit 1959 gefunden habe, die mit dir als einzige sich erwiesen hat als in allen Stücken zuverlässig und haltbar, und wenn es nach mir geht, soll das so bleiben, wie ich auch weiterhin zum >>kleinen Kreis<< gehören möchte.[480]

Unseld freut sich zwar über diese Mitteilung Johnsons, antwortet jedoch knapp:

> Jedenfalls hast Du recht getan, den Zeitraum von 20 Jahren von Deiner Sicht aus zu markieren. Ich erinnere mich ja allzu genau, daß ich an jenem Morgen des 31. März ein Manuskript aus dem Sterbezimmer nahm und daß meine Verantwortung an der Lektüre gerade dieses Manuskriptes gewachsen ist. Es gibt Dinge, die man einfach bei sich hat, die man nicht nur nicht vergißt, sondern die da sind und die einem helfen, zu leben. Ich danke dir, mein Lieber.[481]

Johnson erinnert sich in seinem Brief an das erste Kennenlernen sowie an die Entstehung der *Mutmassungen über Jakob* und hebt die freundschaftliche Beziehung hervor, während in der Mitteilung Unselds mehr das Geschäftliche zum Tragen kommt.

Ein Großteil der Korrespondenz beschäftigt sich auch mit Kritiken Johnsons – einmal zu Georg Steiners Werk *The Portage to San Cristobal of A. H.* und zu Jürgen Serke, der im Auftrag vom *Stern* das Buch *Frauen schreiben* verfasste.[482] Letzteres soll hier nur kurz umrissen werden: Johnson schreibt in seinem Brief vom 6. September 1979 an Unseld, dass in diesem Buch Frauen wie Sarah Kirsch und vor allem Ingeborg Bachmann vorgeführt würden, wobei deren Familie, Freunde und Partner nicht ausgespart blieben. Dass die Darstellungen nach Johnsons Ansicht

---

479 Ebd. S. 950.

480 Ebd. S. 952 f.

481 Ebd. S. 953.

482 Vgl. ebd. S. 962–965, 968–972.

oft wenig mit der Realität zu tun hatten, wird mehrfach deutlich, genauso wie seine ablehnende Haltung über Verstorbene zu schreiben, als wüssten die Verfasser solcher Schriften, was passiert wäre. Der Brief ist höchst sarkastisch formuliert und spiegelt Johnsons Einstellung zu einer Literatur wider, die ihm oftmals zu voyeuristisch war.[483]

Vor und nach der Auseinandersetzung mit den Werken Steiners und Serkes, erwähnen Johnson und Unseld in ihren Briefen vom 11. November 1978,[484] 4. Dezember 1978[485] und 23. August 1979[486] eine fiktive *Dame*, die wohl durch die Beschäftigung mit Unselds Buch >*Das Tagebuch Goethes und Rilkes sieben Gedichte*< zu einem ‚running gag' wird. Da Johnson die *Dame* per Post schickte, handelte es sich möglicherweise um ein Buch oder ein Gemälde, womit er beabsichtigte, Unseld eine Freude zu machen. Hierauf Bezug nehmend, schickt Johnson wahrscheinlich im September 1979 – eine genaue Datierung ist nicht bekannt – eine Postkarte aus der Londoner *Tate Gallery*.[487] Darauf abgebildet ist die mythologische Figur *Proserpine*, gemalt von Gabriel Rossetti.

Das Besondere an der Karte ist zunächst einmal der doppelte historische Hintergrund: *Proserpine* ist eine Figur aus der griechischen Mythologie, die der Geschichte nach von Pluto, dem Gott der Unterwelt, von der Erde geraubt wird. Als sie im Reich der Toten von dem Granatapfel kostet, wird sie zu einem Leben in der Unterwelt verdammt. Sie darf jedoch sechs Monate im Jahr auf die Erde zurückkehren.[488] Das Schicksal der *Proserpine* ist somit das der *geheimnisvolle[n] Wiedergängerin*[489] zwischen dem Reich der Toten und der Lebenden.

Die dunkelhaarige Griechin wird häufig mit der blonden biblischen Eva verglichen, denn beide werden aus dem Paradies vertrieben, nachdem sie von einer Frucht gekostet haben. Interpretiert wird das Bild auf zweierlei Ebenen: Die roten Lippen der *Proserpine* werden zum Symbol für Sexualität, wobei der Verlust der Unschuld durch das Naschen an dem Granatapfel versinnbildlicht wird. Der Verlust der Reinheit und Unschuld wird als eine Schranke angesehen, die man nie wieder rückwirkend überschreiten kann. Durch die Verdammnis der Seele

483 Vgl. ebd. S. 973–976.

484 Vgl. ebd. S. 939 f.

485 Vgl. ebd. S. 940 f.

486 Vgl. ebd. S. 966 f.

487 Vgl. ebd. S. 977.

488 Vgl. Müller, Petra; Wieland, Rainer (Hg.): Frauen schön und stark. Frauen von heute über die Schönen der Kunst. München 2009. S. 24.

489 Ebd. S. 24

in die Unterwelt wird die quälende Sehnsucht nach Befreiung und menschlicher Berührung erweckt.[490]

Der Künstler Gabriel Rossetti ließ sich beim Malen von Jane Morris inspirieren, die mit seinem Freund William Morris verheiratet war. Zwischen Gabriel Rossetti und Jane Morris entwickelte sich ein Liebesverhältnis, was Jane zur Ehebrecherin machte. Das Gesicht der *Proserpine* soll nach ihrem Vorbild modelliert sein und strahlt Emotionen wie Enttäuschung, Wut und Ärger aus.[491] Anknüpfend an die biblische Eva, die zur Sünderin und Verführerin deklariert wird, wird umgekehrterweise *Proserpine* zur Verführten, die ihre Seele an die Unterwelt verkauft.

Johnson schickte Unseld eine Postkarte mit der Abbildung Proserpines zu einer Zeit, als er sich mit der Trennung von seiner Frau abfinden muss. Die Karte steht aber auch für Johnsons Einstellung bezüglich einer neuen Partnerschaft, wenn auch nur spaßeshalber.[492] Unseld berichtet rückblickend hierzu, dass Johnson ihm im Jahr 1978 mitgeteilt habe, dass ihm keine Frau mehr ins Haus käme.[493] Womöglich an dieses Gespräch anknüpfend antwortet Unseld in seinem Brief vom 17. September 1979: *Jetzt weiß ich, warum Du so gern allein in Deinem Haus bist! Mit Proserpine zusammenzusein ist schon eine Sache. Hat sie Dir diesen Paradiesapfel gereicht?*[494]

Die Korrespondenz verläuft im Weiteren relativ sachlich bis auf eine Auseinandersetzung wegen der *Begleitumstände*. Johnson lieferte einige Kapitel seines Buches mit der Widmung: *für SIEGFRIED UNSELD/geschrieben mit Verdruss/und mit Vergnügen*.[495] Dies missfiel dem Verleger. Auf seinen guten Ruf bedacht, legte er Johnson nahe, die Widmung zu streichen.[496] Johnson ist von Unselds ablehnender Haltung enttäuscht, wie der Brief vom 12. Dezember beweist:

> Es betrübt mich selbstverständlich, dass dir die Widmung missfällt, mit der die >>Begleitumstände<< anfangen sollen. Denn >>geschrieben<< sollte heissen, dass dies eine für dich persönlich angefertigte Fassung ist; der >>Verdruss<< konnte nur aus gelegentlichen Zwischenfällen in der beschriebenen Sache rühren; das >>Vergnügen<< hingegen verdankte sich ganz und gar der Freude, einen deiner Wünsche erfüllen zu

490 Vgl. ebd. S. 24.

491 Vgl. Mifflin, Houghten: The Houghton Mifflin dictionary of biography. The most comprehensive coverage, from ancient times to the present day. Boston 2003. S. 1316.

492 Vgl. UJB. S. 940.

493 Vgl. Unseld, Siegfried: Uwe Johnson. S. 13.

494 Ebd. S. 979.

495 Ebd. S. 982, Anm. 1.

496 Vgl. ebd. S. 982.

> können und nebenher auch wieder das so genannte Schreiben zu erlernen. Könntest du die Widmung annehmen, wenn ich die Emotionen in einer Streichung verschweige.[497]

Doch Unseld antwortet hierauf nicht,[498] sondern übt in seinen folgenden Briefen Druck auf Johnson aus, er solle den vierten Band der *Jahrestage* ausarbeiten. Dritte hätten sich nach dem Verbleib des lang erwarteten vierten Teils erkundigt, aber Johnson unterlässt es, hierauf zu reagieren,[499] zu oft teilte er Unseld bereits mit, dass er mit Druck nicht umgehen könne.

Dennoch ließ es Unseld auch im Jahr 1980 nicht unversucht, auf exakt die gleiche Art und Weise Johnson an die Fertigstellung der *Jahrestage* zu erinnern.[500] Dabei war Johnson ‚fleißig', ein Wort, das häufiger in den Korrespondenzen Johnsons erscheint. Immerhin lieferte er gerade die *Begleitumstände* ab und verfasste anlässlich des 70. Geburtstages von Max Frisch die *Skizze eines Verunglückten*. Am 22. September 1980 schreibt Johnson diesbezüglich Unseld Folgendes:

> Das ist mein Dank für deine Arbeit, mich herauszuholen aus der Grube, in die ich vor fünf Jahren gestossen wurde. Es sind deine Anteilnahme, deine Arbeitsvorschläge gewesen, die mir allmählich wieder verholfen hat zu dem Mut, die Sache mit Mrs. Cresspahl zu einem Ende zu bringen. Gewiss, es schreiben auch Leser der bisher fertigen Bände und wünschen einen Abschluss; was aber mir dazu verhelfen wird, das ist dein geduldiges Warten gewesen und mithin das Bewusstsein, ich sei es deinem freundschaftlichen Vertrauen schuldig. Wie deine Heilversuche angeschlagen haben, du wirst es demnächst sehen an dem Beitrag zur Festschrift für Max Frisch, sowohl an dessen Gegenstand, als auch an der Unverfrorenheit, die ich mir angesichts seiner wieder zutraue. Das hast du geschafft, und es möchte mein Dank dafür zu deinen Geburtstagsgeschenken gehören dürfen.[501]

Wieder überhöht Johnson die Rolle seines Verlegers. Es fällt nun zunehmend auf, wie sich das Wesen Johnsons im Verlauf der Korrespondenz verändert und wie verzweifelt er an dem Verleger festhält. Es kam zu einem Ungleichgewicht in der freundschaftlichen Beziehung, was Unselds Antwortschreiben vom 1. Oktober 1980 belegt, in dem er sich nur für Johnsons Brief bedankt, ohne auf dessen emotionale Mitteilung zu reagieren.

Im Jahr 1981 schickte Johnson das fertige Manuskript zur *Skizze eines Verunglückten* an Unseld und machte ihn darauf aufmerksam, dass dieser Beitrag

---

497 Ebd. S. 984.

498 Vgl. Johnson, Uwe: Begleitumstände. Das Buch Johnsons enthält die Widmung *Geschrieben für Siegfried Unseld*, was bedeutet, dass der Verleger sich später doch von der Widmung überzeugen ließ.

499 Vgl. UJB. S. 985.

500 Vgl. ebd. S. 991.

501 Ebd. S. 995.

sich auf ein spezifisches Thema mit Max Frisch beziehe (vgl. Kap. 3.4.3). Des Weiteren werden in den Briefen die Feierlichkeiten zu Frischs Geburtstag besprochen, Johnson versuchte, eine Festschrift für Helen Wolff zu erwirken, und seine *Mutmassungen über Jakob* wurden in die Suhrkamp-Bibliothek aufgenommen, was für Johnson eine große Ehre war.[502]

Die Korrespondenz des Jahres 1982 beginnt mit einem Brief vom 7. Januar, in dem Johnson folgende Kritik anbringt:

> Denn seit langem bedaure ich, dass die Verständigung zwischen uns auf das Fernmündliche verwiesen ist, also im Nachlesbaren nicht erhalten, und habe mich abgefunden mit der Einsicht, der Umfang deiner Geschäfte nehme dir schon die Zeit für die ehemals vorkommenden Vertraulichkeiten auf Papier.[503]

Johnson, der immer zurückgezogener lebte und seinen Freunden damit Anlass zur Sorge gab, vermisste den Briefaustausch mit Unseld schmerzlich. Er klagte zudem über Magenschmerzen und eine erlittene Augenerkrankung.

Zu diesen Problemen kam hinzu, dass es um Johnsons finanzielle Lage schlecht bestellt war, weshalb die *Skizze eines Verunglückten*, die ebenfalls in die Suhrkamp-Bibliothek aufgenommen wurde, als Einzelausgabe publiziert wird.[504] Johnson arbeitete zudem wieder eifrig an den *Jahrestagen*, was zumindest aus den Briefen mit Burgel Zeeh, der Sekretärin Unselds, hervorgeht.[505]

Die Korrespondenz zwischen Johnson und Unseld verlagerte sich im Jahr 1983 auf Burgel Zeeh. Sie half Johnson zunehmend bei Recherchen für die *Jahrestage*. Vonseiten Unselds liest man nicht mehr viel Privates: Nur einmal teilte er mit, dass er beabsichtige, seinen Sohn Joachim Unseld auf seine Nachfolge im Suhrkamp Verlag vorzubereiten. In dem Brief vom 12. Juli 1983 fordert Unseld Johnson auf, dessen Mitschriften vom Gespräch des 7. Julis 1983 zu vernichten. Johnson meldet am 20. Juli 1983, dass er die Aufzeichnungen zerstört habe, um was es sich dabei handelte, ist nicht bekannt.[506]

Beiläufig erfährt man, dass Johnson im Oktober 1983 an einer schweren Bronchitis erkrankte und einer ärztlichen Betreuung im Berliner Krankenhaus bedurfte. Unseld bietet ihm in einem Telegramm wieder seine Hilfe an. Der letzte Brief aus dem Jahr 1983 beinhaltet die Absicht, Johnsons neustes Projekt *Heute Neunzig Jahr. Die Geschichte der Familie Cresspahl* vertragsfertig zu machen, weshalb Un-

502 Vgl. ebd. S. 997–1008.
503 Ebd. S. 1015.
504 Vgl. ebd. S. 1015–1027.
505 Vgl. ebd. S. 1013.
506 Vgl. ebd. S. 1036 f., 1071 f.

seld die entsprechenden Papiere zum Unterzeichnen mitschickt. Eine Antwort von Johnson erfolgt allerdings nicht mehr.[507]

Wenige Monate vor Johnsons Tod wird Unseld brieflich wieder aktiver. Am 1. Februar 1984 bittet er Johnson darum, Geburtstagsgrüße an Helene Ritzerfeld zu richten, die Johnson jedoch gleich an Burgel Zeeh schickt. Unselds zweiter Anlauf erfolgt mit einem Brief vom 2. Februar 1984, in dem er Johnson mitteilt, dass Fritz J. Raddatz sich mit seinem Buch *Kuhauge* ruiniert habe, wovon er sich eine Aufheiterung bei Johnson zu bewirken versprach.[508] Als Unseld aber immer noch keine Nachricht von Johnson erhält, schickt er am 12. März 1984 ein letztes Telegramm: *ERBITTE DRINGLICH DEINEN ANRUF; IM VERLAG; ZU HAUSE ODER BEI FRAU ZEEH.*[509]

3.1.4 Der Streit um das Erbe Johnsons und die Belebung einer Legende

Das Tragische an Uwe Johnsons Tod ist nicht nur, dass er einsam starb und sein Ableben erst am 13. März 1984 – also über zwei Wochen später – bemerkt wurde,[510] sondern auch all die Ereignisse, die sich nach seinem Lebensende zutrugen.

Der erste Skandal wurde durch Tilman Jens‘ Einbruch in das Totenhaus von Uwe Johnson verübt. Die in seinem Buch *Unterwegs an den Ort wo die Toten sind* enthüllten Entdeckungen sind mit Sicherheit dafür verantwortlich zu machen, dass, obwohl Johnsons Obduktionsbericht einen Suizid ausschloss und als Todesursache eine Herzattacke diagnostiziert wurde,[511] man an einem natürlichen Tod zweifelte. Jens berichtet von zahlreichen Schmerztabletten und einer Menge Alkohol, die Johnson vor seinem Tod konsumiert haben soll, was Fragen aufwirft. Auch die Presse deutete zum Teil einen Suizid an, was allerdings bislang nicht bewiesen werden konnte.

Elisabeths vermeintliche Liebschaft mit einem Prager Geheimagenten soll dazu geführt haben, dass Johnsons literarische Werke ausspioniert wurden, so stellt es Johnson in seinen *Begleitumständen* selbst dar.[512] Besonders während des Erbschaftsstreits bediente man sich immer wieder dieser Legende. Der Germa-

507 Vgl. ebd. S. 1077 f.
508 Vgl. ebd. S. 1080 f.
509 Ebd. S. 1082.
510 Vgl. Grambow, Jürgen: Uwe Johnson. S. 135.
511 Vgl. Neumann, Bernd: Uwe Johnson. S. 860.
512 Vgl. Johnson, Uwe: Begleitumstände. S. 451.

nist Werner Gotzmann behauptet, die Affäre Elisabeth Johnsons sei nachträglich konstruiert worden, um ihre und die der gemeinsamen Tochter Katharina vorgenommene Enterbung zu rechtfertigen. Auslöser für die Enterbung sei Siegfried Unseld gewesen, der Johnson aufgrund seiner Schulden so unter Druck gesetzt haben soll, dass dieser keinen anderen Ausweg mehr sah, als sein gesamtes Erbe dem Suhrkamp Verlag zu vermachen.

Es sind die Briefe des 8. Oktobers 1982, 19. Oktobers 1982, 7. Dezembers 1982 und des 23. Dezembers 1982,[513] die Gotzmann in seiner Darstellung verwendet.[514] In den besagten Briefen wird Folgendes thematisiert: Johnson schrieb aufgrund seiner hohen Schulden, die sich fast auf eine Viertelmillion DM beliefen, seine Lebensversicherung um. Nicht mehr die Tochter Katharina, sondern der Suhrkamp Verlag wird als Begünstigter eingesetzt. Unseld bestätigt den Erhalt der Lebensversicherungsnummer in seinem Brief vom 19. Oktober 1982. Obwohl Johnson schon seine Lebensversicherung am 2. April 1982 überschreibt, teilt der Verleger am 7. Dezember 1982 Johnson mit:

> wir müssen über Deine Finanzen reden. Der Soll-Saldo war am 30. 11. 1982 DM 230.094,89. Auf dieser Basis kann ich die monatlichen Zahlungen nicht mehr ad infinitum leisten. Ich möchte gerne mit Dir darüber sprechen. Die Zahlungen laufen jetzt noch bis zum 31. März 1983.[515]

Natürlich hat Gotzmann Recht, wenn er behauptet, dass dieser Brief ein harter Schlag für Johnson gewesen sein muss; dies wird auch an Johnsons brieflicher Reaktion deutlich. In seinem Brief vom 23. Dezember 1982 fragt Johnson Unseld: *(Aus reiner Wissensbegier erführe ich gern: warum zu diesem Datum? Weil der Saldo dann 243 Tausend betragen wird? Haben wir uns darüber irgend wann vertraglich verabredet? [...]).*[516] Johnson weiß, dass er seine Schulden abarbeiten muss, doch ist er über den Zeitpunkt, zu dem Siegfried Unseld an ihn herantrat, verwundert. Um seine Schulden zurückzuerstatten, unternahm Johnson schließlich Folgendes: 1. Er verzichtete auf seine Copyright-Einnahmen; 2. er verkaufte sein Haus und versprach den Erlös dem Verlag; 3. er wollte als Lektor arbeiten und ein neues Buch-Projekt beginnen, wodurch er finanzielle Einnahmen in Aussicht stellte.[517]

---

513 Vgl. UJB. S. 1028–1035.

514 Vgl. Gotzmann, Werner: Uwe Johnsons Testamente oder Wie der Suhrkamp Verlag Erbe wird. Berlin 1996. S. 66–71.

515 UJB. S. 1032 f.

516 Ebd. S. 1034.

517 Vgl. ebd. S. 1034 f.

Während Gotzmann nun weiter darauf aufbaut, dass Johnson von Unseld erpresst worden sei, beginnt Unseld, sich gegen diese Anschuldigungen zu wehren. Er erklärt, dass Johnson explizit auf eine Enterbung seiner Frau und seiner Tochter bestand. Den Vorwurf der Erpressung entkräftet er mit der Begründung, dass die Zahlungen weitergelaufen wären, wenn Johnson den vierten Band der *Jahrestage* herausgebracht hätte.[518] Der Brief vom 13. Januar 1983 bestätigt diese Aussage, denn dort heißt es: *Wir brauchen uns keine Sorgen zu machen, wenn >> >Jahrestage 4< nach dem Abschluss hinzukäme<<.*[519] Laut Michalziks Darstellungen lässt Unseld den Briefwechsel nur publizieren, um sich von allen Verdächtigungen endgültig freizumachen. Das mag sicher ein Grund gewesen sein, aber Joachim Unseld bestätigt, dass Unseld am liebsten jeden seiner Briefwechsel publiziert hätte.[520] Natürlich stand auch nach Johnsons Tod das Geschäftliche im Vordergrund; die Erbangelegenheiten waren sicher nicht das einzig ausschlaggebende Kriterium. Was das Erbe als solches betrifft, so äußert Joachim Unseld weiter:

> Die Erbschaft war Siegfried Unseld eher unangenehm. Er wusste, wie ernst es Johnson damit war, dass sein Erbe nicht an andere gehen sollte. Das hatte Johnson ihm deutlich gemacht. Es gab eben noch die erhebliche Bringschuld Johnsons im Hinblick auf die Schulden beim Verlag. Ein Dilemma. SU hat das Erbe, das zunächst an ihn persönlich gehen sollte, in die Peter-Suhrkamp-Stiftung gegeben, die sich insbesondere für das Werk Johnsons einsetzt.[521]

Gerade dass Siegfried Unseld, der letztlich den Erbstreitprozess vor Gericht gewann, den Nachlass in eine Stiftung übergehen ließ, betrachtet Gotzmann kritisch. Er sieht in dieser Aktion eine geniale Taktik des Verlegers, die rechtliche Situation so zu verkomplizieren, dass Elisabeth Johnson kaum Chancen auf den Nachlass ihres Mannes hat. Zudem wird Unseld verdächtigt, wie Michalzik formuliert, bei Johnsons *Wirklichkeitsphantasien begeistert*[522] mitgewirkt zu haben. Auch Günter Grass äußert in seinem Interview mit Erdmut Wizisla aus dem Jahr 1991 Ähnliches. Johnson soll sich immer mehr von der Wirklichkeit entfernt haben, vor allem was die Bewertung seiner Ehe betraf. Und auch noch wenige Jahre vor seinem Tod betonte Grass:

> Die Verletzungen, die Uwe Johnson Elisabeth und seiner Tochter Katharina zugefügt hat (und die vom Suhrkamp Verlag und dem Verleger Unseld geduldet wurden), haben

518 Vgl. Unseld, Siegfried: Uwe Johnson. S. 14 f., 21 ff., 31–34.

519 Ebd. S. 1037.

520 Schriftliche Auskunft von Dr. Joachim Unseld am 28.10.2010.

521 Schriftliche Auskunft von Dr. Joachim Unseld am 28.10.2010.

522 Michalzik, Peter: Unseld. S. 253.

> dazu geführt, daß sich beide der Öffentlichkeit fern halten. Mir allerdings ist wichtig, auch öffentlich daran festzuhalten, daß es sich bei Uwe Johnson nicht um einen „Mythos“ handelt […], sondern um Unwahrheiten, die vom Suhrkamp Verlag anhaltend verdeckt gehalten werden.[523]

In seinen Briefen schreibt Johnson jedoch nie etwas über die angeblichen Geheimdienstaktivitäten seiner Frau, und man erfährt auch nichts Konkreteres über den Ehebruch. Lediglich Fritz J. Raddatz wird in den Briefen angeklagt und als Hauptschuldiger für das Öffentlichwerden dieser Angelegenheit benannt. Elisabeth Johnson wird kaum erwähnt, andererseits widerspricht Johnson aber nicht, als man seine Werke wie die *Begleitumstände*, die *Skizze eines Verunglückten* und auch den letzten Teil der *Jahrestage* autobiografisch interpretiert.

Was den vorliegenden Briefwechsel von Johnson und Unseld betrifft, so beschreibt ihn Joachim Unseld als eine in erster Linie geschäftliche Arbeitskorrespondenz, die aufgrund der Autor-Verleger-Beziehung notwendig, aber dennoch von Freundschaft geprägt war. Dennoch bezeichnet er die Verbindung der beiden als ein Abhängigkeitsverhältnis.[524] Auch Günter Grass stuft die Bindung an den Verlag beziehungsweise an Unseld als Form der Abhängigkeit ein, die, wie er mitteilt, für Johnson *gegen Schluß seines Lebens erschreckende Folgen hatte.*[525] Inwiefern Günter Grass' Behauptung der Wahrheit entspricht, kann noch nicht geklärt werden. Die Briefe Johnsons bestätigen lediglich, dass Unseld zunehmend zur einzigen Bezugsperson und damit von Johnson hochstilisiert wurde.

Was das gemeinsame Arbeiten jedoch angeht, lässt der Briefwechsel keine Fragen offen und liefert aufschlussreiche Einblicke in die Funktionsweise eines Literaturbetriebes.

3.1.5 Verknüpfung zwischen Werk und Brief

Trotz der zahlreich ausgetauschten Briefe zwischen Uwe Johnson und seinem Verleger Siegfried Unseld bringt die Korrespondenz relativ wenige Bezüge zu Johnsons Werken hervor. Aufgrund der immensen Briefanzahl und des häufig gefallenen Schlagwortes *Jahrestage* wurden anfänglich mehr Parallelen zwischen Brief und Werk vermutet.[526] Die folgenden Ausführungen sollen die Fundstellen, die mit Johnsons *Jahrestagen* in Verbindung gebracht werden können, darstellen.

523 Schriftliche Auskunft von Dr. Günter Grass am 19.10.2010.

524 Schriftliche Auskunft von Dr. Joachim Unseld am 28.10.2010.

525 Schriftliche Auskunft von Dr. Günter Grass am 19.10.2010.

526 In der Korrespondenz zwischen Uwe Johnson und Siegfried Unseld fällt das Stichwort ‚Jahrestage‘ exakt 103 mal.

Die meisten Entdeckungen beziehen sich auf die Korrespondenz mit Burgel Zeeh. Da sie die Sekretärin Unselds war, werden ihre bisher veröffentlichten Briefe, die in der Korrespondenz zwischen Johnson und Unseld aufgeführt sind, miteinbezogen.

In dem Brief vom 6. März 1960 schlüpft Johnson in die Rolle des Textkritikers und Beraters von Siegfried Unseld. Johnson soll den Roman *Orest und der Wal* von Hedwig Rohde bewerten und hinsichtlich einer Publikation im Suhrkamp Verlag entweder eine Empfehlung oder Ablehnung aussprechen. Johnsons Urteil fällt wie folgt aus:

> [...] schneidet man alles wilde Fleisch weg, bleibt der Knochen übrig, der dann aber so aussehen wird wie andere, nicht neue, sehr bekannte.[527]

Johnson teilt Unseld unmissverständlich mit, dass er den Roman nicht empfehlen könne. Er betont, dass er auch keine *Reinigung*[528] des Textes vornehmen werde, weil eben sonst nichts weiter übrig bleiben würde als, metaphorisch gesprochen, der Knochen, das Grundgerüst einer Figurenkonstruktion, die nichts Geniales und Einzigartiges mehr an sich habe. Es würde am Schluss nur eine grobe Struktur vorhanden sein, ohne eigenes lebenswichtiges *Fleisch*. Im Tageseintrag vom 5. Oktober 1967 in den *Jahrestagen* bedient sich Johnson seiner Metaphorik in folgendem Zusammenhang wieder:

> Mein Erzählen kommt mir oft vor wie ein Knochenmann, mit Fleisch kann ich ihn nicht behängen, einen Mantel für ihn habe ich gesucht: im Institut zur Pflege Britischen Brauchtums.[529]

Die Symbolik des Knochens steht bei Gesine für die Problematik des Erinnerns und Vergessens. In beiden Zitaten geht es um ein bloßes Gerüst oder Konstrukt, das eine Geschichte erzählen, vielmehr zum Leben erwecken soll. Gesines Ausführungen bezüglich des *Instituts zur Pflege Britischen Brauchtums* verweisen darauf, dass es sich bei diesem Ort um ein der breiten Masse zugängliches Gebäude handelt, an dem man auf allgemeines Wissen zurückgreifen kann. Folglich stößt man wieder nicht auf Neues, sondern auf altbekanntes *Fleisch*, um in der Bildsprache zu bleiben.

Der Briefwechsel mit Unseld liefert kaum konkretes Material, wie es zum Beispiel bei Enzensberger oder Frisch der Fall ist. Was die Korrespondenz jedoch

527 UJB. S. 78.

528 Ebd. S. 78.

529 Johnson, Uwe: Jahrestage. Aus dem Leben von Gesine Cresspahl. Frankfurt am Main 2000. S. 130.

beinhaltet, sind zahlreiche Recherchearbeiten, mit denen Unseld oder später Burgel Zeeh von Johnson beauftragt werden. Außerdem lassen sich zahlreiche Diskussionen zwischen Johnson und Unseld nachlesen, die sich mit der Gestaltung und Aufbereitung der Bücher Johnsons beschäftigten und den Literaturbetrieb darstellen. Die nachfolgenden Ausführungen werden sich jedoch nicht mit dem Literaturbetrieb auseinandersetzen, sondern Beispiele für Johnsons Textproduktion liefern.

> An die Gemeindeverwaltung von Rande bei Jerichow. Als ehemalige Bürgerin von Jerichow, und als ehemals regelmäßige Besucherin von Rande, bitte ich Sie höflichst um Auskunft, wie viele Sommergäste jüdischen Glaubens vor dem Jahr 1933 in Rande gezählt wurden. Mit Dank für Ihre Mühe.[530]

Diese Anfrage steht auf der zweiten Seite der *Jahrestage* unter einem nicht näher datierten Eintrag des Augusts 1967. Noch beschäftigt sich die Protagonistin Gesine mit der Zeit vor Hitlers Machtergreifung, doch bald richtet sich ihr Fokus auf die Anzahl der jüdischen Opfer während und nach der NS-Zeit. Der erste Band des Romans berichtet von den Kriegsopfern und den Gegnern des NS-Regimes, die ebenfalls zu Opfern wurden und beispielsweise im Konzentrationslager Buchenwald starben. Heute weiß man, dass gerade in diesem Konzentrationslager nach Kriegsende und zu DDR-Zeiten, in den Jahren 1945 bis Februar 1950, etliche tausend Menschen von den Sowjets gefoltert und gequält wurden. In sogenannten Speziallagern wurden unschuldige Menschen jahrelang festgehalten, misshandelt und ihrer Menschenwürde beraubt. Mehr als 7.000 Inhaftierte kamen während ihrer Gefangenschaft ums Leben.[531]

Johnson, der seiner Zeit immer voraus zu sein schien, wendet sich zwecks Recherchen für seinen zweiten Band in seinem Brief vom 29. März 1971 an Unseld: Er benötigt gezielte *Angaben von Literatur und Berichten über die Prozesse, die nach 1945 in der damaligen Sowjetzone gegen die Institution und ihre Angehörigen geführt wurden.*[532] Es ist beeindruckend, was Johnson Zeit seines Lebens versuchte aufzuarbeiten und mit welchen Informationen er das zu tun pflegte. Wie Greiner jedoch ausführt, gibt es heute, 20 Jahre nach dem Mauerfall, kaum gehaltvolle Literatur geschweige denn wissenschaftliche Abhandlungen hierzu.[533]

Die Autorin weist in ihren Ausführungen ausdrücklich auf Johnsons Stellenwert in der deutschen Literatur hin, vor allem was die thematische

---

530 Ebd. S. 8.

531 Vgl. Greiner, Bettina: Verdrängter Terror. S. 9 ff., 27–301.

532 UJB. S. 668.

533 Vgl. Greiner, Bettina: Verdrängter Terror. S. 15 f., 379, 399–405.

Verarbeitung von Gewalterfahrungen in den Speziallagern betrifft. Der Protagonist Heinrich Cresspahl sei eine jahrzehntelang unangetastete Figur in der deutschen Literatur, die von der Gefangenschaft in den Speziallagern erzählt. Greiner verknüpft zudem die Figur beziehungsweise die Erfahrung Heinrich Cresspahls indirekt mit Johnsons Vater.[534] Erich Ernst Wilhelm Johnson wurde, obwohl er politisch nicht auffällig war,[535] von der Roten Armee in das Speziallager *Fünfeichen* gesperrt. Danach verloren sich seine Spuren. Allerdings soll *Fünfeichen* nicht seine letzte Station gewesen sein, sondern ein Lager in der Sowjetunion.[536]

Knapp zwei Monate später bittet Johnson erneut um Hilfe, um eine weitere Lebensstation für eben genannten Protagonisten Heinrich Cresspahl zu kreieren. In seinem Brief vom 27. Mai 1971 möchte er von Unseld Folgendes wissen:

> Du hast dich einmal als Auskunftsperson obendrein bezeichnet, und ich versuche es gern: Wüsstest du etwas über den Betrieb eines mittleren Militärflughafens bei Grossdeutschens, oder jemanden, der das weiss?
> Ein anderes Problem ist ein Einfall, bei dem du mich beraten könntest. Einmal angenommen, Mrs. Cresspahl beschreibe einem deutschen Psychiater in einem Brief, dass sie >>Stimmen hört<<, und bäte ihn um eine Auskunft darüber: dürfte man dafür Prof. Mitscherlich um eine fiktive Antwort bitten, oder würde er dann auf die Albernheit von Ferndiagnosen verweisen, beziehentlich grundsätzlich ablehnen?[537]

Unseld weiß nichts über solch einen Militärflughafen, aber versichert Johnsons Fragen, die als Anlage in dem Briefwechsel enthalten sind, einem geeigneten Ansprechpartner zu übermitteln. Wie Johnson seinen Fliegerhorst Mariengabe auf dem Flugplatzgelände im nördlichen Jerichow modellierte, kann in den Tageseinträgen vom 7. April und 29. Mai des Jahres 1968 in den *Jahrestagen*[538] nachgelesen werden.

Was Johnsons Anfrage bei dem Psychoanalytiker Prof. Dr. Alexander Mitscherlich betrifft, so findet man zunächst Bezüge in dem Eintrag vom 12. Juli 1968. Gesine schildert in einem Brief an einen unbenannten Professor ihre Lebenssituation und offenbart, dass sie Stimmen verstorbener Personen hören könne. Ihre größte Sorge ist dabei, nicht nur verrückt zu sein,[539] sondern eine

534 Vgl. ebd. S. 377 f.

535 Vgl. Neumann, Bernd: Uwe Johnson. S. 21.

536 Vgl. Greiner, Bettina: Verdrängter Terror. S. 378, Anm. 155.

537 UJB. S. 685.

538 Vgl. Johnson, Uwe: Jahrestage. S. 861–866, 1105.

539 Vgl. Morgan, Sabine: Wenn das Unfassbare geschieht – vom Umgang mit seelischen Traumatisierungen. Ein Ratgeber für Betroffene, Angehörige und ihr soziales Um-

Gefahr für ihre Tochter darzustellen.[540] Vier Wochen vergehen in den *Jahrestagen,* bis Gesine am 17. August 1968 eine Antwort erhält. Der Psychoanalytiker erklärt, dass er ungern per Ferndiagnose eine verbindliche Aussage über Gesines psychischen Gesundheitszustand machen möchte, liefert ihr aber dennoch allgemeine Informationen zu ihrer Situation.

Das Stimmenhören, das aus heutiger psychologischer Sicht oft ein Anzeichen für eine Schizophrenie ist,[541] bewertet der Arzt bei Gesine anders. Er ist der Ansicht, dass sie die Stimmen nur höre, weil sie sich immer noch an schmerzhaften Erfahrungen aus der Vergangenheit festklammere. Problematisch schätzt er jedoch das symbiotische Mutter-Tochter-Verhältnis ein,[542] das Maries Unabhängigkeit aufgrund einer Coabhängigkeit zur Mutter auf längere Sicht hin gefährden könne.[543] Eine unaufgelöste Symbiose habe zur Folge, dass Marie ein Leben lang ihre Entscheidungen und Gefühle von Gesine abhängig machen würde und daraus resultierend nicht in der Lage wäre, gesunde zwischenmenschliche Beziehungen und Partnerschaften einzugehen. Das wiederum würde zu einer lebenslangen emotionalen Abhängigkeit von Mutter und Tochter führen.[544]

Der Psychoanalytiker rät deshalb Gesine zu einer Therapie, obwohl er bereits im Vorfeld annimmt, dass sie sich dieser nicht stellen wird. Mit seiner Einschätzung behält er Recht – Gesines abwehrende Haltung ist in ihrem Brief nicht zu überlesen.

Der Bezug zur Briefkorrespondenz besteht nun darin, dass Johnson den Arzt in den *Jahrestagen* mit *A. M.*[545] unterzeichnen lässt, was den Initialen des realen Experten Alexander Mitscherlich entspricht. Ergänzend soll darauf hingewiesen werden, dass Johnson auch den Psychologieprofessor Günther F. Seelig mit seinem Anliegen kontaktierte. Der Brief ist heute nicht mehr zugänglich, da Seelig

---

feld. Stuttgart 2003. S. 19. Häufig befürchten traumatisierte Personen, verrückt zu werden beziehungsweise verrückt zu sein.
Vgl. Johnson, Uwe: Jahrestage. S. 1670. Gesine hat diese Angst auch deshalb, weil ihre Mutter verrückt war und Gesine eine Vererbung befürchtet.

540 Vgl. Johnson, Uwe: Jahrestage. S. 1373–1376.

541 Vgl. Dilling, Horst; Freyberger, Harald (Hg.): Taschenführer zur ICD-10-Klassifikation psychischer Störungen. Bern 2010. S. 93 ff.

542 Vgl. Van Mens-Verhulst, Janneke; Schreurs, Karlein; Woertman, Lisbeth (Hg.): Mütter und Töchter. Weibliche Identität, Sexualität und Individualität. Stuttgart, Berlin, Köln 1996. S. 223.

543 Vgl. ebd. S. 161-164.

544 Vgl. Der Brockhaus: Psychologie. Fühlen, Denken und Verhalten verstehen. Hrsg. v. der Lexikonredaktion des Verlages F. A. Brockhaus. Mannheim, Leipzig 2001. S. 387.

545 Johnson, Uwe: Jahrestage. S. 1671.

ihn auf Johnsons Wunsch hin entsorgte. Johnson soll mit Seeligs Antwort ohnehin nicht zufrieden gewesen sein und habe daher auch nichts hieraus für seine Arbeit verwendet.[546]

Neben diesen beiden Anfragen hatte Johnson noch weitere ungeklärte Fragen, denen Unseld für den dritten Band der *Jahrestage* nachgehen sollte. Der Verleger kündigt Johnson am 25. Juli 1972 an, dass er in das amerikanische Viertel gehen werde, um die Fragen des Schriftstellers zu beantworten. Zunächst vermutet man beim Lesen, dass es sich hierbei um das berühmte Gesine-Viertel handeln würde, aber dieses war hier nicht gemeint. Die Aufklärung folgt in dem Brief vom 7. August 1972:

> obschon ich damit rechne, daß wir telefoniert haben werden, nenne ich Dir hier noch einmal die Straßen des Amerikaner-Viertels in Frankfurt. […] Es handelt sich um die Straßen: Franz-Kafka-Straße, Stefan-Zweig-Straße, Franz-Werfel-Straße, Platen-Straße […], Sundermann-Straße. Hoffentlich nützen Dir diese Angaben.[547]

Johnson verwendet diese Angaben in dem Tageseintrag vom 17. August 1968 der *Jahrestage*:

> Noch später war sie gefragt in jenem nördlichen Viertel von Frankfurt, wo die Straßen nach Schriftstellern heißen, von Franz Kafka über Franz Werfel und Stefan Zweig bis zu Platen, da wohnten die Familien der amerikanischen Besatzer und gingen nachts aus und ließen ihre Kinder behüten von einer Miss Cresspahl für deutsches Geld; […].[548]

Der Kontext, in den dieses Zitat eingebettet ist, beschreibt Gesines Lebensstationen vom Schulalter bis zum Studium. Funktionell betrachtet soll der Abschnitt Marie darüber aufklären, wie Gesine ihren Lebensunterhalt bestritten hat. Was Gesines Schulerfahrungen betreffen, so liefert Johnsons Brief vom 7. Mai 1973 einen Hinweis auf eine weitere Inspirationsquelle, die er in die *Jahrestage* integriert. Der von Brecht verfasste *Herrnburger Bericht*[549] wird am 14. August 1968 zum Gegenstand einer Deutschschulstunde bei der Lehrerin Bettina Selbich.[550]

In dem Tageseintrag vom 17. August 1968 verbirgt sich eine weitere Verbindung zwischen Brief und Werk. In einer von Johnson gekennzeichneten Nebenbemerkung seines Briefs vom 18. Juli 1973 wendet sich Johnson mit folgender Bitte an Unseld:

546 Schriftliche Auskunft von Prof. Dr. Günther F. Seelig am 28.12.2010.
547 UJB. S. 754 f.
548 Johnson, Uwe: Jahrestage. S. 1673 f.
549 UJB. S. 783 und Anm. 1.
550 Vgl. Johnson, Uwe: Jahrestage. S. 1634 ff.

> N.B.
> Du hast die bessere Ausgabe von Goethes Werk: könntest du mir schreiben wo, und in welchem Kontext er den Wunsch ausgedrückt hat, es möge sein Reisekoffer ungeöffnet durch die deutschen Lande passieren?[551]

Zwölf Tage nach Johnsons Gesuch bekommt er von Unseld die gewünschte Auskunft:

> GOETHE schrieb/sprach am 23. Oktober 1828 zu Eckermann:
> Mir ist nicht bange, daß Deutschland nicht eins werde; unsere guten Chausseen und künftigen Eisenbahnen werden schon das ihrige tun. Vor allem aber sei es eins in Liebe unter einander! und immer sei es eins gegen den auswärtigen Feind. Es sei eins, daß der deutsche Taler und Groschen im ganzen Reiche gleichen Wert habe; eins, daß mein Reisekoffer durch alle sechsunddreißig Staaten ungeöffnet passieren könne. Es sei eins, daß der städtische Reisepaß eines weimarischen Bürgers von dem Grenzbeamten eines großen Nachbarstaates nicht für unzulänglich gehalten werde, als der Paß eines Ausländers. Es sei von Inland und Ausland unter deutschen Staaten überall keine Rede mehr. Deutschland sei ferner eins in Maß und Gewicht, in Handel und Wandel, und hundert ähnlichen Dingen, die ich nicht alle nennen kann und mag.[552]

Johnson verarbeitete den Auszug nicht vollständig in den *Jahrestagen*, sondern verwendete nur einen bestimmten Teil, wie seine literarische Umsetzung zeigt:

> – In Gneez hatte ich die Maiparade von 1953 angesehen, da marschierte Bewaffnete Volkspolizei vorbei an der Tribüne auf dem Neuen Markt, die schwenkte die Glieder in der bräunlichen Uniform, die Beine in den kostbaren Stiefeln zur Parade (und hielt sich fest am Karabinerriemen, wäre sonst umgefallen); da schrie der Genosse vom Kreis, als hätte er Messer an den Stimmbändern: Und mag es heute noch heißen Dü-dü-Äh –; im nächsten Mai werden wir sagen können: Geh-düdü-Äh! Das war eine verspätete Entschlüsselung für den Spruch Goethes, der bei rein schulischen Veranstaltungen sichtbar gewesen war an der Stirnwand der Aula:
> MIR IST NICHT BANGE; DASZ DEUTSCHLAND NICHT EINS WERDE; UNSERE GUTEN CHAUSSEEN UND KÜNFTIGEN EISENBAHNEN WERDEN SCHON DAS IHRIGE TUN. VOR ALLEM ABER SEI ES EINS IN LIEBE UNTEREINANDER…,
> auf Mittelachse geordnet. Das war die Ankündigung von Bürgerkriegen gewesen; danach sollte es mich verlangen? Gesamte Deutsche Demokratische Republik; nur mit Waffengewalt herzustellen.[553]

Johnson verdeutlicht hier seinen politischen Standpunkt anhand der damaligen zeitgenössischen Anschauungen Goethes. Der Bezug ist klar: ein geteiltes Deutschland, zwar 1953 noch ohne Mauer, aber schon ohne gemeinsame Währung, mit

---

551 UJB. S. 787.

552 Ebd. S. 790.

553 Johnson, Uwe: Jahrestage. S. 1674.

dem Vorhandensein eines In- und Auslands innerhalb Deutschlands und einem *Reisekoffer*, der weder ungehindert und unkontrolliert die DDR noch die BRD passieren konnte. Dass Johnson lediglich den Anfang des Goethe-Spruchs zitiert, deutet darauf hin, dass er womöglich die Staatslügen der DDR durchschaute. Das Banner in der Schule suggeriert in den *Jahrestagen*, dass man daran glaubt oder zumindest zuversichtlich ist, dass Deutschland wieder ein Land werde. Johnson zeigt jedoch rasch auf, dass die Hoffnungen vergebens sind, denn die Deutsche Demokratische Republik muss schließlich mit Waffengewalt geschaffen werden.

Eine weitere Interpretationsmöglichkeit wäre, dass Johnson sich mit dem Goethe-Zitat auf den Nationalsozialismus bezieht. Gestützt werden kann diese These dadurch, dass Johnson Unseld in seinem Brief vom 7. November 1973 darum bittet, er solle für ihn Nico Rosts Buch *Goethe in Dachau. Literatur und Wirklichkeit* lesen.[554] Der holländische Schriftsteller, der im Konzentrationslager Dachau gefangen war, schreibt ab dem 10. Juni 1944 bis zu seiner Befreiung ein Tagebuch über seine Erlebnisse. Das Tagebuch beginnt mit dem Zitat Goethes *Die alte Erde steht noch, und der Himmel wölbt sich noch über mir*,[555] was für Rosts Lebenseinstellung repräsentativ ist, denn er behält in all der Zeit die Hoffnung, dass das NS-Regime ein Ende haben werde. Goethe, aber auch andere prominente Stellvertreter der deutschen Kultur gaben ihm in der schweren Zeit Kraft, was er in seinem Tagebuch thematisiert.[556]

Auch die Nationalsozialisten wussten um die Wirkung der deutschen Vorbilder, weshalb Personen wie Goethe absichtlich falsch interpretiert und zu Propagandazwecken missbräuchlich eingesetzt wurden. Das Volk sollte durch eine Identifizierung mit bedeutungsvollen deutschen Repräsentanten noch nationalsozialistischer gestimmt werden.[557]

Bei Johnson heißt es in den *Jahrestagen*, dass das Banner *die Ankündigung von Bürgerkriegen* sei. Johnsons Kritik trifft möglicherweise zwei Staatssysteme, die unter Berufung auf ehrenhafte deutsche Vorväter das zeitgenössische Volk zu blenden und zu täuschen versuchten.

Eben ausgeführte Aspekte beziehen sich auf Johnsons inhaltliche Gestaltung des Jahres 1953 in den *Jahrestagen*. Zur Konstruktion dieses und der folgenden Jahre fragte er Unseld vor Niederschrift des vierten Bands in seinem Brief vom 27. Januar 1976 Folgendes:

---

554 Vgl. UJB. S. 807 f.

555 Rost, Nico: Goethe in Dachau. Ein Tagebuch. München 2001. S. 11.

556 Vgl. ebd. S. 11–392.

557 Vgl. Schreckenberg, Heinz: Ideologie und Alltag im Dritten Reich. Frankfurt am Main 2003. S. 250, 293.

> Ich bin so leichtsinnig gewesen, Mrs Cresspahl nach Westdeutschland zu lassen in einer Zeit, als ich weit entfernt davon war, so dass sie jetzt etwas wissen muss, was sich meiner Kenntnis eben entzieht. Da will ich mich behelfen mit einer Konstruktion aus Nacherzählungen und Stichworten, und diese letzteren sind es die mir fehlen. Weder in Zeitschriften noch in Lexika sind sie zu finden, eben weil sie vornehmlich im öffentlichen Bewusstsein lebten, und könntest du einmal nachdenken, was dir da so auf Anhieb einfällt pro Jahr, so ab 1953? […] Solche Sachen: Morgens Rei – abends frei, Man trägt wieder Hut, Bonn ist – ja, was? Und in welchem Jahr kam das auf, so als allgemeine Überzeugung: Wir sind wieder wer? Solche Perlen würde ich brauchen mindestens zwei pro Jahr, und mein Faden ist jämmerlich dünn besetzt. Man muss eben doch da gelebt haben.[558]

Johnson, der auf Fakten und detailgetreue Darstellungen höchsten Wert legte, sieht sich hier in dem Dilemma, seine Seiten füllen zu müssen, ohne adäquates Material zur Verfügung zu haben. Unseld kann Johnson nicht weiter helfen und betraute deshalb Zeeh mit dieser Rechercheanfrage. Zeeh schlägt Johnson vor, die Münchner Lach- und Schießgesellschaft zu befragen, was Johnson mit seinem Brief an Burgel Zeeh vom 10. Februar 1976 ablehnt:

> […] um Hilfe bitten kann ich nur Freunde, die mir ihre Einfälle schenken. Es wäre für mich undenkbar, damit Leute von der Lach- und Schiessgesellschaft behelligt zu wissen, zum Beispiel, und ebenso, dass da jemand hingehen sollte und für mich arbeiten. Ich werde mich schon behelfen und notfalls so genau lügen, dass es stimmt.[559]

Vertraute wie Walter Kempowski und Max Frisch kontaktierte er diesbezüglich schon, erhielt allerdings von ihnen keine schriftlichen Auskünfte.

Die letzten Bezüge, die sich aus dem Briefwechsel ableiten lassen, stammen ausschließlich aus der Korrespondenz mit Burgel Zeeh. Diese bewährte sich zunehmend als verlässliche Helferin, weshalb er Zeeh später auch *Doktorin Allwissend*[560] nennt. Johnsons erste, selbst an Burgel Zeeh gerichtete Anfrage vom 8. Oktober 1982 betrifft den tschechischen Satz *Ještě dělám chyby (Ich mache immer noch Fehler)*.[561] Johnson nimmt an, dass dieser Satz nicht korrekt sei, was Zeeh von einem tschechischen Autor des Verlags oder einem Übersetzer auf Richtigkeit prüfen lassen soll.

Als Johnson die Rückmeldung erhält, dass der Satz richtig sei, wird er im vierten Band der *Jahrestage* wortwörtlich, auch mit der in Klammern angeführten

558 UJB. S. 885 f.
559 Ebd. S. 889, Anm. 1.
560 Ebd. S. 1040.
561 Ebd. S. 1031.

Übersetzung, übernommen.[562] Fraglich ist nur, warum Johnson erst im Jahr 1982 Erkundigungen einholt, als der dritte Band, in dem dieser tschechische Satz zweimal aufgeführt ist, bereits publiziert wurde. Der Unterschied bei der Darstellung des Satzes ist, dass er im Tageseintrag vom 9. Mai 1968 in den *Jahrestagen* zunächst ohne Übersetzung verwendet wird[563] und im Tageseintrag vom 15. Mai 1968 im zweiten Folgesatz mit der gleichen Übersetzung wie im vierten Band: *Ich mache immer noch Fehler.*[564] Woher Johnsons plötzliche Verunsicherung über ein und denselben Sachverhalt kam, kann nicht beantwortet werden.

Johnson schreibt am 8. Oktober 1982 nicht nur Burgel Zeeh, sondern auch seinem Verleger:

> Denn tagsüber bin ich untergebracht in dem Bemühen, eine störrische Gesine Cresspahl auf den Weg zu einer verspäteten, nachgeholten Konfirmation zu ziehen in den Zeiten des neu auferlegten Kirchenkampfes in Mecklenburg. Du fürchtest, da sei sie erst fünfzehn, aber es darf ein Jahr zugelegt werden, und auch mit achtzehn wie neunzehn Jahren ist sie mir bereits erschienen.[565]

Unter dem Eintrag vom 22. Juli 1968 schildert Johnson die Taufe von Gesine und bindet sie in den familiären Kontext der Cresspahls und Papenbrocks ein.[566] Dies ist die letzte inhaltliche Offenbarung gegenüber Unseld, alle weiteren Angelegenheiten richtet Johnson nur noch an Burgel Zeeh.

In dem Brief vom 24. Februar 1983 an die Sekretärin ergeben sich gleich drei Bezüge zu Johnsons letztem Band. Zunächst benötigt er jedoch von Zeeh folgende Auskunft:

> Gab es in der Drehe um 1954/55 in Düsseldorf eine Bibliothek, in der für einen gewöhnlichen Bürger *abends* Zeitungen (insbesondere >>Der Spiegel<<) aus der vorhergegangen Zeit, ab 1948, erhältlich waren? Oder: *an Wochenenden*? Gab es damals schon ein >>Spiegel<<-Büro in Düsseldorf (laut Impressum: kaum), und hätten die dort tätigen Leute eine Besucherin geduldet, die kommt nach der Arbeit vorbei und will gern die Jahrgänge aus den Frühzeiten lesen.[567]

Zeeh antwortet hierauf am 8. März 1983:

> I. In der Drehe 1954/55 gab es in Düsseldorf die Landes- und Stadt-Bibliothek, Am Grabbeplatz; diese Bibliothek ist 1970 in die Universitätsbibliothek Düsseldorf überge-

562 Vgl. Johnson, Uwe: Jahrestage. S. 1625.
563 Vgl. ebd. S. 1009.
564 Ebd. S. 1039.
565 UJB. S. 1028 f.
566 Vgl. Johnson, Uwe: Jahrestage. S. 1427–1436.
567 UJB. S. 1040 f.

> gangen. […] Die Informationen gab mir der Ltd. Bibl.Dir. Prof. Dr. Günter Gattermann, der die damalige Leiterin der Bibliothek sehr gut kannte. Er versicherte mir, daß sich diese Bibliothek durch gute und lange Öffnungszeiten auszeichnete und daß man in einem Lese-Saal Bücher und Zeitschriften einsehen konnte, u. a. auch den >>Spiegel<< mit den früheren Jahrgängen. Man ist also auch den Berufstätigen entgegengekommen.[568]

Die Umsetzung dieser Informationen erfolgt in den *Jahrestagen* unter dem Tageseintrag des 17. Augusts 1968:

> – Die Schülerin Cresspahl versuchte es, seit sie als Angestellte lebte in Düsseldorf, in einem möblierten Zimmer am Postamt […]. Das enterbte Kind suchte keine Herren; sie teilte ihre Abende auf zwischen dem Zentralbad in der Grünstraße und der Landesbibliothek am Grabbe-Platz, wo die Leute sehr fürsorglich waren zu einer Kundin, die bestellt einen Jahrgang Zeitungen nach dem anderen. Las die entgangene Zeit nach, seit 1929. Lesen, lesen; wie nach einer tückischen Krankheit.[569]

Der zweite Bezug, der von Johnsons Brief vom 24. Februar 1983 zu den *Jahrestagen* hergestellt werden kann, besteht lediglich aus einer Ankündigung. Johnson beabsichtigt, laut seiner brieflichen Mitteilung vom 25. Februar 1983, über Willi Kreikemeyer, den ehemaligen Generaldirektor der Deutschen Reichsbahn, in seinen *Jahrestagen* zu schreiben.[570] Die Verwirklichung seines angekündigten Vorhabens kann unter dem Tageseintrag vom 31. Juli 1968 nachgelesen werden.[571]

Bei der Romanfigur Willi Kreikemeyer handelt es sich um Jakobs Generaldirektor, der zuvor als Kommunist im französischen Exil lebt und mithilfe des *amerikanische[n] Unitarier[s]*[572] Noah Field 1942 aus dem Lager flüchten kann. Weiter heißt es, dass Kreikemeyer sich für seine Arbeiter einsetzen möchte und ihnen zunächst eine Entlohnung in West-Mark verspricht, dieses Versprechen aber letztlich nicht hält. Er lässt entweder seine Arbeiter noch weiter in den Osten versetzen oder kündigt ihnen fristlos. Tote und Verletzte bei Konfrontationen mit der Polizei *gingen auf seine Kappe, die trug er für die Partei.*[573] Man beschuldigt ihn des Verrats, da er dem amerikanischen Geheimdienst O.S.S. Kontaktdaten übergeben haben soll. Seither ist er verschwunden, und Recherchen Dietrich Erichsons ergeben, dass Kreikemeyer seit 1950 wohl nicht mehr am Leben sei.

---

568 Ebd. S. 1051.
569 Johnson, Uwe: Jahrestage. S. 1678.
570 Vgl. UJB. S. 1041.
571 Vgl. Johnson, Uwe: Jahrestage. S. 1509 ff.
572 Ebd. S. 1511.
573 Ebd. S. 1551.

Den historischen Hintergrund zu diesem Tageseintrag liefert eine Art Verschwörungstheorie über den Generaldirektor der Deutschen Reichsbahn Willi Kreikemeyer, der angeblich den Machenschaften des Ministeriums für Staatssicherheit zum Opfer fiel, was aber bis heute nicht eindeutig geklärt werden konnte.[574] Man weiß nur, dass Kreikemeyer mit der sogenannten Field-Affäre in Verbindung gebracht werden kann. Noel Haviland Field, einst amerikanischer US-Diplomat und Kommunist, leitete zusammen mit seiner Frau Herta ab 1941 in Marseille die Hilfsorganisation Unitarian Service Committee (USC). Diese Organisation unterstützte Flüchtlinge aus Internierungslagern und solche, die eine Auslieferung an das NS-Regime zu befürchten hatten, mit Geld, Ausweisen und Lebensmitteln.[575]

Bei dieser Tätigkeit lernte Field auch zahlreiche Kommunisten kennen, die sich im Untergrund bewegten und denen er half. Kreikemeyer galt als enger Mitarbeiter Fields, der zudem Kenntnis über Fields Kontakte gehabt haben soll. Field geriet in der Zwischenzeit in das Visier des Geheimdienstes der DDR und wurde als amerikanischer Spion geahndet, was er jedoch nicht war. Als Kreikemeyer verhört wurde, zeigte man ihm eine Liste mit Decknamen von Fields angeblichen Kontaktpersonen. Darunter war auch der Name *Leistner* zu finden, welchen Kreikemeyer dem damaligen Minister für Staatssicherheit der DDR Erich Mielke zuwies.[576] Man kann sich die fatalen Folgen für Mielke vorstellen, wenn sich herausgestellt hätte, dass der Minister nicht, wie er behauptete, mit der Roten Armee nach Deutschland zurückkam, sondern im Exil Kontakt zu einem amerikanischen Spion unterhalten und dessen Hilfe beansprucht hat.

Doch Kreikemeyer wurde verhaftet, und Mielke soll ihn im Gefängnis besucht und eine baldige Entlassung versprochen haben, zu der es aber nicht kam. Kreikemeyers Frau Marthe, die ihren Mann das letzte Mal am 25. August 1950 lebend sah, teilte man erst vier Jahre später mit, dass sich ihr Ehemann in der Zelle erhängt habe, was jedoch angezweifelt wird. Wolfgang Kießling weist mit seinem

---

574 Vgl. Kießling, Wolfgang: >>Leistner ist Mielke<<. Schatten einer Biographie. Berlin 1998. S. 7–12.

575 Vgl. ebd. S. 47 ff.
Vgl. http://www.mfs-insider.de/jourfixe/JF0202.pdf; Stand: 06.12.2010.
Bei der Quelle handelt es sich um einen Bericht von Wolfgang Hartmann zu einem Beitrag Bernd Rainer Barths. Der Titel von Hartmann lautet *Wer war Noel Field? Die unbekannte Schlüsselfigur der Schauprozesse und der Repression von Kommunisten.* Publiziert wurde der Text ursprünglich in: IK-KORR. Heft 2. Hrsg. v. Insiderkomitee zur Förderung der kritischen Aneignung der Geschichte des MfS. Berlin 2002.

576 Vgl . ebd. S. 68–83, 103–110, 120–130.

Beitrag *Leistner ist Mielke* darauf hin, dass der Totenschein erst 1957, also sieben Jahre nach dem Tod, ausgestellt wurde und das nur, um die Ehefrau ruhigzustellen, die immerhin 37 Briefe mit dem Anliegen um Aufklärung über den Verbleib ihres Mannes an das MfS geschrieben hat. Es gibt außerdem weder Belege für eine ärztliche Untersuchung des Leichnams noch Hinweise auf eine Bestattung.[577] Der Historiker Kießling vermutet, dass Mielke den Generaldirektor Kreikemeyer ermorden ließ.[578] Field hingegen überlebte diese Affäre, er war damals in ungarische Gefangenschaft geraten, nachdem man ihn aus seinem Hotelzimmer entführt hatte. Als seine Familie begann, nach ihm zu suchen, wurde auch sie verschleppt und gefoltert. Zahlreiche Personen, die mit Field in Verbindung standen, wurden aufgrund des Spionageverdachts hingerichtet.[579]

Dieser ausführliche Diskurs ist aufgrund mehrerer Aspekte wichtig. Zunächst einmal ist es erstaunlich, dass Johnson so viel Hintergrundwissen zu diesem Fall haben konnte, obwohl etliche Fakten hierzu vom MfS verschleiert und geheim gehalten wurden. Des Weiteren stellt sich die Frage, was diese Historie für die Romanfigur Jakob bedeutet, denn immerhin ist der fiktive Kreikemeyer in den *Jahrestagen* Jakobs Vorgesetzter.

Der dritte, nach wie vor aus dem Brief vom 24. Februar 1983 stammende Bezug ist der zu Johnsons Romanfigur Anita. Der Sekretärin Burgel Zeeh verrät er ein wichtiges Detail aus dem Leben seiner Protagonistin:

> Solch einen Satzbau hat eine Dame namens Anita an sich, Ihnen bereits vorgestellt, die fragt sich weiterhin in Bescheidenheit, wie denn im Jahr 1949 eine verschleppte (seit vier Jahren vergessene) Gonorrhöe so sich auswirkt, dass man ahnungslos in die Klinik geht, und wie eine solche Krankheit behandelt wurde in einem Lande, da gab es kein Penizillin auf genehmigtem Wege. Sie hat es tatsächlich vergessen.[580]

Johnsons Recherchen, die den Sachverhalt um Anitas Erkrankung hätten aufklären sollen, führen zunächst nicht zu den gewünschten Informationen. Er schickt deshalb Zeeh in seinem Brief vom 28. Februar 1983 die Anlage seines dritten Versuchs, von dem Arzt Dr. Ulrich Thoemmes Auskunft über Symptome, Diagnostik und Behandlungsmethoden einer nicht ausgeheilten Gonorrhö zu erhalten. Zeeh versteht dies als erneuten Hilferuf Johnsons und kontaktiert deshalb Prof. Dr. Jörg

---

577 Vgl. Wilfried, Otto: Das Verschwinden des Willi Kreikemeyer. In: UTOPIE kreativ. Heft 100/2, 1999. S. 47–53. In dem Beitrag finden sich auch Auszüge aus den Stasi-Akten zum Fall Kreikemeyer, aus denen das Täuschungsmanöver deutlich hervorgeht.

578 Vgl. Kießling, Wolfgang: >>Leistner ist Mielke<<. S. 171–176.

579 Vgl. ebd. S. 98, 230.

580 UJB. S. 1041.

Hinrich Hacker, der aber nicht alle Fragen Johnsons hinreichend beantworten kann, wie es zumindest aus einem späteren Brief vom 7. März 1983 hervorgeht.

Weiter tritt Johnson mit einem neuen Auftrag, in demselben Brief vom 28. Februar 1983, an Burgel Zeeh heran:

> In den >>Vierteljahresheften für Zeitgeschichte<<, Nr. 19 (D.V.A. Stuttgart 1969), steht ein Aufsatz von einem PETER HÜTTENBERGER, >>Die Gauleiter<<. Da könnte man herausfinden, *wo* der ehemalige Gauleiter von Mecklenburg, Friedrich Hildebrandt, gefangen genommen wurde, von wem, *welcher Taten* wegen er 1947 von einem amerikanischen Militärgericht angeklagt und verurteilt wurde, *ob* er 1948 in Landsberg *gehenkt oder erschossen* wurde. Dies stelle ich mir vor als nützlich für mein Manuskript.[581]

Einfach gelingt es Zeeh diesmal nicht, Johnsons Anfrage zu beantworten. Zwar stellt sie die richtigen Kontakte her, doch wie der Historiker Prof. Dr. Peter Hüttenberger mitteilt, waren Nachkriegsbiografien von Gauleitern nicht ohne Weiteres zugänglich, da sie sich im Bestand der Alliierten befanden. Außerdem seien die Dokumente im Fall Mecklenburg an die DDR gereicht worden, die keine Sichtung erlaubte.[582]

Johnsons erste Reaktion auf diese unerfreuliche Nachricht wehrt er mit einem verächtlichen *[d]er Hildebrandt soll zum Teufel gehen*[583] ab. Doch Zeeh wandte sich an das *Institut für Zeitgeschichte*, wovon sie Johnson eine Kopie ihres Schreibens zukommen lässt.[584] Am 17. März 1983 erhält er von dem Institut eine Antwort, allerdings ist dieses Dokument derzeit nicht zugänglich[585] und kann daher nicht berücksichtigt werden.

Nach so viel Mühe teilt Johnson in seinem Brief vom 23. März 1983 Burgel Zeeh Folgendes mit: *Was wir über Herrn Hildebrandt ertrotzen konnten, Sie erblicken es im Kapitel für den 10. August 1968 und finden es wenig.*[586] Die Informationen reichen zur Gestaltung von fast einer halben Seite in den *Jahrestagen*:

> In der Stunde für die Kunde von der Gegenwart waren wir belehrt worden über das Verbrecherische an der Sprache Hitlers, wie es sich ergebe aus dem Wort >>Untermensch<<; in der Pause sagte Saitschik achtlos, mit Spaß an der Erinnerung: Wenn'ck je ein seihn hev, denn wier dat Fiete Hildebrandt. Das war der ehemalige >>landwirtschaftliche Nachtschutzbeamte<< Friedrich Hildebrandt, von Adolf Hitler als Gauleiter und Reichsstatthalter über das gute Land Mecklenburg gesetzt; Pius gab zur Auskunft in

581 Ebd. S. 1044.
582 Vgl. ebd. S. 1054.
583 Ebd. S. 1055.
584 Vgl. ebd. S. 1056.
585 Schriftliche Auskunft des Instituts für Politik und Zeitgeschichte am 10.12.2010.
586 UJB. S. 1058.

> einer einverstandenen Art, der sei 1945 auf freier Feldmark bei Wismar erschossen worden. Die Cresspahlsche widersprach: 1947 von einem amerikanischen Militärgericht zum Tode verurteilt und 1948 hingerichtet zu Landsberg am Lech. Das hatte sie von ihrem Vater, der hörte sich um nach dem weiteren Lebensweg solcher Goldfasane. Für ihn war allein der Name Hildebrandts noch vor fünf Jahren eine tägliche Bedrohung gewesen; Wallschläger, der Strahlende, hatte den Reichsverteidigungskommissar von 1945 ins Kirchengebet eingeschlossen.[587]

Während dieser langen Recherchezeit für den Hildebrandt-Passus arbeitete Johnson parallel an anderen Themen. Der Brief vom 7. März 1983 berichtet von einem weiteren Arbeitsvorhaben:

> Gern würde ich sie abermals zum Lachen bringen, aber in meinen Tagesabläufen erfahre ich tatsächlich nur, wie man zwei Oberschüler von einer Residenz in Mecklenburg an die einer ganz anderen Provinz verlegt, oder dass ein Junge von achtzehn, Axel Ohr hiess der, für das versuchte Verscheuern von drei Kilo Elektrolytkupfer in Westberlin (gegen Maschinengarn für Mähbinder) fünf Jahre Zuchthaus bekam. Und heute soll ich eine Todesnachricht überbringen. Zwar ist eine Lehrerin dabei, über die würde Ihre liebe und mir gewogene Schwester sich hoffentlich erheitern können, Bettinchen ist das, die übersende ich mit nächstem.[588]

Die Referenzstelle zur Geschichte über Axel Ohr steht im Eintrag vom 30. Juli 1968 in den *Jahrestagen*:

> Sie dachte an Axel Ohr. Axel, immerhin achtzehn, auch er hatte mitfahren wollen zum Deutschlandtreffen der freien Jugend, mit einem Paket als Gepäck, das sah nach gebündelten Zeitungen aus, darin hatte er drei Kilo Elektrolytkupfer, das gedachte er in der verbotenen Hälfte von Berlin zu verkaufen, Bindegarn für Jonny Schlegels ländliche Arbeitsgemeinschaft zu erwerben. Jonny war noch einmal davongekommen, da Axel sich diesen Beitrag zur Arbeit hatte einfallen lassen im stillen Kämmerchen seines Gehirns; Axel war die volle Strafe angedroht, fünf Jahre Zuchthaus. Gewiß, es gab ein Gesetz gegen die Ausfuhr von Buntmetallen; aber es war unfähig, bei der Kornernte behilflich zu sein. Axel saß im Keller der Untersuchungshaft, um das Verlies war ein Draht gezogen mit Stacheln; wenn die Neue freie Jugend in blauen Hemden marschierte, auch dafür.[589]

Was die *Todesnachricht* betrifft, so ist vermutlich Gesines Großvater Albert Papenbrock gemeint, von dessen Hinrichtung man in dem Tageseintrag vom 31. Juli 1968 erfährt. Im gleichen Eintrag wird auch von der Lehrerin Bettina Selbich berichtet, deren Karriereabstieg von der kommissarischen Schulleiterin

---

587 Johnson, Uwe: Jahrestage. S. 1596 f.

588 UJB. S. 1050.

589 Johnson, Uwe: Jahrestage. S. 1504.

zur Fachkraft für Deutsch und Gegenwartskunde womöglich gleichsam wie ein berufliches Todesurteil anmutet.[590]

Der Brief vom 7. März 1983 beinhaltet einen weiteren wichtigen Aspekt, denn es wird eine Antwort benötigt, um eine authentische Krankheitsgeschichte für die Anita-Figur gestalten zu können. In den Briefen von Dr. Ulrich Thoemmes sind alle medizinischen Details beschrieben, die Johnson in seinen *Jahrestagen* unter dem Tageseintrag vom 23. Juli 1968[591] umsetzt – hier kündigt Johnson die Passage sogar mit *Auftritt Anita*[592] an. Eine weitere Anspielung auf Anitas Situation beinhaltet der Tageseintrag vom 17. August 1968.[593] Johnson wollte von Thoemmes wissen, ob Anita zur damaligen Zeit überhaupt mit Penicillin hätte behandelt werden können; die Antwort hierauf erschließt sich aus dem eben genannten Eintrag, in welchem das Radio verkündet: >>*Die Sowjetunion hat das Penicillin erfunden*<<.[594] Auch in dem vorangegangenen Eintrag erkennt man, was Johnson der Antwort Thoemmes für den Anita-Passus entnimmt, als von der sowjetischen Pharmaindustrie und der Herstellung des Penicillins für Höhergestellte berichtet wird und von Anitas Penicillinbehandlung mit vier Injektionen am Tag.[595]

Die letzte Verknüpfung zwischen Brief und Werk lässt sich anhand des bereits erwähnten Briefes vom 23. März 1983 herstellen. Johnson bedient sich für die Ausarbeitung des Tageseintrags vom 12. August 1968 in den *Jahrestagen*[596] aus dem von Thomas Ammer verfassten Buch *Universität zwischen Demokratie und Diktatur*, wovon er Zeeh eine Kopie seiner Quelle beilegt.[597] Johnson möchte sich rechtlich absichern und fragt deshalb, ob er für das namentliche Zitieren und Übernehmen von Informationen über die verurteilten Studenten, Doktoren und Professoren der Universität Rostock eine Genehmigung einholen müsse. Eine Antwort von Burgel Zeeh ist nicht bekannt, doch scheint Johnson keine Erlaubnis für die Verwendung in den *Jahrestagen* benötigt zu haben, da er immerhin 43 Personen, also mehr als die Hälfte der aufgeführten Personen in Thomas Ammers Beitrag,[598] namentlich auflistet sowie deren Verurteilungsschicksal kurz skizziert.

590 Vgl. ebd. S. 1507 ff.
591 Vgl. ebd. S. 1436–1448.
592 Ebd. S. 1436.
593 Vgl. ebd. S. 1670–1687.
594 Ebd. S. 1677.
595 Vgl. ebd. S. 1444 f.
596 Vgl. ebd. S. 1608–1613.
597 Vgl. UJB. S. 1059.
598 Vgl. Ammer, Thomas: Universität zwischen Demokratie und Diktatur. Ein Beitrag zur Nachkriegsgeschichte der Universität Rostock. Köln 1969. S. 169–173.

Johnsons Erzählkonstrukt richtet sich dabei nicht immer nach den tatsächlich gegebenen Fakten. Zum Teil ändert er die Geschichten ab, was im Folgenden nur knapp und an ausgewählten Beispielen veranschaulicht wird:

Johnson nennt den klassischen Philosophiestudenten Franz Ball,[599] obwohl dieser tatsächlich Bail mit Nachnamen heißt. Dieser Fehler wird allerdings in den neueren Auflagen der *Jahrestage* korrigiert.[600] Eine größere Abwandlung nimmt Johnson zum Beispiel bei der Urteilsdarstellung von Gerhard Dunker vor. In der Originalquelle wird der Physikstudent zu acht Jahren Zuchthaus verurteilt und nach vier Jahren wieder freigelassen.[601] Johnson erwähnt die Verurteilung nicht, sondern gibt vor, dass der Student verschwunden sei.[602] Über Alfred Gerlach erfährt man bei Ammer, dass er erst zum Tode verurteilt und dann begnadigt wird, was ihm 25 Jahre Zwangslager dennoch nicht erspart.[603] In den *Jahrestagen* wird der Medizinstudent zum Tode verurteilt, was Johnson zusätzlich mit einem Paragrafen aus dem Strafgesetzbuch der *Russischen Sozialistischen Föderativen Sowjetrepublik*[604] begründet. Solche inhaltlichen Abänderungen gibt es mehrfach, wie beispielsweise die Fälle von Arno Esch und Siegfried Winter aufzeigen. Bei Esch übernimmt Johnson die Darstellungen Ammers. Er berichtet, dass während Eschs Haftzeit die Todesstrafe wieder eingeführt wurde, und übernimmt das bei Ammer befindliche Zitat *Ein liberaler Chinese steht mir näher als ein deutscher Kommunist.*[605] Im Fall Winter ergänzt Johnson Ammers Ausführungen mit der Zusatzinformation, dass Winter ein bekannter Handballspieler ist.[606] Johnson führt zahlreiche Personen aus den unterschiedlichsten wissenschaftlichen Bereichen in den *Jahrestagen* auf, wobei Studenten der Fakultät für Schiffsbau, Wirtschaft, Technik, Gesellschaftswissenschaften und der Arbeiter-und-Bauern-Fakultät nicht erwähnt werden.

Neben den umfänglichen Recherchehilfen müssen jedoch auch andere wichtige Aspekte berücksichtigt werden, um ein Verständnis für Johnsons Arbeit an den *Jahrestagen* zu gewinnen: Unseld versuchte, bei der inhaltlichen Gestaltung

---

599 Vgl. Johnson, Uwe: Jahrestage 4. S. 1794. Hierbei könnte es sich allerdings auch um einen Druckfehler handeln, der nicht von Johnson selbst verursacht wurde.

600 Vgl. Johnson, Uwe: Jahrestage. S. 1612.

601 Vgl. Ammer, Thomas: Universität zwischen Demokratie und Diktatur. S. 170.

602 Vgl. Johnson, Uwe: Jahrestage. S. 1613.

603 Vgl. Ammer, Thomas: Universität zwischen Demokratie und Diktatur. S. 171.

604 Johnson, Uwe: Jahrestage. S. 1613.

605 Ammer, Thomas: Universität zwischen Demokratie und Diktatur. S. 51. Die Referenzstelle in den *Jahrestagen* findet sich bei Johnson, Uwe: Jahrestage. S. 1611.

606 Vgl. ebd. S. 48. Die Referenzstelle befindet sich bei Johnson, Uwe: Jahrestage. S. 1611.

der *Jahrestage* einige Hilfestellungen und Anregungen zu geben. Das wird zum Beispiel an seinem Brief vom 28. Juni 1971 deutlich, in dem er Johnsons Tageseinträge vom 16. und 17. Januar 1968 der *Jahrestage* redigiert. Johnson hielt allerdings an seiner Fassung fest und änderte nur eine unbedeutendere Stelle ab, auf welche der Verleger Johnson aufmerksam macht: *Seite 162: unten. Er wählte die christliche Form des Eides. Vorher wurde zwischen weltlicher und religiöser unterschieden.*[607] Diesen Fehler musste Johnson freilich korrigieren,[608] aber sonst ließ er sich auf keine Streichungen ein, unabhängig davon, ob Unseld seine Ausführungen als zu weit schweifend beziehungsweise überflüssig bewertete.[609] Johnson erläutert daraufhin ausführlich in seinem Antwortbrief vom 1. Juli 1971, warum er auf die Passagen nicht verzichtet.[610]

In demselben Brief enthüllt Johnson außerdem sein weiteres Vorhaben und begründet, warum auch Nebenschauplätze und zunächst unwichtig wirkende Figuren einen bedeutenden Einfluss auf die Erzählung haben:

> Sicherlich muss die Geschichte des auf den Seiten 151–166 beschriebenen Prozesses vorerst wie ein Nebenweg und, wenn ich dich recht verstehe, auch zu umfänglich erscheinen. Er hat dennoch gewisse Funktionen. Er ist der letzte Anstoss für Dr. Semigs Entschluss zur Auswanderung, für eine Sache, die in den vorigen Kapiteln doch mit einiger Ungeduld erwartet wurde. Er ist noch eine fast nicht erträgliche Belastung für Lisbeth Cresspahl und bereitet vor, was ihr um die Mitte des Bandes zustösst. Der Prozess allgemein ist ein Beitrag zur grossdeutschen Rechtspflege, gewiss eine Variation einer Szene von Brecht, aber doch ein neues Beziehungssystem zwischen den Personen. Der Prozess wird seine Entsprechungen haben in denen, die im dritten Band, in der neuen Zeit der D.D.R., geführt werden. Schliesslich, mit den Kindern der neu eingeführten Personen wie Wegerecht und Ramdohr wird Gesine C. nach dem Krieg zur Schule gehen. Da werden die Eltern nicht unwichtig sein, zum Beispiel, weil Schüler auch nach der sozialen Herkunft beurteilt wurden.[611]

Dieses Zitat zeigt, wie sorgfältig Johnson seine Geschichte plante, strukturierte und wie Details zu einer übergeordneten Gesamtheit führen sollten, vor allem um Authentizität zu gewährleisten. Dieser Aspekt wird in der Forschung häufig angesprochen, aber hier soll zudem verdeutlicht werden, wie Johnson mithilfe seiner Briefe selbst aktiv zum Verständnis seiner Arbeitsweise beitrug.

---

607 UJB. S. 702.

608 Vgl. Johnson, Uwe: Jahrestage. S. 539.

609 Vgl. UJB. S. 701 f.
Die Referenzstellen, um die es hierbei geht, finden sich bei Johnson, Uwe: Jahrestage. S. 531–535, 537 ff.

610 Vgl. ebd. S. 704

611 Ebd. S. 704.

Die nachfolgenden Briefe befassen sich bis ins Jahr 1972 mit der äußeren Gestaltung des Buches. Auch von Johnsons aktuellem Arbeitsstand und dem drohenden Abgabeverzug ist mehrfach die Rede. Thematisch betrachtet ändert sich in den Briefen allerdings nichts Wesentliches. Immer wieder wird über Johnsons Zeitverlust debattiert und darüber, ob Johnson mit den Schreibarbeiten vorankäme. Die verlegerischen und marketingtechnischen Diskussionen traten besonders in den Jahren 1973, 1974 und 1983 auf. In den Jahren 1973 und 1983 sind Johnsons Werke auf dem Markt erscheinen, lediglich 1974 brachte Johnson kein neues Werk heraus. Unseld baute deshalb erneut Druck auf, um den vierten Band der *Jahrestage* baldmöglichst publizieren zu können, was jedoch Johnson nicht zu leisten vermochte und zu Zwistigkeiten zwischen Verleger und Autor führte.

Abschließend soll aus Johnsons Brief vom 25. März 1971 zitiert werden, denn dort fasst Johnson mit eigenen Worten nochmals zusammen, was die *Jahrestage* bedeuten sollen. Obwohl der Brief zu einem Zeitpunkt verfasst wird, an dem der zweite Band noch nicht einmal veröffentlicht ist, passt das von Johnson beschriebene Konzept zur gesamten Konzeption seiner *Jahrestage* und soll einerseits seinen Weitblick repräsentieren, andererseits sein Vertrauen gegenüber Unseld:

> Erlaube, dass ich noch einmal die zweifache Erklärung des Titels wiederhole. Es sind Tage eines Jahres im Leben einer Person Gesine Cresspahl auf der Ebene familiären, beruflichen, städtischen Alltags zu unserer Zeit, in New York. Es sind zum anderen wiederholte Tage, Jahrestage (erwarteter Massen nicht Jubiläen) aus der Vergangenheit der Person, im Mecklenburg des Grossdeutschen Reiches. Es ist demnach ein Bestandteil des Versuchs, dass eine der wichtigsten Funktionen des Erzählens, die Erinnerung, in ihren Wirkungen vorgeführt wird, also wie sie genannte Fakten beschädigt, verunstaltet, mindert, verschönt und in der unwahrscheinlichen Version zuverlässig reproduziert. Die Beschäftigung der Person G. C. mit Erinnerungen und Gedächtnis geht zurück auf das Bedürfnis herauszufinden, was in der Vergangenheit sie in ihren gegenwärtigen Zustand gebracht hat. […] Im weiteren ist das die Auffassung, dass eine Person die Summe ihrer Vergangenheit ist, der bewussten wie der nicht bewussten, dass also hinter ihren subjektiv selbstherrlichen Entscheidungen, sei es für eine Partnerwahl oder einen Umzug, längst die gesellschaftliche Konditionierung gewartet hat, eine Konditionierung, die auf das unverdächtigste von verwandten oder geliebten Personen verabreicht wurde, die ein Mensch leider erst dann (in der Regel) in Zweifel ziehen kann, wenn er zwar seine höchste Fähigkeit erreicht hat, sie ein wenig zu durchschauen, aber schon zu viel Energie verloren hat, sein Leben entsprechend der neuen Erkenntnis zu ändern.[612]

Johnsons Ausführungen reichen noch weiter ins Detail, werden aber an dieser Stelle bewusst abgekürzt. Zum einen weil die Handlungsstränge der Werke

612 Ebd. S. 663 f.

bekannt sind und mehrfach in der Forschung behandelt wurden. Zum anderen weil diese Passage hinreichend aufzeigt, über welche Weltansichten und Erfahrungsschätze Johnson verfügte, um sich überhaupt solch einem Vorhaben anzunähern. Biografisch betrachtet befand Johnson sich zu diesem Zeitpunkt in einem Entwicklungs- und Selbsterkennungsprozess, der auch in den *Jahrestagen* spürbar ist, vor allem weil Johnson mit diesem literarischen Werk ein einzigartiges Netzwerk von Zeit, Personen, Orten und Realitäten hervorbrachte. Nachdem Johnson seine *Jahrestage* fertiggestellt hatte, betont er am 17. April 1983 gegenüber Burgel Zeeh: *Thank God it's over. Wir wären fertig damit. Hiermit ja.*[613]

3.2 Briefwechsel mit Hans Magnus Enzensberger

3.2.1 Zahlen, Fakten, Daten

Im Herbst 1959 lernten sich Uwe Johnson und Hans Magnus Enzensberger auf einer Tagung der *Gruppe 47* auf Schloss Elmau kennen. Johnson, der selbst keine Lesung hielt, weil seine *Mutmassungen über Jakob* erst erschienen, geriet dafür in eine Diskussion mit Enzensberger über dessen vorgestelltes Gedicht *Schaum*.[614] Trotz oder gerade wegen der konträren Ansichten entwickelte sich eine enge Freundschaft zwischen den Literaten.

Der Briefwechsel bezeugt die neu gewonnene Freundschaft Johnsons mit seinem die Korrespondenz einleitenden Brief, verfasst am 23. Dezember 1959.[615] Die untersuchte Briefkorrespondenz liegt nahezu vollständig vor, lediglich Johnsons Rundbriefe, die sich auf die internationale Zeitschrift *Gulliver* beziehen, werden statistisch nicht berücksichtigt. Die im Briefwechsel abgedruckten Briefe Johnsons entstammen nicht den Originalbriefen, sondern seinen Durchschlägen.

Deshalb kann nicht ausgeschlossen werden, dass Anlagen, die Johnson nicht in den Durchschlägen vermerkte, verloren gegangen sind. Der Briefwechsel umfasst insgesamt 146 Briefe, elf Postkarten und vier Telegramme, wobei auch Johnsons Korrespondenzen mit Dagrun und Ulrich Enzensberger berücksichtigt wurden (vgl. Abbildung 14). Die Briefkorrespondenz endet am 11. September 1975 mit einem Schriftstück von Dagrun Enzensberger.

613 Ebd. S. 1070.

614 Lau, Jörg: Hans Magnus Enzensberger. Ein öffentliches Leben. Regensburg 2001. S. 122–129.

615 Vgl. EJB. S. 9.

Abb. 14 Verteilungsübersicht der Briefe im Briefwechsel von Hans Magnus Enzensberger und Uwe Johnson.

Aufschlüsselung der Korrespondenz	
Insgesamt	146 Briefe 11 Postkarten 4 Telegramme
Anteil von Uwe Johnson	66 Schriftstücke an H. M. Enzensberger 5 Schriftstücke an Dagrun Enzensberger 4 Schriftstücke an D. und H. M. Enzensberger 1 Schriftstück an Ulrich Enzensberger
Anteil von H. M. Enzensberger	73 Schriftstücke an Uwe Johnson
Anteil von Dagrun Enzensberger Anteil von Ulrich Enzensberger	6 Schriftstücke an Uwe Johnson 2 Schriftstücke an Uwe Johnson

3.2.2 Gemeinsames Arbeiten, politisches Debattieren und freundschaftliche Gesten

Die gewechselten Schriftstücke des Jahres 1959 spiegeln im übergeordneten Sinn die typischen Themenkomplexe wider, über die sich Johnson und Enzensberger meist austauschten. Es geht konkret um Johnsons *Mutmassungen über Jakob* und seinen bevorstehenden Besuch der Villa Massimo, von dem Enzensberger allerdings abrät.[616] Früh zeigt sich, dass hier ein Briefwechsel entstehen würde, der sich mit dem Literaturbetrieb, den jeweiligen Werken und, was später noch zu zeigen sein wird, mit politischen Angelegenheiten beschäftigt. Insgesamt betrachtet kritisieren sich Johnson und Enzensberger in ihren Briefen zwar gegenseitig, fungieren einander aber gleichzeitig als wertvolle Berater.

In seinem zweiten Brief an Enzensberger vom 4. Januar 1961 analysiert Johnson einen Beitrag des fünf Jahre älteren Freundes über Theodor W. Adornos und Max Horkheimers *Kulturindustrie – Aufklärung als Massenbetrug* aus der *Dialektik der Aufklärung*.[617] Johnson schreibt: *Entschuldigen Sie dass ich Sie langweile; Sie könnten sagen dass Sie hierauf bereits geantwortet haben.*[618] So vorsichtig agiert er später jedoch nicht mehr, als er Enzensbergers *Offenen Brief* in den *Jahrestagen* Satz für Satz kommentiert (vgl. Kap. 3.2.4, 8.5). Ansonsten handeln die weiteren Briefe aus dem Jahr 1961 von dem internationalen Zei-

616 Vgl. ebd. S. 9 f.
617 Vgl. ebd. S. 10 f. und S. 233 Anm. 3.
618 Ebd. S. 11.

tungsprojekt *Gulliver* und der aktuellen politischen Lage, die Johnson mit dem Briefanfang *jetzt sind wir gesamtdeutsch*[619] einleitet. Dieser politische Brief, in dem Johnson nur Aussagen aus der Zeitung zitiert, endet erstmals mit dem 'running gag', eine gemeinsame Japanreise machen zu wollen. Auch tauschte Johnson persönliche Briefe mit Dagrun Enzensberger aus. Das Vorhaben der Familie Johnson, der Tochter Tanaquil Enzensberger eine Puppe, die später in Johnsons *Jahrestagen* zu entdecken ist, schenken zu wollen, wird bis ins Jahr 1962 des Öfteren angesprochen.

Ebenfalls wird die Diskussion um die Zeitschrift *Gulliver*, die allerdings 1962 endgültig scheiterte, fortgesetzt. Mit 24 ausgetauschten Nachrichten bildet das Jahr 1962 den zweiten Höhepunkt der Korrespondenz und ist vor allem für die persönliche Beziehung der Literaten äußerst relevant (vgl. Abbildung 15), wie besonders durch das von Enzensberger eingeführte *Du* zum Ausdruck gebracht wird.[620]

Abb. 15 Anzahl der verfassten Briefe pro Jahr im Briefwechsel zwischen Hans Magnus Enzensberger und Uwe Johnson (1959 bis 1975).

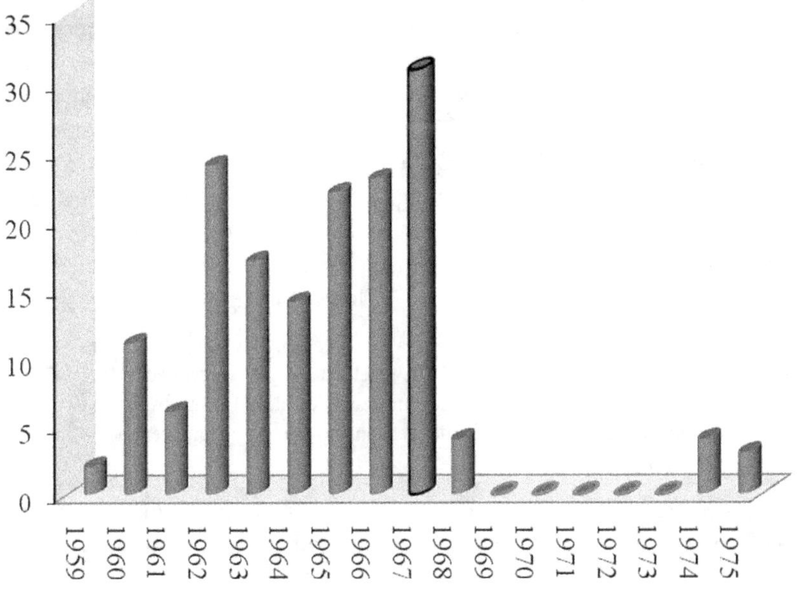

619 Ebd. S. 18.
620 Vgl. ebd. S. 28 f.

Man erfährt nun neben den zahlreichen und geballten Ausführungen über das Zeitungsprojekt *Gulliver* Persönliches aus den Leben der beiden Schriftsteller. Enzensberger schildert am 28. März 1962 seinen literarischen Unmut:

> ich tauche für einen augenblick auf aus dem morast von *einzelheiten* in dem ich stecke, von dem ich mich zu befreien versuche, der mich, wie könnte es anders sein, schon ziemlich anwidert – kennst du das, ein buch, mit dem man fertig ist bevor das buch fertig ist? ein unguter zustand; hoffentlich nicht mehr lange.[621]

Johnson reagiert hierauf nicht – noch arbeitete er nicht an seinen *Jahrestagen*. Auch über Enzensbergers beschriebene Gesellschaftskritik, die sich in diesem Fall auf den *Klassenkampf*[622] im Berufsstand des Schriftstellers bezieht, schweigt sich Johnson aus. Dafür erfährt man in den Briefen beiläufig von seiner Hochzeit mit Elisabeth, der Geburt der Tochter Katharina und seinem persönlichen Umgang mit der Post.

1963 stand das gemeinsame literarische Arbeiten im Vordergrund. Johnson und Enzensberger diskutierten über Günter Grass' Werk *Die Plebejer proben den Aufstand*, das als erster Beitrag in Enzensbergers *Kursbuch* abgedruckt werden sollte und 1965 einen heftigen Streit verursachte.

Neben Martin Walser wirkte auch Hans Magnus Enzensberger als Berater bei der Titelfindung für Johnsons Werk *Das dritte Buch über Achim* mit, das, wenn es nach Johnsons Wunsch gegangen wäre, jedoch *Beschreibung einer Beschreibung* hätte heißen sollen. 1964 schlüpfte Johnson in die Rolle des Beraters, als Enzensberger ihn zu dem Titel *Kursbuch* befragte.

Im Laufe der Jahre sind einige Beiträge Johnsons in den Ausgaben des *Kursbuchs* erschienen, auch wenn Enzensberger zeitweise Bedenken hegte. Das Jahr 1964 war auch das Jahr, in dem sich Johnson von der *Gruppe 47* distanzierte. Er schreibt diesbezüglich Enzensberger am 27. Juli 1964 Folgendes:

> Zur Tagung der *Gruppe 47* kann ich diesmal nicht gehen. Der Nutzen der spontanen Kritik leuchtet mir endgültig nicht ein. Die gesellschaftliche Gelegenheit nützt einem nicht, da nicht Zeit ist für Leute, mit denen man zu reden hätte. Das Auftreten als Gruppe ist mir nach den Ereignissen der beiden letzten Jahre unangenehm. Der Show-Effekt passt sonst wem.[623]

Dazu äußerte sich Enzensberger nicht, aber er bat Johnson darum, ein Haus für seine Familie in dessen Nachbarschaft ausfindig zu machen. Johnson kam dem

621 Ebd. S. 29 f.
622 Ebd. S. 30.
623 Ebd. S. 95.

Anliegen Enzensbergers auch nach. Erwähnenswert aus diesem Jahresabschnitt ist lediglich der neu aufkommende ‚running gag' über Briefmarken.

Die Auseinandersetzungen bezüglich des Eröffnungsbeitrags von Grass erreichten 1965 ihren Höhepunkt, als Unseld mit Grass' Beitrag nicht einverstanden war und mit Enzensberger keine Einigung erzielt werden konnte. Den Disput um den von Grass kritisierenden Beitrag zu Brecht sollte Johnson beilegen. Die Durchschläge der brieflichen Dreieckskorrespondenz Unseld–Enzensberger–Grass wurden Johnson zu Schlichtungszwecken zugeschickt. Letztlich zog Grass seinen Text freiwillig zurück und verzichtete auf einen Abdruck im *Kursbuch*.[624]

Ein Jahr später stand erneut Enzensbergers *Kursbuch* im Mittelpunkt der Ereignisse und Diskussionen, allerdings betraf es diesmal die Beiträge Johnsons. Am 21. September 1966 schickt Johnson zwei Briefe an Enzensberger. Der Text, der später als *Ein Brief aus New York* bekannt und in der zehnten Ausgabe des *Kursbuches* publiziert wird,[625] liegt Enzensberger in zwei von Johnson unterschiedlich verfassten Varianten vor. Die Entwürfe hierzu befinden sich im Anhang und sollen veranschaulichen, wie Johnson das Medium „Brief" zum Erproben seiner Arbeiten gezielt nutzte (vgl. Kap. 8.4). Die Entwürfe unterscheiden sich inhaltlich kaum, dafür aber in Form und Wortstellung. Für das *Kursbuch* wurde, was Inhalt und Versform betrifft, eine Mischung aus beiden Entwürfen kreiert. Publiziert wurde jedoch auch eine dritte modifizierte Variante, ebenfalls im Anhang befindlich, die in den *Jahrestagen* ihre Verwirklichung findet. Auch *Über eine Haltung des Protestierens* wird im Briefwechsel debattiert und erscheint schließlich im neunten Band des *Kursbuches*[626] im Jahr 1967. Johnson verwendete später auch diesen Text als eine weitere Inspirationsquelle für die *Jahrestage* (vgl. Kap. 3.2.4, 8.3).

3.2.3 Das Ende einer Freundschaft – Der Skandal um die Kommune I

Im Jahr 1967 stand Johnson nicht nur wegen seines Beitrags im *Kursbuch* im Rampenlicht, sondern vielmehr aufgrund der Kommune I, die sich in Johnsons Räumlichkeiten einquartierte.

Mit einem hilfesuchenden Brief, datiert vom 8. Januar 1967, bittet Dagrun Enzensberger die Johnsons, für eine Weile in deren Wohnung einziehen zu dür-

624 Vgl. Neumann Bernd: Uwe Johnson. S. 545.

625 Vgl. Johnson, Uwe: Ein Brief aus New York. In: Kursbuch. Bd. I/Kursbuch 1–10. Hrsg. v. Hans Magnus Enzensberger. Frankfurt am Main 1965–1967. S. 189–192.

626 Vgl. Johnson, Uwe: Über eine Haltung des Protestierens. In: Kursbuch. Bd. I/Kursbuch 1–10. Hrsg. v. Hans Magnus Enzensberger. Frankfurt am Main 1965–1967. S. 177 f.

fen, da sie sich vorübergehend von ihrem Ehemann trennte und sie sich von ihren emotionalen und physischen Strapazen erholen musste. Johnson, der zu diesem Zeitpunkt mit seiner Familie in New York lebte, antwortet ihr: *Du kannst sofort in unsere Wohnung in der Stierstrasse gehen und dort bleiben.*[627]

Mit dieser freundschaftlichen Geste nahm Johnson auch noch die Frau seines Freundes Hans Magnus Enzensberger auf, nachdem er bereits dessen Bruder Ulrich im Frühjahr des Vorjahres gestattete, die Atelierwohnung zu beziehen. Ulrich und Dagrun schlossen sich im Lauf der Zeit der Kommune I an und veranstalteten Treffen in Johnsons Räumlichkeiten. Den Schilderungen Ulrich Enzensbergers zufolge war die Besetzung der johnsonschen Wohnung lediglich eine Notlösung für die Kommune I. Des Weiteren erklärt Ulrich Enzensberger in seinem Buch *Die Jahre der Kommune I*, dass Dagrun Enzensberger Johnson zweimal geschrieben habe, um nachzufragen, ob sie dessen Hauptwohnung nutzen dürften. Der Brief vom 3. Februar 1967, der jene Bitte enthalten haben soll, sei Johnson erst am Tag bei der Festnahme von den Kommune-Mitgliedern, am 5. April 1967, zugestellt worden. Die Briefe sollen, laut Ulrich, von Geheimdiensten abgefangen und zurückgehalten worden sein. Deshalb habe die Kommune I ohne Johnsons Erlaubnis die Wohnung am 6. März 1967 besetzt, wobei Dagrun Enzensberger *ein Zerbrechen der alten Freundschaft mit dem Ehepaar Johnson*[628] in Kauf genommen habe.

Es entspricht den Tatsachen, dass der Brief vom 3. Februar 1967 Johnson erst an besagtem Tag in New York erreichte – auch er wunderte sich über den Verbleib der Antwortbriefe Dagruns[629] –, allerdings enthält der Brief von ihr keine Bitte, sondern folgende Mitteilung:

> Alleine bin ich nicht. Wir machen eine kommune mit wenige verzweifelte, die alle nicht mehr dieses hier mitmachen können. Nach aussen profilieren wir uns vorläufig nur in demonstrationen, sit-in-s etc.. Samstag 28. 1. grosse demo auf dem Kuhdamm m. kundgebungen am Gedächtniskirche. Gegen das sicherstellen der SDS-kartei von der polit. polizei, gegen Albertz senatspolitik, Liebers universitätsdiktatur, gegen notstandsgesesetze. […] Reden von der prominenz. Darunter GG, der nachher das sprechchor hören musste: Grass macht sich die hosen nass.[630]

Johnson überließ Dagrun Enzensberger zunächst seine Wohnung, weil er davon ausging, dass sie und sein Freund Hans Magnus Enzensberger eine Ehekrise durchzustehen versuchten. Dagrun Enzensberger gibt erst in ihrem Brief vom

627 EJB. S. 167.

628 Enzensberger, Ulrich: Die Jahre der Kommune I. Berlin 1967–1969. München 2006. S. 108.

629 Vgl. EJB. S. 193.

630 Ebd. S. 174 f.

31. März 1967 bekannt, dass es sich nicht um eine Krise, sondern um eine endgültige Trennung handelt. Hans Magnus Enzensberger lernte auf seinen Reisen in die Sowjetunion die damals 23-jährige russische Studentin Maria Alexandrowna Makarowa kennen und heiratete sie noch im Jahr 1967.[631] Dagrun Enzensberger berichtete Johnson zwar von der neuen Liebe Enzensbergers und ihrem Scheidungsangebot, doch auch diesen Brief erhielt Johnson nicht rechtzeitig. In der Zwischenzeit versuchte er, mittels Briefverkehr von Enzensberger zu erfahren, was genau in seinen Wohnungen vor sich ging. Enzensberger erwähnte zwar die Kommune I, äußerte sich aber nicht näher dazu. Den Schilderungen seines Bruders Ulrich zufolge konnte Enzensberger auch gar nichts Konkretes mitteilen, da er angeblich nichts darüber wusste. Ulrich nahm sogar an, dass Enzensberger diese Gruppe für eine Sekte hielt.[632]

Johnson interessierte sich aber nicht für Spekulationen, sondern wünschte Gewissheit. Er schrieb zahlreiche Briefe aus New York an alle Enzensbergers und verlangte Aufklärung. Aufgrund der Vorkommnisse werden im Jahr 1967 insgesamt 37 Briefe ausgetauscht (vgl. Abbildung 15), was somit den Höhepunkt der Korrespondenz ausmacht. Nachdem Johnson keine schriftliche Auskunft erhielt, forderte er Hans Magnus Enzensberger auf, dass er mit seinem Bruder und Dagrun reden und Klarheit schaffen sollte. Ulrich Enzensberger war zuvor schon negativ aufgefallen, da er für die Reparatur des Atelierfensters mehr von Johnsons Geld als nötig ausgab und zudem im Vorfeld relativ viel Zeit in Anspruch nahm, um den Forderungen Johnsons nachzukommen.

Johnson war aufgrund der Vorkommnisse von Hans Magnus, Dagrun und Ulrich Enzensberger enttäuscht. Besonders frustrierend war, dass Johnson aus der Zeitung erfahren musste, was im Einzelnen geschehen war: egal ob es sich dabei um die Scheidung der Eheleute handelte oder gar später um das sogenannte Pudding-Attentat auf den amerikanischen US-Vizepräsidenten Hubert H. Humphrey, das in seiner Wohnung vorbereitet wurde.

Die Fülle und die Schwere der vertrauenserschütternden Ereignisse waren für Johnson und seine Frau Elisabeth nicht mehr tragbar. Seine Freundschaft und sein Vertrauen zu den Enzensbergers wurde aus Johnsons Sicht missbraucht, weshalb er mit seinem Brief vom 23. Mai 1967 die Freundschaft zu Hans Magnus Enzensberger unterbindet. Nach den deutlichen Worten Johnsons werden nur noch Briefe bezüglich der ausstehenden Schulden Enzensbergers ausgetauscht. Da die Freundschaft zerbrochen war, erstattete Enzensberger sofort den zu zahlenden Betrag zurück und tilgte seine finanziellen Schulden bei Johnson.

631 Vgl. Lau, Jörg: Hans Magnus Enzensberger. S. 242.
632 Vgl. Enzensberger, Ulrich: Die Jahre der Kommune I. S. 113.

Zum Höhepunkt des Eklats kommt es letztlich, als Johnson in seinen Briefen Enzensberger vorwirft, er habe sich ungerechtfertigterweise in seine Angelegenheiten eingemischt. Genauer handelt es sich hierbei um einen Ausweis, den Johnson von Margareta Neuss umgetauscht haben soll und wozu Enzensberger sich geäußert haben muss. Näheres hierzu konnte bisher vonseiten der Forschung nicht in Erfahrung gebracht werden. Nach dieser Auseinandersetzung herrschte fünf Jahre lang kein schriftlicher Kontakt mehr, erst 1974 wendete sich Johnson wieder an Enzensberger. Zunächst ging es um das Projekt *Walküre*, dann forderte er *Mang*, wie Johnson Enzensberger in seinen Briefen wieder vertraut nennt, dazu auf, die Schulden Dagruns zu begleichen. Beide, Hans Magnus und Dagrun, sicherten im Jahr 1967 Johnson zu, dass sie für anfallende Miet- und Nebenkosten einen gewissen Teilbetrag leisten wollten. Da Dagrun keinerlei Zahlungen übernahm, sollte nun Hans Magnus Enzensberger der Vereinbarung nachkommen.

Im Jahr 1975 kommt der Briefwechsel endgültig zum Erliegen. Gegenstand der Korrespondenz ist lediglich Johnsons Adressbuch-Fund: Dagrun vergaß während ihrer Besetzungszeit in der johnsonschen Wohnung ihr Adressbuch, welches Johnson ihr trotz der Differenzen zukommen ließ. Dagruns Dankesbrief ist das letzte Dokument in dem Briefwechsel zwischen Johnson und Enzensberger.

3.2.4 Verknüpfung zwischen Werk und Brief

Enzensbergers Zeitschrift *Kursbuch* diente Johnson häufig als Plattform für seine schriftstellerische Tätigkeit. Anfänglich ist Enzensberger skeptisch, ob Johnsons parallel laufende Arbeit an den *Jahrestagen* nicht seine Beiträge für das *Kursbuch* beeinträchtige, wie aus dem Brief vom 28. Mai 1964 hervorgeht:

> jetzt sollte ich dir ganz genau sagen, was ich mir ausgedacht hätte für dich, fürs kursbuch, für dich im kursbuch. da zögere ich aber sehr. einmal, weil ich weiß daß du im kopf etwas anders schreibst und nur dies. vor allem aber, weil du nicht leicht zu provozieren bist. deine art zu produzieren schließt handreichungen aus, und nach allem was ich gesehen habe gelingen dir pflichtübungen nicht gut. (eine solche pflichtübung, schien mir, war der beitrag für gulliver.) deshalb und nicht aus denkfaulheit oder mangel an vorschlägen halte ich lieber den mund. wenn du selber etwas anfingst wäre es besser, gesetzt das buch im kopfe ließe es dazu kommen. dieses kursbuch wenn es denn einen sinn haben soll (für die es schreiben) so wäre es der: nicht nur etwas anderes sondern vor allem anders zu schreiben, dazu wäre dort der platz. dies für den fall daß manchen unter uns unsere tonfälle nicht mehr ganz genügen, ich meine die bereits eingeübten und in büchern festgestellten.[633]

633 EJB. S. 90.

Johnson gelang es jedoch, mit seinen Arbeiten zu überzeugen, und deshalb wurden die beiden Aufsätze, die hier von Bedeutung sind, nämlich *Über eine Haltung des Protestierens* und *Ein Brief aus New York*, im *Kursbuch* veröffentlicht.

Der erstgenannte Aufsatz Johnsons, der eigentlich für einen englischsprachigen Sammelband angedacht war und von ihm selbst als *Über eine Haltung beim Protestieren*[634] angekündigt wurde, erscheint in der Juni-Ausgabe des neunten *Kursbuchs*. Johnson teilt Enzensberger anfänglich mit:

> Aus London schreibt ein Herr Cecil Woolf, er plane nach dem Vorbild der Anthologie aus Aeusserungen von Schriftstellern zum Spanienkrieg ein Pendant fuer den Krieg Viet Nam. Wenn ihm geholfen wird, kann er vielleicht dreissigtausend Mark umsetzen; fast moechte ich ihm raten zu ueberlegen wohin die gehen. Hoeflicher Weise werde ich ihm aber wohl ueber eine gewisse Protestierhaltung was schreiben. Das ist wohl nichts fuer deine Zeitschrift zur Ordnung des Schienenverkehrs.[635]

Enzensberger zeigte Interesse an Johnsons Beitrag, verschwieg ihm allerdings nicht, dass er eine andere politische Haltung vertrat, als Johnson dies in seinem Beitrag postulierte. Enzensberger sah es als Pflicht und Verantwortung der *guten Leute*, nicht, wie Johnson forderte, *das Maul [zu] halten,*[636] sondern aktiv zu werden. Johnson ließ diese Kritik nicht auf sich beruhen und konterte hierauf, was in seinem Brief vom 29. November 1966 nachzulesen ist. Johnsons Abwehrreaktion ging letztlich so weit, dass er Enzensberger von dem Druck seines Textes abriet, was zur Folge hatte, dass Enzensberger den Briefwechsel in eine *spezielle[n] Sackgasse*[637] münden sah. Johnson merkte, dass die Situation zu eskalieren drohte, und fügt nach der Verabschiedung in seinem Antwortbrief in Klammern fast unmerklich hinzu, dass Enzensberger den Beitrag behalten könne. Damit war die Auseinandersetzung beendet.

Das Besondere an dem Aufsatz *Über eine Haltung des Protestierens* ist, dass einige inhaltliche Aspekte beziehungsweise Formulierungen starke Parallelen zu dem Tageseintrag in den *Jahrestagen* vom 22. Oktober 1967 aufweisen. Hier muss sich Gesine vor den Toten rechtfertigen, warum sie nicht an der Demonstration in Washington teilnahm. Die Überschneidung der beiden Texte liegt, um ein Beispiel zu nennen, darin dass Johnson in *Über eine Haltung des Protestierens* den *guten Leuten* unterstellt, dass sie *demnächst ihre Proteste gegen diesen Krieg verlegen be-*

634 Ebd. S. 153.
635 Ebd. S. 148 f.
636 Johnson, Uwe: Über eine Haltung des Protestierens. S. 178.
637 EJB. S. 158.

zeichnen als ihre jugendliche Periode.[638] Gesine muss sich im Umkehrschluss den Vorwurf gefallen lassen, dass sie nichts zum Frieden beiträgt, nur weil sie ihrer Ansicht nach mit über dreißig Jahren unter all den jugendlichen Demonstranten aufgefallen wäre.[639]

Der Tageseintrag kann als eine Art Ergänzung zu Johnsons vorangegangenem Kursbuchbeitrag angesehen werden. Zu den *guten Leuten* gehören nicht nur die, die später ihr aktives Handeln als pubertäres Verhalten abtun werden und sich deshalb erst recht im fortgeschrittenen Alter nicht mehr zu Protesten bewegen lassen, sondern auch Leute wie Gesine, die sich generell zu alt und zu schwach für ein solches politisches Engagement fühlen und stagnieren. Aus diesem Blickwinkel betrachtet rechnet hier Johnson mit seiner Romanfigur Gesine ab. Sie ist nicht länger nur die Deutsche, die sich einer nationalsozialistischen Vergangenheit zu stellen hat, sondern sie ist auch eine Bürgerin New Yorks und hat somit ein Stück der amerikanischen Geschichte zu tragen und mitzuverantworten.

Weiter schreibt Johnson, dass die *guten Leute* nicht *gemuckst*[640] haben – in den *Jahrestagen* ist es Gesine, die einen Tag nach dem konfrontativen Gespräch mit den Toten keinen *Mucks tun*[641] kann. Hier stimmen Johnsons Beitrag und der Roman überein. Er zeigt, wie ohnmächtig der Mensch im Verbund sein kann und wie wenig Einsatz für das Gute und Gerechte aufgewandt wird. Zu bedenken gilt, dass es Tote sind, die mit Gesine sprechen. Tote, die primär dem Zweiten Weltkrieg und im Fall Jakobs möglicherweise dem DDR-System zum Opfer fielen. Im übertragenen Sinn zeigt dies, dass es keine Kriegsopfer gäbe, wenn sich mehr Menschen für den Frieden starkmachen und Kriege erst gar nicht entstehen würden. An dieser Stelle schließt sich wieder der Kreis zum Brief, denn das ist es auch, was Johnson schriftlich am 29. November 1966 Enzensberger als Fazit mitteilt und darüber hinaus seine eigene Position bekräftigt: *Ich bin also für politisches Verhalten.*[642]

Der zweite Beitrag, der zuerst im zehnten *Kursbuch* und dann in den *Jahrestagen* erscheint, ist *Ein Brief aus New York.* Das Kapitel unter dem Eintrag vom 1. August 1968 trägt diesmal keine Überschrift, was aufgrund des Erzählorts New York Johnson hinfällig erschien. Wie im Anhang nachgelesen werden kann (vgl. Anhang Kap. 8.4), handelt es sich hierbei um einen für Johnson typischen gesellschaftskritischen Text, der anhand der Farbe Gelb versinnbildlicht wird. Johnson

---

638 Johnson, Uwe: Über eine Haltung des Protestierens. S. 177.
639 Vgl. Johnson, Uwe: Jahrestage. S. 188 f.
640 Johnson, Uwe: Über eine Haltung des Protestierens. S. 177.
641 Johnson, Uwe: Jahrestage. S. 190.
642 EJB. S. 158.

stellt dort selbst die wichtigsten Bedeutungen der Farbe Gelb vor, nämlich Neid, Eifersucht, Melancholie, Verrat, Verachtung und Aufmerksamkeit.

Laut Heller ist Gelb eine zwiespältige Farbe, denn neben den negativen Charakteristika steht sie auch für Optimismus, Freundlichkeit, Erleuchtung und Verstand, Reife und Kreativität.[643] Diese Aspekte passen ebenfalls zu Johnsons Beitrag *Ein Brief aus New York*. Ohne diese positiven Eigenschaften der Farbe Gelb hätte Johnson die negative Seite gar nicht erkennen und analysieren können.[644] Zudem gilt es, bei der Interpretation des Textes das zum Teil klischeehafte beziehungsweise utopische Amerikabild der damaligen Zeit zu bedenken: the *golden idyllic*,[645] in der alle Träume Wirklichkeit werden, ein Land der Freundlichkeit und der grenzenlosen Hoffnung, in der jeder sein Glück finden kann – diese Vorstellung prägten die Urväter Amerikas und verfestigte sich mit den Jahrhunderten in den Köpfen der Europäer, was auch zu Johnsons Lebzeiten verbreitet war.[646] Dies scheint Johnson bewusst gewesen zu sein, und er beschreibt daher sein Haus am Riverside Drive an der 96. Straße in den *Jahrestagen* als *lederfarben gelbe[s] Haus*,[647] was ein Symbol der Wärme und Zufriedenheit verkörpert. Dennoch setzt Johnson die Farbe Gelb überwiegend in Zusammenhang mit Negativkriterien ein. Er zeigt Missstände auf, die er allerdings in positiven Kontexten versteckt, wie zum Beispiel als er von den gelben Schildern der unerschwinglichen Ärzte spricht.[648] Ärzte sind für die Gesellschaft unverzichtbar, aber das Paradoxon, dass man sie sich nicht leisten kann, kritisiert Johnson. Er demonstriert in seinem Beitrag mehrere solcher Widersprüchlichkeiten und setzt die Farbbedeutungen entsprechend ihrer Relevanz und Richtigkeit ein.

Die Farbe Gelb ist auch schon in Johnsons Erstlingswerk *Ingrid Babendererde* bezeichnend, als Elisabeth Rehfelde per Flugzeug in den Westen fliehen möchte. Ingrid, die ebenfalls am Flughafen anwesend ist, trägt in dieser Situation ein gelbes Kleid.[649] Wie bereits ausgeführt, symbolisiert die Farbe Gelb Eifersucht

---

643 Vgl. Heller, Eva: Wie Farben auf Gefühle und Verstand wirken. Farbpsychologie, Farbsymbolik, Lieblingsfarben und Farbgestaltung. München 2000. S. 95–106.

644 Vgl. ebd. S. 89. Die Farben Gold und Gelb stammen aus der gleichen Farbfamilie, wie auch aus Johnsons Text selbst hervorgeht.

645 Jantz, Harold: The Myths About America: Origins and Extensions. In: Deutschlands literarisches Amerikabild. Neuere Forschungen zur Amerikarezeption der deutschen Literatur. Hrsg. v. Alexander Ritter. Hildesheim, New York. 1977. S. 40.

646 Vgl. ebd. S. 37–49.

647 Johnson, Uwe: Jahrestage. S. 489.

648 Vgl. ebd. S. 1517.

649 Vgl. Johnson, Uwe. Ingrid Babendererde. S. 201 f.

und Gefahr. Beides ist in der Szenerie enthalten, denn Ingrid, die selbst in den Westen fliehen will, ist mit Sicherheit auf die fliehende Klassenkameradin neidisch. Außerdem bringt sie Elisabeth durch ihr Zurufen am Flughafen in Gefahr. Doch noch Weiteres birgt diese Schilderung: Elisabeth ist aus Sicht der DDR eine Landesverräterin. Gelb kennzeichnete historisch betrachtet sowohl politische als auch religiöse Verräter, wie beispielsweise Judas oder Ketzer des 16. Jahrhunderts, die mit fahlgelber Kleidung dargestellt wurden. Johnson selbst erwähnt in seinem Text sogar den ehrlosen Brutus. Außerdem war Gelb die Farbe der Geächteten, zum Beispiel mussten ledige Mütter gelbe Hauben und Juden den gelben Stern tragen.[650]

Es verbinden sich mit der Farbsymbolik Johnsons charakteristische Themenkomplexe wie Judentum, Schuldfrage, Verrat und – wohl eher beiläufig – das Familienmodell der alleinerziehenden Mutter, das in den *Jahrestagen* durch Gesine verkörpert wird, miteinander.

Weiteres authentisches Material, das aus dem Briefwechsel mit Hans Magnus Enzensberger hervorgeht und in den *Jahrestagen* verwendet wurde, entstammt den beiden Briefen Johnsons vom 18. Dezember 1960 und vom 20. Januar 1961. Johnson berichtet hier von dem Vorhaben, eine Puppe für Enzensbergers Tochter Tanaquil zu besorgen, die folgende Kriterien erfüllen soll:

> nun haben wir lange gesucht nach einer Puppe aus der Russischen Föderativen Sozialistischen Sowjetrepublik, die (so sagt das Gerücht) tiefsinnig blicken soll aus buntem Gewand, in sich aber hat sie kleiner sich selbst, dies kleinere Selbst hinwiederum hat in sich fast schon die eigene Idee, die Idee aber … […].[651]

Nach anfänglichen Schwierigkeiten gelang es dem Ehepaar Johnson schließlich, solch eine Puppe für das damals dreijährige Mädchen zu erwerben. Johnson beschreibt in seinem Brief die Besonderheiten dieser Puppe:

> Tanaquils Puppe heisst russisch Akuljka von dem bäuerlichen Frauennamen Akulina, und früher soll in der allerkleinsten noch ein hölzernes Kügelchen gewesen sein, das sich nicht mehr öffnen liess (die Seele).[652]

Die Briefpassage ist in ähnlicher Form in den *Jahrestagen* literarisch verarbeitet worden. Bernd Neumann weist bereits in seiner Johnson-Biografie darauf hin, vor allem inwiefern die Puppe mit dem Protagonisten Pius, aber auch den Romanfiguren Jakob und Dietrich Erichson in Verbindung zu bringen sei. Neumann

650 Vgl. Heller, Eva: Wie Farben auf Gefühle und Verstand wirken. S. 93–101.
651 EJB. S. 20.
652 Ebd. S. 21.

stellt fest, dass es sich bei dem Phänomen mit der *Puppe in der Puppe*[653] um eine Parabel handelt, die als Sinnbild für die Einsamkeit des Menschen verstanden werden muss. In den *Jahrestagen* unter dem Tageseintrag vom 7. August 1968 beschreibt Johnson die Passage wie folgt:

> Gesine versandte wenig Anzeigen von der Geburt eines gesunden Mädchens im Juli 1957; Pius schenkte dem Kind eine Puppe in der Puppe in der Puppe, mit Gebrauchsanweisung: die allerinnerste, die zu öffnen unmöglich ist, nennen sie hierzulande die Seele.[654]

Wie faszinierend und inspirierend diese Puppe für Johnson war, zeigt sich nicht nur an seinem Bestreben, die Puppe für Tanaquil zu besorgen, sondern darin, dass er sie in seinem Werk verewigt. Während Neumann die Symbolik der Puppe nur auf die männlichen Romanfiguren und deren tragische Todesfälle überträgt, darf man aber an dieser Stelle Johnsons Hauptprotagonistin Gesine nicht vergessen. Gesine kreiert bereits in den *Mutmassungen über Jakob* und später in den *Jahrestagen* immer wieder ein neues Weltbild; sie versucht, eine Heimat zu finden und sich letztlich eine Identität zu schaffen, mit der sie leben kann.

Wie die *Puppe in der Puppe* wirken ihre Lebensmodelle und die Situationen, in denen sie sich befindet. Das Erzählen ihrer Lebensgeschichte erinnert an die Puppen, wobei diese ebenfalls stellvertretend als Zeitsäulen interpretiert werden könnten: Die äußerste Puppe repräsentiert die Zukunft, die nächste die Gegenwart und die darauffolgende die Vergangenheit, die im Fall Gesines wohl am nächsten der geschlossenen Kugel, also der Seele, liegt. Weiter kann die Puppensymbolik auch auf die familiäre Ebene übertragen werden: Gesine erzählt nicht nur ihre persönliche Geschichte, sondern auch die ihrer Eltern und Großeltern sowie aus dem Leben ihrer Tochter Marie. Jede Puppe verkörpert eine Generation, mit der eine zeitliche Bindung entweder an die Vergangenheit, Gegenwart und/oder Zukunft einhergeht. Alle Kriterien, ungeachtet des zeitlichen Rahmens oder den Entwicklungsstadien der menschlichen Polygenese entsprechend, tragen zu dem bei, was er ist. Der Mensch wird hier zu einem durchschaubaren Wesen, das man ähnlich wie eine Zwiebel Schicht für Schicht analysieren kann, allerdings nur bis zu einem bestimmten Kern, nämlich der Seele.

Die nächsten beiden Bezüge, die von dem Briefwechsel der beiden Literaten zu Johnsons *Jahrestagen* hergestellt werden können, sind von politischem Charakter. Von dem Zerwürfnis Johnsons mit der Familie Enzensberger wurde bereits ausführlich berichtet. Deshalb soll an dieser Stelle nur gezeigt werden, wie Johnson

653 Johnson, Uwe: Jahrestage. S. 1584.
654 Ebd. S. 1584.

das Pudding-Attentat in seinem Roman unter dem Tageseintrag vom 23. August 1967 darstellt:

> [Gesine] kaufte die früheste Ausgabe der New York Times und schlug sie auf unter der Acetylenlampe am Giebel des Kiosks und fand die Nachricht, die nun wahrer war als reißerische Überschrift, die sie den Nachmittagsblättern nicht hatte glauben mögen (das war, als Frau Enzensberger in Berlin den Stellvertreter des Präsidenten mit Bomben aus Puddingpulver erledigen wollte).[655]

In Anbetracht der finanziellen Schäden und der Sorgen, die Johnson wegen Dagrun und Ulrich Enzensberger erlitt, scheint diese Darstellung in den *Jahrestagen* milde ausgefallen zu sein, vor allem im Vergleich dazu, wie Johnson später im selben Werk mit Hans Magnus Enzensberger abrechnet.

Es handelt sich hierbei um den von Enzensberger verfassten *Offenen Brief*, in dem dieser erklärt, warum er Amerika verlässt.

Johnson konnte diesen öffentlichen Auftritt Enzensbergers nicht unkommentiert lassen und widmet ihm einen ganzen Tageseintrag, datiert auf denselben Tag, an dem der *Offene Brief* publiziert wurde, nämlich den 29. Februar 1968.

Beide Schriftstücke sind im Anhang aufgeführt (vgl. Kap. 8.5) und verdeutlichen, wie Johnson strategisch vorgeht, um Enzensberger bloßzustellen. Er zerlegt dessen Ausführungen Wort für Wort und spart dabei nicht an Sarkasmus. Auch seinen Briefpartnern berichtete er von Enzensbergers Aufenthalt in Cuba. Es soll nun nicht weiter auf diesen Aspekt eingegangen werden, da Enzensbergers Text, der auch in der Forschungsliteratur als weniger geglückt, bei Jörg Lau sogar als *peinlich*[656] bezeichnet wird, hier keiner genaueren Analyse bedarf. Enzensberger wollte die provokante Darstellung Johnsons in den *Jahrestagen* zunächst nicht dulden, weshalb ihr Verleger Siegfried Unseld zwischen die Fronten geriet. Letztlich konnte Unseld aber doch Enzensbergers Einverständnis einholen, sodass Johnson den Tageseintrag der *Jahrestage* publizieren konnte.[657]

3.3 Briefwechsel mit Günter und Anna Grass

3.3.1 Zahlen, Fakten, Daten

Im Jahr 1965 begegneten sich Günter Grass und Uwe Johnson erstmals auf der Frankfurter Buchmesse. Treffen bei Tagungen der *Gruppe 47* und diverse

655 Ebd. S. 14.
656 Lau, Jörg: Hans Magnus Enzensberger. S. 247.
657 Vgl. Neumann, Bernd: Uwe Johnson. S. 657.

gemeinsame Lesungen führten zu einem intensiven Kontakt. Der Briefwechsel beginnt mit dem von Grass verfassten Antwortbrief vom 17. Juni 1961, der belegt, dass die beiden bereits vertraut miteinander umgingen.[658] Johnson leitete die Briefkorrespondenz ein, jedoch ist sein vorangegangenes Schreiben an Grass nicht mehr erhalten. Bis auf dieses fehlende Dokument ist der Briefwechsel vollständig: Er umfasst 75 Briefe, ein Telegramm und sechs Postkarten (vgl. Abbildung 16).

Abb. 16 Verteilungsübersicht der Briefe im Briefwechsel von Günter/Anna Grass und Uwe Johnson.

Aufschlüsselung der Korrespondenz	
Insgesamt	75 Briefe 6 Postkarten 1 Telegramm 1 Widmung
Anteil von Uwe Johnson	23 Schriftstücke an Günter Grass 16 Schriftstücke an Anna Grass 6 Schriftstücke an Günter und Anna Grass 1 Schriftstück an Günter und Ute Grass
Anteil von Günter Grass	14 Schriftstücke an Uwe Johnson
Anteil von Anna Grass	17 Schriftstücke an Uwe Johnson
Anteil von Anna/Günter Grass	2 Schriftstücke an Uwe Johnson
Anteil von Anna Grass an Elisabeth/Uwe Johnson	2 Schriftstücke an das Ehepaar Johnson
Anteil von Günter Grass an Elisabeth/Uwe Johnson	2 Schriftstücke an das Ehepaar Johnson

Statistisch betrachtet ist der Briefwechsel von Uwe Johnson und Günter Grass nicht sonderlich umfangreich. Lediglich 39 Briefe zeugen von einer Freundschaft, die 25 Jahre andauerte. Die geringe Briefanzahl lässt sich nicht nur auf lange Schreibpausen zurückführen (vgl. Abbildung 17), sondern erklärt sich dadurch, dass Johnson und Grass private Gespräche bevorzugten. Sie verabredeten sich vor allem in Kneipen, um über schriftstellerische und literarisch handwerkliche Fragen zu diskutieren.[659]

658 Vgl. GJB. S. 9. Gemeint ist der Besuch von Manfred Bierwisch, Klaus Baumgärtner und Elisabeth Schmidt bei Günter Grass. Da Johnson bei diesem Treffen nicht anwesend war, berichtet Grass, habe man eine *Art Johnson-Gedenkstunde* abgehalten.

659 Vgl. Neumann, Bernd: Uwe Johnson. S. 392 f.

Abb. 17 Anzahl der verfassten Briefe pro Jahr im Briefwechsel zwischen Günter/Anna Grass und Uwe Johnson (1961 bis 1984).

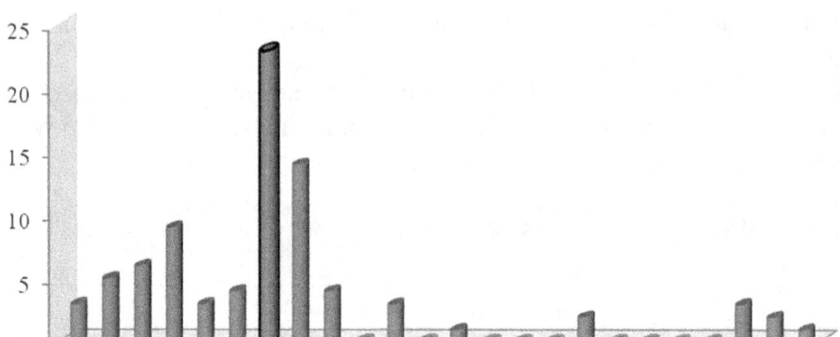

Dass Anna Grass einen besonderen Stellenwert für Johnson gehabt haben muss, wird an den immerhin 32 ausgetauschten Briefen deutlich (vgl. Abbildung 16). Zu dieser Entwicklung kam es, als das Ehepaar Günter und Anna Grass Mitte April 1964 nach Berlin, in die Nachbarschaft der Johnsons zog. Das Haus in der Niedstraße 13 kauften sie auf Anraten Johnsons im Sommer des Vorjahres. Noch im gleichen Jahr schreibt Anna Grass erstmals an Uwe Johnson. Ihre Brieffreundschaft beginnt mit einer Postkarte vom 18. Mai 1964. Dort gedenkt Anna Grass Johnsons als *de[m] lieben Nachbar[n],*[660] der gerade in der Zeitung präsent war.

Die entstandene Nähe zwischen den beiden wurde durch das nachbarschaftliche Zusammenleben, das zehn Jahre dauerte, begünstigt.[661] Aber es ist überwiegend Anna Grass zu verdanken, dass sich aus der ursprünglichen Männerkorrespondenz ein eng verwobener Austausch zwischen allen Beteiligten entwickelte (vgl. Abbildung 16). Neben den Briefen zwischen Günter beziehungsweise Anna Grass und Uwe Johnson gibt es Gemeinschaftsbriefe an das jeweils andere Ehepaar, wobei Günter Grass und Elisabeth Johnson keinen eigenen Briefaustausch pflegten.[662]

Den Höhepunkt der Korrespondenz bilden die Jahre 1966 bis 1968, als die Johnsons in New York lebten. Der Anlass jedoch für die 23 ausgetauschten Briefe des Jahres 1967 (vgl. Abbildung 17) ist nicht die räumliche Distanz der beiden Fa-

660 GJB. S. 38.

661 Vgl. ebd. S. 194–208.

662 Nach schriftlicher Auskunft von Dr. Günter Grass, am 19. Oktober 2010, sind beide heute noch befreundet und Elisabeth schreibe Grass gelegentlich kurze Mitteilungen.

milien, sondern die bereits beschriebene Besetzung der johnsonschen Wohnung durch die Kommune I (vgl. Kap. 3.2.3).

3.3.2 Nachbarschaftshilfe – Der Skandal um die Kommune I

Durch Beschwerdebriefe seiner Nachbarin wird Johnson auf die Kommune I aufmerksam. Als Johnson zudem aus der *New York Times* von dem geplanten Anschlag erfuhr, erteilte er Günter Grass eine Vollmacht, um die Angelegenheit von ihm so schnell wie möglich regeln zu lassen. Grass kam der Bitte Johnsons nach und ließ die Wohnung zwangsräumen. Aus einem Brief von Helen Wolff an Grass erfährt man, dass Johnson von dem *warme[n], kameradschaftliche[n] Verhalten*[663] gerührt gewesen sei und dass *die Substanz der Freundschaft [sich] bewährt*[664] habe.

Auch die Freundschaft zu Anna bewährte sich in dieser Zeit. Es war ihr zu verdanken, dass die Johnsons nach der Besetzung der Kommune I in eine in Ordnung gebrachte Wohnung zurückkehren konnten. Anna Grass ließ entstandene Schäden ausbessern, sorgte für die Reinigung und informierte die Johnsons per Brief über die aktuellen Vorkommnisse. Nach der Zwangsräumung kümmerte sie sich zudem um den Telefonanschluss und die Post der Johnsons. *Dafür will ich dir eines Tages ein großes Eis kaufen,*[665] schreibt Johnson am 25. Juni 1968 an Anna.

3.3.3 Briefkorrespondenz mit Anna Grass

Annas Hilfsbereitschaft war sicherlich förderlich für das freundschaftliche Verhältnis zwischen ihr und Johnson. Die Nähe zueinander entstand jedoch auch aufgrund gemeinsamer Interessen und Aktivitäten. Beide hatten eine große Leidenschaft für das Kino sowie für Landschaftsdarstellungen, und beide unterhielten sich gern miteinander über ihre Kinder und Ehepartner. Deshalb war Johnson stets über Günter Grass' Befindlichkeiten informiert, auch als diese keinen direkten schriftlichen Kontakt zueinander pflegten.

Johnson und Anna verband, neben den gemeinsamen Vorlieben, ein ähnlicher Humor, was an ihrem ‚running gag' bezüglich einer Kellnerin aus New York deutlich wird. Mit steigender Briefanzahl entwickelt sich diese Anekdote immer weiter und zieht sich wie ein roter Faden durch den gesamten Briefwechsel. Anna Grass'

663 Hermes, Daniela (Hg.): Günter Grass, Helen Wolff. Briefe 1959–1994. Göttingen 2003. S. 111.

664 Ebd. S. 111.

665 GJB. S. 133.

Äußerung, dass sie mit besagter Kellnerin etwas *angefangen hätte,*[666] wenn sie ein Mann gewesen wäre, stellt den Beginn dieser immer wiederkehrenden Geschichte dar. Johnson nutzte diese Begebenheit, um mit neuen Ausschmückungen und Details dieses Ereignis zu beleben.

Auch die Farbe Gelb, die bei Hans Magnus Enzensberger zahlreiche Briefseiten füllt (vgl. Kap. 3.2.4), wird in der Korrespondenz mit Anna angeführt, allerdings im Rahmen von spielerischen Elementen wie beispielsweise bei *gelben Grüße[n].*[667] Die Basis dieser Freundschaft bestand aus gegenseitigem Respekt und Achtung voreinander, was vor allem an Kleinigkeiten, wie beispielsweise dass Johnson Annas Ballettkünste rühmte oder sie mit ihm im Umkehrschluss über das Dichterleben philosophierte, deutlich wird.

Obwohl die beiden miteinander befreundet waren, scheiterte diese Verbindung mit der Trennung des Ehepaares Grass im Jahr 1972. Auch wenn Anna mit ihren Kindern und einem neuen Lebensgefährten weiterhin in der Niedstraße wohnte, nimmt Johnson keinen brieflichen Kontakt mehr zu ihr auf. Er hielt wohl an seinem alten Grundsatz fest, dass die Partnerin eines Freundes nur für die Dauer der bestehenden Verbindung ein *voll berechtigtes Mitglied*[668] des Freundeskreises sei.

3.3.4 Briefkorrespondenz mit Günter Grass

Günter Grass und Uwe Johnson gehörten demselben Freundeskreis an, bis sich Grass aufgrund divergierender politischer Ansichten von einigen Freunden, wie Hans Magnus Enzensberger oder Martin Walser, distanzierte. Auch Johnson und Grass hatten verschiedene politische Anschauungen, aber sie hielten trotz der Differenzen an ihrer Freundschaft fest.[669] Johnson bestätigt dies in einem Gespräch mit Adalbert Wiemers:

> Man ist nicht deshalb befreundet, weil man die gleiche politische Meinung vertritt. Über seine politische Betätigung habe ich oft mit Grass gesprochen, er ist da anderer Ansicht, aber das hat unserer Freundschaft keinen Abbruch getan.[670]

---

666 Ebd. S. 66.

667 Ebd. S. 68.

668 Johnson, Uwe: Fünfundzwanzig Jahre mit Jake, auch unter dem Namen Bierwisch bekannt. In: >>Wo ich her bin...<<. Uwe Johnson in der DDR. Hrsg. v. Roland Berbig und Erdmut Wizisla. Berlin 1993. S. 55.

669 Vgl. Grass, Günter: Distanz, heftige Nähe, Fremdwerden und Fremdbleiben. S. 113.

670 Wiemers, Adalbert: Keine Mutmaßungen über Johnson mehr. In: >>Ich überlege mir die Geschichte...<<. Uwe Johnson im Gespräch. Hrsg. v. Eberhard Fahlke. Frankfurt am Main 1988. S. 217.

Doch wie aus der Abbildung 17 ersichtlich wird, gibt es zwischen Johnson und Grass zahlreiche und langjährige Schreibpausen, die freundschaftliche Dispute vermuten lassen.

Im Jahr 1966 kommt es erstmals zu einer einjährigen Schreibpause, die mit Auseinandersetzungen der Vorjahre 1964/1965 in Verbindung gebracht werden kann. Der erste Vorfall zwischen den Literaten ereignete sich in Zusammenhang mit dem *Spandauer Volksblatt*. Johnson äußerte sich gegenüber dem *Spiegel*-Redakteur Martin Morlock kritisch über das *Spandauer Volksblatt* und die darin erschienenen drei Berichte zu Günter Grass' *An Bord der Bremen*. Morlock wurde gebeten, nichts zu publizieren, was dem *Spandauer Volksblatt* oder Günter Grass Schaden zufügen könnte, jedoch hält sich der Redakteur nicht an die Absprache, wie in seinem Artikel vom 20. Juni 1964 nachzulesen ist.[671] Offiziell bedauerte Johnson den Vorfall, aber bei genauer Sichtung der Briefe lässt sich erkennen, dass er diese Angelegenheit als Ausgleich für die von Grass ungewollte *Spiegel*-Veröffentlichung vom 4. September 1963 ansieht:[672]

> Einmal warst du recht besorgt mir zu erklären, wie ohne dein Dazuwollen eine Zeitung deine Meinung druckte über meinen Satzzeichenschwund; deshalb vielleicht wird dir recht sein von mir erklärt zu bekommen wie ohne mein Dazuwollen das selbe Nachrichtenmagazin meine Meinung druckte über das Spandauer Volksblatt […].[673]

Der zweite Konflikt bezieht sich auf Grass' Bundeswehrprojekt: Grass sponserte fünf Bibliotheken für die Bundeswehr, wobei Johnsons Aufgabe darin bestand, qualitativ wertvolle Bücherlisten für die Bibliotheken zusammenzustellen. Johnson kam der Bitte Grass' nach und sah mit dem Erarbeiten der Liste seinen Freundschaftsdienst als erbracht. Doch Grass wünschte zudem, dass Johnson vor den Zugehörigen der Bundeswehr eine Rede halten sollte, was er jedoch strikt ablehnte. Daraus resultierte eine missmutige Stimmung zwischen den beiden, und die Briefkorrespondenz wird eingestellt.

Erst aufgrund der Besetzung der johnsonschen Wohnung durch die Kommune I wird die Korrespondenz wieder aufgegriffen. Im darauf folgenden Jahr revanchierte sich Johnson bei Grass, als diesem bei einer Reise sein Hut gestohlen wurde und Johnson ihm einen neuen besorgte, was im Übrigen zu einem weiteren 'running gag' zwischen Anna und Johnson führte.

---

671 Vgl. GJB. S. 41, Anm. 2.

672 Vgl. Bestseller-Autor Grass. In: Der Spiegel, Nr. 36, 04. 09. 1963, S. 77. Grass soll laut dem *Spiegel* gesagt haben, dass er bei Johnsons Werk *Das dritte Buch über Achim* Kommata eingefügt habe, um den Text besser lesen zu können.

673 GJB. S. 39 f.

Zu einem erneuten Kontaktabbruch zwischen Johnson und Grass kam es 1969, wovon Grass der gemeinsamen Freundin Helen Wolff Folgendes berichtet:

> Mit Uwe und Elisabeth ist es nun leider doch, wenn nicht zu einem Zerwürfnis, dann doch zu einer längeren Gesprächspause gekommen. Sosehr ich mich an Uwes anspruchsvolles Moralisieren gewöhnt hatte und sosehr ich während Jahren bemüht gewesen bin, selbst seiner verbissensten Beckmesserei ein Körnchen Komik abzugewinnen, seinen letzten, nun sehr persönlich werdenden Aufrechnungsstücken bin ich nicht mehr (oder zur Zeit nicht mehr) gewachsen. Ich hoffe, daß das Verhältnis zwischen Anna und den Johnsons davon ungetrübt bleibt; [...] Dieses ist wohl der Preis, den ich für meine politische Arbeit zahlen muß [...].[674]

Auch wenn Grass in dem Brief äußert, dass er hoffe, die Beziehung von Anna zur Familie Johnson möge unbelastet bleiben, kann dennoch beobachtet werden, dass Anna ihre Briefkorrespondenz zu den Johnsons deutlich einschränkte. Grass war der Ansicht, dass sein politisches Engagement der wahre Auslöser für den Freundschaftsbruch war, allerdings teilte Johnson gegenüber Dritten Gegenteiliges mit. Natürlich war Johnson kein Freund der westdeutschen Politik[675] und auch kein Befürworter des SPD-Wahlkampfs, in dem sich Grass engagierte, aber er stand dessen politischen Aktivitäten nicht ablehnend gegenüber.

Es scheint unwahrscheinlich zu sein, dass Grass sich 1969 nur Johnsons politischem Moralisieren nicht mehr gewachsen fühlte. Im selben Jahr lernte Grass bei einer Wählerinitiative in Erlangen die Architektin und Malerin Veronika Schröter kennen, mit der er offiziell von 1973 bis 1976 zusammenlebte und die gemeinsame Tochter Helene aufzog.[676] Als Grass Schröter begegnete, hatte er bereits genug von Johnsons anspruchsvollem Moralisieren: Es ist nicht auszuschließen, dass Johnson, ein Verfechter der Treue, bereits im Vorfeld von der sich anbahnenden Beziehung zu Veronika Schröter wusste und dem Freund Vorhaltungen machte.

Die genauen Hintergründe für den Abbruch des Briefwechsels zwischen Johnson und Grass konnten bisher nicht ermittelt werden. Ersichtlich ist nur, dass von 1969 bis 1973 ein briefliches Schweigen vorherrscht, welches lediglich einmal 1971 unterbrochen wird. Johnson beschuldigte hierbei Grass, er habe ihn gegenüber den Verantwortlichen des Bayerischen Rundfunks als DDR-Autor bezeichnet. Mit einer derartigen Kategorisierung hatte Johnson generell Probleme,

---

674 Hermes, Daniela (Hg.): Günter Grass, Helen Wolff. S. 147.

675 Vgl. Grass, Günter: Distanz, heftige Nähe, Fremdwerden und Fremdbleiben. S. 111. Uwe Johnson äußert 1966 in einem Interview des *Vorwärts*, dass er mit keiner Partei übereinstimme, da diese für ihn keine akzeptablen Lösungen anbieten würden.

676 Vgl. Neuhaus, Volker: Schreiben gegen die verstreichende Zeit. Zu Leben und Werk von Günter Grass. München 1997. S. 123 f.

wie schon sein Verleger Siegfried Unseld erfahren sollte.[677] Grass jedoch ließ sich diese Anschuldigungen nicht gefallen, denn er hatte nach seinen Aussagen lediglich Johnsons Bücher empfohlen. Er fühlt sich von Johnson ungerecht behandelt und teilt ihm das in seinem Brief vom 29. Juni 1971 mit:

> Dein Mißtrauen ehrt weder Dich noch mich. Schon einmal haben Dich Aussprüche über Dich, die ich getan haben soll, aber nicht getan habe, zu einem raschen und folgenreichen Urteil verführt; unsere Freundschaft scheiterte an mangelndem Vertrauen. Dieser Verlust wird mich nicht hindern, weiterhin Dich in Deinen Büchern zu schätzen.[678]

Johnson antwortet, dass der Streit *nicht nur um ein Wort*[679] gehe. Es folgt wieder eine Schreibpause, die 1973 nur aufgrund einer *gemeinsamen Erklärung von 20 Vertretern der deutschen Linken zum Nahostkonflikt*[680] aufgehoben wird. Zwar zeigten sich beide nach wie vor gemeinsam bei Lesungen und waren gut sichtbare Gestalten des deutschen Literaturbetriebs, aber an einer Briefkorrespondenz hatten sie keinerlei Interesse mehr.

1977 versuchte Grass, sich Johnson wieder anzunähern, und schickte ihm ein mit Widmung versehenes Exemplar seines *Butt*. Die auf den 19. Juni 1977 datierte Widmung deutet an, warum keine Briefe mehr gewechselt werden:

> Für Uwe
> nach beinahe
> wieder üblichem
> Sonntagsfrühstück
> von Günter[681]

Diese Formulierung beinhaltet zweierlei Aspekte: Es wirkt zunächst selbsterklärend, dass hier die Basis für eine Briefkorrespondenz fehlt, wenn noch kein *üblicher* Umgang miteinander gefunden wurde, aber die Worte Grass' beinhalten auch, dass man bereit war, sich wieder anzunähern und zu den freundschaftlichen Wurzeln zurückzukehren.

Grass lud aufgrund dieses Vorhabens die Johnsons auch zu seinem 50. Geburtstag ein. Laut Bernd Neumann kamen sie der Einladung auch nach.[682] Trotz der positiven Entwicklungen wird der Briefkontakt nicht mehr aufgenommen, und von 1978 bis 1981 wird zwischen den Literaten kein Schriftstück mehr ausgetauscht.

---

677 Vgl. UJB. S. 411, Anm. 1.
678 GJB. S. 141.
679 Ebd. S. 142.
680 Ebd. S. 143, Anm. 1.
681 Ebd. S. 148.
682 Vgl. Neumann, Bernd: Uwe Johnson. S. 395.

Erst in den letzten beiden verbleibenden Lebensjahren Johnsons wird die Barriere des brieflichen Schweigens durchbrochen. 1982 gratulierte Johnson dem sieben Jahre älteren Freund zum Geburtstag und beglückwünschte Grass zum *Feltrinelli*-Preis. Doch wesentlich entscheidender für die Korrespondenz des Jahres 1982 ist Johnsons Brief vom 21. November 1982. Mit diesem Brief erbringt Johnson dem Ehepaar Günter und Ute Grass einen großen Vertrauensbeweis, indem er ein Kapitel seiner *Jahrestage* mit beilegt.[683] Johnson offenbarte nur ungern und äußerst selten Informationen über seine Werke, solange er noch an ihnen arbeitete. In der Hinsicht unterschied er sich deutlich von Grass, der in den ersten Jahren der Briefkorrespondenz schildert, wie er mit seinen Arbeiten vorankommt, welches Werk er gerade beendet oder begonnen hat. Sogar seine literarischen Unzulänglichkeiten verheimlicht Grass nicht und schreibt deshalb im Februar 1963:

> [...] versuchte ich etwas hierüber und darüber zu schreiben; aber nichts hielt stand, weil ich, mit einem Wort, leergeschrieben bin. Du wirst jetzt bei mir >>Stimmungen<<, womöglich >>Launen<< vermuten; tatsächlich finde ich mich wehleidig wie eine Diva, die just die Bayreuther Festspiele hinter sich hat. Nur mit Mühe kann ich mich zum täglichen Korrekturlesen aufraffen. Sechshundert Seiten widern mich an. Kurzum: der übliche Katzenjammer! Da ich aber hoffe, Du kennst diese Löcher, in die hineinzufallen, nicht Lust bereitet wirst Du den Stab nicht über mich brechen [...].[684]

Zu diesem Zeitpunkt kannte Johnson diese *Löcher* noch nicht; seine Schreibkrise ereilte ihn erst 1975. Wichtig an dieser Stelle ist, dass Johnson die von Grass eingeschlagene Richtung, nämlich offen über den Literaturbetrieb zu sprechen, anfänglich nicht teilte. Erst mit dem Jahr 1982 erfährt der Briefwechsel diesbezüglich eine Lockerung.

Als Grass einen Auszug aus den *Jahrestagen* in der nächsten Ausgabe des Hefts *L'80* publizieren möchte, ist Johnson von dieser Absicht nicht angetan, wie er in seinem Brief vom 26. Januar 1983 zum Ausdruck bringt:

> ich danke dir für deine liebenswürdige Bemerkung über das Kapitel aus >>Jahrestage<< Abt. 4 das in >>L'80<< vom Mai zu bringen ihr vorhabt, will an der Sache selber aber einschränken, dass ihr an der Unbefangenheit der Erinnerung etwas gebricht, was demnach das Gedächtnis aufwenden musste, in der etwas hagestölzernen Art, die diesem Organ leider eigen bleibt.[685]

---

683 Leider konnte nicht ermittelt werden, um welches Kapitel es sich handelt, da das Material im Archiv nicht zugänglich war.

684 GJB. S. 30.

685 Ebd. S. 153.

Ob oder welcher Auszug veröffentlicht wurde, ist nicht bekannt, da die Briefanlage nicht mehr erhalten ist. Der Briefwechsel zwischen Johnson und Grass endet mit einer Postkarte, die Johnson am 13. Januar 1984 an Grass schickt, um ihm zur polnischen Übersetzung der *Blechtrommel* zu gratulieren.

3.3.5 Verknüpfung zwischen Werk und Brief

Ein Element, welches sich thematisch betrachtet schon im Briefwechsel mit Hans Magnus Enzensberger entdecken lässt, kann auch in der Korrespondenz mit Anna Grass entdeckt werden. Ist bei Enzensberger 1960/1961 von der russischen Puppe Akuljka die Rede, so berichtet Johnson in seinem Brief vom 23. Januar 1968 Anna Grass von Katharinas Puppenhaus:

> Denn Katharina hatte ihren Geburtstag versäumen müssen, während sie bei meiner Schwester auf uns wartete. Es war ihr nämlich ein Puppenhaus versprochen worden, und sie glaubte an ein Versprechen wie an etwas Wirkliches, wie an den nächsten Tag. Also hat Elisabeth in den folgenden zehn Tagen Unmengen Holz zurechtgeschnitten, Fassaden durchlöchert, Türen eingesetzt, Treppen gedrechselt ... was ich getan habe? Ich habe es mir an den Abenden vorführen lassen und war mit unnützem Rat nicht geizig. Am elften Tag stand das Haus da, so hoch und zweimal so dick wie ein Boxerhund. Allein die Dachfläche entspricht einer aufgeschlagenen New York Times. Es hat fünf Zimmer, zwei davon unter dem Dach, und eine Küche. Das Mobiliar ist noch etwas spärlich, aber für drei Personen reicht es.[686]

Während Elisabeth Johnson ein Geschenk aus Holz für ihre Tochter Katharina bastelte, ist es in den *Jahrestagen* Marie, die ihrer Mutter Gesine ein Modellpuppenhaus anfertigt. Die Parallelen, aber auch die Unterschiede werden mit folgendem Zitat aus dem Tageseintrag vom 1. Januar 1968 der *Jahrestage* deutlich:

> Mehr als sechs Wochen hat sie ihr Zimmer zu einem Sperrgebiet gemacht, sich nur verraten mit Sägegeräuschen, mit Hämmern, Bohren, wovon sie viel hinter Plattenmusik versteckte. [...] Das Geschenk, unter einem Tuch zwischen den Flügeltüren zu Maries Zimmer aufgestellt, ist so groß wie ein Hund, größer als der Chow-Chow, der unter Dr. Berlings Schreibtisch wohnte. Aber ein weißes Tuch wird auf Totes gelegt, auf Abgetanes, auf was nicht wiederkommt.
> – Es ist unser Haus, Marie.
> – Es soll nicht dein Haus sein! Es ist nur, was ich verstanden habe! sagt sie.[687]

Zunächst einmal zeigen beide Auszüge Ähnlichkeiten: Das Haus ist so groß wie ein Hund, lediglich die Rassen unterscheiden sich; es ist aus Holz gefertigt, und

686 Ebd. S. 115 f.
687 Johnson, Uwe: Jahrestage. S. 480.

es handelt sich um ein Geschenk. Die Unterschiede, die sich bezüglich der beiden Darstellungen ergeben, sind die jeweiligen Verkehrungen ins Gegenteil: sowohl bei dem Schenkenden und dem Beschenkten als auch bei der Funktion des Hauses selbst.

Katharina wünschte sich das Puppenhaus von der Mutter und bekam es auch von ihr geschenkt. Katharina sollte mit Puppen und Möbeln das Haus lebendig werden lassen. Gesine erhält ihr Modellhaus hingegen von ihrer Tochter. Das mit weißen Tüchern verdeckte Haus wird zu etwas Totem erklärt, was der Funktion in diesem Fall gerecht wird, denn Marie bildet hier ein Konstrukt von Gesines Erinnerungen nach. Während das Haus bei Gesine die Vergangenheit repräsentiert und nicht mehr mit Leben behaftet ist, da es die Geschichte Verstorbener erzählt, so steht demgegenüber das Haus der Johnsons, deren Schicksal zu diesem Zeitpunkt noch ungewiss ist. Das Haus bei Katharina entspricht den tatsächlichen Räumlichkeiten der Johnsons und stellt somit ein Abbild der Realität dar, wohingegen das Haus Gesines deren Erinnerungen entstammt und somit von der Realität abweicht, weil sie manches, wie sie erst beim Anblick des Modells bemerkt, vergessen hat an Marie weiterzugeben.[688]

In Anbetracht der Ausführungen zu Johnsons Geschenk an Tanaquil Enzensberger schließt sich hier ein Themenkreis: die Puppe als Symbolträger der eigenen darzustellenden Wahrheit, mit einer Seele, deren Wesenskern nicht zu erfassen und nur der Puppe beziehungsweise dem Puppenspieler bekannt ist.

Aber auch in einem anderen Zusammenhang greift die Puppensymbolik, nämlich an der Stelle, als Johnson die Figur Rebecca Ferwalter in seinen *Jahrestagen* einführt:

> Sie hatte längst Rebecca hergerufen, damals fünf Jahre, ein sittsames Kind mit den Haaren der Mutter, einer Puppe ähnlich mit ihrem kleinen mißtrauischen Mund, ihren schwärzlichen Augenbrauen, dem großen steifen Kragen, dem gebügelten Jackenkleid, und wie eine Puppe eckig machte sie ihren Knicks vor Gesine.[689]

Die etwas unheimlich anmutende Rebecca wirkt unsicher, steif und ungelenk, da sie die Tochter einer schwer vom Zweiten Weltkrieg geprägten Jüdin ist. Als Gesine Mrs. Ferwalter auf dem Spielplatz kennenlernt, fällt ihr gleich die *Nummer, die innen in ihren linken Unterarm tätowiert war,*[690] auf. In einem Brief vom 5. Juli 1966 berichtet Johnson der Freundin Anna Grass von einem ähnlichen Vorfall: Seine Frau Elisabeth lernte auf dem Spielplatz zwei Flücht-

688 Vgl. ebd. S. 482.
689 Ebd. S. 42.
690 Ebd. S. 42.

lingsfamilien kennen. Die Mutter einer der neuen Bekanntschaften trug die *Nummer von Theresienstadt*[691] am Arm und wünschte sich, wie die fiktive Mrs. Ferwalter der *Jahrestage*, zurück nach Europa kehren zu können. Johnson arbeitete ab 1966 bis 1968 an dem ersten Teil seines Romans und schildert die grausamen Auswirkungen der NS-Zeit. Unter anderem lässt er auch darin Mrs. Ferwalter unter dem KZ-Syndrom leiden und schafft somit eine Parallele zu den realen Ereignissen, von denen er Anna berichtete. Johnson schreibt im Übrigen nur kurze Zeit später, am 19. August 1966, einen Brief an Raddatz, der vom gleichen Sachverhalt berichtet, lediglich mit dem Zusatz, dass er nun *endlich*[692] die neuen Bekanntschaften seiner Tochter und seiner Frau kennengelernt habe.[693]

Weiter finden sich kleinere Aspekte in dem Briefwechsel, die Johnson in seinen *Jahrestagen* ebenfalls thematisiert. Zum Beispiel erinnern Johnsons Schilderungen der anfänglichen Eingewöhnungsprobleme seiner Tochter Katharina an die von Marie. Im Folgenden werden allerdings nur die Passagen analysiert und aufgeführt, die auch einen Bezug zum Briefwechsel aufweisen. Beginnend mit dem Brief vom 23. Juni 1966 berichtet Johnson der Freundin Anna:

> Manchmal fragt uns Katharina noch warum wir >>hier<< sein müssen, aber ohne viel Hoffnung, da wir zufrieden sind. Auf dem Spielplatz richtet sie das Wort an keins von allen Kindern, aber gelegentlich sagt sie schon Singsang auf, den sie für >>Englisch sprechen<< ausgibt, und den Ausdruck Untergrundbahn lässt sie uns schon nicht mehr durchgehen: ISABETH DAS HEISST SUBWAY.[694]

In den *Jahrestagen* erinnern die Tageseinträge vom 9. September 1967 und 21. April 1968 an das Briefzitat. Erstgenannter Eintrag schildert die Problematik, dass Marie zunächst mit niemand sprechen möchte und dass ihre amerikanischen Lautversuche – bei Johnson heißt es *Singsang* – sogar dazu führen, dass sie auf dem Spielplatz von anderen Kindern gerempelt und gehänselt wird. Der zweite Tageseintrag spiegelt Maries frühkindliches Wortspiel mit dem Namen ihrer Mutter *Ine, Sine, G-sine*[695] wider, das an Katharinas Bezeichnung *ISABETH* erinnert. Darüber hinaus ist auffallend, dass Katharina die Mutter mit Vornamen anspricht, was für Johnsons Mutter-Tochter-Verhältnis in all seinen Romanen charakteristisch ist.

691 UJG. S. 74 f.
692 RJB. S. 11.
693 Vgl. ebd. S. 11.
694 GJB. S. 68.
695 Johnson, Uwe: Jahrestage. S. 909.

Der Brief vom 13. Dezember 1966 handelt unter anderem von folgenden persönlichen Erfahrungen Katharinas:

> Nun die Nachrichten. Katharinas Freunde im Kindergarten heissen Steven, Mark und Scott und Marissa und Ivan und Annie […][696]

In dem Tageseintrag der *Jahrestage* vom 25. August 1967 zählt Marie ihre Freunde in ähnlicher Weise auf und nennt einige Namen, die sich auch unter Katharinas Freunden finden lassen.[697] Bernd Neumann schildert in diesem Zusammenhang, wie Johnson und seine Tochter Katharina sich gegen die öffentlichen Ansichten wehrten, Marie sei das Abbild Katharinas. Sogar ans Gericht schrieb Johnson, um seine Tochter zu schützen. Auch wenn Katharina nicht Marie ist, so erläutert Neumann, trug Johnson aufgrund seiner brieflichen Darstellungen selbst zu diesem öffentlichen Bild Katharinas bei.[698]

Eine Besonderheit, die bisher nur im Briefwechsel mit Anna erscheint, ist, dass Johnson in seinem Brief vom 8. November 1967 von Katzen berichtet.[699] Die Vorliebe Johnsons für diese Tiere ist bekannt und auch, dass sie ein relevantes Leitmotiv in seinen Werken sind, deshalb ist es umso erstaunlicher, dass er sie in den Briefen kaum erwähnt.

Der letzte Bezug zwischen Brief und Werk findet sich in den *Jahrestagen* unter dem Tageseintrag vom 5. April 1968 mit exakten Ausführungen zu Martin Luther Kings Ermordung wieder. King wurde am 4. April desselben Jahres in Memphis im Lorraine Motel erschossen, aber Johnson erzählt von diesem Ereignis rückblickend In einem fiktiven Gespräch Gesines mit den Toten, erwarten diese bereits die Aufständen der schwarzen Bevölkerung in Harlem und das, was sich zwei Tage später im Tageseintrag vom 7. April 1968 bestätigen soll.[700] Johnson erwähnt den Mord an King und die daraus resultierenden Unruhen gegenüber Anna Grass in seinem Brief vom 6. Mai 1968. Darüber hinaus schildert er, wie skrupellos manche Menschen diese Zustände für private Zwecke missbrauchen.[701]

In der Briefkorrespondenz mit Günter Grass gibt es keine literarischen Vorläufer für Johnsons Romanarbeit, weil sich solche Gespräche, wie bereits ausgeführt, nur mündlich vollzogen haben sollen und nicht schriftlich fixiert wurden.

696 GJB. S. 76.
697 Vgl. Johnson, Uwe: Jahrestage. S. 23.
698 Vgl. Neumann, Bernd: Uwe Johnson. S. 575 f.
699 Vgl. GJB. S. 113.
700 Vgl. Johnson, Uwe: Jahrestage. S. 854–859.
701 Vgl. GJB. S. 125.

3.4 Briefwechsel mit Max Frisch

3.4.1 Zahlen, Fakten, Daten

Im Alter von 25 Jahren schloss Uwe Johnson Bekanntschaft mit Max Frisch. Anlass für ein erstes Gespräch bot sich am 10. Oktober 1959 im Rahmen eines von Siegfried Unseld organisierten Kritikerempfangs, der im Anschluss an die Frankfurter Buchmesse in Unselds privaten Räumlichkeiten stattfand. Johnson präsentierte sich bei dieser Veranstaltung erstmals der Öffentlichkeit mit einer Leseprobe aus seinen *Mutmassungen über Jakob*.[702]

Uwe Johnson traf zusammen mit seiner Frau Elisabeth am 8. März 1962 in Rom ein, um sein Stipendium der Villa Massimo anzutreten.[703] Einen Tag später, so ist es zumindest in Johnsons Kalendarium verzeichnet, verabredeten sich das Ehepaar Johnson mit Ingeborg Bachmann und Max Frisch[704] in der *via de Notaris*.[705] Bei Neumann ist über das Kennenlernen der Literaten Folgendes nachzulesen:

> Wobei die Freundschaft zwischen Max Frisch und Uwe Johnson, so will es die Anekdote, eigentlich von dem Moment an datiert, da der eben bekannt gewordene Junge den berühmten Älteren, leicht provokativ auch, gefragt hatte, >>was er denn anfange mit seinem Ruhm<<. Solch unbefangene Nachdenklichkeit imponierte Frisch. Er wird es sein, der in den folgenden ersten Jahren freundschaftlicher Verbundenheit den immer wieder stockenden Dialog aufnehmen wird, um auf diese Weise eine Beziehung zu etablieren, die zur überhaupt wichtigsten Freundschaft mit einem Schriftsteller-Kollegen im Leben des Uwe Johnson werden sollte.[706]

Johnson und Frisch sahen sich während der gemeinsamen Zeit in Rom regelmäßig und gingen dem gemeinsamen Boccia-Spiel nach.[707] Dennoch beginnt der Briefwechsel erst am 14. Oktober 1964 mit einem Brief von Max Frisch, in dem es heißt:

> Verehrter Uwe Johnson, die Begegnung mit Ihnen in Berlin, die Art, wie Sie sich verhalten haben, hat mich betroffen, beschäftigt, da ich sie nicht verstehe. [...] Sie waren öfter mein Gast in Rom, was ist zwischen uns vorgefallen? Der besoffene Abend in Frankfurt?, oder

702 Vgl. Neumann, Bernd: Uwe Johnson. S. 365.

703 Vgl. FJB. S. 408.

704 Vgl. Neumann, Bernd: Uwe Johnson. S. 457. Auch wenn es bei Bernd Neumann heißt, dass die Johnsons sich mit Max Frisch und Marianne Oellers, die 1968 Frischs zweite Ehefrau wurde, verabredet hätten, kann dies nicht den Tatsachen entsprechen, denn das Paar Frisch/Bachmann trennte sich erst 1962/1963.

705 Vgl. FJB. S. 408.

706 Neumann, Bernd: Uwe Johnson. S. 458.

707 Vgl. Gleichauf, Ingeborg: Jetzt nicht die Wut verlieren. Max Frisch – eine Biografie. München 2010. S. 132 f.

> etwas Unverzeihliches? Haben Sie mir etwas zu sagen? Dann sagen Sie es. Eine Begegnung, wie diese in Berlin, noch einmal hinzunehmen, verlange ich nicht von mir.[708]

Johnson reagierte hierauf nachgiebig, was sonst untypisch für ihn ist, wenn er sich zu Unrecht angegriffen fühlt. Seine erste schriftliche Reaktion ist, wie der ursprüngliche Briefentwurf belegt, eher abwehrend formuliert. Letztlich entscheidet er sich für eine entschärfte Variante des ersten Briefentwurfs, in der er sich für die Begegnung in Berlin und seine Unfähigkeit, *small talk*[709] zu führen, entschuldigt. Weiter beteuert er, eigens wegen Frisch zum Empfang gekommen zu sein und auf eine bessere Gesprächsgelegenheit zu hoffen. Nach diesem ungünstigen Start für einen Briefwechsel – weshalb Frisch seinen ersten Brief der Korrespondenz zurückfordert[710] – folgt bis 1969 eine lange Schreibpause, die nur am 19. August 1966 von Johnson unterbrochen wird (vgl. Abbildung 18).

Abb. 18 Anzahl der verfassten Briefe pro Jahr im Briefwechsel zwischen Max Frisch und Uwe Johnson (1964 bis 1983).

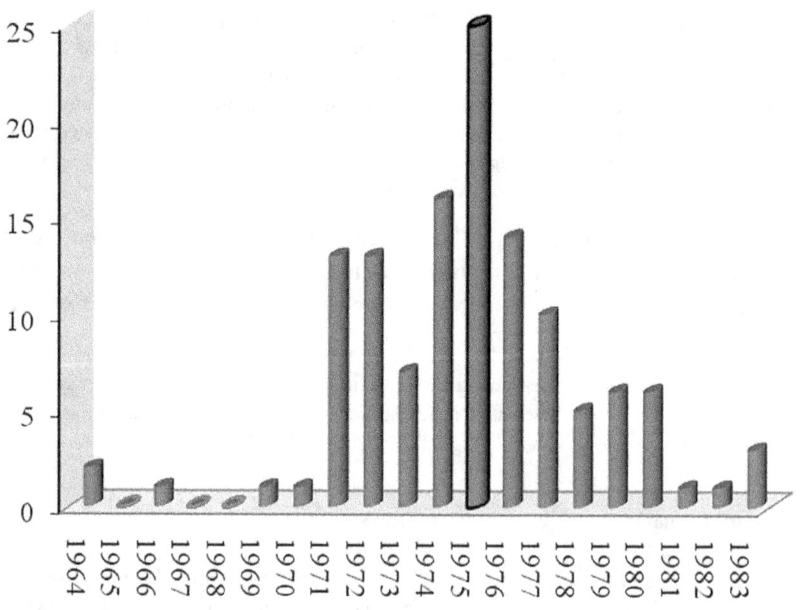

708 FJB. S. 11.

709 Ebd. S. 12.

710 Vgl. ebd. S. 18 und Anm. 14, S. 415. Johnson kommt der Bitte nur bedingt nach. Er schickt Frisch lediglich eine Fotokopie des eingeforderten Briefes zu.

Johnson bedankte sich für Frischs großzügige finanzielle Unterstützung des Projekts *Conto Mexico.*[711] Frisch überwies den Johnsons vor Reisebeginn 5000 DM,[712] was beweist, dass die beiden Literaten einen guten freundschaftlichen Kontakt jenseits der schriftlichen Kommunikation pflegten.

Erst im Jahr 1969 wird die Korrespondenz wieder fortgeführt, und es ist abermals Johnson, der den schriftlichen Kontakt aufnimmt und zur Hochzeit von Max Frisch und Marianne Oellers gratuliert. Von diesem Zeitpunkt an wird der Briefwechsel bis zum 12. Oktober 1983 kontinuierlich aufrechterhalten (vgl. Abbildung 18), wobei Johnson der aktivere Schreibpartner ist (vgl. Abbildung 19).

Abb. 19 Verteilungsübersicht der Briefe im Briefwechsel von Max Frisch und Uwe Johnson.

Aufschlüsselung der Korrespondenz	
Insgesamt	106 Briefe 10 Postkarten 9 Telegramme
Anteil von Uwe Johnson	71 Schriftstücke an Max Frisch 2 nicht versandte Schriftstücke an Max Frisch * 2 Schriftstücke an Marianne Frisch*
Anteil von Max Frisch	48 Schriftstücke an Uwe Johnson 6 Schriftstücke an das Ehepaar Johnson
Anteil von Marianne Frisch	1 Schriftstück an Uwe Johnson*

* Die Anzahl der gekennzeichneten Schriftstücke wurde nicht in die Statistik mitaufgenommen.

3.4.2 Von Werksdebatten und Ehebruchsdiskussionen

Der Briefwechsel setzt sich im Jahr 1970 nur zögerlich fort. Frisch rühmte, ähnlich wie Arendt, Johnsons *Jahrestage* als *Meisterschaft*[713] und schuf somit einen Grundstock für die nachfolgenden Briefe.

Frischs Einverständnis, Johnson dürfe sein Manuskript *Tagebuch II* lesen und solle dabei auch Strenge walten lassen, stellte für Johnson, wie er es einmal Hannah Arendt offenbarte, seinen Traumberuf dar: nämlich die Arbeit als Lektor.[714] Johnson nimmt die ihm gebotene Möglichkeit wahr, Frischs Werk *im Ton*

711 Ebd. S. 13, Anm. 6.
712 Vgl. Neumann, Bernd: Uwe Johnson. S. 625.
713 FJB. S. 16.
714 Vgl. AJB. S. 106 f. und Anm. 5.

des Lektors, zu dem Sie mich gemacht haben,[715] zu korrigieren, wie es im Brief vom 9. Januar 1971 heißt. Doch es ist nicht einfach für Johnson, Frischs literarisches Schaffen zu kritisieren. Er möchte in Bezug auf seine Vorschläge und Anmerkungen nicht missverstanden werden, da er nach eigenen Aussagen ohnehin bereits *im Rufe der Arroganz*[716] stehe:

> Während des Lesens habe ich nachgedacht über etwas, was ich nicht kenne: Ihre Empfindlichkeit. [...] Ausser dem habe ich immer noch eine fast reflexhafte Achtung vor Älteren [...]. Meine Missverständnisse sind nicht aus meiner Absicht, sondern aus meiner Unfähigkeit zu erklären.[717]

Nichtsdestotrotz verfasst er 18 Seiten mit Anmerkungen zu dem *Tagebuch II*, die von Frisch dankbar aufgenommen werden und Johnson den Titel des besten Lektors, den Frisch je gehabt habe, einbringen.[718] Für Frisch begann eine fruchtbare Zusammenarbeit mit dem 23 Jahre jüngeren Schriftstellerkollegen, und auch Johnson fühlte sich aufgrund des produktiven Austausches dazu verleitet, von seinen *Jahrestagen* zu sprechen.

Neben den geführten Werksdebatten sorgte auch das gemeinsame Solidarisieren gegen den *grossmächtige[n] Verleger, der das Arbeiten gepachtet hat und deswegen immer die anderen fragen muss, ob sie es denn auch täten,*[719] für eine intensivere Freundschaft. Unseld wird zu *unser Verleger*[720] deklariert, und das gemeinsame Scherzen über ihn wird später mit den eigens erfundenen Adjektiven *seldisch*[721] beziehungsweise *unseldisch*[722] betrieben. Nicht nur die Kritik an ihrem Verleger führte zu einem Zusammengehörigkeitsgefühl, sondern auch gemeinsame, den Literaturbetrieb betreffende Geheimprojekte. Damit sind die Briefinhalte des Jahres 1972 gemeint, in denen Frisch und Johnson planten, Günter Eich und Peter Huchel finanziell zu unterstützen, wobei Johnson als Mittelsmann fungierte, um den beiden Schriftstellern anonyme Finanzspritzen zukommen zu lassen. Der unbekannte Sponsor war Max Frisch selbst, der jedoch nicht namentlich genannt werden wollte.

Nach diesen geglückten Unternehmungen kam es 1973 zu dem Projekt *WALKÜRE:*[723] Johnson und Frisch planten zusammen mit Burgel Zeeh für den

---

715 FJB. S. 17.
716 Ebd. S. 17.
717 Ebd. S. 17 f.
718 Vgl. ebd. S. 20.
719 Ebd. S. 25.
720 Ebd. S. 38.
721 Ebd. S. 92.
722 Ebd. S. 93.
723 Ebd. S. 72.

50. Geburtstag des Verlegers eine große Überraschung. Der unerfreuliche Ausgang dieses Unternehmens ist bereits bekannt (vgl. Kap. 3.1.3). Geschürt wurde das schwierig gewordene Verhältnis zwischen Unseld und Max Frisch, als es zum Streit wegen des Suhrkamp Verlags Zürich kam.[724] Johnson vermied es, Partei ergreifen zu müssen. Jedoch wirkt sein Brief vom 5. Dezember 1974 ein wenig ironisch formuliert, als er Frisch mitteilt, dass er aufgrund des Vorfalls im Züricher Verlagshaus und dem Zeitungsartikel, den Frisch in *Die Weltwoche*[725] veröffentlichte, einen ganzen Sonnabend mit Unseld diesbezüglich habe reden müssen.

Da Unseld und Frisch keinen direkten Kontakt zueinander pflegten, teilt Johnson Max Frisch etwa einen Monat später, am 10. Januar 1975, mit, dass sich der Verleger nach dessen Werk *Montauk* erkundigt habe. Des Weiteren soll Unseld bezweifelt haben, dass der Roman überhaupt publiziert werde, da er fest davon überzeugt war, dass Marianne Frisch dies zu verhindern wüsste. Unseld behielt mit seiner Annahme nur bedingt Recht. Marianne Frisch beteuerte gegenüber Johnson, dass sie nicht den Druck des Werkes explizit verhindern wolle, aber nicht begeistert von dem Vorhaben ihres Mannes sei, namentlich des Ehebruchs denunziert zu werden. Johnson versucht, Marianne zu einer anderen Ansicht zu bewegen, woraus eine Kurzkorrespondenz mit drei verfassten Schriftstücken resultiert. Ihre divergierenden Ansichten bezüglich des Umgangs mit Fiktion und Autobiografie haben Johnsons Literaturverständnis stark geprägt; das Ausmaß seiner Auffassung hierzu wurde später in seiner *Skizze eines Verunglückten* ersichtlich.

Das Jahr 1975 bildet den Höhepunkt der Korrespondenz (vgl. Abbildung 18). Es werden 25 Briefe ausgetauscht, mit Schwerpunkt auf Frischs *Montauk*, aber auch die *Stichworte* boten Anlass zum Schreiben, vor allem weil Unselds unpräzise Ausdrucksweise in der entstandenen Dreieckskorrespondenz zu Missverständnissen führte (vgl. Kap. 3.1.3). Da Johnson kurz zuvor einen Herzinfarkt erlitt und Frisch mit Depressionen zu kämpfen hatte, waren die beiden an einer genauen Klärung der Situation im Detail nicht mehr interessiert. Frisch bedankte sich für

---

724 Vgl. ebd. S. 93–97. Frisch schildert den Streit mit Unseld folgendermaßen: Unselds unkorrektes Verhalten soll dafür gesorgt haben, dass die Mitarbeiter des Züricher Suhrkamp Verlages, Hans-Ulbrich Zbinden und Dieter Bachmann, ihr Arbeitsverhältnis freiwillig kündigten. Hintergrund war, dass Unseld sich weigerte, Texte für die Züricher Produktion freizugeben, die inhaltliche Kritik gegenüber der Schweiz laut werden ließen. Solch einer Zensur wollten sich die Mitarbeiter nicht beugen, was Frisch verstand und weshalb er bis zu diesem Kündigungsdisaster versuchte, Unseld umzustimmen, jedoch ohne Erfolg.

725 Vgl. ebd. S. 97 und Anm. 143.

das Vorwort und die grandiose Arbeit Johnsons und seiner Frau, die maßgeblich an der literarischen Produktion der *Stichworte* beteiligt war.

Der Briefwechsel mit Frisch bietet tiefe Einblicke in das literarische Verständnis und Arbeiten der Autoren sowie in deren familiäres Leben und ihre psychischen und physischen Verfassungen. Probleme werden hier angesprochen, und es herrscht auch vonseiten Johnsons Interesse an einer offenen Gesprächsführung. Aufgrund der Vertrauensbasis zueinander schrieb Johnson auch über Hannah Arendts plötzlichen Tod. Arendt starb am 4. Dezember 1975 an einem Herzinfarkt, worüber Johnson Frisch nicht einfach nur informierte, sondern ihm seinen verfassten Nachruf mitschickte, was von seiner Seite aus betrachtet ein großes freundschaftliches Zugeständnis bedeutete. Frisch reagierte nicht auf Johnsons Nachricht, obwohl er ebenfalls von Arendts Persönlichkeit und deren politischen sowie gesellschaftlichen Ansichten fasziniert war. Marianne Frisch befürchtete zu Lebzeiten der Philosophin, Frisch könne sich von ihr *allzu sehr verzaubern lassen.*[726]

Frischs Antwortschreiben vom 16. März 1976 beschäftigt sich mit dem Prozess des Alterns. Immer wieder greift Frisch dieses Thema auf, berichtet von seiner dadurch bedingten Kraftlosigkeit und von seinen Gedächtnislücken. Verstärkt wird Frischs zunehmende Verstimmtheit durch seinen Alkoholkonsum und seine Depressionen, wovon er Johnson erneut in Kenntnis setzt.[727] Johnson reagierte hierauf schriftlich nicht, jedoch vernahm er den Hilferuf Frischs und lockt diesen mit einem eigenen *Max Frisch Zimmer.*[728] Der letzte Brief aus dem Jahr 1976 endet mit Johnsons Anliegen, sich mit Frisch über den von Helen Wolff geäußerten Wunsch, Johnson solle die Biografie der verstorbenen Hannah Arendt[729] verfassen, zu beratschlagen.

Die folgenden Briefe des Jahres 1977 schweigen sich aber über das beabsichtigte Vorhaben aus, dafür beginnt ein sehr intensiver Austausch über den Tod, ausgelöst durch Max Frischs Arbeit an *Ostern am Styx.* Johnson gewinnt über all die Zeit Vertrauen zu Frisch und schlägt im Brief vom 25. Mai 1977 eine Brücke von der Thematik der *Styx* zu seinen eigenen Depressionen. Er berichtet sogar von seinen diesbezüglich geführten *psychoanalytischen Gesprächen.*[730] Es folgen

---

726 Gleichauf, Ingeborg: Jetzt nicht die Wut verlieren. S. 194.

727 Vgl. FJB. S. 157 f., 163 f., 169.

728 Ebd. S. 166 f.

729 Vgl. ebd. S. 182, Anm. 258. Johnson schrieb die Biografie nicht.

730 Ebd. S. 189. Man denke an Johnsons Abneigung gegenüber der Psychoanalyse (vgl. dazu Bormuth, Mathias: Ambivalenz und Selbstbildung. Uwe Johnson kritisiert die Psychoanalyse. In: Johnson-Jahrbuch. Bd. 13. Hrsg. v. Michael Hofmann. Göttingen

immer privater werdende Briefe, die sich mit Johnsons Ehekrise und dem daraus resultierenden Leid beschäftigen. Was in den Jahren 1977/78 noch Kummer bereitete, sollte 1979 angeblich ausgestanden sein. Johnson ist seiner Ansicht nach etwas Großartiges geglückt, wie er am 13. Juli 1979 mitteilt:

> Denn es ist mir endlich, nach fast vier Jahren, gelungen, was ich für unmöglich hielt: mich an den eigenen Haaren emporzuziehen aus dem schwarzen Loch, in das ich hineinfiel im Sommer 1975. Zwar ist mir noch immer die Vorstellung unerträglich, das zu Papier zu bringen und womöglich auf eine Postreise zu bringen; aber reden kann ich nun wieder.[731]

Über diese Nachricht freute sich Frisch, zumal er schon lange bemerkte, dass es Johnson nicht gut ging. Frisch selbst ist aber noch in seinem eigenen *schwarze[n] Loch*[732] gefangen und arbeitsunfähig. Womöglich durch Frischs offenes Bekenntnis bestärkt, räumt Johnson in seinem Antwortbrief vom 3. Oktober 1979 Folgendes ein:

> Zurückgefallen in jenes Loch, fehlt mir schlicht von neuem der Mut, der zu jedem Schreiben gehört, und nun erst zu einem Brief. Das ist für Niemanden von einem Interesse, und ich erwähne es nur als den sachlichen Grund für mein Schweigen, damit Sie nicht vermuten, ich hätte einen anderen dafür.[733]

Johnson möchte Max Frisch zunächst nicht hinter seine errichteten Mauern blicken lassen, sondern ihm einen oberflächlichen Brief mit humoristischen Zügen[734] schicken, doch erinnerte er sich an die Mahnung Frischs, seine Probleme nicht immer unter einem Deckmantel verstecken zu wollen, und ändert den Entwurf zu einem authentischen Brief ab. Diesem Ansatz bleibt Johnson von da an treu

---

2006. S. 69–101). Es scheint, dass Johnson selbst keine positiven Erfahrungen in dieser Hinsicht gemacht hat, was auch durch Äußerungen angedeutet wird, wie solche Gespräche ihn tagelang von anderen Dingen abgehalten, sogar *„behindert"* hätten. Ergänzend kann hierzu nur erwähnt werden, dass sich Johnson bereits, als er in England lebte, mit der Psychologin Dr. Elizabeth F. Lobl verständigte. Lobl war zufälligerweise eine Freundin oder Bekannte von Anna Freud, wie der Briefwechsel der beiden Damen bestätigt. Lobl ist, so ergaben es zumindest die Recherchen, in den 1990er-Jahren verstorben. Aktuell wird nach Hinterbliebenen gesucht, wozu eigens eine Anzeige in einer englischen Zeitung aufgegeben wurde.

731 Ebd. S. 213.

732 Ebd. S. 214.

733 Ebd. S. 217.

734 Vgl. ebd. S. 214 ff. Frisch fragt Johnson in seinem Brief vom 9. August 1979 Folgendes: *Wie verhindern wir F. J. Strauss?* Daraufhin verfasst Johnson einen relativ langen Antwortbrief, in dem er diese Frage humorvoll beantwortet.

und schreibt Max Frisch 1980 von seinen Verletzungen, die er wegen Raddatz' und Grass' Verhalten weiterhin erleiden müsse, da diese nicht aufhörten, über seine gescheiterte Ehe zu richten.

Man überlegte sich in demselben Jahr auch, was mit der Briefkorrespondenz künftig geschehen sollte, und Frisch vermachte Johnson als Vertrauensbeweis eine Fotokopie seines *Berliner Journals*. Von da an nimmt die Korrespondenz jedoch schlagartig ab (vgl. Abbildung 18). Nur noch fünf Briefe werden in den Jahren 1981 bis 1983 ausgetauscht: Johnson bedankte sich 1981 bei Frisch mit seiner Festschrift *Skizze eines Verunglückten*, berichtete von seinem Jugendfreund Manfred Bierwisch und beabsichtigte 1983, Frischs Loft in New York zu mieten. Diesem Wunsch wäre Frisch nachgekommen, aber Johnson konnte diese Möglichkeit aufgrund seines plötzlichen Todes nicht mehr wahrnehmen. Der Briefwechsel zwischen Johnson und Frisch endet somit am 12. Oktober 1983.

3.4.3 Verknüpfung zwischen Werk und Brief

Auch wenn Johnson und Frisch zahlreiche Diskussionen über den Tod, die Vergangenheit und die Krux des Vergessens führten, so inspirierte Frisch den jüngeren Schriftstellerkollegen in Hinsicht auf dessen vierteiliges Schaffenswerk wenig. Frisch fungierte mehr als geneigter Leser der *Jahrestage*. Schon am 21. Dezember 1970 ist sich Frisch dem literarisch einmaligen Wert der *Jahrestage* bewusst und berichtet von seinem Leseerlebnis:

> Ich bin natürlich gehemmt, jetzt über Ihre JAHRESTAGE zu sprechen – gerade weil das Buch (es fehlen mir noch 90 Seiten) einen grossen Eindruck macht, es liegt wie ein erratischer Block in unsrer gegenwärtigen Literatur. Es ergab sich eine Lesepause von vier Wochen (nach vier Tagen der Lektüre), ich denke viel dran. Wie an eine Erfahrung von Welt; was ich bei der Literatur nur noch selten habe. Meisterschaft ist ja ein altertümlicher Begriff, ich verwende ihn trotzdem auf Ihr Buch – Meisterschaft im Gegensatz zur literarischen Könnerschaft, die nur sich selbst hervorbringt.[735]

Frisch ist von Johnson so beeindruckt, dass er ihm ein Ticket nach New York anbietet, was Johnson in seinem Brief vom 20. Januar 1971 zunächst mit folgender Begründung ausschlägt:

> Ich weiss wohl, eine solche Ausgabe trifft nicht einen Armen, aber ich weiss auch, dass ich genügend dummes Heimweh nach New York hätte, um so etwas anzunehmen. Es wäre für mein Buch nicht gut, wenn zu meinem Bewusstsein der Stadt von 1967/68 Ein-

735 Ebd. S. 16.

> drücke hinzukämen, die neuerer, also insofern falscher Herkunft wären, zum Beispiel die heutige Bedeutung und der emotionale Gehalt eines Wortes wie Negro, etc.[736]

Davon abgesehen, dass Johnson das Angebot in seinem nächsten Brief doch annimmt, ist dieser Auszug aus zwei Gründen relevant: Es lässt sich erkennen, wie wichtig die Unterstützung der Freunde für Johnsons Schaffen war, denn ohne die finanzielle Hilfe von Frisch, aber auch von Grass, wären die *Jahrestage* in dieser Form nicht entstanden. Zudem zeigt sich, mit welcher Haltung Johnson an seine Arbeit heranging und wie fundamental wichtig es für ihn war, seine Werke mit Details und zeitgenössischen Fakten zu untermauern.

Frisch wusste von Johnsons Vorliebe für Fakten, und so überrascht es nicht, dass er die *New York Times* in ihrer von Johnson festgelegten Rolle betrachtet und auch Gesine für ihn zu einer Art realen Person wird, wie schon Mitte 1971 deutlich wird:

> Gestern waren wir wieder einmal im Gesine-Viertel, neulich auch dort draussen, wo sie von Villen-Viertel spricht; auch die TIMES widerlegt Sie mit keiner Zeile.[737]

Das Besondere an dieser Äußerung ist, dass Frisch sogar Aussagen beziehungsweise Begrifflichkeiten der Figur Gesine verwendet und diesen Realitätscharakter verleiht. Ein Beispiel hierzu liefert der erste Band der *Jahrestage*, als Gesine mit ihrer Tochter Marie in den Villenvierteln von Queens unterwegs ist.[738] Das Gesine-Viertel ist vor allem durch Spaziergänge mit Hannah Arendt literarisch lebendig geworden, wie in Johnsons Nachruf versteckt angedeutet wird.[739]

Frisch gefiel die Lebhaftigkeit der johnsonschen Werke, und er zeigte sein Interesse dadurch, dass er sich stets nach Johnsons literarischem Vorankommen und nach Gesine erkundigte.

Johnson gibt Frisch bereitwillig Auskunft, und man erfährt in diesem Zusammenhang viel über seine Arbeitsweise und die Probleme bei der Konstruktion der *Jahrestage*, wie der Brief vom 13. Mai 1971 belegt:

> Was meinen zweiten Band angeht, so wächst er langsamer, als ich wünschte. Er wird wohl doch erst zum Juli fertig werden. Das liegt unter anderem an der Frechheit, über das Jahr 1937 zu schreiben, als sei man damals nicht drei Jahre alt gewesen, sondern habe es mit den Augen eines Zwanzigjährigen beobachtet.[740]

---

736 Ebd. S. 19.

737 Ebd. S. 27.

738 Vgl. Johnson, Uwe: Jahrestage. S. 19 f.

739 FJB. S. 153–155. Der Nachruf auf Hannah Arendt befindet sich auch in der Korrespondenz mit Max Frisch.

740 Ebd. S. 29.

Trotz des Verständnisses für derartige Unzulänglichkeiten wünscht sich ein eifriger Leser möglichst zeitnah die Fortsetzung eines Werkes lesen zu dürfen, und so fordert Frisch mit folgendem Wortlaut: *JAHRESTAGE II habe ich noch nicht*[741] indirekt ein Exemplar des neuen Bandes ein. Weiter bittet Frisch in seinem Brief vom 16. März 1972 Johnson um etwa zehn Seiten seiner *Jahrestage* für die Anthologie der *Partisan-Review.* Johnson kommt der Bitte nach und liefert ihm einen Auszug aus *An Absence*, ein Teilstück aus *Karsch, und andere Prosa.* Bei Nichtgefallen dürfe Frisch auch etwas aus dem ersten Teil der *Jahrestage* zu Publikationszwecken auswählen, teilt Johnson in seinem Antwortschreiben mit.[742]

Eine mögliche Verknüpfung zu den *Jahrestagen* liefert Johnsons Brief, datiert auf den 6. April 1973. Dort zitiert er einen Zeitungsausschnitt aus *DIE ZEIT*, der von sowjetischen Bankiers und ihren internationalen Bankgeschäften handelt.[743] Konkret geht es darum, dass die Bankiers ihre US-Dollar nicht mehr in Amerika, sondern in Europa in Umlauf bringen und *den westpolitischen Notenbanken so starke währungspolitische Kopfschmerzen bereit[en].*[744] Vorab erklärt Johnson jedoch, warum er Frisch das mitteilt:

> Nun soll ich noch, mit Elisabeths schönsten Grüssen, einen Beweis dafür aufkleben, dass noch ein Sowjetbankier mit den ehrlichsten Absichten mit hinterhältiger westlicher Pressehetze beworfen werden kann, wie geschehen im Wirtschaftsteil der >>Zeit<< von dieser Woche.[745]

Zwar soll Elisabeth ihren Mann zu dieser Nachricht bewogen haben, aber Johnson beschäftigte sich selbst zu diesem Zeitpunkt mit der Thematik. Was Johnsons Interesse geweckt haben mag, erschließt sich im vierten Band unter dem Tageseintrag vom 1. Juli 1968, als von Gesines Bankchef de Rosney die Rede ist:

> Sie sieht ihn, sie würde ihn nun erkennen noch in Verkleidung; sie kann in den Anblick nicht einziehen, was sie weiß. Es ist ein Wissen daneben: er ist einer von denen, vor denen sind wir gewarnt worden auf der Schule. Er ist das feindselige Geld. Es hat ihn aufgezogen, er dient ihm; er meint nicht die Verbesserung des Sozialismus, wenn er Č.S.S.R. einen Kredit beschaffen will. Von Politik versteht er, was dem Gelde schädlich ist. Er hält es für nützlich, den Tschechoslowaken und Sozialisten jemanden zu schik-

741 Ebd. S. 34.

742 Vgl. ebd. S. 36 f.

743 Vgl. Ein Schreibtisch in Moskau. Wie zwei deutsche Banken ihren Kunden das Ostgeschäft erleichtern. Von Kurt Wendt. In: Die Zeit-Online, Nr. 15, 06.04.1973, S. 1–4.

744 FJB. S. 58. Hier wurde aus dem Brief und nicht aus dem Originalartikel zitiert, um zu verdeutlichen, was Johnson zeigen beziehungsweise ausdrücken wollte.

745 Ebd. S. 58.

> ken, der hat einmal in ihrer Nähe gelebt. Das soll sie sein, sie braucht es nicht zu sein. Warum reicht es nicht zu Ekel?[746]

In den *Jahrestagen* wird beschrieben, wie Gesines Bank mit einem Dollarkredit die Regierung Prags von den Russen unabhängig machen möchte. Gesines Aufgabe ist es, dieses Kreditprojekt auszuführen. Anfangs wehrt sie sich dagegen, als Instrument de Rosneys zu fungieren, aber aus den von ihr empfundenen Abhängigkeiten lässt sie sich letztendlich auf den Auftrag ein, der allerdings aufgrund des Prager Frühlings hinfällig wird. Warnungen von ihrem Verlobten Dietrich Erichson, der als Raketenfachmann bei der NATO tätig ist, schlägt sie aus.[747] Eine mögliche Parallele zum Briefwechsel besteht nun darin, dass Johnson das, was er in dem Brief an Frisch zitiert, möglicherweise für die Konstruktion seiner Bankangestellten Gesine und den damit verbundenen Themenkomplexen verwendet, jedoch mit dem Unterschied, dass Johnson mit seiner Darstellung mit den westlichen Mächten abrechnet. Natürlich steht Amerika für diese westlichen Mächte, aber da Amerika als neue Heimat dient, als eine sichere Plattform, von der aus Gesine ihr Leben reflektieren kann, handelt es sich stellvertretend um eine amerikanische Bank. Außerdem stellt die Wahl des amerikanischen Bankinstituts eine Verkehrung der tatsächlichen Zeitgeschehnisse dar, denn es waren die Amerikaner, die mit ihren Dollars den mit Kronen zahlenden Tschechen den Markt überschwemmten.

In den Briefen – zwei Jahre später – sind erneut Passagen ausfindig zu machen, die eine Verknüpfung zu Johnsons Arbeit an den *Jahrestagen* aufweisen:

> Geblieben sind uns die, die Telefonnummern beim Würfeln zusammensetzten, und jene, die nach gründlichem Studium eine Lücke zwischen **7492856** [Hervorhebung von mir, J.R.] und 7492858 entdecken […].[748]

Johnsons Telefonnummer in Sheerness lautet *0044 (England) 7956 (Sheerness)*,[749] so teilt er es zumindest Max Frisch am 17. April 1975 per Post mit. Die hervorgehobene Telefonnummer im obigen Zitat enthält die Originalnummer Johnsons. An dieser Stelle muss auch auf die Korrespondenz mit Günter und Anna Grass verwiesen werden: Am 6. April 1967 gibt Johnson dem Ehepaar Grass aufgrund der Wohnungsbesetzung durch die Kommune I seine aktuelle Telefonnummer: *Unsere Nummer ist 749-2857*[750], es handelt sich hierbei genau um die ausgesparte

746 Johnson, Uwe: Jahrestage. S. 1310.
747 Vgl. ebd. S. 418, 940 f., 1303–1313, 1373, 1395, 1690.
748 Ebd. S. 250.
749 Ebd. S. 126.
750 GJB. S. 87.

Nummer, von der im obigen Zitat die Rede ist. Es ist auffallend, dass Johnson seine Telefonnummer in sein Werk integrierte und/oder auch umgekehrt, denn im Fall Max Frischs ist der Band *Jahrestage 1* mit der versteckten Telefonnummer schon erschienen. Es wäre möglich, dass Johnson sich die englische Telefonnummer auf eigenen Wunsch hin von der Telefongesellschaft geben ließ,[751] um an alte New Yorker Zeiten anzuknüpfen und/oder weil er auch Gefallen daran fand, dass seine Telefonnummer in den *Jahrestagen* stets präsent ist, aber von den Lesern meist unentdeckt bleibt. Warum sich Kempowski im Jahr 1979 genau für die Passage über die *Telefonnummerverwechsler von Gross-New York*[752] in den *Jahrestagen* interessiert, ist nicht bekannt.

Im Jahr 1976 arbeitete Johnson an seinem vierten Band und Gesine ist zu einer noch realeren Person für ihn geworden, weshalb er ein Treffen mit dem Freund Max Frisch ausschlägt:

> Aber ich habe noch jemanden in der Welt, für den muss ich zuerst sorgen, Mrs Cresspahl, die wird langsam ungeduldig in der Ecke, aus der herauszukommen sie doch selber zögert.[753]

Weiter heißt es in dem Brief vom 12. Juni 1976, dass Johnson bereits die letzten drei Worte der *Jahrestage* kenne und dass ein politisch negatives Ende der *Jahrestage* beschlossen sei, man jedoch auf Frischs *Rückblick in Sachen der C.S.S.R. vor und nach dem August 1968*[754] warten werde. Frisch beriet Johnson tatsächlich bei seinem vorletzten Tageseintrag der *Jahrestage*. Datiert auf den 19. August 1968 finden sich in dem umfangreichen Eintrag alle Themen wieder, die auch die beiden Literaten miteinander in ihrer Korrespondenz behandeln. Es soll hierbei nur eine schlagwortartige Aufzählung der Themenkomplexe erfolgen: Ehe, DDR, Heimweh und C.S.S.R.[755]

Beachtenswert ist außerdem, dass von der *Deutsche[n] Schuldenverschreibung in Dollar?*[756] gesprochen wird, man erinnere sich hier an den zitierten Zeitungsausschnitt, in dem es um die Verschuldung Deutschlands geht und um die Kreditgewährungen gegenüber den Sowjets; das allerdings führt Johnson in dem Brief nicht aus.

---

751 Es konnte nicht herausgefunden werden, inwiefern die Möglichkeit bestand, sich in England zu dieser Zeit seine Telefonnummer selbst auszusuchen.

752 KJB. S. 83.

753 FJB. S. 166.

754 Ebd. S. 166.

755 Vgl. Johnson, Uwe: Jahrestage. S. 1688–1699.

756 Ebd. S. 1690.

Es soll nun noch einmal auf Johnsons Aussage, er kenne die letzten drei Worte seiner *Jahrestage* bedauerlicherweise schon,[757] zurückgekommen werden. Der Roman endet mit dem Satz des Tageseintrags vom 20. August 1968:

> Wir hielten einander an den Händen: ein Kind; ein Mann unterwegs an den Ort wo die Toten sind; und sie, das Kind das ich war.[758]

Die Passage *ein Mann unterwegs an den Ort wo die Toten sind* kennt man durch Tilman Jens' umstrittenes Enthüllungsbuch *Unterwegs an den Ort wo die Toten sind*, das bereits erwähnt wurde, aber an dieser Stelle erneut angeführt wird, um die Verknüpfungen noch deutlicher zu machen. Die letzten drei Worte *das ich war* wird 1984 im *Spiegel*-Nachruf[759] als Identifikation Johnsons mit Gesine interpretiert. Man könnte die drei Worte auch so verstehen, dass Johnson das Kind Gesine ist, oder aber, um es philosophisch auszudrücken: der Kreislauf von Werden und Sein als solches sollte hier möglicherweise beschrieben werden. Es verbinden sich nämlich in diesem Satz, ähnlich wie bei der Puppensymbolik, die Themenbereiche Tod und Leben sowie zeitliche und damit auch generationenverbindende Aspekte.

Den letzten Bezug zu den *Jahrestagen* im Briefwechsel findet man unter dem Datum des 31. Oktobers 1980. Die Hausnummer von Frischs New Yorker Wohnung erscheint im letzten Teil des Romans, was Johnson ausführlich schildert:

> Lieber Herr Frisch! Nun Sie eine Adresse angeben in New York, 300 Central Park West, darf ich Sie auf das beflissenste willkommen heissen in einem Gebiet der Stadt, das ich namens und im Auftrag meiner Mandantin Gesine Cresspahl verwalte. Sie mögen diese Hausnummer für undurchschaubar gehalten haben. […] Beim Riverside Drive wird die Hausnummer, jeden Falls bis zur 165. Strasse, durch zehn geteilt und dem Ergebnis die Zahl 72 zugefügt. Das ergibt für Mrs. Cresspahls 243 Riverside Drive 96,3, und richtig war ihre Wohnung ja zwischen der 96. und der 97. Strasse gelegen, und zwar mehr zur 96. hin. Bei Central Park West ist die Zusatzzahl 60, 30 plus 60 ergibt für Sie als Querstrasse die 90. Die kennen wir, haben es auch aufgeschrieben und drucken lassen,

757 Vgl. FJB. S. 166.

758 Johnson, Uwe: Jahrestage. S. 1703.

759 Vgl. Nachruf. Uwe Johnson. In: Der Spiegel, Nr. 12, 19.03.1984, S. 210. Dort heißt es: Uwe Johnson wurde 49 Jahre alt. Er war Gesine Cresspahl, die von ihrem strengen Anspruch auf privaten wie politischen Anstand nichts ablassen wollte, der es so schwer fiel sich ‚das Leben gefallen zu lassen', und die sich wünschte, ein Anblick ihrer mecklenburgerischen Heimat möge ihr ‚gegenwärtig sein in der Stunde meines Sterbens'.

> dass wir da, nämlich am 27. April 1968, an einer Demonstration uns beteiligt haben, bis sie uns zu dumm wurde. Gegenüber dem Haus, in dem Sie wohnen, Herr Frisch! [...][760]

Der Tageseintrag des 27. Aprils 1968 der *Jahrestage* berichtet von einer Demonstration zum Gedenken des kriegsliebenden Kirchenfürsten Spellman, bezeichnet als *Loyalty Day Parade.*[761] Die Parade sollte die amerikanischen Truppen in Vietnam unterstützen und neuen Mut wecken. Die Briefkorrespondenz mit Max Frisch endet bezüglich der *Jahrestage* mit folgender Aussage Johnsons im Brief vom 10. August 1983:

> Von den letzten Wochen an den >>Jahrestagen<< bringe ich Ihnen eine Geschichte mit, die ist so komisch, die zu erzählen taugt kein Papier.[762]

Auf welche Geschichte Johnson sich hier bezieht, ist bisher unklar. Was jedoch zutrifft ist, dass Johnson in seinen letzten Lebensmonaten kaum mehr etwas über seine *Jahrestage* offenlegte, zumindest schreibt er in den Briefen nichts Nennenswertes nieder.

Bezug nehmend auf Johnsons *Skizze eines Verunglückten* können folgende Verknüpfungen zwischen Brief und Werk hergestellt werden: Die *Skizze eines Verunglückten* ist nicht nur offiziell als Festschrift für Max Frischs 70. Geburtstag deklariert worden, sondern es handelt sich hierbei auch um den Abschluss einer Jahre lang geführten Diskussion zwischen Max Frisch und Uwe Johnson. In zahlreichen brieflichen Mitteilungen, die primär durch Frischs *Montauk* Anregung zum Schreiben lieferten, wird darüber debattiert, inwiefern autobiografisches Material in fiktives Erzählen eingebunden werden darf, wo die Grenzen eines Dichters bei der Verwendung von authentischen Inhalten liegen und wann in diesem Zusammenhang berechtigterweise von Scham gesprochen werden muss.

Johnson war von den Ansichten Frischs persönlich überzeugt und verteidigte dessen Einstellung zur literarischen Verarbeitung von subjektiven Erlebnissen. Gegenüber Frisch und dessen Ehefrau Marianne brachte er diesbezüglich seine Meinung deutlich zum Ausdruck. Mit seinem Brief vom 13. Januar 1975 versucht Johnson, Marianne dahingehend aufzuklären, dass Frisch mit dem Publikmachen ihres Ehebruchs nur *das Verfahren der Aufrichtigkeit,*[763] das Frisch mit den Tagebüchern begann, fortsetzt. Weiter argumentiert er: *Wer mit einem Schriftsteller umgeht, tut dies ohnehin in der Voraussicht, sich einst als Erfahrung in einer Ge-*

---

760 FJB. S. 228 f.

761 Johnson, Uwe: Jahrestage. S. 951.

762 FJB. S. 238.

763 Ebd. S. 107.

schichte versteckt zu finden.[764] Den Personen müsse klar sein, dass sie selbst dafür verantwortlich sind, was für eine Rolle sie im Leben des Schriftstellers einnehmen und *was sie ihm gezeigt haben.*[765] Johnson sei sich dieser Tatsache jedenfalls bewusst und habe deshalb kein Problem hinzunehmen, was Frisch über ihn eventuell sagen oder schreiben werde, denn immerhin habe er *es ihn sehen lassen.*[766]

Auch zur literarischen Darstellung des Ehebruchs wählt Johnson deutliche Worte:

> Eine andere Bedeutung von Indiskretion meint den Verstoss gegen die Schamgrenze. Es sei indiskret, alles zuzugeben, vom dirty incident bis zum dirty weekend. [...] Es ist im übrigen erst einmal die Schamgrenze des Verfassers. Die zieht er selber. [...] Von dir kann ich mir als Argument vorstellen: Es sei eines, einen Ehebruch über längere Zeit auszuleben, wohl einen Freundeskreis teilnehmen zu lassen, dies hingegen bei dem getäuschten Partner zu unterlassen, oder zu unterbinden; es sei ein anderes, Beschreibung davon und Kommentar dazu im Druck zu dulden. Das besagte, du zögest den Anspruch auf deine Realität zurück, zu Gunsten schicklicher Schonung. [...] Es liefe doch hinaus auf Zensur, mit der üblichen Folge, dass es der Verfasser wäre, der ihre Eingriffe zu verantworten hätte.[767]

Marianne kann Johnsons Ansichten nicht teilen. Die namentliche Erwähnung in Werken führt ihrer Meinung nach zur Konservierung des Geschehenen. Vergangene Gefühle und Emotionen werden dadurch in der Gegenwart wieder präsent und erschweren in ihrem Fall das Zusammenleben mit Max Frisch. Doch darauf geht Johnson nicht ein. Frisch bedankt sich jedenfalls bei Johnson für den Briefaustausch mit Marianne. Er habe sich, egal wie Marianne reagiere, für den Druck *Montauks* entschieden: *Marianne kann sich scheiden lassen; Literatur als Ehebruch,*[768] so sieht Frisch die Angelegenheit, und auch Johnson wählt für sich einen ähnlichen Weg, als er nach dem Scheitern seiner Ehe in der *Skizze eines Verunglückten* die Protagonistin Mrs. Hinterhand von ihrem Mann ermorden lässt und somit deutlich Stellung zum Thema Ehebruch bezieht.

Nach dem Konflikt mit Frisch bezüglich der *Stichworte* erhält Johnson fast einen Monat lang keinen Antwortbrief mehr. Da ihn diese Situation belastete, schickte er als Freundschafts- und Vertrauensbeweis Frisch Auszüge aus den *Jahrestagen IV*. Johnson möchte Frisch aufzeigen, dass sich die Passagen auf gemeinsame Gespräche beziehen, und schreibt deshalb am 11. September 1975:

---

764 Ebd. S. 106.
765 Ebd. S. 106.
766 Ebd. S. 117.
767 Ebd. S. 107.
768 Ebd. S. 111.

> Sie werden sich des Morgens erinnern, als wir beide in der Küche sassen und uns unterhielten über Ehebruch, Eifersucht und Verwandtes. Mitten im Gespräch ging die Tür auf, da war Elisabeth aus London nach Hause gekommen, da brachten Sie uns sofort auf ein anderes Thema. Es ist mir aber Ihre Ansicht von jenen Handlungen und Gefühlen nicht aus dem Kopf gegangen, und so habe ich das, was ich Ihnen damals nicht mehr habe antworten können, einer Person in dem Buch angehängt, einem Menschen, der sich nicht erholen kann von der Tatsache, dass ein über alle Massen geliebtes Mädchen ihm heimlich einen Liebhaber mitbringt in die Ehe und neben der Ehe über dreizehn Jahre lang dies Verhältnis fortführt. Für den Ehemann ist aber das Zusammenleben mit ihr ohne jeden Zweifel und simples Glück gewesen bis zu dem Moment nach so viel Jahren, da er die Wahrheit erfährt. [...] Elisabeth und ich finden diesen Dr. Hinterhand eher komisch in seinen Theorien und in seinen Tiraden gegen die Ansichten des Schriftstellers Max Frisch, aber mir ist es ernst als Fortsetzung des damals abgebrochenen Gesprächs mit Ihnen.[769]

Im Anhang sind die von Johnson an Max Frisch geschickten Auszüge aufgeführt (vgl. Kap. 8.6), zum einen für ein besseres Verständnis und zum anderen, um die Relevanz dieses Vertrauensbeweises zu würdigen. Die dem Brief beigefügten Passagen werden nicht in der endgültigen Fassung der *Jahrestage*, wie im Brief Johnsons angekündigt, realisiert. Ursprünglich baute Johnson die Auszüge in den Tageseintrag vom 18. Juli 1968 ein, verwarf sie aber letztlich.[770] Johnsons persönliches Freundschaftsgeschenk wird aus heutiger Sicht als Vorfassung der *Skizze eines Verunglückten* bewertet. Jedoch war die Absicht Johnsons in der Vorfassung eine andere, als er sie letztlich in der *Skizze eines Verunglückten* präsentiert.

Die Vorfassung widerspricht Frischs Ansichten über Polygamie, es geht sogar so weit, dass die Romanfigur Mr. Hinterhand *seinen eigenen Zorn*[771] gegenüber Max Frisch nur aufgrund divergierender Weltanschauungen entwickelt. Hinterhand, der bereit war seine Ehe zu retten, wenn ihm die Frau ihre Untreue gestanden hätte, kann einen Max Frisch nicht akzeptieren, der meint, eine Frau, die man liebe, könne sich auch auf andere Männer einlassen und Eifersucht sei nichts weiter als *die Angst vor dem Vergleich*.[772] Während Frisch die Frau als eine austauschbare Projektionsfläche für Selbsterlebtes wahrnimmt, so ist Hinterhand überzeugt, dass nur eine ganz bestimmte Person einen selbst zur Liebe befähigt und eigenes Leben erst ermöglicht. Wem man sich dabei anvertraut, öffnet und – wie es in der Vorfassung heißt – seine Kindheit offenbart, bestimmt jeder in ge-

---

769 Ebd. S. 141 f.

770 Vgl. ebd. S. 142, Anm. 190.

771 Ebd. S. 143.

772 Ebd. S. 144.

wisser Weise selbst, denn nur einzigartige Kriterien wie der Klang der Stimme, die Augen und die Blicke des geliebten Menschen lösen entsprechende Reaktionen und Gefühle in einem aus. Frisch erreicht mit seiner Anschauung nicht die Tiefe, die Hinterhand sich für die Liebe und Verschmelzung zweier Menschen zurechtlegt und konstruiert. Deshalb kann sich Frisch auch durch einen Ehebruch nicht verraten fühlen, wohingegen Hinterhand durch solch einen Bruch den Verlust der eigenen Identität erfährt.

Das Grundgerüst entsprechend der Vorfassung übernimmt Johnson in der *Skizze eines Verunglückten.* Auch die Phrasen *It would be like paying a stranger for getting to bed with your wife*[773] und *I do love you for my heart*[774] verwendet Johnson erneut. Auf den ersten Blick scheint die gesamte Konstruktion beider Texte gleich zu sein. Ein enttäuschter Mr. Hinterhand, der den Ehebruch der ikonisierten und hochstilisierten Ehefrau nicht verkraften kann, der an den selbst geschaffenen Vorstellungen einer idealen Form der Liebe zerbricht. Ein Joe Hinterhand, der seine Identität auf der Persönlichkeit eines anderen Menschen errichtet und diesem somit die Fesseln des Scheiterns anlegt, aber letztlich doch an der daraus resultierenden Misere keine Mitschuld tragen möchte. Erst die letzten beiden Seiten der *Skizze eines Verunglückten* zeigen den Unterschied zur Vorfassung auf: Während sich der Mr. Hinterhand aus der Vorfassung an der Ich-Geschichte nach dem Modell Frischs stört, so erkennt dieser in der *Skizze eines Verunglückten* die Notwendigkeit solcher Geschichten an. Vielmehr begreift er, dass das *menschliche Leben sich am einzelnen Ich [vollzieht],*[775] also an dem Menschen als eigenständige Person und nicht an einem aus zwei Menschen bestehenden Gemeinschaftsschicksal. Da Hinterhand dies erst zu spät erkennt, ist er eben eine *verfehlte Variante, eine von den verunglückten,*[776] dem als Ausweg nur das Ableben bleibt.[777]

Im übertragenen Sinn bedeutet dies, dass Johnson Frisch zumindest einräumte, dass es gefährlich sein konnte, sich einer Person hinzugeben, und dass eine derartige Verschmelzung Risiken birgt, da sie einen ins Unglück stürzen kann. Ein Mensch jedoch, der sich für das Modell der monogamen Liebe entschieden hat, kann bei einem Vertrauensbruch solchen Ausmaßes nichts anderes tun, als

773 Ebd. S. 143. Die Referenzstelle findet sich in Johnson, Uwe: Skizze eines Verunglückten. Frankfurt am Main 1982. S. 73.

774 Ebd. S. 143. Die Referenzstelle findet sich in Johnson, Uwe: Skizze eines Verunglückten. S. 73.

775 Johnson, Uwe: Skizze eines Verunglückten. S. 75.

776 Ebd. S. 75.

777 Vgl. ebd. S. 76.

daran zu zerbrechen. Was in der Vorfassung angedeutet wird, nämlich dass ein Jüngerer von einem Älteren etwas lernt, passt auch auf Johnson und Frisch. Hier profitiert der jüngere Johnson von dem Erfahrungsschatz des älteren Max Frisch und lernt, wie die Methoden der literarischen Selbstdarstellung umzusetzen sind. Die Festschrift ist somit in vielfacher Hinsicht ein Geschenk – dem Rahmen entsprechend ein Geburtstagsgeschenk, ein Freundschaftsgeschenk, aber auch ein Selbstgeschenk. Selbstgeschenk meint hier, dass sich Johnson gegenüber Max Frisch auf eine besondere Weise erkenntlich zeigt und ihn wissen lassen wollte, wie sehr ihn die Freundschaft stärkte und lehrte, aber auch dass er Frisch nun nichts mehr schuldig war, da er alles, was die beiden hauptsächlich vereinte, in diesem einen Werk zusammengebracht hat. Selbstgeschenk meint aber auch eine Hommage an sich selbst, an die eigenen entwickelten Fähigkeiten, Unsagbares, wie den Verrat und den Verlust eines geliebten Menschen, auszusprechen.

Frisch reagierte jedoch auf diesen Freundschaftsbeweis nicht, was Johnson betrübt zur Kenntnis nahm. Mit seinem Brief vom 1. Oktober 1975 versucht er deshalb, den Freund zu einer Aussage zu bewegen:

> Ihr Schweigen zu meiner Beilage mit dem Hinterhand'schen Komplex möchte ich mir gerne so deuten, dass Sie gegen eine Veröffentlichung in dieser Form nicht protestieren würden. So eifernd die Polemik gegen den Schriftsteller Max Frisch ist, sie entblösst ja bloss die Komik des Herrn Hinterhand in seiner Leiderei.[778]

Doch auch hierauf antwortete Frisch nicht. Auch wenn Johnson Frisch deutlich machen möchte, dass er nicht ihn, sondern Hinterhand bloßstellen will, so erkennt man zumindest an Johnsons Mitteilung, dass er befürchtet, den Freund verärgert zu haben. Johnson prangert in dem Brief des Weiteren Hinterhands Leiden als ein komisches Verhalten an. Doch wie Johnson selbst zum Thema Leiden steht, wird in den Briefen meist nur vage deutlich, obwohl anzunehmen ist, dass ein Mensch, der in einem Ausmaß wie Johnson zu Schlaftabletten, Alkohol und Zigaretten griff, dazu neigte, leidenschaftlich zu leiden. Diese These lässt sich auch dadurch stützen, dass seine Romanfiguren, hier speziell der *Verunglückte,* ebenfalls leiden. Vielleicht bedarf es daher auch *eines Skandalschreibers,*[779] wie es in der *Skizze eines Verunglückten* heißt, um in noch tieferes Leid gestürzt zu werden. Fest steht, dass die *Skizze eines Verunglückten* mehrere Interpretationsmöglichkeiten bietet, wobei die Briefe in dieser Hinsicht ein gutes Verständnis von Johnsons literarischem Schaffen ermöglichen.

---

778 FJB. S. 149.

779 Johnson, Uwe: Skizze eines Verunglückten. S. 53.

3.5 Briefwechsel mit Fritz J. Raddatz

3.5.1 Zahlen, Fakten, Daten

Die Tagung der *Gruppe 47* im Oktober 1959 auf Schloss Elmau brachte Johnson einen weiteren Weggefährten ein, nämlich Fritz J. Raddatz. Beide lebten erst seit kurzem in Westberlin und kehrten der DDR somit den Rücken. Johnson veröffentlichte gerade seine *Mutmassungen über Jakob*, was Fritz J. Raddatz für eine Buchbesprechung in der Zeitschrift *Die Kultur* nutzte. Seit ihrem Kennenlernen begegneten sich die Literaten weiterhin auf Veranstaltungen, Lesungen sowie bei Fernseh- und Radioauftritten. Erst ab Ende der 60er- und bis Mitte der 70er-Jahre verabredeten sie sich auch privat. Man kam häufig in Johnsons Berliner oder in Raddatz' Hamburger Wohnung zusammen. Da sich ein gemeinsamer Freundeskreis entwickelte, sah man sich unter anderem bei Festen von Siegfried Unseld, Hans Werner Richter und Hans Mayer.[780]

Trotz des gefestigten und regelmäßigen Kontakts seit dem Jahr 1959 setzt der Briefwechsel erst sieben Jahre später, am 10. August 1966, ein. Erdmut Wizisla weist in seinem Nachwort darauf hin, dass die Korrespondenz nicht vollständig überliefert ist, da einige Briefe und Ansichtskarten fehlen. Unter anderem ist das die Korrespondenz einleitende Schriftstück Johnsons nicht erhalten, weshalb der edierte Briefwechsel mit einem Brief von Raddatz beginnt.[781]

Trotz der fehlenden Mitteilungen konnten immerhin 179 Schriftstücke publiziert werden. Die schriftliche Korrespondenz besteht Schreibpausen eingerechnet 17 Jahre lang, wobei der Schreibanteil Raddatz' mit 24 Briefen überwiegt (vgl. Abbildung 20).

Abb. 20 Verteilungsübersicht der Briefe im Briefwechsel von Fritz J. Raddatz und Uwe Johnson.

Aufschlüsselung der Korrespondenz	
Insgesamt	153 Briefe 20 Postkarten 6 Telegramme
Anteil von Uwe Johnson	76 Schriftstücke an Fritz J. Raddatz 1 Schriftstück verfasst mit J. Becker an F. Raddatz
Anteil von Fritz J. Raddatz	100 Schriftstücke an Uwe Johnson 3 Schriftstücke an die Familie Johnson

780 Vgl. RJB. S. 310 ff.

781 Vgl. ebd. S. 9, 312.

3.5.2 Thematische Darstellung der Briefinhalte

Auf Johnsons Anfrage im Jahr 1966, die in der Briefedition als verloren verzeichnet ist, reagierte Raddatz sofort und sicherte dem Schulbuchlektor die gewünschte DDR-Anthologie mit dem Erscheinen des Buchs zu. Johnson sollte lediglich wegen der Auslandsrechte Absprache mit Raddatz halten, wenn er Texte aus der Anthologie für das *Harcourt & Brace*-Lesebuch verwenden wollte. Um den Kontakt jedoch nicht nur auf die geschäftliche Ebene zu beschränken, bat Raddatz um Auskunft über Johnsons Aufenthalt in New York. Raddatz unterschreibt seinen ersten Brief mit *fritzchen I,*[782] was zu einem langatmigen Namensspiel führt. Johnson bittet anfänglich darum, Raddatz weiterhin mit *Fritzchen ohne Ordinale*[783] anreden zu dürfen, doch als Raddatz sich in seinem darauf folgenden Brief mit einer Standardfloskel verabschiedet, greift Johnson das Thema wieder auf: *[…] und um nicht die Gelegenheit zu versaeumen, Sie mit >>Fritzchen<< anreden zu koennen.*[784] Raddatz' förmliche Verabschiedung bezieht sich allerdings nicht auf Johnsons vorangegangen Anredewunsch, sondern auf den Umstand, dass er Johnson einen geschäftlichen Brief schickte und deswegen eine neutralere Formulierung wählte.

Der Inhalt dieses geschäftlichen Briefes, datiert auf den 5. September 1966, ist, dass Raddatz Johnson um einen Beitrag für Hans Mayers Festschrift zum 60. Geburtstag bittet. Dieses Anliegen führt zu zahlreichen Briefen.[785] Des Weiteren werden allgemeine, erheiternde Debatten[786] bezüglich des Unterschieds zwischen einem *verlagsmenschen*[787] und einem *romanschriftsteller*[788] geführt. Die Korrespondenz endet 1966 mit einem weiteren Anredespiel: Johnson wird von Raddatz am 5. November 1966 mit *hochverehrter herr doktor johnson*[789] begrüßt, worauf Johnson entgegnet, dass Raddatz ihn wohl mit *Hohn daran erinnern*[790] möchte, dass er nicht über die finanziellen Mittel verfüge, um solch einen Titel für sich in Anspruch nehmen zu können.[791]

782 Ebd. S. 9.
783 Ebd. S. 10.
784 Ebd. S. 15.
785 Vgl. ebd. S. 13 f., 23–26, 31 f., 34.
786 Vgl. ebd. S. 16–20, 23.
787 Ebd. S. 16.
788 Ebd. S. 16.
789 Ebd. S. 27.
790 Ebd. S. 33.
791 Dieser Aspekt wird deshalb an dieser Stelle ausgeführt, um eine Brücke zu den Anredeformen unter Kapitel 2.5.4 herzustellen. Johnson benutzt gern akademische Titel, um seine Freunde entweder zu loben oder zu necken.

1967 stand das gemeinsame literarische Arbeiten, die Festschrift für Hans Mayer und das Anredespiel um *fritzchen I* weiter im Fokus des schriftlichen Geschehens. Was die Zusammenarbeit betrifft, kam es zu einigen Auseinandersetzungen. Fritz J. Raddatz gelang es nicht ohne Schwierigkeiten, Johnsons *Zwei Ansichten* als Taschenbuchausgabe zu publizieren. Die Rechte des Suhrkamp Verlages an Johnsons literarischer Produktion sowie Johnsons Ablehnung bezüglich des Designs des Einbandes führten zu vermehrten Diskussionen, die jedoch durch einen schweren Schicksalsschlag Raddatz' im Sommer 1967 unterbrochen wurden.[792]

Sein an Schizophrenie erkrankter Lebensgefährte Eckfried begeht Suizid, wovon Raddatz in seinem Brief vom September/Oktober 1967 Johnson in Kenntnis setzt.[793] Johnson weiß nicht, dass Eckfried in Wirklichkeit ein Mann ist und nicht, wie von Raddatz in seinem Brief behauptet wird, eine Frau. Zum damaligen Zeitpunkt bekannte sich Raddatz nicht zu seinen homosexuellen Neigungen. Dieser Aspekt ist insofern wichtig, als, wie in der Einleitung ausgeführt wurde, Briefe stets kritisch in Hinblick auf die Selbstdarstellung eines Autors zu betrachten sind.

Raddatz wies Johnson darauf hin, dass die angebliche Lebensgefährtin ein *dummes schmähpapier*[794] in die Welt gesetzt habe. Das *Schmähpapier* war eine Art Rundbrief, den Eckfried einen Tag vor seinem Tod an alle Personen, die in Raddatz' Adressbuch aufgeführt waren, per Post verschickte, um diese von Raddatz' Homosexualität zu unterrichten. Ob Johnson mit dem Inhalt des besagten Briefes vertraut war, ist nicht bekannt. Eine schriftliche Anteilnahme an Raddatz' Situation gibt es vonseiten Johnsons nicht, aber laut Aussagen Raddatz' habe er ihn besucht und soll gesagt haben: *Hier wird sich, Fritzchen, nicht runtergestürzt.*[795]

Was Raddatz brieflich auch nicht mitteilte, ist, dass er eigentlich Vater eines Sohnes geworden wäre, wenn seine ehemalige Partnerin keinen vorzeitigen Schwangerschaftsabbruch vorgenommen hätte.[796] Mit diesem Hintergrundwissen haftet den Briefen vom 27. April 1968 und vom 6. Mai 1968 etwas Trauriges an, denn Raddatz erwähnt beiläufig, dass er einen Sohn der Familie Hochhuth auf den Vornamen Fritzchen taufte, was Johnson aufgreift und als

792 Vgl. ebd. S. 35–55.
793 Vgl. ebd. S. 54 f.
794 Ebd. S. 55.
795 Raddatz, Fritz J.: Unruhestifter. Erinnerungen. München 2003. S. 391.
796 Vgl. ebd. S. 267.

spaßige Erklärung für das *Fritzchen I*-Namensspiel akzeptiert.[797] Das Jahr 1968 spiegelt in den Briefen den damaligen Freundschaftsstatus wider, wenn er auch überwiegend aus Raddatz' Sicht geschildert ist. Zunächst thematisierte Raddatz das Phänomen, dass sobald andere Personen bei ihrem Zusammentreffen zugegen waren, es zu *Turbulenz, Streit und noch Schlimmeres*[798] zwischen ihnen kam. Raddatz wünschte sich daher nur noch Zusammenkünfte ohne weitere Beteiligte.

Raddatz' Briefe wirken meist düster und repräsentieren seine psychische Verfassung. Johnson ignoriert den Gemütszustand des Freundes nicht und versucht, Raddatz mit folgender Bemerkung am 25. Juli 1968 zu helfen: *Haben Sie je versucht, Ihre Sache aufzuschreiben (zum Zweck des Weglegens)? Bitte halten Sie dies nicht für zudringlich.*[799]

Raddatz reagierte getroffen auf diesen Vorschlag, weil Johnson offensichtlich annahm, man könne das, was ihm passiert war, einfach durch Schreiben ablegen. Im Übrigen möchte er dies auch gar nicht, wie er acht Monate später in seinem Brief vom März 1969 erklärt.[800] Weiter geht aus dem Brief hervor, dass Raddatz am Leben zweifele, und tendenziöse Suizidgedanken werden erkennbar. Er bittet Johnson zudem, ihn nicht *mit so langem schweigen*[801] zu strafen, und entschuldigt sich zugleich für seine *klagegesänge.*[802] Doch Johnson antwortete erst drei Monate später, nachdem auch zwischenzeitlich keine Briefe mehr von Raddatz folgten, auf dessen Hilferufe. Johnson schreibt zwei Briefe, um wieder Kontakt zu Raddatz aufzunehmen – einmal hinterlässt er dabei auch seine Telefonnummer, aber Raddatz reagierte nicht. Erst als Johnson am 1. Juli 1969 einen Grund für seine anscheinend mangelnde Anteilnahme liefert, antwortet Raddatz wieder, denn die vorangegangene Begründung Johnsons lautet:

> Bitte, sehen Sie mir nach dass ich Ihren Brief vom März, nach dem Sie fragten, nicht beantwortet habe. Es ist mir nicht möglich solche Gegenstände per Korrespondenz zu behandeln. Wünschen täte ich Sie kämen öfter hierher, oder es wäre mehr andere Gelegenheit mit einander zu sprechen.[803]

797 Vgl. RJB. S. 65 f.
798 Ebd. S. 59.
799 Ebd. S. 75 f.
800 Vgl. S. 77 f. Eine genaue Datierung liegt im Briefwechsel nicht vor.
801 Ebd. S. 79.
802 Ebd. S. 79.
803 Ebd. S. 83.

Johnson hielt schwerlastige Themen nur ungern in Briefen fest, dennoch bot er meist Hilfe an und kümmerte sich um seine Freunde, wenn diese Krisen durchzustehen hatten. Raddatz, der des Öfteren bei den Johnsons eingekehrt ist, empfindet dies im Nachhinein anders und lässt Johnson in seinen Memoiren *Unruhestifter* in keinem guten Licht erscheinen, was auf Diskrepanzen zwischen dem Briefwechsel und dem persönlich Erlebten hinweist.[804]

Mit einem sachlichen Brief versuchte Raddatz, ebenfalls auf Johnson zuzugehen. Ein Thema dieses Briefes vom 4. Juni 1969 beinhaltet die Frage, ob Johnson bereit wäre, ein Buch über die DDR im *Spiegel* zu besprechen, was Johnson jedoch ablehnt. Grund hierfür ist sein gewachsener Unmut über sein ihm aufgezwungenes Image des *Dichters beider Deutschland.* Er befürchtete, durch die Buchbesprechung noch mehr zum Spezialisten für die DDR deklariert zu werden, was er unbedingt vermeiden wollte.[805]

Nachdem Johnson den Arbeitsauftrag ausschlug, folgen in den nächsten Briefen Sticheleien aufseiten beider Parteien. Dabei werden Bagatellen wie die Frage Johnsons nach Raddatz' Telefonnummer, das von Johnson benutzte Wort *Vorleben*[806] sowie der Rotwein zum Anlass genommen.[807] Weiterer Unmut wuchs bei Raddatz an, als eine Zusammenführung mit Siegfried Unseld nicht zustande kam.[808] Raddatz wurde eine Zeit lang als möglicher neuer Mitarbeit für den Suhrkamp Verlag in Erwägung gezogen, was jedoch letztlich an Unseld scheiterte. Johnson sollte bei dem Konflikt vermitteln, konnte allerdings nichts erreichen.[809] Das Jahr 1969 bildet im Übrigen mit insgesamt 26 ausgetauschten Briefen den Höhepunkt der Korrespondenz zwischen Johnson und Raddatz (vgl. Abbildung 21).

---

804 Vgl. Raddatz, Fritz J.: Unruhestifter. S. 389–397.

805 Vgl. RJB. S. 80–88.

806 Ebd. S. 91.

807 Vgl. ebd. S. 90–95, 100.

808 Vgl. ebd. S. 96 f. Fritz J. Raddatz hat nach der sogenannten Ballonaffäre den Rowolth Verlag verlassen. Johnson versuchte deshalb, eine Zusammenkunft mit Siegfried Unseld herzustellen, um Raddatz für den Suhrkamp Verlag zu gewinnen. Unseld zeigte sich jedoch uninteressiert, weshalb es zu Streitigkeiten zwischen den jeweiligen Parteien kam.

809 Vgl. ebd. S. 98 ff.

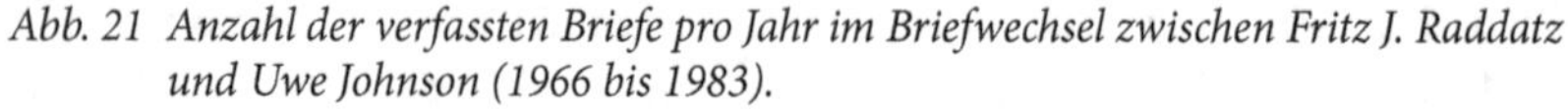

Abb. 21 Anzahl der verfassten Briefe pro Jahr im Briefwechsel zwischen Fritz J. Raddatz und Uwe Johnson (1966 bis 1983).

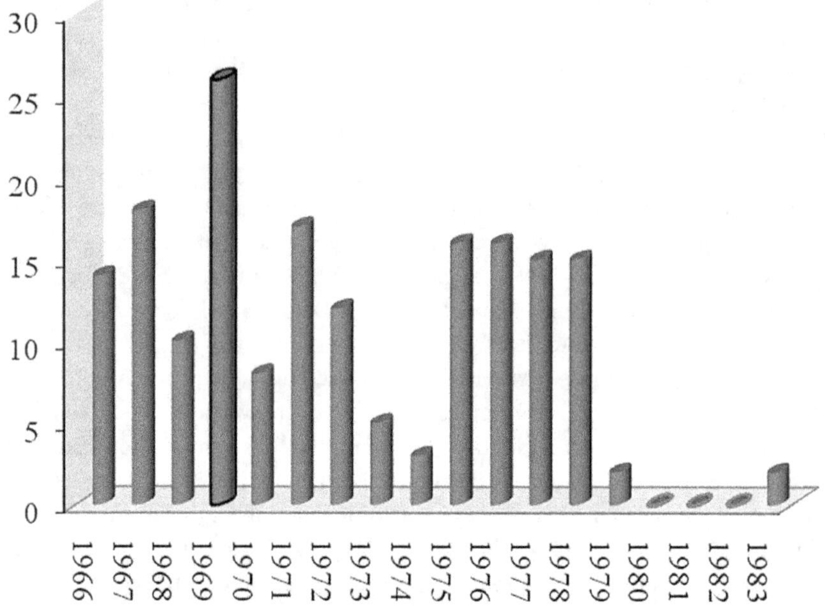

Zu Spitzfindigkeiten kommt es auch in der Korrespondenz des Jahres 1970, die mit einem Brief von Raddatz, datiert auf den 25. März 1970, ausgelöst werden. Er berichtet von der Vollendung seines Buches *Traditionen und Tendenzen* und bezeichnet sich, aufgrund des erreichten Seitenumfangs, als Konkurrent zu Johnsons *Jahrestage*. Johnson sei Raddatz' Ansicht nach ein *bequemer epiker*,[810] der sich für seine Literaturproduktion Jahre Zeit ließe. Johnson ignorierte diese Provokation und antwortete nicht. Zwischenzeitlich trafen sich die beiden, und Raddatz knüpft in seinem Brief vom 18. Juni 1970 an ein Gespräch über den Literaturbetrieb an:

> Dabei bin ich mir nicht ganz sicher, ob ich etwas richtig oder falsch verstanden habe; es schien mir nämlich so, als sei da außer Unseld wirklich niemand, der einmal in Ihr Buch hineinsieht, und die minuziöse Schilderung dieses Zustands ließ mich hinterher fragen, ob Sie vielleicht gern hätten, daß ich einmal hineinsehe.[811]

Johnson schickte Raddatz daraufhin seinen Umbruch. In dem Tageseintrag vom 14. September 1967 der *Jahrestage* erwähnt Johnson ein Hemd der englischen

---

810 Ebd. S. 106.
811 Ebd. S. 107.

Firma *Ladgage & Oehlke.*[812] Dabei fiel Raddatz auf, dass man bei besagter Firma kein Hemd schneidern lassen konnte und man *Oehlke* ohne h schrieb. Dieser Schreibfehler wird im Erstdruck jedoch nicht korrigiert.[813] Raddatz erwartet für seine Mühen ein Exemplar mit Widmung, wie er in seinem Brief vom 21. Oktober 1970 deutlich macht.[814] Johnson schreibt knapp:

> Liebes Fritzchen, wenn ich einmal eine grosse Romanfabrik habe sowie auch an der Börse notiert werde, dann will ich gerne meine Bücher selbst verschicken, mit vorher angebrachter Widmung. Und Ihnen übergäbe ich das jeweilige Belegexemplar von Hand zu Hand [...].[815]

Im Jahr 1971 kam es erneut zur Auseinandersetzung, als Raddatz sich über zu viel Weingenuss beim letzten Treffen beklagte. Johnson weist diesen Vorwurf von sich und erinnert Raddatz daran, dass er selbst für seinen Alkoholkonsum verantwortlich sei, und beschließt seinen Brief mit den Worten: *Leben Sie gefälligst wohl, und beginnen Sie damit demnächst.*[816] Raddatz, der die zu kippen drohende Stimmung bemerkte, schickt Johnson nun seine Kritik über die *Mutmassungen über Jakob* und verabschiedet sich mit *fritzchen als >>schrittmacher<<!*[817] Diese Andeutung sollte Johnson daran erinnern, dass er ebenfalls zu Johnsons Erfolg beitrug. Johnson kontert diplomatisch, indem er die Bedeutung des *schrittmachers* uminterpretiert, sodass Raddatz' Anspielung nicht an ihn heranreicht:

> Aber, Fritzchen als >>Schrittmacher<<, das höre ich nicht gern. Ein Schrittmacher ist doch der, der die Teilnehmer am Rennen in Gang bringt, der selbst aber nicht gezählt und bewertet wird. Sollte das seit neuestem zu Ihnen passen?[818]

Ungeachtet dessen schreibt Raddatz Anfang Mai 1971 über einen Abend bei Johnson, an dem reichlich getrunken wurde, und bekräftigt, dass er Johnson bei Bedarf jederzeit Geld leihen würde. Des Weiteren bezeichnet Raddatz Unseld als Johnsons *geliebten Verleger,*[819] was seinen Neid verdeutlicht. Obwohl im Jahr 1971 eine Zusammenarbeit zwischen Raddatz und Unseld angestrebt wurde, kam es erneut zu Streitigkeiten. Verhielt sich Johnson bei dem ersten Disput noch neutral, so ergriff er bei dem Verdacht, Raddatz habe mit einem Konkurrenten über

812 Johnson, Uwe: Jahrestage. S. 79.
813 Vgl. RJB. S. 109.
814 Vgl. ebd. S. 110. Eine genaue Datierung liegt nicht vor.
815 Ebd. S. 110 f.
816 Ebd. S. 114.
817 Ebd. S. 115.
818 Ebd. S. 116.
819 Ebd. S. 117.

geschäftliche Aspekte gesprochen, Partei für Unseld. Raddatz verteidigte sich und gab Johnson zu verstehen, dass er enttäuscht darüber war, dass Johnson den Gerüchten mehr Glauben schenkte als ihm. Nachdem die Angelegenheit bereinigt wurde, wird der Briefwechsel freundschaftlich fortgesetzt.[820]

Die Korrespondenz des Jahres 1972 beschäftigt sich primär mit Raddatz' *pechsträhne.*[821] In seinem Brief vom 7. Januar 1972 berichtet Raddatz von Unselds unredlichem Verhalten ihm gegenüber: Der suhrkampsche Verleger gebe seit eineinhalb Jahren sein satzfertiges Werk *Traditionen und Tendenz* nicht zum Druck frei und halte zudem seine Essay-Bände unter Verschluss. Den Höhepunkt der Auseinandersetzungen stellte nach Raddatz' Empfindung Unselds Wutausbruch bei einem Abendessen im Haus der Henkels dar, als dieser sein Buch als *reine[n] mist*[822] bezeichnete und ihn persönlich beleidigte.

Des Weiteren schilderte Raddatz, wie er während seines Amerika-Aufenthalts mit dem amerikanischen *Secret Service*, der aufgrund einer Anzeige annahm, Raddatz wolle den Vizepräsidenten Spiro Agnew ermorden, in Konflikt geriet.[823] Als dann Raddatz' Studenten mit Transparenten seine Vorlesungsveranstaltung boykottierten, suchte er Rat und Trost bei Johnson.[824] Doch Johnson äußerte sich nicht.

Es folgt am 2. April 1972 ein Brief von Raddatz, in dem er sich verteidigt, warum er nicht bei der Beerdigung von Giangiacomo Feltrinelli erschienen ist. Des Weiteren rechtfertigt er sich für sein Arbeitspensum – er sei keineswegs faul, sondern vielmehr ein echtes Arbeitstier. Offensichtlich traf Johnson ihn empfindlich mit Fragen wie *was tun Sie eigentlich?,*[825] weshalb Johnson mit seinem Brief vom 8. April 1972 versucht, die Wogen zu glätten.

Die nachfolgenden Briefe berichten von dem Vorhaben, Johnsons Tochter Katharina und Raddatz' Neffen Peter miteinander bekannt zu machen. Nach einigen Terminschwierigkeiten besuchte Katharina schließlich Raddatz und dessen Neffen. Raddatz erinnert sich in seinem *Unruhestifter* dabei an Folgendes:

> Grässlich kleine Szene, in meine Erinnerung eingebrannt: Ich hatte die kleine Tochter nach Hamburg eingeladen, sie kam am Flughafen an, ein getrimmter kleiner Dackel mit Marinekleidchen, abstehenden Zöpfchen, in >>Uniform<< auch in ihrer >>Tach<<-Haltung, zu mehr traute sie sich nicht; [...]. Als ich montags Katharina ans Flugzeug

820 Vgl. ebd. S. 117–126.
821 Ebd. S. 131, 133.
822 Ebd. S. 130.
823 Vgl. ebd. S. 128–132.
824 Vgl. ebd. S. 133 ff.
825 Ebd. S. 140.

> brachte, weinte sie herzzerreißend, klammerte sich an mich und schrie: >>Ich will nicht nach Hause. Bei dir wird so viel gelacht, bei uns zu Hause wird nie gelacht.<<[826]

In seinem Brief vom 22. Mai 1973 schreibt Raddatz nichts von dieser Begebenheit – von dem unglücklichen, weinenden Kind der Johnsons, dem die Eltern nicht einmal zum Trostspenden ins Kinderzimmer nachgehen.[827]

Raddatz bringt in seinen Briefen immer wieder zum Ausdruck, dass er einsam war und sich in Hannover nicht einleben konnte, aber Johnson schickte ihm im Jahr 1973 keinen einzigen Brief, dabei sehnte sich Raddatz nach den Ratschlägen vom großen Meister,[828] wie er Johnson im Jahr 1967 ikonisierte.

Raddatz arbeitete gerade an seiner Marx-Biografie, was thematisch betrachtet in den Jahren 1974 bis 1975 zum Briefeschreiben einlädt. Die Korrespondenz wächst im Jahr 1975 wieder an (vgl. Abbildung 21) und setzt sich primär mit Raddatz' Gemütszustand auseinander. Enttäuscht darüber, dass Johnson ohne Verabschiedung von ihm nach England zog, endet der Brief mit einer spitzfindigen Konversation. Raddatz' Äußerung, dass ihm der Umzug Johnsons *abrupt und fluchtartig*[829] anmutet, ist Johnson unangenehm, weshalb er in seinem Brief vom 11. Februar 1975 verlauten lässt:

> [...] so wollen wir also um Ihre Verzeihung einkommen und liefern als Grund, dass uns die Verlegung des Wohnortes so wenig dramtisch (oder dramatisch) vorkam, dass wir uns befreit glaubten von einer Meldepflicht, die ja auch hätte wirken können als Nötigung zum Briefeschreiben, was uns gerade in Ihrem Falle unschicklich erschienen wäre.[830]

Raddatz entgegnet hierauf: *was sind Sie doch für ein merkwürdiger freund, der immer nur strafend-abfälliges zur verfügung hat [...].*[831] Auch über Johnsons mangelnde Kommentierung seiner Karl-Marx-Biografie ist Raddatz zunehmend enttäuscht. Erst als Johnson eine negative Kritik im *Spiegel* über Raddatz' Buch las, griff er ausgewählte Kapitel auf und entkräftete die negative Bewertung. Raddatz befürchtete, dass durch die Rezension im *Spiegel* ein *Mordanschlag*[832] auf seine Existenz in Gang gesetzt würde, wie es im Brief vom 4. Mai 1975 heißt. Nachdem Günter Grass einen entlastenden Beitrag zur Karl-Marx-Biografie im *Spiegel* veröffentlichte, bittet Raddatz in seinem Brief vom 23. April 1975 Johnson darum,

826 Raddatz, Fritz J.: Unruhestifter. S. 391.
827 Vgl. ebd. S. 390.
828 Vgl. RJB. S. 67.
829 Ebd. S. 166.
830 Ebd. S. 169.
831 Ebd. S. 171.
832 Ebd. S. 176.

dessen Analysebrief zur Rettung seines Rufs verwenden zu dürfen. Johnson erteilte Raddatz die Erlaubnis, seinen Brief zu adaptieren. Dies führte jedoch erneut zu einem Konflikt: Johnson warf Raddatz vor, den Brief so verändert zu haben, dass er nur die positiven Sachverhalte präsentierte und die negativen Aspekte ausließ. Raddatz zeigte sich von Johnsons Vorwürfen irritiert und verstummte gänzlich, denn immerhin holte er im Vorfeld Johnsons Einverständnis ein, den Brief zu Entlastungszwecken benutzen zu dürfen. Doch Johnson führt mit seinem Brief vom 18. November 1975 die Versöhnung herbei und versichert, nicht weiter über dieses Thema diskutieren zu wollen.[833] Raddatz berichtete daraufhin von den Ungerechtigkeiten, die ihm von Personen aus seinem Umfeld zugefügt würden. Dabei zählte er unter anderem auch Siegfried Unseld auf, der Raddatz' neuestes Buchprojekt nicht unterstützen wollte.[834]

Johnson versuchte im Jahr 1976 abermals, zwischen den beiden Verlegern zu vermitteln und Raddatz das Verhalten von Unseld zu erklären. Als Raddatz allerdings am 5. Januar 1976 klagt: *warum ist alles bloss so schwierig, und warum vor allem bei mir,*[835] bemüht sich Johnson, Raddatz aufzumuntern, und macht ihm deutlich, dass er im *literarischen Handwerk*[836] bislang auch Erfolge verbuchen konnte. Doch Raddatz fühlt sich unverstanden und äußert in seinem Brief vom 26. Februar 1976: *mit klagen werd ich Sie diesmal verschonen – es ist mir ein bißchen leid, meine gewissen zutraulichkeiten in den hals zurückgestossen zu kriegen.*[837] Johnson betrübte diese Aussage, und er versichert Raddatz am 2. März 1976, dass er ihn nicht verletzten möchte. Er erwähnt auch, dass er seiner Frau Elisabeth den Brief zeigte, um sich von ihr bestätigen zu lassen, dass seine Zeilen ihre positive Wirkung nicht verfehlen könnten.

Raddatz lenkte schließlich ein, doch sein Brief vom 13. März 1976 ist dennoch von Verbitterung, Unsicherheit und Wut gegenüber Johnson gekennzeichnet, der seiner Ansicht nach stets nur Partei für Unseld ergreifen würde. Des Weiteren belastet Raddatz in dieser Freundschaft auch:

> So, nun habe ich den ganzen nachmittag, meine beste arbeitszeit, mit Ihnen verplaudert. in der zeit schreibe ich sonst ein buch?! apropos: was macht denn nun das Ihre. auch nicht so wundervoll, Ihre dünnlippigkeit darüber. warum wehren Sie denn interesse an Ihrer arbeit so ab?[838]

---

833 Vgl. ebd. S. 183–188.
834 Vgl. ebd. S. 188–195.
835 Ebd. S. 197.
836 Ebd. S. 199.
837 Ebd. S. 201.
838 Ebd. S. 207.

Raddatz, der sich häufig über Johnsons schroffen Ton beschwerte, verfehlte den seinen mit dieser Aussage ebenfalls, wenn er Johnson dafür verantwortlich machte, ihn um seine *beste arbeitszeit* gebracht zu haben. Was die Kritik der *dünnlippigkeit* bezüglich Johnsons Werken betrifft, so ist dies im Fall Raddatz nicht gerechtfertigt. Johnson trat unter anderem an Raddatz heran, um von diesem Unterstützungen für seine Recherchen[839] zu erlangen, oder deutete ihm gegenüber neue Arbeitsschritte an.

Dass Johnson ihm zudem seinen Umbruch der *Jahrestage I* anvertraute, berücksichtigt Raddatz hier ebenfalls nicht. Johnson argumentierte ähnlich und stellt zudem in seinem Antwortbrief die Frage, wer denn sonst wüsste, dass er beabsichtige, seine Protagonistin Gesine Cresspahl in einen *ehewilligen Zustand*[840] zu überführen. Max Frisch könnte es vielleicht gewusst haben, denn der versuchte im selben Jahr, in Erfahrung zu bringen, ob Gesine geheiratet habe,[841] aber es gibt keine schriftlichen Offenbarungen hierzu, weder bei Frisch noch bei einem anderen Briefpartner.

Trotz dieser Erklärungen ging Raddatz nicht auf Johnson ein. Erst am 15. Mai 1976 schreibt er, dass das *mimosenfritzchen*[842] nicht über etwas *uwe'sches eingeschnappt*[843] sei, und empört sich im nächsten Moment über Rudolf Augstein. Da Raddatz aus seiner Sicht beruflich viele Rückschläge verkraften musste, schickt ihm das Ehepaar Johnson das von Kurt Tucholsky verfasste Gedicht *Das Ideal*, um Raddatz zu einer realistischeren Anschauung zu verhelfen.[844] Die Quintessenz des Gedichts ist, dass man im Leben nicht alles haben kann und man sich deshalb mit dem zufriedengeben sollte, was man hat. Doch diese Botschaft kam bei Raddatz nicht an, und infolge dessen beanstandet er am 20. Januar 1977:

> das war ja nun eine merkwürdige Begegnung in Frankfurt, ich hatte mich eigentlich gefreut, daß wir uns sehen und vielleicht ein bißchen miteinander reden werden, aber Sie waren ja arg spröde, um es einmal gelinde auszudrücken und wieder ein strafender gerechter Gott […].[845]

Raddatz konnte mit Johnsons direkten Worten nur schwer umgehen. Trotz seiner Unzufriedenheit fragte Raddatz, ob Johnson ihm einen Text zu Pub-

---

839 Vgl. ebd. S. 195, 202.
840 Ebd. S. 208.
841 Vgl. FJB. S. 156, 178.
842 RJB. S. 209.
843 Ebd. S. 209.
844 Vgl. ebd. S. 212–222.
845 Ebd. S. 222 f.

likationszwecken zur Verfügung stellen würde und ob er daran interessiert wäre, einen *Personalfragebogen á la D.D.R*[846] auszufüllen, was Johnson ablehnte. Zudem weigerte sich Johnson anfänglich, auf die Anfrage Raddatz', einem Reporter der *Zeit* zum 30-jährigen Bestehen der *Gruppe 47* Auskünfte für eine Artikelreihe zu liefern. Lediglich Raddatz schilderte er zunächst seine persönlichen Erfahrungen mit der *Gruppe 47* und gestand, dass er sich in der Gruppe nur als Gast fühlte. Er berichtete von dem prägenden Ereignis, als er der Gruppe einmal einen seiner Texte vorlas und Günter Grass ihm daraufhin ein *Vater-Trauma*[847] unterstellte. Von da an, teilt Johnson in dem Brief vom 18. Februar 1977 mit, hegte er Zweifel an den Tagungen. Letztlich gestattete er Raddatz aber doch, dass dieser seine Berichte an den *Zeit*-Reporter weiterleiten dürfte.[848]

Neben brieflichen Mitteilungen zur *Gruppe 47*, zu Hans Mayer und Kurt Tucholsky wird eine literarische Grundsatzdiskussion geführt, die Johnson unter anderem auch mit Frisch und Köhler behandelte. Raddatz schlug Johnson vor, er solle seine Erlebnisse aus dem Pub *Napier* für eine Prosaarbeit verwenden, um seine Schreibkrise zu durchbrechen. Johnson äußerte aber in einem persönlichen Gespräch, dass er es unpassend fände, über Menschen zu schreiben, die er kenne. Raddatz versucht in seinem Brief vom 26. Oktober 1977, diese Ansicht aufzuheben, indem er argumentiert, dass Johnson bereits Enzensberger und auch ihn selbst[849] in den *Jahrestagen* verewigt habe.

Johnson reagierte hierauf schriftlich nicht. Sein Brief vom 1. Januar 1978 berichtet lediglich von einem Gerücht, das Johnson selbst in die Welt setzte, und das Jahre später als Tatsachenbericht zu ihm zurückkehrte:

> Über diese Fiat 104 German Visions habe ich hier vor Jahren das Gerücht vorgetragen, sie dienten auf den Trainingsflügen nach Korsika oder Sizilien als Bierwagen für die durstigen Kameraden im Süden; dies ist mir neulich als eine Tatsache erzählt worden.[850]

Relativ belanglos geht die schriftliche Konversation weiter, bis zum 19. Februar 1978, als sich der erste große Streit zwischen den beiden Literaten ereignet.

---

846 Ebd. S. 226.

847 Ebd. S. 229.

848 Vgl. ebd. S. 225–234.

849 Die entsprechende Stelle konnte in den *Jahrestagen* nicht ausfindig gemacht werden. Raddatz bezieht sich auf einen gemeinsamen Abend in New York, bei dem auch Raddatz' Schwester anwesend war.

850 Ebd. S. 251.

3.5.3 Das Scheitern der Ehe Uwe Johnsons

Johnson beschuldigte Raddatz im Jahr 1978, dass er seine Freundschaft zu Martin Walser gefährdet habe. Raddatz soll bei einem Telefonat gegenüber Walser behauptet haben, dass Johnson und er nach der verheerenden Buchkritik Reich-Ranickis gemeinsam *den Stab [über Walser] gebrochen*[851] hätten. Johnson war außer sich vor Wut und forderte von Raddatz, dass dieser die Angelegenheit sofort aufklären sollte. Des Weiteren äußerte Johnson, Raddatz habe seine Späße zu weit getrieben, indem er darauf angespielt habe, dass Johnson mit seiner Reisebegleitung Gisela Lindemann ein Verhältnis begonnen habe.

Der Höhepunkt der Auseinandersetzung ist erreicht, als Raddatz den von Johnson verfassten Text *Ach! Sie sind ein Deutscher?* zusammen mit einem Foto publiziert,[852] welches Johnsons Wohnsitz mit der dazugehörenden Straße abbildet. Man erinnere sich an die Diskussion aus dem Jahr 1977, als Johnson sich anfänglich weigerte, über seine Erfahrungen aus England zu schreiben, um eine Identifikation mit ihm, aber auch mit seinen Bekannten zu vermeiden. Als er seine Meinung diesbezüglich jedoch änderte und Raddatz den besagten Text ablieferte, kam es zum Eklat. Raddatz versprach Johnson, den Text nicht mit realen Illustrationen zu versehen, um einen fiktiven Charakter der Geschichte zu suggerieren.

Doch Raddatz stritt ab, solch ein Versprechen gegeben zu haben, worauf Johnson ihm versicherte, dass er diesen Vorfall nicht vergessen werde.[853]

Der Antwortbrief vom 28. Februar 1978 widmet sich wieder dem Vorfall bezüglich Walsers: Raddatz ist der Ansicht, dass es zu Kommunikationsschwierigkeiten gekommen sein müsse. Er sichert zu, Martin Walser zu kontaktieren, auch wenn er befürchte, sich lächerlich zu machen. Raddatz ist von Johnsons Unterstellung getroffen und greift deshalb dessen vorangegangene abgekühlte Grußform *Mit freundlichen Grüßen* ebenfalls auf.[854] Nachdem Johnson die Situation mit Walser als erledigt betrachtete, bot er Raddatz an, die Geschehnisse zu vergessen. Die Versöhnung hielt nicht lange an, vielmehr musste Johnson einen schweren Streit austragen.

Häufig wird in der Forschung aus dem Brief vom 19. August 1978 zitiert, der mit den Worten *Wundersames Fritzchen*[855] durchaus andeutet, dass etwas Uner-

851 Ebd. S. 225.

852 Vgl. Ach! Sie sind ein Deutscher?. Von Uwe Johnson. In: Zeit-Online, Nr. 15, 03.02.1978, S. 1–4.

853 Vgl. ebd. S. 255 f.

854 Vgl. ebd. S. 256, 259.

855 Ebd. S. 264.

wartetes passiert sein muss: Johnson klagt Raddatz an, dass dieser wegen seines *kindlichen Spieltrieb[s]*[856] und seiner *unmanierlichen Klatschsucht zuliebe*[857] die Ehekrise der Johnsons an die Öffentlichkeit gebracht habe, nachdem er zuvor telefonisch nähere Informationen bei Unseld einzuholen versucht habe. Raddatz antwortete darauf entsetzt und erklärte, dass er von Enzensberger und Grass erfahren habe, dass das Ehepaar sich trenne. Darüber sei er bestürzt gewesen und habe versucht, Johnson persönlich zu erreichen. Nachdem er seit Längerem nichts von Johnson gehört habe, kontaktierte er das Sekretariat Unselds, um nach Johnsons Adresse zu fragen. Raddatz forderte eine Entschuldigung, doch Johnson entscheidet sich dafür, den Kontakt zu ihm abzubrechen. Von 1979 bis 1983 ist von Raddatz nur noch in den Briefen Johnsons mit Siegfried Unseld, Max Frisch und Walter Kempowski die Rede. Dort prangert Johnson jenen als Verräter und Übeltäter an, der für das Scheitern der Ehe verantwortlich zu machen sei. An dieser Meinung hält Johnson fest und zeigt dies auch in der *Skizze eines Verunglückten* deutlich:

> Es blieb die Aussage des Angeklagten über sein Bemühen, das Zusammenleben mit Mrs. Hinterhand fortzuführen, über eine beträchtliche Zeit, bis sie darin gestört worden seien durch Machenschaften eines Skandalschreibers. Die hätten in ihm das Innstetten-Syndrom hervorgerufen.[858]

Auch Siegfried Unseld war in die johnsonsche Krise involviert. Er ließ Johnson wissen, dass Raddatz der Hauptinszenator bezüglich des Öffentlichwerdens der Ehekrise gewesen sei, wobei die Rolle Enzensbergers und Grass' nicht weiter erwähnt wird. Raddatz gibt nach Johnsons Tod zu bedenken, dass Unseld die Veröffentlichung des Briefes vom 19. Februar 1978 nicht verhindert haben soll, obwohl Raddatz die Publikation seines Briefes verboten hat. Unseld soll somit das Urheberrecht gebrochen haben.[859] Den Thesen Gotzmanns zufolge war es Unselds Absicht, Raddatz, selbst wenn dieser unschuldig gewesen wäre, für die Veröffentlichung des Eheskandals verantwortlich zu machen.

Im Briefwechsel kommt es trotz des freundschaftlichen Bruchs zu einer Annäherung, als Raddatz am 5. August 1983 mit einem einmaligen Angebot an Johnson herantritt. Ein New-York-Aufenthalt soll dem schwer angeschlagenen Johnson helfen: Was Günter Grass bereits zu einem früheren Zeitpunkt Unseld vorgeschlagen hat, versuchte Raddatz nun umzusetzen. Er ließ sich einen Vor-

---

856 Ebd. S. 265.

857 Ebd. S. 265.

858 Johnson, Uwe: Skizze eines Verunglückten. S. 53.

859 Vgl. Raddatz, Fritz J.: Unruhestifter. S. 393.

wand einfallen, um Johnson eine Amerikareise anbieten zu können, die Johnson auch vor seinem Tod gewillt war anzunehmen.[860]

Das letzte Mal sahen sich die beiden Literaten bei Hans Werner Richters 75. Geburtstagsfeier in Saulgau. Johnson, der sich versöhnen wollte, trat an den Tisch von Grass und Raddatz und fragte, ob er sich dazugesellen dürfte. Raddatz soll dies begrüßt und gesagt haben: *wenn Sie finden, daß es angebracht ist.*[861] Johnson antwortete angeblich: *Fritzchen ist immer angebracht.*[862] Fritz Raddatz bewertet das Verhältnis der beiden Literaten in seinem Nachruf jedoch weniger wohlwollend als Johnson[863] dies mit seinem Entgegenkommen beabsichtigte.

3.5.4 Verknüpfung zwischen Werk und Brief

Einen prägenden Eindruck hinterließ das Dutschke-Attentat auf die beiden Literaten. In dem Brief vom 27. April schildert Raddatz seine Eindrücke zu den ereignisreichen Ostertagen. Sowohl Raddatz als auch Johnson verwendeten dieses geschichtliche Material für ihre Werke. Bei Raddatz finden sich im *Unruhestifter* die entsprechenden Referenzstellen,[864] bei Johnson ist es ein Telefonat von Anita und Gesine, die sich in dem Tageseintrag vom 14. April 1968 bezüglich der Studentenaufstände austauschen.[865] Hier datiert Johnson den Tageseintrag den Ereignissen entsprechend, relativ zeitnahe zum Attentat auf Rudi Dutschke am 11. April 1968 und bezieht die nachfolgenden Studentenproteste, Demonstrationen und Blockaden der Springer-Häuser während der Ostertage mit ein.

In seinem Brief vom 6. Mai 1968 betont Johnson, er habe sich für den McCarthy-Flyer extra *gebückt,*[866] um Raddatz diesen übergeben zu können. Auf dem Original-Handzettel ist eine Einladung zu einer Wahlveranstaltung am 19. Mai 1968, von Senator Eugene McCarthy im Madison Square Garden, abgedruckt. Die Kandidatur des Senators baute auf einer Anti-Vietnam-Kriegshaltung

---

860 Vgl. RJB. S. 270 f.

861 Ebd. S. 331.

862 Ebd. S. 331.

863 Vgl. Tantalus oder Die Zurückweisung. Hier wächst nichts, aber auch gar nichts zusammen, und das Wort „Freundschaft" steht für eine Sehnsucht, die sich nie erfüllen wird: Der Briefwechsel zwischen Uwe Johnson und Fritz J. Raddatz. Von Helmut Böttiger. In: Süddeutsche Zeitung, 21.11.2006, S. V2/12. Was die Bewertung der Korrespondenz betrifft, so hat Böttiger als Fazit festgehalten, dass in den Briefen stets etwas Quälendes mitschwingt.

864 Vgl. Raddatz, Fritz J.: Unruhestifter. S. 233 ff.

865 Vgl. Johnson, Uwe: Jahrestage. S. 882.

866 RJB. S. 67.

auf und führte sogar dazu, dass der damalige Amtsinhaber Lyndon B. Johnson auf eine erneute Kandidatur verzichtete.[867] In den *Jahrestagen* berichtet Johnson ebenfalls von dem McCarthy-Flyer. In dem Tageseintrag vom 27. April 1968, der mit dem Datum von Raddatz' Briefbericht über Dutschke übereinstimmt, entdeckt Marie an einem Vormittag besagten Flyer.[868]

Die fiktiven Daten der *Jahrestage* stimmen jedoch nicht mit den realen Fakten überein, denn die Wahlveranstaltung sollte am 19. Mai 1968 stattfinden, und Johnson berichtet Raddatz von dem Flyer am 6. Mai 1968. Im Tageseintrag vom 8. Mai 1968 werden dann der Kandidat Eugene McCarthy porträtiert und seine Wahlkampfmethoden vorgestellt.[869]

3.6 Briefwechsel mit Hannah Arendt

3.6.1 Zahlen, Fakten, Daten

Die Begegnung mit der jüdischen Gelehrten Hannah Arendt[870] verdankte Johnson seiner mit Günter Grass unternommenen zweiten Amerikareise im Jahr 1965. Ein exaktes Datum, wann sich die beiden zum ersten Mal trafen, liegt nicht vor. Unter Einbeziehung anerkannter Quellen[871] lässt sich herausfinden, dass das Kennenlernen im Mai im New Yorker Goethe-House stattgefunden haben muss. Bernd Neumann gibt den 21. Mai 1965 als ungefähren Zeitpunkt an, als Johnson das erste Mal zu Besuch bei Hannah Arendt gewesen sein soll.[872]

Der Briefwechsel der beiden beginnt allerdings erst am 22. Juni 1967 mit einer handschriftlich verfassten Postkarte Arendts.[873] Die Korrespondenz endet mit

867 Vgl. ebd. S. 67, Anm. 3.

868 Vgl. Johnson, Uwe: Jahrestage. S. 953.

869 Vgl. ebd. S. 1003–1008.

870 Vgl. Young-Bruehl, Elisabeth: Hannah Arendt. Leben, Werk und Zeit. Frankfurt am Main 1986. S. 43. Der Geburtsname der Gelehrten lautet Johanna Arendt.

871 Vgl. AJB. S. 305, 311 f.
Vgl. Probst, Lothar: Hannah Arendt und Uwe Johnson. In: Politik und Zeitgeschichte 2006. Nr. 39, S. 27 f.
Vgl. Wild, Thomas: Hannah Arendt. Leben, Werk, Wirken. Frankfurt am Main 2006. S. 142.

872 Vgl. Neumann, Bernd: Uwe Johnson. S. 541 ff. Neumann erwähnt, dass sich Johnson am 21. Mai die Adresse Hannah Arendts (370 Riverside Drive, die bekanntlich in den *Jahrestagen* gewürdigt wird) notierte und sie in den darauf folgenden Tagen besucht hat.

873 Vgl. ebd. S. 607. Neumann schreibt hier fälschlicherweise, dass der Briefwechsel mit einem Brief von Johnson, datiert auf den 22. Juni 1967, beginnt. Tatsächlich ist es aber eben genannte Postkarte Hannah Arendts, die die Korrespondenz einleitet.

einem Brief von Johnson, datiert auf den 27. August 1975, in dem er sich über das Wohlbefinden der älteren Freundin freut und auf Max Frischs Tagebuch anspielt, wobei Johnson sich auf Frischs Skizzen zur *Vereinigung Freitod* bezieht.[874]

In den acht Jahren der gemeinsamen Brieffreundschaft werden insgesamt 53 Nachrichten ausgetauscht (vgl. Abbildung 22), wobei der Briefwechsel nicht vollständig vorliegt.

Abb. 22 Verteilungsübersicht der Briefe im Briefwechsel von Hannah Arendt und Uwe Johnson.

Aufschlüsselung der Korrespondenz	
Insgesamt	44 Briefe 9 Postkarten
Anteil von Uwe Johnson	23 Schriftstücke an Hannah Arendt 4 Schriftstücke an H. Arendt und Heinrich Blücher
Anteil von Hannah Arendt	26 Schriftstücke an Uwe Johnson

Es fehlt eine halbseitige Briefnotiz und ein von Uwe und Elisabeth Johnson verfasstes Telegramm, das aus urheberrechtlichen Gründen bisher der Öffentlichkeit nicht zugänglich gemacht werden kann.[875] Schwerpunkte dieser Briefkorrespondenz sind hauptsächlich Johnsons *Jahrestage* sowie das nachbarschaftliche Zusammenleben in New York und einige der für Johnson typischen Themenkomplexe (vgl. Kapitel 2.5.5).

Auch in der Korrespondenz mit Hannah Arendt können Johnsons charmante Umgangsformen beobachtet werden, und so lobt Arendt ihn für seine *schönen*[876] Briefe. Als Vertrauen schaffender ‚running gag' fungieren hier Blumen, für die Johnson nie eine passende Vase hat,[877] sowie Anspielungen auf Arendts Lieblingsaperitif Campari.[878] Doch auch Arendt zeigte sich kreativ und neckte Johnson bezüglich seines kahl geschorenen Schädels.[879]

874 Vgl. AJB. S. 161, Anm. 3.

875 Vgl. ebd. S. 333 f.

876 AJB. S. 78.

877 Vgl. ebd. S. 63, 85, 100, 108, 124, 148, 161.

878 Vgl. S. 61, 66, 85.

879 Vgl. ebd. S. 37, 66; 69, Anm. 1. Diesem Scherz ist Johnsons Geständnis vorangegangen, dass ihm ein kleiner Junge auf der Straße mehrfach *Glatzkopf* hinterhergerufen habe.

Die Nähe zueinander verdankten die beiden der gemeinsamen Zeit in New York, als sie noch *Haus zu Haus*[880] wohnten. Im Briefwechsel finden sich immer wieder Passagen, die darlegen, wie bemüht die beiden Freunde sind, Verabredungen zu arrangieren, besonders seit die Johnsons New York am 22. August 1968 verließen und nach Berlin-Friedenau zurückkehrten. Das Nachbarschaftsleben wurde, ähnlich wie mit der Familie Grass, von beiden Seiten vermisst.[881] Arendt schreibt diesbezüglich:

> Wie ich schon sagte, ich vermisse die Nachbarschaft sehr, und ich fürchte Helen Wolff leidet richtig unter Ihrer Abwesenheit. Sie sehen, jeder wünscht Euch zurück.[882]

Zu einer Art Wiederaufnahme des gemeinsamen Lebens in New York kam es im September 1971, als Johnson für mehrere Wochen bei Hannah Arendt wohnte.[883] Dem Besuch ging das Ableben von Arendts zweitem Ehemann Heinrich Blücher am 31. Oktober 1970 voraus. In einem Brief vom 16. Juni 1971 teilt Helen Wolff Johnson mit, dass es Arendts Wunsch sei, dass er ihr in der schweren Zeit beistehe.[884] Diesem Anliegen kommt er, wie folgende Briefpassage vom 7. Februar 1972 belegt, nach:

> Ferner möchte ich melden, dass ich eigentlich gleich nach Ihrem Auszug angefangen habe, die Jahrestage ernsthaft und hintereinander zu lesen. Als Sie da waren, konnte ich das schlecht. Sie waren mir dabei sozusagen im Wege. Ich bin nun der monatelang wohl erwogenen Meinung, von der ich vergeblich hier und da noch etwas abzukratzen versuchte, dass dies wahrhaftig ein Meisterwerk ist. (Sie verstehen, dass ich nicht in Ihrer Gegenwart lesen konnte. Denken Sie doch bitte wie unwahrscheinlich es ist, den Autor eines Meisterwerkes im Gästezimmer zu haben!)[885]

Solch ein Lob war selbst für Johnson eine große Ehre, zumal Arendt sich geradezu bewogen fühlte, seine *Jahrestage* derart *ernsthaft* zu lesen. Immerhin hätte auch die Tatsache ein Leseanstoß sein können, dass Johnson sie bereits 1970/71 als Figur in den *Jahrestagen* auftreten ließ, was im folgenden Abschnitt genauer thematisiert wird.

---

880 Ebd. S. 23.
881 Vgl. ebd. S. 25, 32 ff. Arendt war sogar bereit, Johnson einen Besuch bei ihr zu finanzieren, was er ablehnte, aber als besonderes Zeichen ihrer Freundschaft verstand.
882 Ebd. S. 21.
883 Vgl. Neumann, Bernd: Uwe Johnson. S. 609.
Vgl. AJB. S. 55, Anm. 5; 56, 318.
884 Vgl. AJB. S. 55, Anm. 5.
885 Ebd. S. 66.

3.6.2 Thematische Darstellung der Briefinhalte

Bernd Neumann bezeichnet den Briefwechsel der beiden als *nicht sonderlich umfangreich,*[886] was in Bezug auf die Anzahl der ausgetauschten Briefe korrekt ist (vgl. Abbildung 22). Dennoch gibt der Briefwechsel reichlich Aufschluss über das persönliche Leben der beiden. Schicksalsschläge wie der Tod Blüchers oder Hannah Arendts Herzinfarkt, gefolgt von Johnsons Infarkt, werden in den Briefen nicht verschwiegen. Auch das Familienleben wird ausführlich dargestellt, und man bespricht Zukunftspläne, wie etwa den Umzug der Johnsons nach England, den Arendt nicht akzeptieren wollte.

Das Besondere an dieser Briefkorrespondenz sind jedoch die einzigartigen Einblicke, die man in Johnsons literarisches Schaffen und Wirken erhält. Hannah Arendt wurde zu einer Art Muse und Inspirationsquelle für Johnson, weshalb bereits an dieser Stelle von Johnsons Romanfigur *Gräfin von Seydlitz,* die in den *Jahrestagen* mehrfach vorkommt und zudem die gesamte Briefkorrespondenz des Jahres 1970 einnimmt, gesprochen werden soll. Johnson fragt in seinem Brief vom 24. Juni 1970 Hannah Arendt hierzu:

> Liebe Frau Blücher, hat Helen Wolff Ihnen die Stelle im Manuskript gezeigt, wo Gesine Cresspahl sich mit Frau Arendt unterhält, sei es in Gedanken? Wenn ja, war es Ihnen recht? Es ist, soviel ich weiss, in diesem ersten Drittel das einzige Mal; aber für die kommenden würde ich eben gern so tun, als hätte diese Dame Cresspahl seit ungefähr 1965 die Ehre, mit Ihnen in einem flüchtigen Gespräch zu sein, von Treffen bei Parkspaziergängen oder auch parties her, wenn möglich auch einmal bei einem Ihrer nachmittäglichen Empfänge. Würden Sie dies erlauben mögen? Mrs. Cresspahl hat mich beauftragt, Sie ihrer Verehrung zu versichern.[887]

Die Antwort Arendts lautet am 30. Juni 1970:

> Helen Wolff hat mir nichts gezeigt – ich nehme an, (hoffe) Sie haben nicht meinen Namen genannt und da halte ich es für gut möglich, dass sie so ist wie ich und es nicht gemerkt hat. Im Uebrigen erlaube ich Ihnen sehr gern alles, was Sie gern anstellen mögen. Nur nicht Namen nennen. Dagegen bin ich allergisch.[888]

Doch zu Johnsons Bedauern erreichte ihn diese Nachricht zu spät. Er nahm an, dass Helen Wolff Arendt die entsprechende Passage gezeigt habe, weshalb im Vorabdruck des *Merkurs* Hannah Arendts Name in den *Jahrestagen* publiziert wurde, jedoch nicht mehr in der Erstausgabe des Romans.[889] Arendt macht Johnson in

886 Neumann, Bernd: Uwe Johnson. S. 607.
887 AJB. S. 26.
888 Ebd. S. 32.
889 Vgl. ebd. S. 36; 37, Anm. 3.

ihren Briefen keinerlei Vorwürfe und erklärt ihm nur, dass sie befürchte, man könne das, was in den *Jahrestagen* unter ihrem Namen zu lesen sei, zitieren und für real halten. Sie wollte nicht als Gräfin im Roman erscheinen, zum einen,weil sie Jüdin war[890] und zum anderen weil sie sich durch den Namen sofort enttarnt fühlte,[891] auch wenn einige Leser keine Beziehung zwischen ihr und der Figur Gräfin Seydlitz herstellen konnten.

Tatsächlich konnte nicht einmal ihre Freundin Lotte Köhler sie in der Figur der Gräfin erkennen, und ein Johnson-Forscher vermutete sogar, dass Christiane Zimmer hiermit gemeint sei.[892] Nach Ansicht Neumanns stellt Johnson jedoch mit dieser Namensgebung auch eine Verknüpfung zwischen Hannah Arendt und ihrem Ehemann Heinrich Blücher her.[893] Johnson jedenfalls war sich der Unzufriedenheit der Freundin bewusst,[894] weshalb er sich mehrmals entschuldigte.

Den Höhepunkt der Korrespondenz stellt mit zwölf ausgetauschten Briefen das Jahr 1974 dar (vgl. Abbildung 23).

Die Themenschwerpunkte dieser Zeit sind das bereits erwähnte Umzugsvorhaben Johnsons, seine Gedenkschrift *Eine Reise nach Klagenfurt* für Ingeborg Bachmann, Arendts Differenzen mit dem Suhrkamp Verlag aufgrund der Publikationsschwierigkeiten ihrer Essays und persönliche Alltagsgeschichten.

---

890 Vgl. ebd. S. 39; 40, Anm. 2.
Vgl. Neumann, Bernd: Uwe Johnson. S. 608. Ergänzend soll hier auf Neumanns Hinweis aufmerksam gemacht werden, dass Arendt einem Erscheinen in den *Jahrestagen* ablehnend gegenüberstand, da sie Jüdin war und es das jüdische Bilderverbot zu wahren galt.

891 Vgl. Wolff, Helen: Ich war für ihn >>die alte Dame<<. Ulrich Fries und Holger Helbig sprachen mit Helen Wolff über Uwe Johnson. In: Johnson-Jahrbuch. Bd. 2. Hrsg. v. Ulrich Fries und Holger Helbig. Göttingen 1995. S. 26.

892 Vgl. AJB. S. 46, Anm. 7.

893 Vgl. Neumann, Bernd: Uwe Johnson. S. 544. Neumann führt aus, dass der Name Seydlitz in der deutschen Geschichte für einen *volkstümlichen Feldherrn und eine erfolgreiche preußische Militärstrategie* steht. Der Name Blücher habe ebenfalls ähnliche Bedeutung durch General Gebhard Leberecht Fürst von Blücher von Wahlstatt erhalten. Durch die namentliche Umgestaltung Arendts, einer aus Preußen stammenden Jüdin, die als Theoretikerin des Totalitarismus und Pazifismus bekannt wurde, erscheint diese Verknüpfung amüsant. Zumindest wurde Johnson der namentlichen Verschmelzung der Eheleute gerecht, denn auch das wurde in den Briefen thematisiert und mit Blüchers Tod kompliziert.

894 Vgl. Wolff, Helen: Ich war für ihn >>die alte Dame<<. S. 26.

Abb. 23 Anzahl der verfassten Briefe pro Jahr im Briefwechsel zwischen Hannah Arendt und Uwe Johnson (1967 bis 1975).

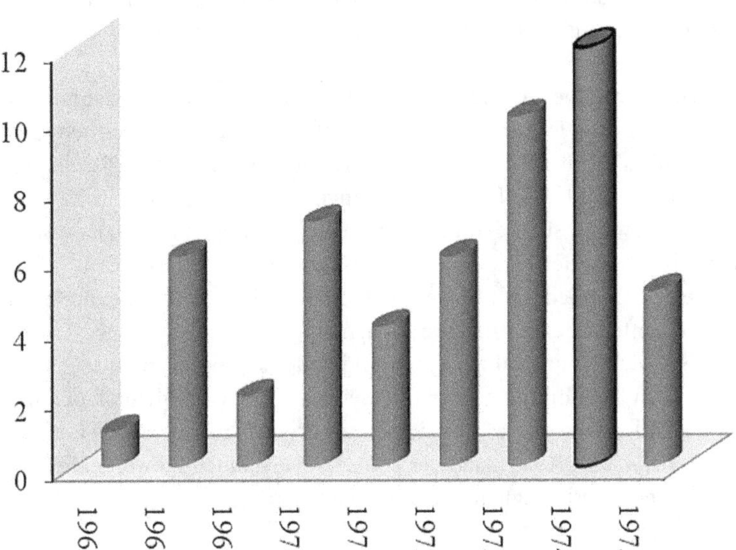

Neben all der Vertrautheit und Nähe kam es auch zu Unstimmigkeiten, was auch, bis auf die einschließlich im Jahr 1968 geführte Diskussion um Bertolt Brecht, im Briefwechsel nachgelesen werden kann. Als Johnson am 23. Oktober 1971 den Georg-Büchner-Preis für den dritten Band der *Jahrestage* in Darmstadt überreicht bekommen sollte, wünschte er sich von Hannah Arendt, dass sie die Laudatio hierzu halten solle, was sie aber ablehnte und Max Frisch für Johnsons Anliegen empfahl.[895] Johnson war enttäuscht, schrieb ihr dies aber nicht explizit, ebenso wenig wie 1973, als sie Johnsons Bitte ausschlug, bei einem TV-Porträt über ihn als Zeitzeugin vor der Kamera zu sprechen.[896] Ihre letzte Auseinandersetzung ereignete sich 1975, als Johnson seinen Herzinfarkt erlitt. In diesem Zusammenhang kritisiert Arendt in ihrem letzten Brief vom 23. August 1975 Folgendes:

> Es ist ja sehr interessant zu lesen (und zu bewundern) wie aus Ihrem Fenster sich die Welt ausnimmt, aber wissen möchte ich doch lieber Handgreiflicheres. [...] Ihr Brief – sehr entzückend, sehr charmant, aber dann doch als ob einer mit geschlossenen Lippen spricht.[897]

895 Vgl. AJB. S. 52 und Anm. 3.
896 Vgl. ebd. S. 95–99.
897 Ebd. S. 157.

Dieses Zitat wird in der Forschung häufig verwendet, weil es bezeichnend für Johnsons Verhalten ist. Auch Johnson selbst erachtete dieses Zitat, wie aus Briefen mit Lotte Köhler hervorgeht, als treffend und rühmte dabei Arendts Beobachtungsgabe.

Opitz bestärkt in seiner Abhandlung eine bereits von Ulrich Fries aufgestellte These, nämlich dass Johnson in seinen Briefen die Kernaussagen lediglich umschreibt und es somit die Aufgabe des Adressaten war zu entschlüsseln, was Johnson mitteilen wollte.[898] Nach Ausführungen Opitz' soll dies ein Zeichen des Vertrauens gewesen sein, denn Johnson habe geradezu erwartet, dass seine Briefpartner ihn trotz der lückenhaften Darstellungsweise verstanden.[899] Diese Annahmen können jedoch nicht einheitlich bestätigt werden, denn oft ließ Johnson bestimmte Aspekte unangesprochen aufgrund seines eigenen Unvermögens heraus, sich emotional zu öffnen und anderen Vertrauen zu schenken. Johnson war nach Ermahnungen bezüglich seiner Verschwiegenheit oft bemüht, sich dahingehend zu bessern, er war sich dieser Problematik auch bewusst (vgl. Kap. 3.1.3, 3.4.2, 3.7.2, 3.10.1). Hätte er erwartet, verstanden zu werden, wären seine Bemühungen diesbezüglich sicher ausgeblieben.

3.6.3 Verknüpfung zwischen Werk und Brief

Es besteht kein Zweifel, dass Uwe Johnson besonders von Hannah Arendt inspiriert wurde. Der vorliegende Briefwechsel liefert Hinweise, manchmal sogar nur Schlüsselworte, denen es nachzuforschen lohnt, um zu einer umfassenderen Interpretation der *Jahrestage* zu gelangen. Außerdem enthält die Korrespondenz authentisches Material, das Johnson in seinen Roman einbaute, sowie Passagen beziehungsweise Textauszüge der *Jahrestage*, die er entweder Hannah Arendt zuerst zeigte und dann literarisch verarbeitete oder umgekehrt.

Bedeutsam für die *Jahrestage* sind vor allem die Briefe, die sich mit der NS-Vergangenheit und den amerikanischen Missständen, wie Rassendiskriminierung oder dem Vietnam-Krieg, beschäftigen. Die Schuldfrage der alten deutschen Heimat lastete schwer auf den Schultern, und der Versuch, sich eine neue amerikanische Heimat zu erschließen, gelang nur mühsam und etappenweise. Von dieser janusköpfigen Belastung, zurückschauen zu müssen und doch gleichzeitig den Blick nach vorne in eine neue Zukunft zu richten, erzählen unter anderem die jeweiligen Werke. Es bedarf beider Ansichten, um sich selbst reflektieren zu

898 Vgl. Opitz, Michael: Der Erzähler Uwe Johnson in seinen Briefen. S. 45 und Anm. 16.
899 Vgl. ebd. S. 46.

können und um Abstand für Neues zu gewinnen. In diesem Zusammenhang bewertet Arendt einmal Johnsons *Jahrestage* wie folgt:

> Dies ist ein Dokument, und zwar ein gültiges für diese ganze Nach-Hitler-Zeit. Diese Vergangenheit haben Sie in der Tat haltbar gemacht, und was vielleicht viel unwahrscheinlicher ist, Sie haben sie überzeugend gemacht. [...] Nur so – von Urahne, Grossmutter, Mutter und Kind – im Zusammenspiel der Generationen und in zwei Kontinenten kann man scheint's angemessen sprechen und denken.[900]

Arendt fügt ihrem Brief vom 17. September 1974 ein Gedicht von Gottfried Keller mit dem Titel *Die öffentlichen Verleumder* bei, nachdem sie Johnson von einem Freund berichtet, der bei der SS war und mehrere Juden versteckt hielt, sich aber selbst diese NS-Zeit nie verzeihen konnte und sich letztlich das Leben nahm. Über das Gedicht schreibt sie, dass es unter den Widerstandsleuten *von Hand zu Hand ging*[901] und Johnson es haben soll. Von solchen Gepflogenheiten ist der Briefwechsel durchzogen. Es werden Geschichten ausgetauscht, Gedichte und Zeitungsartikel verschickt, die diese schwer begreifbare Vergangenheit darzustellen versuchen. Primär geht es in den Briefen darum, sich deutlich zu machen, was politisch geschehen war und was künftig daraus resultieren könnte.

Den ersten wichtigen Hinweis zwischen Brief und Werk liefert die von Hannah Arendt handschriftlich verfasste Briefkarte vom 21. Juli 1967. Dabei handelt es sich lediglich um einen Dank für Johnsons *Über eine Haltung des Protestierens.*[902] Die Relevanz für die *Jahrestage* wurde bereits behandelt (vgl. Kap. 3.2.4). An dieser Stelle soll nur gezeigt werden, wie verknüpft und ineinandergreifend das soziale Netzwerk Johnsons funktionierte. Er selbst hat Arendt den Aufsatz zukommen lassen.[903]

Um den Kern des Textes noch einmal kurz zusammenzufassen: Johnson klagt darin die vermeintlich *guten Leute*[904] an, die sich zwar über den Vietnam-Krieg empören, jedoch nichts gegen ihn unternehmen und letztlich sogar davon profitieren. In den *Jahrestagen* gibt es zahlreiche Eintragungen, die sich kritisch mit dem Vietnam-Krieg beschäftigen, und Gesprächspartner, so wie Arendt und Enzensberger, waren für Johnson in diesem Zusammenhang besonders wertvoll.

Im Jahr 1968 werden drei Schriftstücke ausgetauscht, in denen sich die Familie Johnson mit dem Ehepaar Blücher für den Nachmittag des 17. Augusts 1968 in *Palenville* verabredet. Es war das letzte Wochenende der Johnsons in New

---

900 AJB. S. 66 f.
901 Ebd. S. 139.
902 Vgl. ebd. S. 10.
903 Vgl. ebd. S. 10, Anm.1.
904 Johnson, Uwe: Über eine Haltung des Protestierens. S. 177.

York, bevor sie nach Berlin zogen. Eberhard Fahlke und Thomas Wild vermuten, dass es kein Zufall ist, dass unter dem Tageseintrag vom 17. August 1968 in den *Jahrestagen* hauptsächlich von *Heimweh* gesprochen wird. Jene Zusammenkunft in *Palenville* und die gemeinsame Zeit in New York soll auch in Gesines Heimwehschmerz verankert sein.[905] Wenn man zudem bedenkt, dass die Adresse der Hauptprotagonistin mit der tatsächlichen Adresse der Familie Johnson am Riverside Drive übereinstimmt, so ist die Theorie Fahlkes und Wilds zu halten.[906] Diese These wird durch eine Aussage Johnsons in einem Brief an Arendt bestärkt:

> Schon nach dem ersten Jahr New York habe ich mir aufgeschrieben (offenbar besorgt, dies sei zu vergessen), ein Heimweh nach dem Leben in Ihrer Stadt sei schwer erträglich […].[907]

Nach dem Zusammentreffen in *Palenville* schickt Johnson Hannah Arendt in seinem Brief vom 25. Oktober 1968 einen Aufsatz über Walter Benjamin. Johnsons Interesse an dem jüdischen Philosophen[908] wurde sicherlich durch Hannah Arendt verstärkt. Benjamin war nicht nur der Großcousin von Arendts erstem Ehemann Günther Stern, sondern er war ein enger Freund von ihr, in dessen Bekanntenkreis sie sich bewegte.[909] Nach Benjamins Suizid im Jahr 1940 widmete sich Arendt weiterhin dem Leben des Verstorbenen, indem sie Vorträge über ihn abhielt und 1968 mit ihrem Benjamin-Essay für Aufsehen in Deutschland sorgte.

An einem ihrer Vorträge nahm Johnson bereits am 16. Januar 1967 im New Yorker Goethe-Haus teil. In den *Jahrestagen* befindet sich unter diesem Datum ein bedeutungsvoller Eintrag, nämlich wird hier vom *American Jewish Congress* berichtet und nicht von Arendts Benjamin-Vortrag *A Lecture in German,*[910] wie man aufgrund von Johnsons Wahrheitsliebe und penibler Detailtreue hätte erwarten können. Neumann ist dieser Aspekt aufgefallen, und er weist darauf hin, dass der *American Jewish Congress* in den *Jahrestagen* zu dem *Jewish American Congress* umgewandelt wird. Dieser bei Neumann lediglich in Klammern gesetzte Hinweis[911] wird von Holger Helbig und Ulrich Fries aufgegriffen.

---

905 Vgl. AJB. S. 312.

906 Vgl. ebd. S. 16, Anm. 2.

907 Ebd. S. 56.

908 Vgl. Schöttker, Detlev; Wizisla, Erdmut (Hg.): Arendt und Benjamin. Texte, Briefe, Dokumente. Frankfurt am Main 2006. S. 97, 187 f., 195 f. Arendt wehrte sich gegen die Bezeichnung, Walter Benjamin sei ein Philosoph, für sie war er das eben nicht, sondern ein dichterischer Denker und *Perlentaucher*, was zu heftiger Empörung aufseiten Theodor W. Adornos und Gershom Scholems führte.

909 Vgl. ebd. S. 106 f.

910 Grambow, Jürgen: Uwe Johnson. S. 133.

911 Vgl. Neumann, Bernd: Uwe Johnson. S. 600.

In einem Gespräch mit Helen Wolff, die sowohl dem Benjamin-Vortrag als auch dem *American Jewish Congress* beigewohnt hat, versuchen die beiden Johnson-Forscher, den vermeintlichen Fehler aufzulösen und zu erklären, warum Johnson genau an der Stelle in den *Jahrestagen*, wo er sich das einzige Mal selbst mit Namen in den Roman hineinarbeitet,[912] den Benjamin-Vortrag verschweigt und dafür einen anderen Tag in Erscheinung treten lässt. Es wurde zunächst eine versteckte Botschaft dahinter vermutet, doch Helen Wolff nimmt an, dass an besagtem Tag beide Veranstaltungen stattgefunden haben. Somit läge keine weitere Symbolhaftigkeit in dem Eintrag vom 16. Januar 1967 vor, doch genau konnte dieser Sachverhalt bisher nicht geklärt werden.[913] Der Grund, warum auf diesen Aspekt so viel Wert gelegt wird, ist, dass Johnsons Erzählkonzeption der *Jahrestage* an Benjamins Sammeln von Realitäten[914] und dessen Aneinandermontieren von Bruchstücken[915] erinnert.

Holger Helbig und Ulrich Fries sind der Ansicht, dass die Wortverdrehung von *American Jewish Congress* zu *Jewish American Congress* ein Hinweis Johnsons sein sollte, *daß an dieser Stelle etwas nicht stimmt. Er hält vor diesem Kongreß einen Vortrag und wird niedergebrüllt.*[916] Man könnte es auch so betrachten, dass Johnson mit dem Wortdreher darauf aufmerksam machen wollte, dass es sich nicht um einen amerikanischen Kongress handelte, bei dem hauptsächlich Juden anwesend waren, sondern dass es sich um einen jüdischen Kongress handelte, der lediglich auf amerikanischem Boden stattfand. Durch diese Verdrehung rückt das tatsächliche Geschehen unverzerrt in den Vordergrund, denn was hier eigentlich gemeint gewesen sein könnte, ist, dass die Juden trotz der Distanz durch die neue amerikanische Heimat keine Distanz zur deutschen Vergangenheit entwickeln konnten, was zudem auch in den *Jahrestagen* deutlich gezeigt wird. Der Rabbi versucht, den Schriftsteller Johnson zu schützen, indem er dem jüdischen Publikum vermitteln möchte, dass nicht er für die NS-Zeit verantwortlich ist, doch die Anwesenden erklären Johnson trotzdem für schuldig.[917]

Johnson schickte den Blüchers in den folgenden Briefen Manuskriptfassungen, die jeweils als Vorabdrucke der *Jahrestage 1* in der *Neuen Rundschau* erschienen sind. Dabei handelt es sich einmal um die *Beschreibung der Upper West Side*, was

912 Vgl. Johnson, Uwe: Jahrestage. S. 228–232.

913 Vgl. Wolff, Helen: Ich war für ihn >>die alte Dame<<. S. 19–23.

914 Vgl. Neumann, Bernd: Uwe Johnson. S. 603

915 Vgl. Schöttker, Detlev; Wizisla, Erdmut (Hg.): Arendt und Benjamin. S. 86 f. Vgl. Wild, Thomas: Hannah Arendt. S. 106 f.

916 Wolff, Helen: Ich war für ihn >>die alte Dame<<. S. 20.

917 Vgl. Johnson, Uwe: Jahrestage. S. 231 f.

in der *Neuen Rundschau* allerdings als *Ein Teil von New York* publiziert wurde,[918] und um *Gesine Cresspahl stellt sich ihre Eltern vor.*[919]

In dem bereits besprochenen Brief vom 24. Juni 1970 berichtet Johnson davon, dass die *Jahrestage* sogar als Dreiteiler erscheinen sollen, da sein Manuskript immer umfangreicher werde. Diesem Brief ist eine Anlage beigefügt, ein Artikel aus dem Berliner *Tagesspiegel* vom 28. Mai 1970, der sich kritisch mit Arendts Aufsatz über Bertolt Brecht beschäftigt. Johnsons kontroverse Ansichten hierzu baut er in den Tageseintrag vom 14. August 1968 in die *Jahrestage* mit ein, wobei es sich bei diesem Datum zugleich um den zwölften Todestag Brechts handelt.[920]

Die Sonderstellung, die das Jahr 1970 aufgrund Johnsons Figurenkonstruktion der Gräfin Seydlitz in den *Jahrestagen* einnahm, wurde bereits erörtert (vgl. Kap. 3.6.2).

Ergänzend sei in diesem Zusammenhang auf zwei Passagen in den *Jahrestagen* verwiesen, in denen die Gräfin in Erscheinung tritt. Unter dem Tageseintrag vom 11. September 1967 zeigt sich die Gräfin in Gesines Gedanken, als die Gepflogenheiten der *New York Times* – hier personifiziert als alte Tante[921] – dargestellt werden. Die folgende Passage in den *Jahrestagen* stimmt inhaltlich mit Johnsons Absichten, die er Arendt bezüglich des fiktiven Lebenslaufs der Gräfin mitteilte, überein.[922] Der Tageseintrag vom 16. März 1968 berichtet von der Gräfin, die, wie im Brief angekündigt wurde, Tauben füttert, eigentlich Emma Borsfeld heißt und von deren Ehemann nichts bekannt ist.[923]

Johnson verwendet für die *Jahrestage*[924] auch eine persönliche Geschichte Arendts, nämlich die, als sie in einem Fahrstuhl überfallen wurde. Arendt selbst berichtet Johnson am 7. Februar 1972 von dem Vorfall wie folgt:

> Ich bin inzwischen ein etwas zeitgemässerer Bürger Manhattans geworden, insofern als auch ich in einem elevator >>mugged<< wurde – von einem sehr verängstigten etwa 16jährigen Negerknaben, der wie wild mit seinem Messer herumfuchtelte.[925]

---

918 Vgl. AJB. S. 190.

919 Vgl. ebd. S. 23. In der Anmerkung 1 finden sich folgende Referenzstellen zu dem ersten Band der *Jahrestage* aufgelistet: S. 16–18, 30–34, 56–59, 68–73, 85–88, 93–96, 102–105, 111–115, 128–131, 141–143.

920 Vgl. AJB. S. 27–31.

921 Vgl. Johnson, Uwe: Jahrestage. S. 67–71.

922 Vgl. AJB. S. 42.

923 Vgl. Johnson, Uwe: Jahrestage. S. 780–784.

924 Vgl. ebd. S. 1490 f.

925 AJB. S. 68.

Johnson greift das Thema am 19. Oktober 1973 erneut auf und möchte wissen, wie es Arendt *so geht bei Raubüberfällen im Aufzug.*[926] Er leitet dazu über, was dank Hannah Arendt seine nächste Reminiszenz werden soll:

> Vorerst will ich also weiterschreiben an solch niedlichen Sachen wie einer Verschwörung zum Tyrannenmord unter Siebzehnjährigen und dabei immer artig bei Ihnen nachschlagen.[927]

Auf welchen Text Johnson hier anspielt ist nicht bekannt, doch unter dem Tageseintrag vom 4. August 1968 wird *die Verschwörung zum Tyrannenmord* als metaphorisch verwendete Haltung der Schulklasse 11a angeführt.[928] Da Johnson Arendt immer über ihren Verbleib in den *Jahrestagen* auf dem Laufenden hielt, teilt er ihr in seinem nächsten Brief vom 26. November 1973 Folgendes mit:

> Haben Sie inzwischen schon den 3. Band bekommen? In meiner diskreten Art habe ich Ihnen da etwas mitzuteilen versucht, auf der Seite 1210, Zeile 6 und 7 von unten...Mehr hätten Sie ja doch nicht erlaubt.[929]

Auf der von Johnson angegebenen Seite ist die tatsächliche Adresse von Hannah Arendt in den *Jahrestagen* verzeichnet. Die *Amerikanische Gesellschaft für das Studium der Deutschen Demokratischen Republik*[930] erhält somit ihren Platz an der Riverside Drive 370, an der 109. Straße. Johnson unterlief an dieser Stelle ein Fehler, denn er gab fälschlicherweise die 108. Straße an, worauf Arendt erst relativ spät Johnson aufmerksam machte.[931] Er ließ Arendt wissen, dass dieser Fehler von ihm *bitterlich bereut*[932] wurde. Ein weiterer Bezug zwischen Werk und Brief lässt sich herstellen, als im Rahmen der *Amerikanischen Gesellschaft für das Studium der Deutschen Demokratischen Republik* ein Vortrag über >>*Die Abrüstung in Europa und die beiden deutschen Staaten*<<[933] gehalten werden soll. Dieser Passus steht exemplarisch dafür, was Johnson und Arendt unter anderem in ihren Briefen thematisieren.

1974 möchte sich Johnson *von dem Unternehmen Jahrestage [abschneiden],*[934] wie er Arendt in einem Brief vom 9. Mai 1974 mitteilt. Er schreibt aber trotz Ter-

926 Ebd. S. 101.
927 Ebd. S. 101
928 Vgl. Johnson, Uwe: Jahrestage. S. 1536–1544.
929 AJB. S. 106.
930 Johnson, Uwe: Jahrestage. S. 1076.
931 Vgl. AJB. S. 132, 133, Anm. 1.
932 Ebd. S. 136.
933 Johnson, Uwe: Jahrestage. S. 1076.
934 AJB. S. 126.

mindruck vonseiten Unselds, so heißt es im nächsten Brief, *tapfer weiter an dem Ein- und Austritt Gesine Cresspahls in den und aus dem ostdeutschen Sozialismus sowie auch an ihren Erfolgen in der new yorker Finanzwelt.*[935]

Darauf antwortete Arendt nicht, dafür bot sie ihm neues Material, das Johnson für seine *Jahrestage* verwendet: Arendt informiert Johnson in ihrem Brief vom 27. Oktober 1974 darüber, dass Marie Luise Kaschnitz gestorben ist.[936] Am 29. Juni 1968 des Tageseintrags der *Jahrestage* tritt die Gräfin Seydlitz auf, die eine kontroverse Meinung zu Marie Luise Kaschnitz' Ansichten über Kindererziehung hegt. Johnson zeigt anhand der beiden Figuren unterschiedliche Vorstellungen auf, inwiefern Eltern Einfluss auf die Freiheits- und Selbstentwicklung ihrer Kinder haben.[937]

Dass Johnson nicht gerne mit anderen Personen über seine Probleme sprach, ist nichts Unbekanntes. Als er im Sommer 1975 seinen Herzinfarkt erlitt und er Arendt mit seinen verschlossenen Briefmitteilungen ärgerlich stimmte, musste er mit sehr deutlichen Worten der Freundin umgehen lernen. Sie forderte ihn nicht nur auf, Privates genauer auszuführen, sondern wollte auch erfahren, wie es um den vierten Band der *Jahrestage* bestellt wäre. Johnson, der die direkte Kritik förmlich genoss, offenbart Arendt in dem letzten Brief der Korrespondenz, woran er arbeitet:

> [...] da forderte eine andere Ärztekommission mich auf, von nun an gesund zu werden, spazieren zu gehen, auch ein wenig arbeiten soll ich. Das tu ich und bin gerade dabei, mir eine Liebschaft zwischen Herrn Heinrich Cresspahl und Mrs. Elizabeth Trowbridge in London so um 1927 zu erfinden. Das ist für den vierten Band der Jahrestage, da will doch lieber ich ein Nachwort anfertigen, ehe denn ein anderer auf den Gedanken kommt.[938]

Dieses Vorhaben wurde von Johnson tatsächlich in den *Jahrestagen* verwirklicht, allerdings erfolgt die Umsetzung nicht im vierten Band, sondern im Anhang des zweiten Bandes unter dem Titel *MIT DEN AUGEN CRESSPAHLS* sowie andeutungsweise im ersten Teil der *Jahrestage.*[939]

Johnson verdankte seiner Freundin viel, und weil er das zu schätzen wusste, zeigt er sich am 5. Oktober 1971 mit einer persönlichen Widmung erkenntlich:

> FÜR
> HANNAH ARENDT BLÜCHER
> DIE SCHON IN DEN ANFÄNGEN SAH

---

935 Ebd. S. 130.
936 Vgl. ebd. S. 143.
937 Vgl. Johnson, Uwe: Jahrestage. S. 1290.
938 AJB. S. 161.
939 Vgl. ebd. S. 161, Anm. 1.
Vgl. Johnson, Uwe: Jahrestage. S. IIIf.

> WAS DIES IST <SOMMER 1968>
> DIE OBENDREIN DER SUCHE
> NACH DEM III. BAND VORSCHUB
> LEISTET <HERBST 1971>
> MIT EINER EMPFEHLUNG VON HERRN G. BÜCHNER
> &
> HERZLICHEN DANK FÜR VIELE GESPRÄCHE, FÜR SORGFÄLTIGE GASTFREUNDSCHAFT:[940]

Weiter berichtet Johnson am 18. Dezember 1974 von seinen England-Erfahrungen:

> What brought you to Sheerness! Fast in empörtem Ton wird das gesprochen, recht nebenbei und durchaus zum Überhören, so etwa bei dem fünften Ausprobieren der Bekanntschaft. Elisabeth macht sich die Antwort schwer und antwortet: My husband did it.[941]

Diese Passage ist in ähnlicher Form in die *Skizze eines Verunglückten* eingegangen, und der Satz *My husband did it*[942] wurde wörtlich übernommen. Für die Gestaltung der Figur Joe Hinterhand verwendet Johnson als eine Art letzte Ehrerbietung an Hannah Arendt ihre biografischen Daten wie ihr Geburtsdatum oder ihre jüdische Herkunft. Seine Zahlenspiele und Verstrickungen von Biografie und Fiktion können ausführlich bei Bernd Neumann nachgelesen werden. Neumann ist der Ansicht, dass Johnson diese Parallelen schuf, um in der *Skizze eines Verunglückten* den Tod Arendts aufzuarbeiten.[943]

3.7 Briefwechsel mit Walter Kempowski

3.7.1 Zahlen, Fakten, Daten

> Er kam abgehetzt und durchgeschwitzt an, trug dicke Maurerhosen. Wir redeten die ganze Nacht. Er trank Bier und Wein, bis er völlig duhn war. Seine Frau las vor, was er an dem Tag geschrieben hatte. Dann mußte ich Rostocker Bücher durchsehen und ihm eine Filmrolle vorlesen, die er aus Gefälligkeit übernommen hatte. Luther![944]

So beschreibt Walter Kempowski in einem Gespräch mit Dirk Hempel die Umstände, wie er Uwe Johnson kennenlernte. Anfang Mai 1971 trafen sie sich erstmals in Johnsons Berliner Wohnung. Zwei Jahre vor dieser Zusammen-

940 AJB. S. 325.

941 AJB. S. 147.

942 Die Referenzstelle befindet sich in Johnson, Uwe: Skizze eines Verunglückten. S. 36.

943 Vgl. Neumann, Bernd. Uwe Johnson. S. 611, 725 ff.

944 Hempel, Dirk: Walter Kempowski. Eine bürgerliche Biographie. München 2004. S. 137 f.

kunft rief Johnson bei Kempowski an: Es war zwei Uhr nachts im Frühjahr des Jahres 1969, als Kempowski am Telefon vernahm, dass sein Werk *Im Block* in einem *Spiegel*-Artikel besprochen werden sollte. *Es war kein launiges Gespräch, das ich mit ihm führte, es war eher so, als müßte ich Befehle entgegennehmen,*[945] berichtet Kempowski. Das Erscheinen von Kempowskis *Tadellöser & Wolff* bot erneut Anlass zur Kontaktaufnahme. Johnson fragt in seinem Telegramm vom 30. März 1971: *Was heisst Ocki-Arbeit und was ist Iben in Beziehung zu Kluge.*[946] Da Johnson jedoch vergaß, seine Adresse anzugeben, schickte er am gleichen Tag einen zweiten Brief. Neben Lob für Kempowskis Werk entschuldigte sich Johnson bei Kempowski für den Fall, dass dieser sich von ihm belästigt fühlte, und forderte deshalb, die Mitteilungen lediglich als Leserbrief zu verstehen.[947]

Mit diesen beiden Schriftstücken leitet Johnson den Briefwechsel ein, der bis zum 20. Januar 1983 besteht. In den zwölf Jahren der Korrespondenz werden insgesamt 46 Briefe, 13 Postkarten und zwei Telegramme verschickt, wobei es sich um einen ausgewogenen Briefaustausch handelt (vgl. Abbildung 24).

Abb. 24 Verteilungsübersicht der Briefe im Briefwechsel von Walter Kempowski und Uwe Johnson.

Aufschlüsselung der Korrespondenz	
Insgesamt	46 Briefe 13 Postkarten 2 Telegramme
Anteil von Uwe Johnson	31 Schriftstücke an Walter Kempowski
Anteil von Walter Kempowski	28 Schriftstücke an Uwe Johnson

Die relativ geringe Briefanzahl ist zum einen auf die Schreibpausen in den Jahren 1974, 1976 und 1978 zurückzuführen, zum anderen auf das nicht unkomplizierte Verhältnis der beiden. Bernd Neumann äußert, dass *von einer Freundschaft oder auch nur Vertrautheit*[948] nicht gesprochen werden kann. Walter Kempowski selbst bestätigt bei der Verleihung des Uwe-Johnson-Preises im Jahr 1995, dass er um diese Freundschaft nicht gebeten habe und Johnson für ihn keine angenehme

945 Ebd. S. 137.

946 KJB. S. 7.

947 Vgl. ebd. S. 8 f.

948 Neumann, Bernd: Uwe Johnson. S. 653.

Persönlichkeit war.[949] Dabei scheint das Korrespondenzjahr 1971, das zugleich mit 13 ausgetauschten Briefen den Höhepunkt des Briefwechsels bildet (vgl. Abbildung 25), einen positiven Freundschaftsverlauf anzudeuten. Im kommenden Abschnitt soll der Frage nachgegangen werden, was die beiden Literaten miteinander verband und welche Schwierigkeiten sie miteinander hatten.

Abb. 25 Anzahl der verfassten Briefe pro Jahr im Briefwechsel zwischen Walter Kempowski und Uwe Johnson (1971 bis 1983).

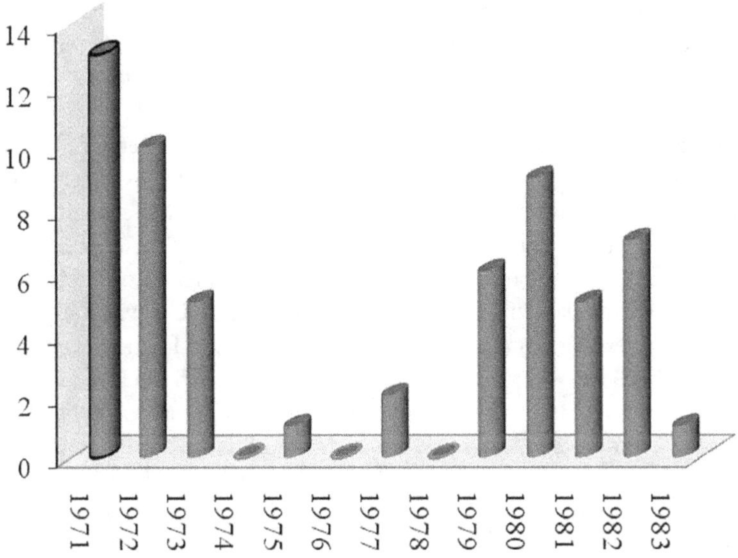

3.7.2 Mecklenburgische Verbundenheit?

Den Einschätzungen Bernd Neumanns zufolge liegt es an den gemeinsamen mecklenburgischen Wurzeln, weshalb es zwischen Uwe Johnson und Walter Kempowski zu einem lang andauernden Briefkontakt kam. Der Vollständigkeit halber verweist Neumann auf zwei weitere Gemeinsamkeiten, die die beiden Literaten verband. Beide hatten einen problematischen Status im DDR-System, und sie verfolgten zeitweise ein ähnliches schriftstellerisches Vorhaben:[950] Johnson

949 Vgl. Kempowski, Walter: Dankesrede – Über Uwe Johnson. In: Internationales Uwe Johnson-Forum. Bd. 6. Hrsg. v. Carsten Gansel und Nicolai Riedel. Frankfurt am Main 1997. S. 185.

950 Vgl. Neumann, Bernd: Uwe Johnson. S. 653 ff.

arbeitete an seinen *Jahrestagen* und Kempowski an der *Deutschen Chronik*, beides Werke, die in einer Art Tagebuchform aufgebaut sind.[951] Dennoch sieht der Johnson-Biograf keinerlei Ansätze für eine Freundschaft beziehungsweise einen vertrauten Umgang miteinander gewährleistet, was jedoch in den nachfolgenden Ausführungen teilweise widerlegt wird.[952]

Der Briefwechsel beginnt im Jahr 1971 mit Bekundungen gegenseitiger Wertschätzung, vor allem für die jeweils geschaffenen Werke des anderen. Kempowski vertraut sich rasch dem fünf Jahre jüngeren Johnson an und berichtet in seinem Brief vom 6. April 1971 von einem *Tief*,[953] das er aufgrund von *dürftig-miesen Kritiken*[954] an seinen Büchern erleide. Er gewann den Eindruck, seine Werke würden nur oberflächlich verstanden werden, was ihn folglich an seiner eigenen Arbeit zweifeln ließ.

Da Kempowski, wie er in seinem Brief vom 16. April 1971 offenbart, keine Kontakte zu Schriftstellern pflegt, legt er großen Wert auf Johnsons Kritik, und da er zudem annimmt, dass es Johnson ebenso gehen müsse, schickt er zahlreiche Anmerkungen zu Johnsons erstem Teil der *Jahrestage* mit. Des Weiteren schenkte man sich Bücher, knüpfte an mecklenburgische Begebenheiten an, traf sich und wurde vertrauter miteinander. Auch der von Johnson eingeführte Namensgag *Graf Kempowski* bestätigt anfänglich einen guten freundschaftlichen Kontakt. Sie bauten auf dem auf, was sie miteinander verband, nämlich die Heimat und das Schriftstellertum. Letzteres führte sogar zu einem gemeinsamen Radioauftritt beim *NDR*, der am 30. August 1971 von der Rundfunkredakteurin Gisela Lindemann geleitet wurde. Das Thema der Sendung lautete: *Geschichte und Gegenwart. Ein Gespräch über den bürgerlichen Roman heute mit Uwe Johnson und Walter Kempowski.*[955] Johnson distanzierte sich bis zu diesem Zeitpunkt von Sendeformaten, die Diskussionen mit Schriftstellerkollegen vorsahen, aber im Fall Kempowskis machte er eine Ausnahme.[956]

---

951 Vgl. Hempel, Dirk: Walter Kempowski. S. 138.

952 Vgl. Treptow, Gesine: >>Ruhe! Walter Kempowski soll weiterschreiben! <<. Wie zwei Mecklenburger Schriftsteller ein Auge aufeinander haben, sich lesen und lektorieren. In: Uwe Johnson. Befreundungen. Gespräche, Dokumente, Essays. Hrsg. v. Roland Berbig, Thomas Herold, Gesine Treptow und Thomas Wild. Berlin 2002. S. 390 f. Auch Treptow bewertet den Briefwechsel anders als Neumann und spricht von „Freundlichkeit“, die in dem Briefwechsel trotz Ambivalenz anzutreffen sei.

953 KJB. S. 10.

954 Ebd. S. 10.

955 Ebd. S. 43.

956 Vgl. Neumann, Bernd: Uwe Johnson. S. 652.

Bereits im Jahr 1972 geriet das ausgeglichene Verhältnis jedoch ein wenig aus den Fugen. Kempowskis Brief vom 26. Januar 1972 enthält zwar erneut Lob für Johnsons *Jahrestage*, aber Kempowski merkt an, dass die vielen Geschichten und Details zur Unübersichtlichkeit führen würden.[957] Kempowski legt diesem Brief zahlreiche Anmerkungen zu den *Jahrestagen* bei und bittet Johnson um Rat bezüglich eines Buchtitels. Johnson reagiert in seinem Brief vom 5. Februar 1972 gar nicht auf Kempowskis Notizen zu den *Jahrestagen*, sondern wertet Kempowskis Titelvorschlag ab, bietet ihm aber zugleich an, sein Manuskript zu überarbeiten. Kempowski nahm das Angebot an und verhielt sich zunehmend unterwürfig. Einen möglichen Grund für dieses Verhalten liefert sein Brief vom 8. Februar 1972:

> [...] obwohl ich mich vor einer Begegnung mit Ihnen fast fürchte, warum, das kann man schwer sagen. Sie sind, glaube ich, im Urteil sehr viel strenger als ich und da fühlt man sich wegen der eigenen, zur Schau gestellten Saloppheit, leicht bloßgestellt. Man ärgert sich, Sachen zu sagen, aus Konversations- oder Kulanzgründen zu sagen, die man selber im Grunde gar nicht meint. Und das ahnden Sie sofort. Dafür muß man sich bei Ihnen bedanken, es gibt nicht viele, die so gerade heraus sind. – So nehme ich Ihre Kritik an meinem Buchtitel willig an, und ich werde ihn sofort streichen.[958]

Er fordert Johnson auf, sich weiter für sein Werk zu engagieren, und stellt deshalb Fragen wie *[v]ielleicht fällt Ihnen ja auch was ein, das wäre doch originell, ein Titel vom großen Bruder?*[959]

Johnson nahm Kempowskis Anliegen ernst und begann, *Uns geht's ja noch gold* zu redigieren. Auch einen neuen Titel hatte er parat; *Umzüge* wollte er gern Kempowskis Werk nennen.[960] Zum besseren Verständnis seiner Korrekturvorschläge schreibt Johnson in seinem Brief vom 21. April 1972: *Solange das Buch in diesem Zustand ist, sollte dem Verfasser von einer Veröffentlichung abgeraten werden. Er kann seine Sache besser, als hier zu sehen ist.*[961] Johnson hielt das Werk nicht nur für ungeeignet, sondern war entrüstet, sich scheinbar so viel vergebliche Mühe mit den Anmerkungen gemacht zu haben, denn Kempowski habe das Buch, ohne seine Antwort abzuwarten, bereits zum Druck freigegeben. Johnsons Abschiedsgruß fällt deshalb lediglich *Mit freundlichen Grüssen*[962] aus.

Kempowski schloss zum damaligen Zeitpunkt jedoch seine Arbeit noch nicht ab und verwendete einige Kritikpunkte Johnsons zu seinem Vorteil. Natürlich

957 Vgl. KJB. S. 47.
958 Ebd. S. 54.
959 Ebd. S. 54.
960 Vgl. Hempel, Dirk: Walter Kempowski. S. 138.
961 KJB. S. 59.
962 Ebd. S. 59.

profitierte er von Johnsons außergewöhnlichem Gedächtnis und den präzisen Textkenntnissen, die dieser von Kempowskis Werken hatte. Johnson deckte zahlreiche Verknüpfungsfehler auf, wofür Kempowski ihm in seinen Briefen dankt.[963] Trotzdem äußert Kempowski in seinem Brief vom 24. April 1972, dass ihn Johnsons Kritik traurig mache, weil er sie zum Teil nicht nachvollziehen könne.[964] Auch Kempowskis Abschied fällt daraufhin kühl aus, dennoch schickt er aber neben Geburtstagsgrüßen auch ein Exemplar von *Uns geht's ja noch gold* mit der Widmung *Für Uwe Johnson, den Lektor [...]*[965] mit.

Das Jahr 1973 verläuft mit nur fünf ausgetauschten Briefen relativ unspektakulär. Johnson reagierte bislang nicht auf Kempowskis Mitteilungen und schreibt diesem erst am 30. März 1973 wieder. Neben Werksdebatten ist dem Brief auch ein Zeitungsausschnitt mit Wohnungsangeboten im Rostocker Raum beigelegt, der Kempowski die Wohnungssuche erleichtern sollte.

Als Gastgeschenk für Alice Hensan wünscht sich Johnson von Kempowski ein Exemplar von *Tadellöser & Wolff* und schreibt am 20. Juni 1973: *[...] würden Sie es stiften für solchen Zweck, auch auf die Gefahr hin, dass es uns bei der Durchsuchung an der Grenze weggenommen wird?*[966] Hier zeigt sich auch, woran Johnson dachte, wenn er mit dem DDR-System in Berührung kam (vgl. Kap. 2.5.2, 3.9.1, 3.10.1). Kempowski, der durch seine Gefangenschaft andere Erfahrungen mit dem Regime gemacht hat, sparte eine briefliche Antwort diesbezüglich aus, sicherte jedoch ein Exemplar für Hensan zu. Die Korrespondenz aus dem Jahr 1973 schließt mit einer an die heimatlichen Wurzeln anknüpfenden Ansichtskarte Kempowskis: *Gruß aus Rostock.*[967]

Nach einem Jahr Schreibpause im Jahr 1975 gratulierte Johnson Kempowski zur Fernsehaufführung seines *Tadellöser & Wolff*, dann herrschte erneut ein Jahr lang briefliches Schweigen. Mit einer Ansichtskarte erkundigt sich Kempowski am 18. Juni 1977 nach dem Ergehen Johnsons, der elf Tage später antwortet, seine neue Adresse in England mitteilt und fast beiläufig seinen Herzinfarkt erwähnt:

> Sie gehören zu denen, bei denen wir uns entschuldigen sollten dafür, dass wir umzogen, ohne die neue Adresse zu melden. Wir haben uns eben auf den einjährigen Nachsendeantrag bei unserem alten Postamt verlassen und im übrigen, unbewusster

963 Vgl. ebd. S. 56–63.
964 Vgl. ebd. S. 65.
965 Ebd. S. 67.
966 Ebd. S. 71.
967 Ebd. S. 73.

> Massen, wohl auch ausprobieren wollen, wer uns danach noch findet. Es freut uns, dass Sie auch zu denen gehören.[968]

Erst im Jahr 1979 blüht der Briefwechsel mit sechs ausgetauschten Schriftstücken auf. Diesmal leitet Johnson die Korrespondenz mit seinem Brief vom 3. April 1979 ein. Er greift einen Artikel des *Spiegels* auf, in welchem Kempowski mitteilt, dass er sehr fleißig und flink sei,[969] was Johnson amüsiert und aus dieser Selbsteinschätzung einen neuen ‚running gag' entwickelt.[970] Des Weiteren berichtet Johnson von seiner Schwester Elke an Huef, dass sie nun als Lehrerin arbeite. Dieser Sachverhalt ist insofern außergewöhnlich, da Johnson sonst in all seinen Brief kaum etwas über seine Ursprungsfamilie mitteilt.

In seinem Antwortschreiben vom 24. April 1979 bittet Kempowski Johnson darum, die Passage über die Beschreibung des Busfahrens in New York aus den *Jahrestagen* für sein Werk entlehnen zu dürfen. Johnson nannte ihm bereitwillig die Seitenzahl, wo die Beschreibung stand, und freute sich, als Inspirationsquelle dienlich gewesen zu sein.[971] Kempowski, der häufiger in literarischer Hinsicht von Johnson unterstützt wurde, äußerte viele Jahre nach Johnsons Tod in einem Gespräch, dass Johnson ihn des Nachts öfter angerufen habe, um ihn bezüglich seiner Arbeit zu kontrollieren,[972] damit er ihm nicht mit seinen Werken in die Quere käme.[973] Es ist möglich, dass Johnson sich vergewissern wollte, woran der Kollege gerade arbeitete, dennoch erscheint die Aussage Kempowskis absurd, denn immerhin profitierte er wesentlich mehr von der Bekanntschaft mit Johnson als umgekehrt. Kempowski selbst betrachtete Johnson nicht als Konkurrenten:[974] Die beiden hatten vollkommen andere Ansichten, und, um dies zu betonen, Johnson war in Kempowskis Schaffensprozess meist aktiv

---

968 Ebd. S. 76.

969 Vgl. ebd. S. 78.

970 Auch in anderen Korrespondenzen begegnet einem das Wort *fleißig* in unterschiedlichen Kontexten: Mal wurde es humoristisch, ein anderes Mal vorwurfsvoll eingesetzt. Die Referenzstellen hierzu finden sich unter UJB 509, 622; RJB 156; KÖJB 456.

971 Vgl. ebd. S. 79, 81.

972 Vgl. Wunsch, Beate: >>Mit den besten Wünschen für Ihre Arbeit<<. Inszenierungen im Briefwechsel zwischen Uwe Johnson und Walter Kempowski. In: Johnson-Jahrbuch. Bd. 19. Hrsg. v. Holger Helbig, Bernd Auerochs, Katja Leuchtenberger, Ulrich Fries. Göttingen 2012. S. 88 f. Wunsch weist bereits daraufhin, dass die einseitige Schilderung durch Kempowski zu Schwierigkeiten führt, den Wahrheitsgehalt festzustellen und zu ermessen.

973 Vgl. Hempel, Dirk: Walter Kempowski. S. 138.

974 Vgl. ebd. S. 138.

eingebunden. Deshalb ist auch nicht anzunehmen, dass Johnson seine Arbeit ernsthaft durch Kempowski gefährdet sah.

Am 5. Mai 1979 bittet Kempowski Johnson darum, ob er sich der Passage bezüglich der Fernsprechzentrale aus den *Jahrestagen* für seine Arbeit bedienen dürfe. Obwohl er sich Johnsons Einverständnis erhofft, endet sein Brief mit einem unerwarteten Geständnis:

> Ich würde Sie auch gerne einmal besuchen, lieber Herr Johnson, aber ich habe immer etwas <<Schiß>> vor Ihnen. Sie haben so etwas Strenges an sich, das mir zwar vertraut ist, aber mir den Mund verschließt.
> Herzlich, Ihr Walter Kempowski
> Die Passage, in der Sie den Aufzug schildern …?
> Entschuldigung …[975]

Johnson allerdings äußerte sich nicht zu der Kritik, gibt Kempowski am 17. Mai 1979 die gewünschte Seitenzahl an und legt ihm drei Ansichtskarten, die seine neue Heimat zeigen, bei. Doch Kempowski antwortete nicht mehr.[976]

Fast ein Jahr später schickt Johnson am 17. April 1980, nachträglich zu Kempowskis fünfzigstem Lebensjahr, diesem Geburtstagsgrüße und ein mecklenburgisches Sammlerstück. Mit Kempowskis Antwortbrief vom 31. August 1980 beginnt nun ein aufschlussreicher Briefaustausch, in dem Johnson und Kempowski sich noch einmal näherkommen und Vertrauliches miteinander besprechen. In besagtem Brief von Kempowski verleiht dieser seinem Unmut und seinen Enttäuschungen der vergangenen Zeit Ausdruck. Zunächst klagt er über seinen frustrierenden Englandaufenthalt, den er schließlich während der laufenden Lesereise abbrach, weil kein Interesse an seinen Lesungen bestand. Er schimpft über Günter Grass, dessen *stetiges Senfgeben*[977] er als *lächerlich*[978] empfindet, über Peter Rühmkorf, dessen Literatur für Kempowski *ambivalent*[979] zu dessen Einstellung anmutet, und über Fritz J. Raddatz, der die Bücher Kempowskis kritisierte. Doch neben all dem Ärger entschuldigt er sich bei Johnson, dass er ihn nicht besuchen kam, und beschließt seinen Brief mit Grüßen von einem *Sympathisanten.*[980]

Johnson, der mit Eintreffen dieses Briefes vier Monate lang auf eine Antwort, vielmehr auf einen Dank für sein Geburtstagsgeschenk gewartet hat, betonte

975 KJB. S. 82.
976 Vgl. ebd. S. 83.
977 Ebd. S. 86.
978 Ebd. S. 86.
979 Ebd. S. 86.
980 Ebd. S. 86.

gegenüber Kempowski, wie sehr er sich nach *einer schriftlichen Zuwendung*[981] gesehnt habe. Es folgen oberflächliche Erzählungen bis Johnson erwähnt, dass er nun alleinstehend in England lebe. Nachdem Kempowski sein Mitgefühl bekundete, schreibt Johnson einen ausführlichen Brief über sein vergangenes Leben in Rostock und verabschiedet sich mit den Worten *[...] Ihr treuer und gieriger Leser [...],*[982] wodurch sich Kempowski nach eigenen Aussagen peinlich berührt fühlte, da er stets seine eigene Fehlerhaftigkeit vor Augen hatte. Die folgenden Briefe beinhalten zahlreiche Geschichten über Schicksale, die Bekannten zugestoßen sind, schweigen sich aber über persönliche Belange aus.

Am 16. Januar 1981 versucht Kempowski, nun auf eine persönlichere Ebene umzulenken, indem er unter anderem an die gemeinsame Leidenschaft, sich mit Rostocker Ansichtskartenbüchern und heimatlichen Antiquitäten zu beschäftigen, anknüpft, doch es folgen lediglich belanglose Briefmitteilungen.

Kempowski fragt Johnson in seinem Brief vom 15. Juli 1982, ob er Lust habe, für ein Honorar von 500 DM an seinem Seminar *Nartum* teilzunehmen. Beiläufig erwähnt er auch sein Einreiseverbot in die DDR,[983] was Johnson aufgreift, um seine persönlichen Erfahrungen mit der *Stiefmutter D.D.R.*[984] zu schildern. Das Angebot von Kempowski schlug er allerdings aus, erkundigte sich aber dennoch über Kempowskis genaues Vorhaben. Kempowskis Hoffnung, dass Johnson doch an dem Seminar teilnehmen würde, wenn er das Honorar um 1.000 DM erhöhe, wird mit dem Antwortschreiben vom 1. September 1982 enttäuscht. Johnson lehnte auch dieses Angebot ab. Zwar bemängelte Johnson zuvor, dass ein Honorar von 500 DM gerade mal seine Reisekosten decken würden, so führte er dann an, dass ihm der Reiseaufwand zu hoch sei. Mit seinem Brief vom 1. September 1982 wird allerdings deutlich, warum Johnson in Wahrheit nicht an Kempowskis Seminar teilnehmen möchte:

> Tatsächlich sind vier Wochen eine lange Zeit, um herauszufinden, dass es Sie verlangt nach einem Heim-Vorteil. Denn wenn ich Sie einlade nach Sheerness, führen Sie die unangenehmen unter meinen Eigenschaften ins Feld und bleiben fern. Sie ziehen es vor, mich unter Ihre Dächer zu wünschen, weil es doch sein soll, ein Wiedersehen.[985]

Erst drei Jahre später ergreift Johnson hier die Gelegenheit, um seine Verletzung zum Ausdruck zu bringen. Er bot Kempowski trotzdem Termine für ein Treffen in der Nähe an, aber nur zwecks des Seminars wollte er nicht kommen. Johnson

981 Ebd. S. 87.
982 Ebd. S. 96.
983 Vgl. ebd. S. 113.
984 Ebd. S. 114.
985 Ebd. S. 117.

war nicht dazu bereit, Kempowski hinsichtlich seiner Karriere zu unterstützen und als Aushängeschild für dessen Seminar dienlich zu sein. Kempowski ist von dieser Absage getroffen und antwortet am 25. September 1982: *Sie haben völlig recht, unter diesen Umständen ist ein Wiedersehen kaum ausdenkbar. [...]. Ich werde mir irgendetwas Gutes ausdenken, damit es 1983 zur Fortsetzung unserer Gespräche kommt.*[986]

Am 12. Januar 1983 nimmt Alfred Mensak, damaliger Leiter des 3. Fernsehprogramms von *Radio Bremen*, mit seinem Schreiben Kontakt zu Johnson auf und lädt ihn zu Kempowskis Seminar *Nartum* ein. Dem geplanten Ablauf nach sollten etwa zehn bis zwölf erfolgreiche Autoren und circa drei bis vier renommierte Kritiker im Hause Kempowskis zusammenkommen, um über Literatur zu sprechen. Außerdem sollten die bekannten Schriftsteller jeweils ein Nachwuchstalent zu der Veranstaltung mitbringen. Den jungen Schriftstellern sollte dabei die Möglichkeit gegeben werden, aus ihren unveröffentlichten Werken zu lesen, wobei sie von ihren Mentoren unterstützt werden sollten. Das gesamte Konzept erinnert in gewisser Weise an das der *Gruppe 47*, die zu diesem Zeitpunkt allerdings nicht mehr bestand.

Die Ähnlichkeit der beiden Veranstaltungstypen ist auch Mensak aufgefallen, und er erwähnt dies auch in seinem Brief, in der Hoffnung darauf, Johnson doch für das Seminar gewinnen zu können. Ohne Hans Werner Richter jedoch konnte sich Johnson solch eine Veranstaltung nicht vorstellen. Er sah zudem keinerlei Veranlassung, jemandem die Arbeit als Schriftsteller zu empfehlen und sich selbst als Experte gegenüber dem Nachwuchs zu präsentieren. Aus Gründen der Fairness schickte er Kempowski eine Kopie seines Briefs an *Radio Bremen* zu. In diesem Brief vom 20. Januar 1983 versucht Johnson, der ahnt, dass Kempowski mit diesem Schreiben seine Schwierigkeiten haben werde, den Kontakt zumindest noch für folgendes Anliegen zu nutzen:

> Wüssten Sie einen Sammler von Mecklenburgica? Zu vermitteln hätte ich einige Landkarten aus dem 17. Jahrhundert und eine Anzahl von Titeln zur Orts- und Landesgeschichte dazu Bände des Jahrbuchs und Kalender. Für eine baldige Auskunft in dieser Sache wäre ziemlich dankbar Ihr Uwe Johnson.[987]

Kempowski antwortete nicht mehr auf Johnsons Anfrage und somit endet die Korrespondenz. Eberhard Fahlke und Gesine Treptow, die Herausgeber dieses Briefwechsels, merken an, dass Kempowski doch hätte erkennen müssen, dass etwas mit Johnson nicht in Ordnung sein konnte, denn als leidenschaftlicher

---

986 Ebd. S. 119.

987 Ebd. S. 127.

Sammler bietet man nicht grundlos seine Sammlerstücke zum Verkauf an. Auch die nüchterne Abschiedsbekundung hätte Kempowski zeigen können, dass Johnson niedergeschlagen war.

Dennoch, Kempowski schien nichts von Johnsons Geldsorgen zu ahnen, die ihn dazu trieben, seine Mecklenburg-Sammlung zu verkaufen,[988] und offensichtlich hatte er auch keinerlei Interesse mehr an Johnson. Auch nach Johnsons Tod wählt Kempowski in der Dankesrede zum Johnson-Preis im Jahr 1995 keine freundlichen Worte: *Er war verschlossen, wortkarg, mürrisch, auch unduldsam. Wenn ihn etwas störte, wurde er grob, saugrob. Es war nicht gut Kirschen essen mit ihm, wie man so sagt.*[989] Natürlich hat Johnson seinen Unmut deutlich gemacht, aber was seine Briefe angeht, stets in einem akzeptablen Rahmen: Johnson war ein Mann der klaren Worte, der direkt sagte, was seiner Meinung nach zu sagen war, und machte auch bei Kempowski keine Ausnahme. Seine Kritiken zu *Uns geht's ja noch gold* lasen sich gewiss nicht einfach für den ohnehin verunsicherten Kempowski, aber dennoch hat Johnson jenen nie persönlich beleidigt. Dies kann zumindest für Johnsons Briefe an Kempowski behauptet werden.

Dirk Hempel kommt in seiner Kempowski-Biografie zu dem Schluss, dass Kempowski zu den wenigen Freunden Johnsons gehörte, mit denen es nicht zu einem Bruch kam.[990] Allerdings ist zu beobachten, dass Johnson sich mit den meisten Freunden, mit denen er zeitweise den Kontakt abgebrochen hat, kurz vor seinem Tod versöhnte: Man denke beispielsweise an die 75. Geburtstagsfeier von Hans Werner Richter, bei der er sich Fritz J. Raddatz und Hans Mayer annäherte,[991] sowie auch an Johnsons schriftliche Versuche, wieder an die damalige Freundschaft mit Günter Grass anzuknüpfen.

Im Fall Kempowski weiß man bisher nur, dass Johnson am 16. Mai 1983 noch einmal bei ihm anrief, obwohl die Brieffreundschaft schon erloschen war. Nach Aussage Kempowskis habe er sich echauffiert, dass dieser sich nicht in Johnsons Angelegenheiten mischen solle. Hintergrund hierzu war Kempowskis Frage, ob Johnson denn nicht auch ein Hörspiel schreiben wolle, worauf Johnson schroff reagiert haben soll. Als Kempowski ihn allerdings gefragt habe, ob er ihn in Sheerness besuchen dürfe, soll sich Johnsons Stimmung schlagartig ins Positive verkehrt haben.[992] Doch Kempowski kam nie nach Sheerness: *Leider habe ich es nicht getan, ich bin nicht zu ihm gefahren. Ich ließ die Stunde vorübergehen. Und*

---

988 Vgl. ebd. S. 140.

989 Kempowski, Walter: Dankesrede – Über Uwe Johnson. S. 185.

990 Vgl. Hempel, Dirk: Walter Kempowski. S. 139.

991 Vgl. Neumann, Bernd: Uwe Johnson. S. 856.

992 Vgl. Kempowski, Walter: Sirius. Eine Art Tagebuch. München 1990. S. 204 f.

dann war es eines Tages zu spät. Es war vorbei,[993] teilt Kempowski Dirk Hempel im Gespräch mit.

Kempowskis Bruder hat zu dem Verhältnis der beiden einmal gesagt, dass Johnson einen *Narren*[994] an Walter Kempowski gefressen habe, was dieser selbst als *eine schwere Bürde*[995] empfand. Dennoch gab es immer wieder Phasen der Annäherung und Vertrautheit.

Die Korrespondenz von Johnson und Kempowski ist durchzogen von gewissen ‚On-Off'-Perioden. Eine passende Beschreibung dieses Verhältnisses wäre demnach, sie als eine Bekanntschaft zwischen *Kollegen,*[996] um in deren eigenem Wortlaut zu bleiben, zu betrachten, mit gelegentlichem Tiefgang, der durch die heimatliche Verbundenheit begünstigt wurde.

3.7.3 Verknüpfung zwischen Werk und Brief

Literarische Werksdebatten eröffnet Walter Kempowski mit seinem Brief vom 16. April 1971. Ausführlich kommentiert er Johnsons ersten Band der *Jahrestage,* wobei seine Bemerkungen von freudigem Wiedererkennen der Landessprache und der damit verbundenen heimatlichen Motivik, von Lob sowie Kritik bei unklaren Passagen bis hin zu eigenen Assoziationen, die bei ihm wachgerufen wurden, reichen. Johnson entkräftet jedoch stets Kempowskis Einwände, auch wenn die Kritik des Briefpartners oftmals logischer wirkte. Zum Beispiel berichtet Johnson unter dem Tageseintrag vom 3. September 1967 vom Suizid Ilse Kochs, die sich an der Türklinke ihrer Zelle erhängt.[997] Kempowski stutzt diesbezüglich und schreibt am 16. April 1971: *Ilse Koch an der Türklinke erhängt? Im Gefängnis eine Türklinke?*[998] Johnson antwortete ihm lediglich, dass die Haftumstände Ilse Kochs besonders waren.[999]

Kempowski hat neben diesem Aspekt noch weitere 29 Anmerkungen zu den *Jahrestagen* erarbeitet, allerdings geht Johnson nur auf insgesamt vier Punkte in seinem Antwortbrief vom 17. April 1971 ein. Der bedeutsamste Aspekt ist wohl der, als Kempowski ihn darauf aufmerksam macht, dass sich unter dem Tageseintrag vom 23. September 1967 ein Fehler eingeschlichen habe: Es heiße nicht Rostocker Zeitung, sondern Rostocker Anzeiger, was Johnson in der nächsten

---

993 Hempel, Dirk: Walter Kempowski. S. 139.
994 Kempowski, Walter: Sirius. S. 205.
995 Ebd. S. 205.
996 KJB. S. 78 f.
997 Vgl. Johnson, Uwe: Jahrestage. S. 45.
998 KJB. S. 14.
999 Vgl. ebd. S. 23.

Auflage korrigieren lässt.[1000] Zum *Puppenstubeneffekt*[1001] äußert Kempowski: *Der Puppenstubeneffekt des Erzählverhältnisses zu Gesine ist der <<rührendste>>. Er gibt dem Buch Wärme und Herzlichkeit.*[1002]

Angeregt durch Johnsons Dank analysiert Kempowski in seinem Folgebrief vom 22. April 1971 die *Jahrestage* erneut, allerdings mit nur 19 Anmerkungen. Johnson geht jedoch nicht näher auf den Brief ein und vertröstet Kempowski damit, zu einem späteren Zeitpunkt Stellung zu nehmen. Zwischenzeitlich war Kempowski zu Besuch bei den Johnsons und ließ die Gelegenheit nicht aus, nach seinem Aufenthalt einen neuen Brief mit Notizen zu den *Jahrestagen* zu verfassen. Der Brief vom 5. Juni 1971 enthält 25 Bemerkungen zu Johnsons Werk, die dieser jedoch ignorierte.

Als der zweite Band der *Jahrestage* erschien, präsentiert sich Kempowski erneut als sorgsamer Leser und betont in seinem Brief vom 26. Januar 1972, dass er das Buch mit *großer Aufmerksamkeit und sehr langsam gelesen*[1003] habe. Zehn Kommentare bietet er Johnson an, denn die anderen Zettel mit seinen Aufzeichnungen seien angeblich verschwunden. Johnson reagiert in seinem Brief vom 5. Februar 1972 gelassen und meint, dass die verlegten Zettel sicher nur die Druckfehler enthalten würden, die ihm selbst auch aufgefallen wären. Von da an wandelt sich die Situation, denn nun begann Johnson, Kempowskis Werke mit strengem Ton zu kritisieren, was zur Folge hatte, dass Kempowski es nicht mehr wagte, Johnsons Bücher zu kommentieren.

Da sich die Literaten im Laufe der Zeit nun mehr als Kollegen betrachteten, versuchten sie, sich zu helfen. Johnson interessierte sich in seinen Briefen bereits im Jahr 1973 für den damaligen Gauleiter Friedrich Hildebrandt, der schon im ersten Teil der *Jahrestage* vorgestellt wurde und nun eine eigene Rolle bekommen sollte. Deshalb trägt er Kempowski am 20. Juni 1973 folgendes Anliegen vor:

> Lieber Graf Kempowski, eben bin ich noch einmal bei dem unvergesslichen Friedrich Hildebrandt angehakt, da möchte ich Sie was fragen. Er erweist sich nunmehr als so entbehrlich, für meine Nachschlagebücher hat er nicht mehr der Mühe verlohnt, und war doch mal Reichsstattalter und Gauleiter und all das und von Mecklenburg. Wüssten Sie wohl, wo er nach dem Krieg abgeblieben ist? Zum anderen, Sie beziehen sich einmal auf den Witz, den er sich zuzog mit der Umbennenung des Vögenteichplatzes nach ihm selber und mit dem Spitznamen Fiete der Anspielung, die das Wort Vögenteich anbietet, und könnten Sie uns ein kleines erklärendes Licht in jenes Dunkel hängen?[1004]

1000 Vgl. Johnson, Uwe: Jahrestage. S. 102.
1001 KJB. S. 19.
1002 Ebd. S. 19.
1003 KJB. S. 47.
1004 Ebd. S. 71.

Kempowski erklärt Johnson, was es mit dem *Vögenteich-Platz*[1005] auf sich hat:

> […] der Gauleiter „Friedrich-Hildebrandt" (er hat sich in der Nähe von Wismar erhängt). Da sich die Bürger darüber mokierten, daß ein Lebender dadurch geehrt wird, daß man nach ihm einen Platz nennt, tauften sie ihn, den Gauleiter, auch um. Der Platz hieß also Friedr.-Hildebr.-Platz und der Gauleiter Fiete (Friedr.) Vögenteich. Dies die Rache des kleinen Bürgers.[1006]

Am 29. Juni 1977 knüpft Johnson wieder an die Gespräche über Hildebrandt an. Er berichtet Kempowski von dem Artikel Peter Hüttenbergers, wovon er auch Burgel Zeeh am 28. Februar 1983 unterrichtet. Johnson hat für seine Recherchen sogar eine undatierte Karte mit eigenen Vorformulierungen für das *Institut für Zeitgeschichte* vorbereitet.[1007] Eine solche Formulierung lautet beispielsweise: *erschossen/erhängt am:*[1008] Da Johnson trotz der Informationen von Kempowski, Peter Hüttenberger und dem Institut nicht in Erfahrung bringen konnte, wie genau Hildebrandt ums Leben kam, sollte später Burgel Zeeh dies herausfinden. Kempowskis Informationen zu Hildebrandt reichen zumindest für Johnsons Zwecke:

> […] in der Pause sagte Saitschik achtlos, mit Spaß an der Erinnerung: Wenn'ck je ein seihn hev, denn wier dat **Fiete** Hildebrandt. Das war der ehemalige >>landwirtschaftliche Nachtschutzbeamte<< Friedrich Hildebrandt, von Adolf Hitler als Gauleiter und Reichsstatthalter über das gute Land Mecklenburg gesetzt; **Pius gab zur Auskunft in einer einverstandenen Art, der sei 1945 auf freier Feldmark bei Wismar erschossen worden.**[1009] [Hervorhebungen von mir, J.R.]

Kempowski tritt hier in der Figur des Pius auf. Die letzten Bezüge zu den *Jahrestagen* liefern die Briefe vom 24. April 1979,[1010] 28. April 1979,[1011] 5. Mai 1979,[1012] 17. Mai 1979[1013] und vom 27. Oktober 1980.[1014] In der Korrespondenz des Monats April wollte Kempowski Johnsons *Beschreibung des Busfahrens in New York*[1015] für sein Werk nutzen.

1005 Ebd. S. 72.

1006 Ebd. S. 72. Ergänzend sei erwähnt, dass der Brief Kempowskis keine Datumsangabe enthält.

1007 Vgl. ebd. S. 76.

1008 Ebd. S. 76.

1009 Johnson, Uwe: Jahrestage. S. 1596 f.

1010 Vgl. KJB. S. 79.

1011 Vgl. ebd. S. 81.

1012 Vgl. ebd. S. 82.

1013 Vgl. ebd. S. 83.

1014 Vgl. ebd. S. 94 f.

1015 Ebd. S. 79.

Mit einem ähnlichen Anliegen konfrontierte er Johnson auch im Mai, als er die Passage über die *Fernsprechzentrale*[1016] zu entlehnen beabsichtigte. In beiden Fällen erteilte Johnson seine Zustimmung und gab die gewünschten Referenzstellen an.[1017] Im Oktober erzählte Johnson dann zuletzt Kempowski beiläufig eine Geschichte von dem Tischler Tony, dessen Kerndaten an die seiner Romanfigur Heinrich Cresspahl erinnern.

3.8 Briefwechsel mit Lotte Köhler

3.8.1 Zahlen, Fakten, Daten

Im *Vasata*, einem tschechischen Restaurant an der *Eastside*, lernten sich Uwe Johnson und die Germanistik-Professorin Lotte Köhler am 20. September 1971 bei einem Essen mit der gemeinsamen Freundin Hannah Arendt kennen. Vertieft wurde dieser erste Kontakt im Anschluss bei Lotte Köhler zu Hause. Der Briefwechsel der beiden beginnt relativ zeitnah zur ersten Begegnung, etwa um die Weihnachtszeit desselben Jahres,[1018] und endet nach zwölf Jahren der Brieffreundschaft am 6. November 1983. Die Korrespondenz liegt nicht in einer eigenen Edition vor. Lediglich vier Briefe von insgesamt 31 ausgetauschten Nachrichten (vgl. Abbildung 26) sind in dem Band >>*Wo her ich bin... Uwe Johnson in der D.D.R.*<< veröffentlicht worden.

Abb. 26 Verteilungsübersicht der Briefe im Briefwechsel von Lotte Köhler und Uwe Johnson.

Aufschlüsselung der Korrespondenz	
Insgesamt	28 Briefe 3 Postkarten
Anteil von Uwe Johnson	14 Schriftstücke an Lotte Köhler
Anteil von Lotte Köhler	17 Schriftstücke an Uwe Johnson

1016 Ebd. S. 82.

1017 Vgl. Johnson, Uwe: Jahrestage. S. 259–263, 249 ff. Die Referenzstelle zu der Beschreibung der Busfahrt in New York steht unter dem Tageseintrag vom 13. November 1967, während der Passus bezüglich des Telefonnummernwechsels in dem Tageseintrag vom 9. November 1967 zu finden ist.

1018 Vgl. KÖJB. S. 437.
Ein genaues Datum ist nicht angegeben; es wird von den Herausgebern der Zeitraum um Weihnachten vermutet, was aufgrund der Weihnachtswünsche an die Familie Johnson relativ wahrscheinlich ist.

Die umfassende Briefkorrespondenz, die mit einem Brief von Lotte Köhler beginnt, wird erst in *Uwe Johnson. Befreundungen. Gespräche, Dokumente, Essays* vollständig abgedruckt.[1019] Roland Berbig, Herausgeber beider Bände, betont:

> In den Briefen geht es vielfach um Johnsons ‚Jahrestage' mit ihren mecklenburgischen Bezügen, die die Briefpartner zueinander führt, Vertrautheit stiftet und Sympathie bestätigt. Lotte Köhler ist die genaue Leserin, die sich Johnson wünscht.[1020]

Allerdings werden die *Jahrestage* nur siebenmal in den 31 brieflichen Mitteilungen erwähnt. Köhler bedankte sich häufig nur für Buchzusendungen oder sprach Lob für Johnsons vierteiliges Werk aus. Es ist zwar richtig, dass Lotte Köhler mecklenburgische Bezüge zu den *Jahrestagen* herzustellen versuchte, doch tatsächlich schufen Reiseführer und historisch wertvolle Landschaftskarten,[1021] mit denen Johnson sie immer wieder beschenkte, den tiefgreifend heimatlichen Bezug. Die *Jahrestage* dienen nur einmal diesem Zweck, nämlich als Köhler am 20. Juli 1972 schreibt:

> [...] die mecklenburgischen Partien Ihrer ‚Jahrestage' sind so ausgezeichnet, so, wie kein Mecklenburger und keine Mecklenburgerin sie sich besser wünschen könnte [...].[1022]

Mehr wird diesbezüglich nicht erwähnt. Ihre entdeckten Fehlerstellen in den *Jahrestagen* hat Johnson nicht korrigiert.[1023] Lediglich den Hinweis darauf, dass er die falsche Hausnummer der New Yorker Adresse Hannah Arendts publizierte, nahm er dankend an und ließ diese in der darauf folgenden Auflage ändern.[1024] Dieses Missgeschick war ihm sehr unangenehm, und er schreibt Lotte Köhler in seinem Brief vom 19. Dezember 1973: *Besonders schlimm ist nun Hannahs Beweis zu erwarten, dass ich nicht weiss, wo sie wohnt.*[1025]

Es waren also nicht die *Jahrestage*, die hier eine Freundschaft aufblühen ließen und Vertrautheit stifteten, sondern vielmehr die enge Freundschaft zu Hannah Arendt und die gemeinsamen mecklenburgischen Wurzeln. Insgesamt betrachtet ist der Briefwechsel im Vergleich zu den anderen Briefkorrespondenzen wenig aufschlussreich in Bezug auf Johnsons Werke, dafür aber wertvoll, was sich an Einstellungen zum Literaturbetrieb und dem Umgang mit Literatur herauslesen lässt.

1019 Vgl. ebd. S. 432–437, S. 480.

1020 Ebd. S. 435.

1021 Vgl. ebd. S. 480. Vor allem Lotte Köhler fühlte sich durch die Beschäftigung mit der mecklenburgischen Topografie in ihre Kindheitstage zurückversetzt.

1022 Ebd. S. 443.

1023 Vgl. ebd. S. 442, Anm. 18.

1024 Vgl. ebd. S. 445, 446 und Anm. 36.

1025 Ebd. S. 446.

Als Nähe schaffender ‚running gag' fungiert im Fall Lotte Köhlers ihr durch einen Autounfall verletztes Knie.[1026] Zudem existiert in der Korrespondenz eine Parallele zum Briefwechsel mit Anna Grass. Ähnlich wie diese erledigte auch Köhler per Briefanweisung Botengänge für Johnson. So ließ sie auf seinen Wunsch hin einen Schlüssel nachmachen und erkundigte sich, exakt seinen Angaben entsprechend, über diverse Unterkunftsmöglichkeiten für seinen geplanten New-York-Aufenthalt. Als Dank für ihre Bemühungen möchte Johnson ihr *[...] eine große Tüte Bonbons kaufen,*[1027] was wiederum an das Anna Grass versprochene Eis erinnert. Nicht nur mit Anna Grass führte Johnson Gespräche über das Schriftsteller-Dasein, sondern auch mit Lotte Köhler. Als Johnson am 18. Oktober 1975 der Raabe-Preis in Braunschweig verliehen werden soll, schreibt er Köhler zwei Tage vorher:

> Zu allem Unglück muß ich reisen, denn ich habe die Verwaltung eines autobiografischen Nachlasses geerbt, der Zeit gehabt hätte, und den Wilhelm Raabe-Preis, also fünftausend Mark unter den Bedingungen von Anwesenheit bei Feierstunde und Ablieferung von Rede. Es klingt undankbar, aber genau so dankbar wäre ich gewesen für Banküberweisung und Erlaubnis, schriftlich meine Einfälle zu diesem Geschenk zu äussern. Es ist ja doch auch immer eine Selbstdarstellung des Gemeinwesens, wenn ein solcher Beitrag mit Pomp überreicht werden muss; da ist der Pate des Preises weniger gemeint, fürchte ich, und noch weniger der Empfänger.[1028]

Johnsons Abneigung gegenüber Preisverleihungen wurde schon im Zusammenhang mit dem Formentor-Preis im Jahr 1963 deutlich. Lotte Köhler, die seine Gesinnung verstehen konnte, empfand ihn keineswegs als undankbar, wobei manche Personen Johnsons Ansicht für arrogant gehalten hätten.[1029] Bestätigt wird dieses gegenseitige Verständnis durch das vertraute ‚Du', das sich seit dem 23. März 1975 in den Briefen belegbar wiederfinden lässt,[1030] auch wenn Köhler

---

1026 Vgl. ebd. S. 433, 437 f., 444, 446 f. Sogar Arendt hat Johnson schriftlich dazu aufgefordert, Köhler einen Brief zur Aufheiterung zu schreiben (vgl. AJB. S. 78).

1027 Ebd. S. 477.

1028 Ebd. S. 456 f.

1029 Vgl. Formentor-Preis – Holzauktion auf Korfu. In: Der Spiegel, Nr. 20, 15. 05. 1963, S. 84. Im ‚Korfu-Fall' wurde damals von dem englischen Jury-Mitglied Melvin Lasky auf das widersprüchliche Verhalten Johnsons hingewiesen:
Nach einer Woche guten Essens und Trinkens…vergoß er eine Träne für die ‚Interessen der zeitgenössischen Literatur', bevor er fortstolzierte in seiner eleganten schwarzen Lederjacke.

1030 Vgl. KÖJB. S. 455, Anm. 66. Berbig zitiert hier aus dem Gespräch mit Lotte Köhler, in dem sie vermutete, dass sich das ‚Du' an einem Sonntag, den 23. Februar 1975, bei einem Abendessen bei Helen Wolff ergeben habe.

im Oktober desselben Jahres immer noch gewisse Schwierigkeiten damit hat: *So ganz ohne Stocken geht mir das ‚Du' noch nicht von der (lautlosen) Zunge. Das würde sicher besser, wenn man sich sehen könnte.*[1031]

3.8.2 Trauer um Hannah Arendt

Das Jahr 1975, in dem Hannah Arendt starb, stellt mit acht untereinander ausgetauschten Briefen den Höhepunkt der Briefkorrespondenz dar (vgl. Abbildung 27).

Abb. 27 Anzahl der verfassten Briefe pro Jahr im Briefwechsel zwischen Lotte Köhler und Uwe Johnson (1971 bis 1983).

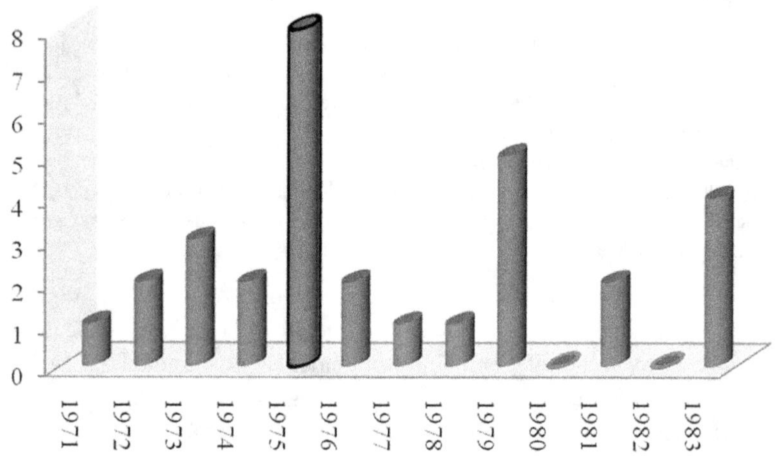

Die letzten drei Schriftstücke dieser acht Briefe widmen sich dem schmerzhaften Verlust Hannah Arendts, während sich die ersten fünf Briefe schwerpunktmäßig mit Max Frischs *Montauk* beschäftigen. Aufgrund ihrer kontroversen Ansichten zu dem Thema Selbstentblößung in der Literatur kam es zu einer regen Diskussion zwischen Köhler und Johnson. In Köhlers Brief vom 4. November 1975 heißt es dazu:

> Bin ich vielleicht zu altmodisch empfindlich gegen diese neue Art der Selbstentblößung, die auch die Nächsten in rückhaltloser Aufrichtigkeit mit ausliefert?[1032]

Johnsons Einstellung lässt sich in der Korrespondenz mit Max und Marianne Frisch nachlesen und spiegelt sich vortrefflich in der *Skizze eines Verunglückten*

1031 Ebd. S. 455. Siehe auch S. 455, Anm. 67.
1032 Ebd. S. 458.

wider (vgl. Kap. 3.4.2, 3.4.3). Ergänzend kann hier nur noch ein Zitat aus der bereits erwähnten Rede Johnsons zur Wilhelm-Raabe-Preisverleihung angeführt werden:

> Dies ist ein subjektives Gewerbe, und es bedeutet eine ungeheure Verantwortung, wenn ein Einzelner seinen Blick auf die Welt öffentlich anbietet als eine Form der Realität zum Prüfen und Vergleichen.[1033]

Ähnlich argumentiert Johnson auch gegenüber Köhler, als er ihr am 11. November 1975 antwortet:

> Max Frisch hat von Anfang an [...] erklärt, dass er seine eigenen Erfahrungen darstellt. Das tun alle im schreibenden Gewerbe, nur dass die meisten ihre Erfahrungen behandeln als ein Material, es umfärben, in andere Zusammenhänge stellen, es zerstückeln, etc. Dabei geht ja auch etwas verloren, und wenn jemand aus den eigenen unverfälschten Erfahrungen ein Kunstgebilde wie ‚Montauk' herstellen kann, so ist das allein tektonisch wie logisch eine Leistung, die ich bewundere.[1034]

Weiter verteidigte Johnson Frischs Vorgehen damit, dass jeder, der Frisch kannte, von dessen Umgang mit biografischen Erfahrungen und der textlichen Verarbeitung in seinen Werken wusste. Er selbst war sich darüber im Klaren, dass auch er – Johnson, der sonst seine eigene Biografie stets zu schützen versuchte – in Frischs literarischen Arbeiten auftauchen könnte. Die hier präsentierte Einstellung Johnsons ist überraschend, wenn man sich vor allem an Hannah Arendts Kritik erinnert, dass Johnson zu verschlossen sei, sowohl in privater als auch beruflicher Hinsicht. Die nachfolgende Briefpassage an Lotte Köhler vom 16. Oktober 1975 kann als ein Zugeständnis an Arendts Einschätzung gewertet werden:

> Ich danke dir für das Bild von Hannah. Wenn du sie siehst, so wolle ihr, bitte, ausrichten, sie sei eine erzschlaue Person. Dies bezieht sich auf ihre Bemerkung, ich hätte ihr letztlich geschrieben in der Art Eines, der spricht durch geschlossene Zähne. Erzgescheit ist sie [...].[1035]

Johnsons ausführliche und tiefe Einblicke gewährende Haltung zur Literatur und dem Umgang mit dieser Materie stellt einen ernst zu nehmenden Freundschaftsbeweis gegenüber Lotte Köhler dar, der sicherlich nicht ohne den von Johnson geschätzten Kontakt mit Hannah Arendt zustande gekommen wäre.

1033 Uwe, Johnson: >>...habe aber nie die Absicht gehabt, durch Partheischriften den Tageslärm zu vermehren.<<. S. 73.

1034 KÖJB. S. 460.

1035 Ebd. S. 456.

Das wird besonders nach dem Tod Arendts deutlich. In keinem der darauf folgenden Jahre werden derartig vertraute Briefe geschrieben. Mit dem Tod der Freundin wurde die Verbindung zwischen Köhler und Johnson unterbrochen. Als Ersatz beziehungsweise als eine Art Brückenglied wird Helen Wolff, ebenfalls eine gemeinsame Freundin der beiden, zu Kommunikationszwecken eingesetzt. Schrieb Köhler früher über die Aktivitäten Hannah Arendts, so berichtete sie später von Helen Wolff. Natürlich kann die amerikanische Verlegerin die Lücke, die durch den Verlust Arendts entstanden ist, nicht schließen, und so besann man sich wieder auf die gemeinsamen mecklenburgischen Wurzeln. Lotte Köhler entschuldigt sich häufig für ihre *Schreibfaulheit,*[1036] letztlich hat sie aber mehr Briefe als Johnson geschrieben (vgl. Abbildung 26). Trotz seiner verhältnismäßig geringen Briefanzahl liefert der Briefwechsel wichtige Informationen zur Person Uwe Johnsons. Festzuhalten bleibt, dass die Freundschaft zu Hannah Arendt den Schwerpunkt dieser Korrespondenz ausmacht und Johnson aufgrund der mecklenburgischen Gemeinsamkeiten ein Stück Heimat in den Briefen fand, ähnlich wie in der Verbindung zu Walter Kempowski.

3.9 Briefkorrespondenz mit Manfred Bierwisch

3.9.1 Das bedrohte Briefgeheimnis

Mit dem Linguistik-Professor Manfred Bierwisch verband Johnson eine sehr lange Freundschaft, die seit dem Studium währte. Bernd Neumann bezeichnet Bierwisch trotz des Freundschaftsbruchs als den vertrautesten Freund Johnsons.[1037] Die hier erstmals präsentierten Briefauszüge aus dem Jahr 1968 liefern nicht nur Informationen zur Briefzensur, sondern legen auch Zeugnis über die Freundschaft zwischen Johnson und Bierwisch ab.

Beginnend mit dem Brief von Manfred Bierwisch vom 30. November 1968 zeigt sich, wie erschwert die Kommunikationsmöglichkeit in dem geteilten Deutschland war:

> Lieber Ossian,
> am 25.11 um 15 Uhr hat Dein Postamt seinen Stempel auf den Brief gedrückt, den mein Briefträger heute morgen in meinen Kasten gesteckt hat. Er war, anders als seine Vorgänger, zart und wie beiläufig verschlossen, so wie es ein gelassener Expedient tut. Niemand scheint ihm unterwegs nahe getreten zu sein. Dennoch ist, wie ich sehe, Kommunikation nicht immer einfach. Manchmal schon aus äußerlichen Gründen. [...][1038]

1036 Ebd. S. 457.

1037 Vgl. Neumann, Bernd: Uwe Johnson. S. 289.

1038 Uwe Johnson-Archiv Rostock, UJA/H/101087, Bl. 37.

Weiter heißt es im selben Brief:

> Ich wäre froh, wenn ein neues Telephongespräch dann nicht mehr durch derlei unausgesprochene Fragen beeinträchtigt wäre. Die Weihnachtswünsche (warum waren die dabei behindert?) lassen sich ja noch nachtragen, zumal heute erst der letzte November ist und dein Postamt die Zeit nicht mehr an Vorschriften verwendet. Schreibe mir also umgehend auf eine Postkarte, was Du am Telephon unterschlagen hast.[1039]

Dieser Ausschnitt veranschaulicht, wie Bierwisch mit dem Überwachungsproblem umgeht. Es ist aber kein außergewöhnliches Phänomen, dass Personen, die eine Spionage befürchteten, besonders auf ihre Umwelt achteten. Den damaligen Umständen entsprechend war es nur das Vernünftigste, sich genau zu überlegen, was man sagte. Dissidenten mussten mit Verhören, Entführungen und zum Teil auch mit Mordanschlägen rechnen. Das war wohl auch den beiden Freunden bewusst, und deshalb werden einige Themen nicht angesprochen. Johnson antwortet mit dem Brief vom 4. Dezember 1968 wie folgt:

> Dear Jake:
> Zunächst über Korrespondenz:
> Warum eigentlich schicken wir uns Briefe per Motorpedalboten, wenn die Stafette doch vier Tage braucht?
> Wo trinken diese Männer im derben Leder unterwegs ein Bier?
> Es war noch ein bisschen anders: WIE SOLL ICH AHNEN OB DER INHALT MEINER BRIEFE DIR ZUSAGT WENN DU MIR NICHT EINMAL DEREN EMPFANG BESTÄTIGST?
> Entweder warst du psychologisch indisponiert und hattest einen Frosch auf dem Stimmband deiner Seele, um in die Sprache der Tenöre abzuschweifen. Du warst faul, meine ich.
> Oder du mochtest nicht sagen was du über die Erzählungen unserer Nenntante dachtest, nicht einmal ob du sie anzweifelst.
> Zugestandener Massen sind unsere Maschinentypen nicht gewandt genug für die Behandlung spezifisch delikater Angelegenheiten.
> Ausser dem sollten wir der nachlesenden Mitwelt ich meine der mitlesenden Nachwelt gewisse Kleinigkeiten wie das kommende Weihnachtsfest oder Hühneraugenbeschwerden ersparen, nicht nur aus ästhetischen Gründen, wir sind da einig.
> Worauf wir uns jedoch offenbar weniger verlassen können ist die korrekte Einschätzung der ausgesparten Reaktion.
> [...]
> Gerade weil ich meine dass wir uns mit Kräften vorbereiten sollen auf einen Tag, an dem uns die Ausübung von Freundschaft wieder in herkömmlichen Formen gestattet ist, meine ich andererseits, dass wir jene Gelegenheit nicht beschweren sollten mit Un-

1039 Ebd.

erledigtem, für das wir dann vielleicht nicht mehr das passende Werkzeug haben. Den praktischen Anlass haben wir ja nun bestätigt. Ich sehe dich in der Esbahn, die Taschenheule am Ohr.
Die starke Verklebung meiner Briefumschläge lässt sich auch damit erklären dass ich um zu sparen die billigste Sorte kaufte um herauszufinden dass man deren Gummierung mit Klebstoff nachhelfen muss.
Es mag sein dass der wiederum vermischt wird mit einem Erzeugnis deiner Republik oder einem noch diesseits der Grenzen hergestellten Produkt; ich bin mir nicht bewusst dass wir diese Möglichkeit jemals ausgeschlossen haben.
Weiterhin halte ich für unbekömmlich dass wir unsere Verständigung für diese Dritten einrichten statt für uns. Ich bin sicher dass unsere gegenseitigen Mitteilungen der Intelligenz und dem Interesse von Nachrichtendiensten oder Fahndungsanstalten entzogen sind, solange nicht eine Verbindung überhaupt untersagt ist. Eine negative Beurteilung der arabischen Politik in meinem Brief gegen eine positive Variante in deinem gestellt scheint mir vertrauenswürdiger als das Verfahren des Andeutens oder schlichten Auslassens.
Schließlich, wir können uns darauf verlassen dass in einem Notfall aus einem Geburtstagstelegramm ein Beweis für Hochverrat entstehen kann. Wir haben uns aber doch grundsätzlich darauf eingelassen, Missverständnissen nicht durch das Abbrechen der Verständigung vorzubeugen.
FREUNDSCHAFT!
FREUNDSCHAFT!
FREUNDSCHAFT!
[...][1040]

Dieser Brief ist nicht nur für die literaturwissenschaftliche, sondern auch für die geschichtliche und politische Forschung ein besonders wertvolles Schriftstück, da es Aspekte über die Briefverständigung im Kalten Krieg und den damit verbundenen Methoden des DDR-Überwachungssystems liefert.

Der Brief beginnt mit der Information, dass sich die beiden Freunde ihre Post per Motorpedalboten schicken; ein Begriff, der so in der Literatur nicht vorkommt. Gemeint waren Eilboten, die für einen Aufpreis von etwa 50 Pfennig die Postzustellung schneller und verlässlicher abwickeln sollten.[1041] Wie sich Bierwisch aber erinnert, haben *diese Männer im derben Leder* jedoch die Briefzustellung eben nicht zeitiger überbracht, was Johnson in seinem Brief vorwurfsvoll anzumerken weiß.[1042] Mit Großbuchstaben signalisiert Johnson, dass er von Bierwisch in Anbetracht der politisch heiklen Situation erwartet, dass dieser ihm zumindest den Empfang der Briefe bestätige.

1040 Uwe Johnson-Archiv Rostock, UJA/H/101088, Bl. 38–39.
1041 Schriftliche Auskunft von Prof. Dr. Manfred Bierwisch am 20.12.2010.
1042 Schriftliche Auskunft von Prof. Dr. Manfred Bierwisch am 20.12.2010.

Johnsons Ärger erscheint verständlich, wenn man bedenkt, mit welchen Methoden die *Firma Horch und Guck,*[1043] wie die Stasi vom Volksmund betitelt wurde, vorging. Täglich wurden 50.000 bis 70.000 Briefsendungen abgefangen und kontrolliert. Die Briefe wurden per Anschriften- oder Schriftenfahndung, aber auch durch Sonderkastenleerungen und technische Untersuchungen ausfindig gemacht und inhaltlich überprüft. Verantwortlich für die Untersuchung der Briefe und Pakete war die Abteilung M der Hauptabteilung II, Spionageabwehr. Der Einsatz von Röntgenschirmen sowie das Aufschlitzen von Briefen waren gängige Maßnahmen, um Einblicke in den Briefverkehr zu erhalten. Ab 1969 wurde sogar eine Datenbank eingerichtet, welche Millionen von privaten Briefverbindungen zwischen der DDR und BRD erfasste.[1044]

Auch in anderen Briefen Johnsons gibt es einige Hinweise auf ein solches Vorgehen der Stasi, auch wenn diese nicht stets so eindeutig formuliert werden wie in den Briefen mit Manfred Bierwisch. In der Korrespondenz mit Siegfried Unseld sind beispielsweise Passagen zu entdecken, die belegen, dass die für Johnson bestimmte Post ihn nicht immer erreichte.[1045] Zweideutige Anspielungen auf das Postwesen liefert der Briefwechsel mit Unseld, wie aus Johnsons Brief vom 4. August 1978 hervorgeht: *Vorkommenden Falles bitte ich also um ein Telegramm – die Postboten gehören zu einer anderen Gewerkschaft.*[1046] Doch Johnson hat nicht nur Schwierigkeiten mit den deutschen Postbehörden, wie sein Brief an Unseld, datiert vom 29. März 1979, belegt:

> wer weiss, wann dies auf deinen Tisch findet. Denn bei meiner Rückkehr fand ich hier etwas vor, was die Einheimischen, zweifellos in Furcht vor den Eumeniden, eine >>industrielle Aktion<< im Postwesen nennen. Das eine Ergebnis dieses Streiks vorenthält mir alles, was in London sortiert wird, also die Rundschreiben des P.E.N. wie eine dreizehnte Umfrage über das Leben der Literatur zum Sterben hin, und ein wenig fühle ich mich schon verlassen. Das andere zeigt sich in der amtlichen Aufforderungen, nur >>Wesentliches<< auf den Postweg zu bringen, wie in Kriegszeiten, als auch hier ein jeder sich fragen sollte: >>Is your journey really necessary?<<[1047]

1043 Schöll, Franz (Hg.): Einheitsfarbe Ginstergelb. Die Postler in West und Ost als Praktiker der Einheit. Berlin 1995. S. 56.

1044 Vgl. ebd. S. 58–64.

1045 Vgl. UJB. S. 149 f. Dort heißt es im Brief von Siegfried Unseld am 6. Juli 1961: Es ist dumm, daß Sie den Brief des Bonner Innenministeriums nicht erhalten haben. Ich habe bestimmt einen Brief mit diesem Absender gesehen; er wurde Ihnen in einem Konvolut mit anderen Briefen nach Chicago geschickt.

1046 UJB. S. 921.

1047 Ebd. S. 946.

Obwohl sich dieser Passus auf die Poststreiks in England bezieht, enthält er auch ein wesentliches Kernproblem des deutschen Postsystems der DDR, nämlich das bewusste Unterschlagen von Briefen sowie die individuelle Beschneidung in den Mitteilungsmöglichkeiten durch sogenannte Behörden. Es ist anzunehmen, dass Johnson hier nicht nur das englische Postsystem kritisiert, sondern auch in doppeldeutiger Manier auf das deutsche DDR-Postsystem anspielt, denn der restliche Kontext des Briefes bezieht sich auf die DDR und die Affäre um Rudolf Augstein. In diesem Zusammenhang schreibt Johnson auch: *(Du siehst, für wen alles die geheimen Dienste Material beschaffen, und was für welches.)*[1048]

In der Korrespondenz mit Hans Magnus Enzensberger zeigt sich in der brieflichen Mitteilung vom 14. Dezember 1962 ein konkreterer Hinweis auf die geahnte Briefüberwachung:

> Auch besitzen wir einen Fernsehapparat und vergleichen die politischen Sendungen aus Adlershof und Westdeutschland, achten auf Flugzeuge überm Dach, möchten hier immer noch bleiben. Solltet ihr meinen Brief von vorgestern nicht bekommen haben, liest ihn jemand anders.[1049]

Johnson war sich schon relativ früh darüber im Klaren, dass seine Briefe im Fokus des Ministeriums für Staatssicherheit stehen könnten, was sechs Jahre später in dem bereits zitierten Brief von Manfred Bierwisch thematisiert wird. Natürlich sind mit Johnsons Äußerung der *nachlesenden Mitwelt* beziehungsweise der *mitlesenden Nachwelt* nicht nur die spionageintendierten Stasimitarbeiter, sondern auch das lesende Uwe-Johnson-Publikum angesprochen.

Der Brief vom 4. Dezember 1968 offenbart zudem, dass Johnson, obwohl er ahnte, dass seine Post überwacht wurde, Bierwisch trotzdem eine sogenannte *Taschenheule* schickte, deren Empfang Bierwisch mit einer verschlüsselten Telegrammbotschaft bestätigen soll. Der Code-Satz, mit dem Bierwisch den Erhalt des Geschenks am 7. November 1968 um 15 Uhr bestätigt, lautet: *Dies ist 1 kl Freude ff/Telegramm auf Kosten der Post.*[1050] Die *Taschenheule*, von der hier die Rede ist, war, wie Bierwisch erklärt, ein kleines Taschenradio, das damals noch nicht in der DDR verfügbar war:

> Ich erinnere mich noch gut, daß ich die ganze dramatische Bundestagsdebatte mit dem schließlich gescheiterten Versuch, Willi Brandt zu stürzen, mit diesem Gerät angehört habe, nicht selten auf dem Fahrrad durch Berlin radelnd.[1051]

1048 Ebd. S. 947.

1049 EJB. S. 64.

1050 Uwe Johnson-Archiv Rostock, UJA/H/101083, Bl. 34.

1051 Schriftliche Auskunft von Prof. Dr. Manfred Bierwisch am 29.11.2010.

Neben dem persönlichen Nutzen für Manfred Bierwisch diente die *Taschenheule* wohl auch als eine Art Erkennungszeichen, denn Johnson schreibt: *Ich sehe dich in der Esbahn, die Taschenheule am Ohr.*

Die Post wurde auf Grundlage der DDR-Gesetze dazu verpflichtet, auffällige beziehungsweise verdächtige Pakete an den Zoll zu übergeben, der sich schließlich der Postsendungen annahm. Täglich kam es zum Bruch des Briefgeheimnisses sowie häufig damit verbunden auch zum Postdiebstahl. Über 32,7 Millionen DM Bargeld und etwa 10,2 Millionen DM an beschlagnahmtem Warenwert hat sich die DDR in einer Zeitspanne von fünf Jahren zu eigen gemacht.[1052]

Dennoch gab der von der Stasi bespitzelte Johnson Pakete auf und war bereit, Risiken einzugehen. Im Brief selbst schreibt er davon, dass das Aussparen oder Verschweigen von Angelegenheiten auffälliger sei als manche provokante Formulierung. Wenn die beiden wegen Hochverrats verhaftet werden sollen, so meint Johnson, dann genüge dem MfS auch ein harmloser und oberflächlicher Briefinhalt.

Eine Passage in dem Brief regt besonders zum Nachdenken an. Johnson schreibt: *[z]ugestandener Massen sind unsere Maschinentypen nicht gewandt genug für die Behandlung spezifisch delikater Angelegenheiten*. Es wäre möglich, dass sich Johnson hier auf die Dienstanweisung Nr. 2/81 der DDR bezieht, die besagt, dass Feindobjekte wie beispielsweise Schriftstücke und Schreibmaschinen zu registrieren und zu überwachen sind.[1053] Doch Bierwisch erinnert den Bezug anders:

> Und das Lamento über den Frosch auf dem Stimmband der Seele und die unzureichende Flexibilität der Maschinentasten gehörten zu den Vorhaltungen, auf die man immer gefasst sein musste, wenn man den Erwartungen des Großen Uwe nicht entsprach.[1054]

Außerdem äußert Bierwisch, dass vieles *Jokus und Spaß an der Camouflage*[1055] war und wenig mit der Geheimpolizei zu tun hatte. Allerdings räumt er auch ein, dass es auf die Zeit und Umstände ankomme, die er und Johnson nicht immer gleich beurteilten.

Neben der historisch-politischen Relevanz dieses Schriftstücks hat sich hier vor allem herauskristallisiert, was Freundschaft bedeuten kann und welche Risiken manche Menschen bereit sind, hierfür einzugehen. Johnsons Worte *Freundschaft, Freundschaft, Freundschaft* dürften, auch wenn hier möglicherweise eine ironische

1052 Vgl. Schöll, Franz (Hg.): Einheitsfarbe Ginstergelb. S. 58–61.

1053 Vgl. Anatomie der Staatssicherheit. Geschichte, Struktur und Methoden – MfS Handbuch . S. 384–396.

1054 Schriftliche Auskunft von Prof. Dr. Manfred Bierwisch am 20.12.2010.

1055 Schriftliche Auskunft von Prof. Dr. Manfred Bierwisch am 19.12.2010.

Anspielung auf dieselbige Begrüßungsformel unter den jungen FDJlern gemeint war, bei Manfred Bierwisch nicht ohne Wirkung gewesen sein, wie der erste Satz des folgenden Briefauszugs vom 18. Dezember 1968 belegt:

> Lieber Ossian,
> dies ist meine Antwort auf Dein überaus Geschätztes vom 4. dieses Monats, das mit einer ordnungsgemäßen Laufzeit von fünf Tagen hier im Blechkasten landete. Eine sofort in die Maschine gespannte Antwort wurde unterbrochen von dem (freilich erwarteten) Eintreffen von James und dann eine Woche lang nicht wieder aufgenommen.
> Also: Ich sträube mich gegen keine Deiner Feststellungen über Korrespondenz. Ich bin gerne und sofort bereit, die etwas verklebten Briefe auf Deinen eigenen Kleister zurückzuführen, hatte auch nie ausgenommen, daß es auch Deine Sicherheitsorgane sein könnten, die ihnen unziemliche Neugier widmeten, und stimme Dir auch zu, daß ich faul war. [...][1056]

Dieses Antwortschreiben legt zum einen den Umgang mit der erwarteten Post offen: Die Tage werden gezählt, um sicherzugehen, dass der Brief nicht länger unterwegs war, als er sollte. Zum anderen zeigt es, dass man sich bemühte, trotz der ungewöhnlichen Korrespondenzumstände, weiter zu kommunizieren. Dass Johnson auch von der *anderen Seite* mit Überwachungen rechnete, zeigt nur wieder, wie wichtig ihm, aber natürlich auch Bierwisch, die Freundschaft zueinander war und wie mutig sie waren, sich nicht von dem Staatssystem einschüchtern zu lassen.

3.9.2 Verknüpfung zwischen Werk und Brief

> As I am now trying to write the biography of Miss Cresspahl, I am sometimes running short of topical material (it is, after all, the third childhood I have to fill), and I would be rather glad if you could consent to supply me with classroom events or stories of the years 1939 to 1949 [...].[1057]

So lautet am 5. August 1968 Johnsons Bitte an Manfred Bierwisch, um mit dessen Hilfe neues Material für die *Jahrestage* gewinnen zu können. Bierwischs Antwort hierzu ist in seinem Brief vom 6. September 1968 enthalten. Dieser Briefauszug ist unter dem Titel *Fünfundzwanzig Jahre mit Jake, auch unter dem Namen Bierwisch bekannt* bereits in Teilabdrucken publiziert und kann dort nachgelesen werden. Da Bierwischs Schulgeschichte nicht direkt in die *Jahrestage* eingebaut wurde, soll auch hierauf nicht weiter eingegangen werden.

1056 Uwe Johnson-Archiv Rostock, UJA/H/101093, Bl. 44.
1057 Uwe Johnson-Archiv Rostock, UJA/H/101070, Bl. 19.

Relevant ist vielmehr, was Johnson aus den brieflichen Mitteilungen für sein Werk verwendete. In Kapitel 2 wurden bereits Briefauszüge aus der Korrespondenz zwischen Johnson und Bierwisch präsentiert, welche die prekäre Situation des Briefverkehrs zu DDR-Zeiten nachzeichnen. In den *Jahrestagen* unter dem Tageseintrag vom 5. August 1968, also mit exakt demselben Datum versehen wie Johnsons Anfrage an Bierwisch, steht die Schulgeschichte vom Schüler Dieter Lockenvitz.

Die Erzählung über den Protagonisten setzt allerdings erst im Jahr 1950 ein und berichtet, Johnsons Anfragezeitraum berücksichtigend, vom Leben der Eltern Lockenvitz von 1933 bis 1945.[1058] Johnson wollte seinem Freund Bierwisch zeigen, was er sich nun für seine *third childhood* hat einfallen lassen. Doch dies ist noch nicht alles: Lockenvitz arbeitet seit 1950 als *Eilzusteller der Deutschen Post für den Landkreis Gneez,*[1059] wodurch man Folgendes erfährt:

> Einmal hatte eine Frau in Alt Demwies so arg gewartet auf den Brief mit den roten Zahlen, der rot überkreuzten Adresse; sie gab ihm ein Ei. Oft aber verbrachte er die Nachmittage in der Sortierkammer bloß mit Warten auf Eilsendungen; mit Schularbeiten.[1060] [...] Lockenvitz wollte tun was ein Freund schuldig ist und fragte: ob wir auch wüßten, daß am Verteilerschrank der Deutschen Post eine Fangliste hängt, daß fast jeden Tag paar Briefe übernachten gehen bei der Stasi (Staatssicherheit).[1061]

Eine Parallele zu der *Frau in Alt Demwies* beinhaltet der Brief Johnsons an Manfred Bierwisch, datiert auf den 13. Januar 1966. Bei dem folgenden Briefzitat handelt es sich im Übrigen ebenfalls um einen Brief aus den Stasi-Akten:

> in Friedenau,
> 13. Januar, 1966
>
> D. J.
> Danke für den Brief, der mit seinem roten Zettel so eilig tat, und doch von vorgestern nachmittags bis heute morgen gebraucht von Lichtenberg hierher, Betrüger, lahmer. [...][1062]

1058 Vgl. Johnson, Uwe: Jahrestage. S. 1544–1556.
1059 Ebd. S. 1546.
1060 Ebd. S. 1546.
1061 Ebd. S. 1550.
1062 BStU/MfS-AP 14173. S. 218. Der Briefauszug konnte nur mit der Genehmigung von Prof. Dr. Manfred Bierwisch abgedruckt werden. Das Schriftstück stammt aus den Stasi-Akten Johnsons, die bei der BStU verwahrt werden.

Johnson verarbeitet hier, was er mit Bierwisch in seinen Briefen thematisiert hat. Zudem ist auffällig, was Johnson über Lockenvitz schreibt. So schildert er bezüglich der Namensgebung seiner Figur Folgendes:

> Ein empfindliches Kind. Wenn man so heißt. Ein Spitzname: Dietchen (gestiftet von Lise Wollenberg). [...] Lockenvitz senkte den Kopf und drückte die Lippen, als nehme er sich etwas vor; siehe aber auch GOETHE:
> Denn der Eigenname eines Menschen ist nicht etwa wie ein Mantel, der bloß um ihn hängt und an dem man allenfalls noch zupfen und zerren kann, sondern ein vollkommen passendes Kleid, ja wie die Haut selbst ihm über und über angewachsen, an der man nicht schaben und schinden darf, ohne ihn selbst zu verletzen.[1063]

Aus einem Brief an Walter Kempowski erfährt man, wie wenig Johnson seinen eigenen Vornamen *Uwe* leiden konnte.[1064] Bernd Neumann sieht in der Figur Lockenvitz ein *Alter ego*[1065] des Schriftstellers, weshalb diese Passage über Namen und deren Bedeutung besonders bezeichnend ist. In diesem Kontext ist auch die nachfolgende Szenerie nicht unerheblich:

> Denn er fuhr wie ein gesunder Mensch, vierzig Kilometer in der Stunde, das war ein Klacks für ihn. Eine halbe Stunde hätte der gebraucht bis Jerichow! aber er reiste auf zwei Rädern auswärts an den Wochenenden. Wir konnten nur hoffen, daß es keinem auffiel. Matthäus XVI. 26. Ja, Schiet![1066]

Unter Matthäus XVI. 26 heißt es *Was hüllfs den Menschen, so er die gantze Welt gewünne und neme doch Schaden an der Seele? Oder was kan der Mensch geben, damit er seine Seele wider löse?*[1067]

Diese Bibelstelle steht bei Matthäus in dem Themenblock *Von Nachfolge und Selbstverleugnung.*[1068] Jesus ruft hier seine Jünger auf, ihm ins neue Reich nachzufolgen, auch wenn Gefahren drohen.[1069] Der Bezug zu Johnson wurde bereits in der Forschung hergestellt, da es sich bei dem Bibelzitat um seinen eigenen Taufspruch handelt,[1070] weshalb angenommen werden kann, dass Johnson mit dieser

---

1063 Johnson, Uwe: Jahrestage. S. 1546.

1064 Vgl. KJB. S. 107.

1065 Neumann, Bernd: Uwe Johnson. S. 20.

1066 Johnson, Uwe: Jahrestage. S. 1555 f.

1067 Volz, Heinz (Hg.): D. Martin Luther. Die gantze Heilige Schrifft. Deudsch 1545 / Auffs new zugerichtet. München 1972. S. 2000.

1068 Ebd. S. 2000.

1069 Vgl. ebd. S. 2000.

1070 Vgl. Paasch-Beeck, Rainer: Bißchen viel Kirche, Marie? Bibelrezeption in Uwe Johnsons Jahrestage. In: Johnson-Jahrbuch. Bd. 4. Hrsg. v. Ulrich Fries und Holger Helbig. Göttingen 1997. S. 96 ff.

Passage seine persönliche Einstellung und seine eigenen Erfahrungen bezüglich des Grenzgängertums zum Ausdruck bringen wollte. Zudem scheint es so, als ob Johnson in diesem Kapitel der *Jahrestage* auf literarischer Ebene mögliche Fluchtgedanken rekapituliert. Die Interpretationsmöglichkeiten sind an dieser Stelle umfänglich und wurden in der Literatur bereits mehrfach aufgegriffen. Johnson jedenfalls verarbeitet mit dem Tageseintrag des 5. Augusts 1968 seine Erlebnisse mit den DDR-Behörden, und es sind Parallelen zwischen den Briefen mit Manfred Bierwisch und dem Werk *Jahrestage* zu erkennen.

3.10 Martin Walser

3.10.1 Der geheime Briefkasten: Korrespondenz mit Martin Walser und Günther F. Seelig

Als Johnson im Sommer 1959 nach Berlin übersiedelte, ließ er anfänglich seine Post an den Suhrkamp Verlag schicken und besorgte sich erst später ein Schließfach, um seine Post sicher abholen zu können und um von der Stasi weiter unentdeckt zu bleiben. Dass Briefkästen observiert und mit Sonderleerungen jederzeit für Mitarbeiter der Abteilung Spionageabwehr zugänglich gemacht wurden, war bekannt. Doch Johnson wusste, wie er die Methoden des DDR-Regimes für sich und seine Freunde nutzen konnte. Freilich lebte Martin Walser nicht in der DDR, es besteht daher auch kein unmittelbarer Zusammenhang des MfS mit dem im nachfolgenden Abschnitt dargestellten Briefwechsel. Allerdings zeigen sich auch hier Johnsons Erfahrungen mit dem Überwachungssystem, denn die Idee, Martin Walser ein Pseudonym und eine Berliner Tarnadresse zu verschaffen, stammte von ihm. Als Johnson damals noch in der DDR lebte, wollte er seinen Roman *Mutmassungen über Jakob* unter dem Pseudonym Joachim de Catt auf den Markt bringen, was jedoch mit seiner Übersiedlung nach Westberlin hinfällig wurde.[1071] Jedenfalls hatte Johnson bereits hier Erfahrungen mit Pseudonymen und Geheimadressen gesammelt.

Der Grund, warum Martin Walser im Jahr 1971 unter einem Pseudonym publizieren wollte, lag an seinem erlittenen Theatermisserfolg: Sein Stück *Ein Kinderspiel* wurde nicht nur von der Presse, sondern auch von engen Freunden, wie Reinhard Baumgart, heftig kritisiert. Zu groß war nun die Angst, dass das nächste Werk auch nicht glücken könnte, davor sollte das Pseudonym einen gewissen Schutz bieten.[1072]

1071 Vgl. Unseld, Siegfried: Uwe Johnson. S. 26.

1072 Vgl. Magenau, Jörg: Martin Walser. Eine Biographie. Reinbek bei Hamburg 2005. S. 289 ff.

Doch dies war nicht der einzig ausschlaggebende Punkt für das von Johnson und Walser betriebene *böse Spiel,*[1073] wie Jörg Magenau es bezeichnet. Walser befürchtete, aufgrund seiner politischen Gesinnung – er wurde von der Öffentlichkeit als Anhänger der Deutschen Kommunistischen Partei angesehen – keinerlei Erfolgsaussichten zu haben. Johnson, der die Reaktion seines Freundes verstehen konnte, zögert nicht lange und wendet sich am 10. Februar 1971 an Günther F. Seelig:

> Gross Friedenau
> 10. Februar, 1971
>
> Lieber Günther:
> Wenn einer, und er zieht nun um in ein fast eigenes Haus, machen die Nachbarn sich das, was sie so bescheiden Gedanken nennen. Du wirst sie nicht erfahren. Ausser von mir. Mein Gedanke ist: ob du in deine wilde Vorstadtgegend nicht einen Untermieter mitnehmen wolltest. Wäre das nicht sozial gemeint? Und du könntest es dir einrichten ohne Mühe & Mehrwertsteuer. Zum Beispiel, Miete hättest du nicht zu erwarten. Weiter, du würdest die Person nicht einmal kennen lernen, geschweige denn zu Gesicht bekommen. Von eurem ganzen prächtigen Bau würde der Mann nichts bewohnen mögen als eine winzige Ecke in eurem Briefkasten – du!
>
> Überleg dir das, ob du wirklich einen Brief mit hochgeheimem Inhalt zerreissen willst!
>
> Nämlich. Es ist so. Nun setz dich doch wieder. Es hat sich begeben, dass ich einen jungen Schriftsteller kennen gelernt habe. Bevor er ein alter wird (was ich ihm zutraue), möchte er es gleich richtig machen. Er wünscht das zu tun, was etwa Grass oder mir zu früh, oder zu spät, immerhin nicht zum richtigen Zeitpunkt eingefallen ist: mit einem Pseudonym anzufangen, und mit einem Pseudonym zu leben. Dass einer der Öffentlichkeit nur sein Geschriebenes, nicht aber sein Gelebtes & Zu Lebendes ausliefern will, es gefällt mir schon als Vorsatz, und ich möchte ihm gern zu diesem Versuch verhelfen. Nur, wenn er für den Briefverkehr mit Verlagen etc. sich als Untermieter bei mir ausgäbe, es ergäbe falsche Gerüchte, die als falsche ja ganz passend wären, deuteten sie nicht in eine unpassende Richtung. Hingegen, "wohnte" er unter deiner Adresse, er wäre geschützt, nicht zuletzt durch deine Begabung, dumme Fragen nach deinem Untermieter barsch zu rügen, und durch deinen Beruf, der eine ungeheure Anzahl deiner Studenten als mutmassliche Kandidaten anbietet für Spekulanten.
>
> Es wäre ein bisschen Arbeit, ja. So: Wenn ein Brief an Herrn Wolfgang Amadeus Spengler bei Günter F. Seelig ankäme, müsstest du mich anrufen, und ich käme ihn holen, und wir gingen anderthalb Biere trinken. Wäre das schlimm?
>
> So könnte es was werden: wenn weder du noch ich den Inhalt der Briefe & des Manuskriptes kennen, und da eine Verbindung zwischen dir und mir nicht leicht zu finden

1073 Ebd. S. 291.

> wäre, bliebe der junge Mann (der vielleicht eine junge Frau ist) in Sicherheit. Hast du Lust, bei solch löblichem Beginnen mitzuhelfen?
> Schreib mir den Termin deines Umzugs, ich will dir dann eine Ansichtspostkarte schicken.
> Sincerely yours,[1074]

Günter F. Seelig war zunächst selbst von Johnsons Anfrage irritiert und hielt sie für einen Scherz. Als er jedoch merkte, dass Johnson tatsächlich eine neutrale Adresse brauchte, waren er und seine Frau damit einverstanden, ihren Postkasten mit dem unbekannten Untermieter zu teilen.

> Meine Frau und ich fühlten uns geehrt, dass wir bei irgend etwas helfen durften, auch wenn wir nicht wissen sollten, worum es sich handelt. Er hat nichts gesagt, und wir haben nicht gefragt. Wir haben ganz selbstverständlich in der Überzeugung *was Uwe tut ist wohlgetan* unsere Zustimmung gegeben. Meine Frau und ich waren zur Geheimhaltung aus (wie wir glaubten) politischen Gründen völlig bereit.[1075]

Da Seelig sich von diesem Moment an nicht weiter um diese Angelegenheit gekümmert hat, weiß er heute nicht mehr genau, ob die Adresse auch tatsächlich benutzt wurde. Ob und über welchen Zeitraum Walser die Adresse nutzte, ist daher nicht bekannt. Johnson forderte zudem den Freund Seelig dazu auf, den Brief zu vernichten, was Seelig auch tat. Obwohl Johnson den Brief entsorgt wissen wollte, hat er allerdings selbst einen Durchschlag aufgehoben.

Als Fazit lässt sich feststellen, dass Johnson die Post für seine Zwecke in jeglicher Hinsicht erfolgreich zu nutzen wusste. Privates Vergnügen und berufliche Relevanz gingen häufig fließend ineinander über.

3.10.2 Verknüpfung zwischen Werk und Brief

Martin Walser war, ähnlich wie Walter Kempowski, ein sorgfältiger Leser der johnsonschen Texte. Im folgenden Abschnitt sollen erstmals Briefauszüge aus dem Briefwechsel von Martin Walser und Uwe Johnson abgedruckt werden, die die spezielle Form der Werksdebatten unter den beiden Literaten widerspiegeln. Es wird nun nicht um direkte Bezüge zwischen Werk und Brief gehen, sondern primär um die Diskussion, wie die *Jahrestage* zu verstehen sind. Das Kapitel nimmt somit eine Sonderstellung ein, welche aufgrund seiner Relevanz jedoch berechtigt ist. Beginnend mit dem Brief vom 28. Dezember 1970 kommentiert Martin Walser den ersten Band der *Jahrestage* folgendermaßen:

> 28/12/70

1074 Uwe Johnson-Archiv Rostock, UJA/H/252527, Bl. 45.
1075 Schriftliche Auskunft von Prof. Dr. Günther F. Seelig am 12.01.2010.

Lieber Uwe,
Du siehst am Datum, daß ich rasch gelesen habe. Am 22. abends sind wir hier rauf gekommen, ich bin jeden Tag 3 Stunden skigefahren. Mir war nicht ganz wohl. Die ersten 80 Seiten waren mir als stolperndes Lesen in Erinnerung, aber das hatte sich bald, und je mehr Jerichow desto lieber. Leichter las sich das. NY hats schwer dagegen. Der schwebende Punkt, von dem aus angeschaut wird, das Konstruieren, ich weiß nicht genau, woran es liegt. Manchmal ist es natürlich genau so schön wie in Jerichow. Aber manchmal nicht. Richmond in between. Die Nachrichten sind eine Belastung, man kriegt ohnehin schon zuviel davon, jetzt stellst Du auch noch Dich dafür zur Verfügung. Und gesagt ist oft weniger dadurch als Du zu glauben scheinst. Und eine tötet die andere. Die Akkumulation bleibt aus. Und die Perspektive (plus Konstatier-Gestus) verhindert Perspektive (oder erschwert) "Atmosphäre" oder plot oder Zentrierung oder Handlung oder Kontinuitätsgenuß (immer in NY nur, natürlich). Der schöneschönste Strang Marie und "gefärbte" Menschen hat nicht seinesgleichen und verbindet sich nicht mit Gesines Job; ein wenig zum Schluß im Haus des Chefs. Ich sag das bloß, im Fall Du die NY-Umschaltstelle im Kommenden kleiner machen kannst. Von der Süd-Fähre hat man einfach zu wenig. Ich ahne natürlich schon, wie es jetzt laufen wird, und diese Ahnung verspricht einen riesigen Historien-Kunstgenuß, Du biegst da unheimlich was zusammen über Jerichow, Berlin und Prag. Aber nenn den nicht mehr den "Österreicher", weiter vorne ist es Dir auch nicht recht, daß du für alles geradestehen sollst, was in der BRD u. davor passiert ist. Schließlich ist er ja bei uns Hitler geworden, vorher hieß er, glaube ich, Hüttler. Über deinen Versuch, einen neutralen Punkt zwischen Ost und West zu errichten, mag ich nichts sagen. Noch nicht. Jerichow ist ja mit Grimm und Liebe und Schmerz erzählt, offenbar nützt das. Aber der Brief aus der DDR, unterzeichnet von Susemihl u. a., läßt auch hoffen … Die Hauptsache, Uwe, Dir kann mit diesem Unternehmen nichts mehr passieren. Ich mach Schluß, wir sind hier ab 15 Uhr, 7 im Raum [*] und noch der Hund, das hat mich beim Lesen weniger gestört als beim Schreiben. Also … jetzt kau halt weiter und gib's dann so schön solide von Dir wie das bis zum 19. Dezember, Du gläubiger Satztöpfer Du … es wird schön gewesen sein.
Grüße Dein M.

Lieber Uwe, ich geniere mich, weil ich Dir nicht gesagt habe, wie gut sich das doch liest. Wenn man drin ist. Eine Menge Bewunderung habe ich vergessen Dir auszudrücken für die Festigkeit dieser Erzählung oder des Erzählens oder der Sprache … das kannst Du jetzt wie keiner sonst, und das wolltest Du doch.
Also …! Was willst Du noch!
Es gibt nur Töchter-Converts hier.[1076]

1076 Uwe Johnson-Archiv Rostock, UJA/H/252534, Bl. 1–2.
Zur Wahrung der Persönlichkeitsrechte Dritter befinden sich Auslassungen an den mit * gekennzeichneten Stellen.

Manning Susemihl, auf den sich Walser bezieht, ist in den *Jahrestagen* ein *Kurier der sozialdemokratischen Gauführung Schwerin.*[1077] Eine weitere Referenzstelle bezüglich dieses Protagonisten findet sich unter dem Tageseintrag des 28. Novembers 1967.[1078] Was den sogenannten *Österreicher* betrifft, so erklärt Johnson in seinem Brief vom 6. Januar 1971 Walser, warum er sich für diese Namensvariante entschieden hat und nicht von Hitler sprechen wollte. Doch Johnson rechtfertigt sich nicht nur, sondern ist auch über Walsers Aussagen betrübt:

> Friedenau in Berlin
> Hl. Drei Könige, 1971
>
> Lieber Martin,
> ich danke dir für die Mühe, die du dir gemacht hast mit dem Aufschreiben deiner Eindrücke von "Jahrestage I", schon weil du es auf schwierigem Papier getan hast. – Ein Schriftsteller, der sich kein Papier in die Ferien mitnimmt: sagt Elisabeth und liess den Satz hängen, und als ich die Praxis verteidigen wollte, hatte sie ihrs eben anerkennend gemeint.
>
> Besonders bin ich davon betroffen, dass dir die Erzähloptik vorkommt wie ein schwebender Punkt und über Konstatieren nichts hinaus erreicht, sobald sie auf New Yorker Verhältnisse gerichtet ist: denn ich kann da kaum noch etwas umbauen, weil ich diese Gegenwart 1967/68 vorzutragen dachte als Situation einer Person, also mit ihren persönlichen Reaktionen von Furcht oder Hoffnung auf die Elemente ihrer Umgebung, gegen die sie ihre Lebensweise verteidigt. So, ginge es nach meinen Wünschen, sollten auch die Nachrichten funktionieren, als konkrete Bedrohungen oder Möglichkeiten. Ich tröste mich heimlich mit der Vermutung, dass du Mrs. Cresspahl New Yorker Zustände mit weniger Assoziationen anreichern könntest, weil du ein Argument auch auf Richmond, also gemeinhin ausserdeutsche Lokale ausdehnst, aber es bewirkt ja nichts dagegen, dass du solche Empfindung beim Lesen gehabt hast. Jedenfalls will ich versuchen, dies beim weiteren Schreiben im Gedächtnis zu halten; viel wird es nicht helfen.
> Was den "Österreicher" angeht, so wird er noch ein paar Mal so vorkommen, eben im Munde der Alten, für die die Herkunft seine Fremdheit weniger als das Parvenuhafte betonen soll (weniger als du meinst: die andere Nation). Dies wird unterbleiben, sobald auch Papenbrock ihn als einen Deutschen erkennen muss.
>
> Ein wenig hat mich gewundert, dass du annimmst, ich hätte beim Schreiben einen Genuss gehabt. (So auch Frisch: Sie sind jetzt wahrscheinlich ein glücklicher Mensch.) Es ist aber anders, es ist Arbeit; Freude vermöchte ich nur melden, wenn Einer es so liest wie du es getan hast. Thank you most kindly, sir.
>
> Diesem Brief ist ein Zettel beigelegt.

1077 Johnson, Uwe: Jahrestage. S. 340.
1078 Vgl. ebd. S. 348.

> Ich schicke dies nach Nussdorf, einmal weil ich eure Ferien nun vergangen glaube, zum anderen, weil ich annehme, dass du dich doch in der Nähe des Teufel-Prozesses aufhalten wirst.
>
> Sincerely,[1079]

Die Referenzstellen zu dem Auftritt des *Österreichers* befinden sich in den Tageseinträgen folgenden Datums: 17. November 1967,[1080] 25. November 1967,[1081] 2. Dezember 1967,[1082] 9. Dezember 1967,[1083] 12. Dezember 1967,[1084] 15. Dezember 1967[1085] und 18. Dezember 1967.[1086]

Beide Briefe machen deutlich, welche Schwierigkeiten anfänglich beim Lesen der *Jahrestage* auftreten konnten, und Johnson versucht aufzuzeigen, wie seine Erzählkonstruktion zu verstehen sei. Der letzte Briefabsatz verdeutlicht Johnsons Arbeitsauffassung. Die Briefe enthüllen auch, wie das Verhältnis der Freunde zueinander war. Derart deutliche Worte sind in kaum einem anderen bisher bekannten Briefwechsel zu lesen. Deshalb wirken zumindest hier die schriftlichen Mitteilungen äußerst authentisch, weil sie auf übertriebene Höflichkeiten sowie auf allzu vorsichtiges Herantasten verzichten und direkt in die Materie einsteigen.

Diese direkte Art von Martin Walser, der Johnson auch schon einmal *Ober-Rechthaber*[1087] oder *Chefverletzer der Nation*[1088] nannte, konnte Johnson nicht immer gut verkraften. In seinen Memoiren hält Johnson folgende Begebenheit fest:

> Auf den Hinweis, anders als er verfüge ich nicht über ein der Maßen luxuriöses Haus an einem Bodensee, unterhalte kein Auto, könne mir ein Boot nicht leisten. Martin: „Ja, dir bezahlt eben die Akademie deine Reisen." (Von nun zum ersten Mal in meinem Leben ihm gegenüber das unheimliche Gefühl: ich sei zu vertrauensselig gewesen und habe ihm Dinge ausgeliefert, die er gegen mich verwenden werde.)[1089]

1079 Uwe Johnson-Archiv Rostock, UJA/H/252533, Bl. 54.
1080 Vgl. Johnson, Uwe: Jahrestage. S. 279.
1081 Vgl. ebd. S. 322, 325.
1082 Vgl. ebd. S. 361.
1083 Vgl. ebd. S. 384.
1084 Vgl. ebd. S. 402.
1085 Vgl. ebd. S. 412.
1086 Vgl. ebd. S. 426.
1087 Uwe Johnson-Archiv Rostock, UJA/H/252418, Bl. 1.
1088 Ebd.
1089 Uwe Johnson-Archiv Rostock, UJA/H/252405, Bl. 10.

Doch auch wenn Johnson solche Befürchtungen zeitweise hegte, so hat er Walser zumindest seine literarischen Werke anvertraut.

Dass Walser besonders von Johnsons Mehrteiler *Jahrestage* gefesselt war, belegt in gewisser Weise eine Postkarte vom 21. August 1973. Auf der Ansichtskarte ist eine Abbildung zum *American Stock Exchange* zu sehen, die zu Gesines Tätigkeit bei der Bank und ihrem bevorstehenden Auftrag in Prag passt. Dies mögen auch die Gründe sein, warum Walser die Postkarte humorvoll an Gesine richtet:

> Liebe Gesine,
> ich an deiner
> Stelle wäre froh
> mit Hilfe eines
> III. Bandes dieser
> Chose entronnen zu
> sein. Wieviele Bände
> müssen geschrieben
> werden, bis ALLE ihr
> entrinnen können? Fragen
> wir doch den Johnson, der ist doch
> per Du mit der Geschichte! Gruß, vom Customer[1090]

Walser spielt hier auf den eben schon angesprochenen riskanten Auftrag in Prag an. Im dritten Band kann man den Eindruck gewinnen, Gesine könnte diesem Dilemma entkommen, denn die Verbindung zu D.E. wirkt vielversprechend, und auch Maries heimatliche Verwurzelung mit der Stadt New York scheint Gründe dafür zu liefern, dass Gesine nicht nach Prag gehe.

1090 Uwe Johnson-Archiv Rostock, UJA/H/252448, Bl. 61.

4. Fazit und Ausblick

[E]s gelingt einfach nicht, wenn wir Briefe á la Johnson schreiben, ich meine, Briefe mit Enigmatischem,[1091] kritisiert einmal Siegfried Unseld sein Gegenüber. Im Rahmen dieser Arbeit wurde versucht, zumindest einige der hier angesprochenen Rätsel zu lösen. Angesichts des Forschungsstandes ging es erst einmal darum, Grundsätzliches zu klären. Die leitenden Fragen zielen auf eine erste Charakteristik Uwe Johnsons als Briefeschreiber, so wie sie sich aus den bislang publizierten Briefwechseln gewinnen lässt: Was waren seine Absichten beim Briefeschreiben und wie versuchte er, diese umzusetzen? Es ist abzusehen, dass in den kommenden Jahren weitere Untersuchungen des Briefwerkes folgen werden. Für diese ist mit der vorliegenden Arbeit ein Ausgangspunkt geschaffen.

Zunächst einmal konnte gezeigt werden, mit wem Johnson brieflich verkehrte und in welchen Zeiträumen die jeweiligen Korrespondenzen geführt wurden. Dabei konnte festgestellt werden, dass die meisten Korrespondenzen in den 1960er und 1970er Jahren geführt wurden. Auch die Statistiken, die auf dem analysierten Material beruhen, geben Aufschluss über Johnsons Tätigkeit als Briefeschreiber. Bei einer vorläufig ermittelten Anzahl von etwa 2.000 verfassten Briefen war Johnson, in einem Zeitalter, in dem Telekommunikation schon überhandgenommen hat, ein eifriger Briefeschreiber. Diese Erkenntnisse sind insofern relevant, als sie zum einen zeigen, in welchen Kreisen Johnson sich bewegte und welchen Menschen er sich verbunden fühlte.

Des Weiteren ist der Aufschluss über die Zeitgeschichte, in der Johnson als Briefeschreiber aktiv war, ein ganz erhebliches Ergebnis der Auseinandersetzung mit den Briefen. Dass der historische Kontext für das Verständnis der Briefe unerlässlich ist, versteht sich: Es lohnt aber zu prüfen, welche gesellschaftlichen und insbesondere politischen Themen, die damals aktuell waren, das Interesse von Johnson und seinen Briefpartnern auf sich zogen. Das ist ein lohnendes Thema, das in einer eigenständigen Untersuchung ausgebaut werden könnte. Hierbei wäre unter anderem genauer zu bestimmen, wie Johnson seine Briefe für politische Zwecke und/oder gesellschaftliches Engagement nutzte, wie gesellschaftspolitische Themen Einfluss auf Johnsons Freundschaften nahmen, welche Themen sein Umfeld beschäftigten und wie – auch auf sprachliche Art und Weise – diesbezüglich miteinander kommuniziert wurde.

1091 UJB. S. 884.

Auffällig ist, dass Johnson die meisten Briefe während seines literarischen Arbeitens und bei Erscheinen seiner Bücher schrieb. Dem entspricht, dass die wichtigste Fragestellung der Arbeit war, inwiefern die Briefe Johnson als literarische Vorstufe zum Werk dienten. Diesbezüglich konnten zahlreiche Verknüpfungen zwischen Werk und Brief herausgearbeitet werden. Es ist zweifelsfrei, dass Johnson seine Briefdurchschläge auch zum Zweck der literarischen Produktion aufbewahrte, worauf zum Beispiel die überschneidenden Datumsangaben von den Tageseintragungen der *Jahrestage* und den Briefen hinweisen. Bei der Erforschung dieses Themenfeldes ist zum einen deutlich geworden, dass Johnson seinen Briefpartnern selten fertige Textpassagen zukommen ließ, sondern die Briefe als ‚Werkstatt' verstand. Zum anderen nutzte er die Briefkommunikation auf subtile Art, um entweder seine Recherchen voranzutreiben oder bestimmte Ereignisse als Material für sein Werk verwertbar machen zu können. Oft sind es nur Stichworte, die auf den ersten Blick unspektakulär wirken, aber dann durch entsprechende Referenzstellen, vor allem in den *Jahrestagen*, zeigen, inwiefern Johnson sich inspirieren ließ oder wie er damit spielte, seinem Briefpartner versteckte Hinweise zu liefern. Der Zusammenhang von Leben und Werk, der der Johnson-Forschung schon einige Anlässe geliefert hat, stellt sich unter der Voraussetzung des Briefwerks noch einmal anders dar.

Als ein Zwischenschritt zu einer Beschäftigung mit dieser Thematik bietet sich eine Untersuchung zu Johnson als Lektor/Literaturkritiker an. Zahlreiche Verknüpfungen zwischen Werken und Briefen gehören zu diesem Kreis der Tätigkeiten Johnsons, immer wieder spielt das Verhältnis von Leben und Werk als poetologische Problematik eine Rolle. Es liegt nahe zu untersuchen, wie Johnsons Arbeit als Lektor und Kritiker sich auf seine Freundschaften auswirkte, wie er unter Umständen seine Kritiken im brieflichen Kontakt abschwächte oder verstärkte. Zudem wäre denkbar, dass sich anhand dieser Themenstellung Johnsons taktisches Vorgehen, Arbeit und Privatleben zu verknüpfen, präzise darstellen lässt.

Dass Johnson etwa in der *Skizze eines Verunglückten* seine persönlichen Eheerfahrungen einfließen ließ, ist mit Blick auf die Briefe zweifelsfrei festzustellen. Aber – so weit derzeit zu erkennen ist – resultierten lediglich aus der Korrespondenz mit Max Frisch und Hannah Arendt Einflüsse auf die Gestaltung des literarischen Textes. Die bislang vorliegenden Forschungen dazu wurden hier zusammenfassend dargestellt und um die Betrachtung der brieflichen Erstentwürfe zur *Skizze eines Verunglückten* sowie briefliche Mitteilungen ergänzt. Unter dieser Voraussetzung sind die in der Forschung angewandten Konzepte von literarischer Autonomie noch einmal kritisch zu prüfen. Dies gilt auch für ein Werk wie die *Jahrestage*.

Der Roman bildet die Summe aus persönlichen Erfahrungen, angeeigneten Fremderfahrungen, politischer Geschichte und einem Konstrukt aus gelebter und fiktiver Wirklichkeit. Etliche der hier betrachteten Briefpartner wurden zu aktiven Mitgestaltern des Textes. Die Recherchewege Johnsons für die literarische Produktion konnten nachgezeichnet und ausführlich dargestellt werden; sie geben Aufschluss über die Konzeption und Komposition des Werks. Über die Kommentare der einzelnen Briefkorrespondenzen hinaus konnten Bezüge zwischen Leben und Werk aufgrund von neu gewonnenem Briefmaterial erschlossen werden. Dabei sind vor allem die Briefauszüge aus der Korrespondenz mit Martin Walser relevant. Die Analysen zeigten zudem deutlich, dass die Verknüpfungen zwischen den *Jahrestagen* und den Briefen gekennzeichnet sind durch zahlreiche Datumsübereinstimmungen, Verarbeitung wirklicher oder verbürgter Begebenheiten, versteckte biografische Daten, persönliche Erlebnisse und Textpassagen, die aus den Briefen übernommen und eingearbeitet wurden. Aus dieser Perspektive sind die *Jahrestage* ein Sammelsurium von hoher Detaildichte. Selbiges gilt auch für die Briefe Johnsons.

Als Korpus im engeren Sinne erscheinen sie erst einmal von großer Einheitlichkeit: So wenig sein Sprachstil sich verändert hat, mit Ausnahme der Jugendjahre, so konstant blieb auch sein materieller Umgang mit Briefen.

Johnson verwendete meist qualitativ hochwertiges Schreibpapier und tippte seine Briefe mit der Schreibmaschine, wobei er im Laufe seines Lebens drei verschiedene Schreibmaschinenmodelle benutzte. Die hier erstmals präsentierten Fotomaterialien zeigen zudem Johnson bei der Arbeit – und unter anderem seine Schreibmaschinenmodelle.

Seine Postkartenserien schrieb Johnson häufig per Hand und in Großbuchstaben. Dabei verwendete er als Schreibutensil meist einen Kugelschreiber. Die Sorgfalt, die Johnson bei der Bearbeitung und Aufbewahrung seiner Post an den Tag legte, zeigt deutlich den hohen Stellenwert, den die Briefkommunikation bei ihm eingenommen hat.

Anhand der Briefe lässt sich Johnsons gesamter Lebensverlauf nachzeichnen: Sie spielen eine relevante Rolle in Bezug auf seine literarischen Werke, seine Einstellung zum DDR-Regime. Sie sind von Bedeutung in Hinsicht auf Johnsons Testament, und sie waren hilfreich bei der Ermittlung von Johnsons Todestag. Diese Aspekte sind von erheblichem Interesse: Da Johnson kein Tagebuch führte, übernehmen die Briefe diese Funktion: Sie stellen eine Art Zeugnis seines Lebens dar, wobei zu berücksichtigen ist, dass er es selbst war, der seine Briefe für die Nachwelt inszenierte. In welchem Ausmaß er dies betrieb, wird klar, wenn man sich vor Augen führt, mit welchen Mitteln und Techniken er dies tat. Das reicht vom Auswählen der Schreibutensilien bis hin zur inhaltlichen Darstellung von Erlebnissen. Wenn der gesamte Briefbestand Johnsons zugänglich sein wird, wird noch deutlicher werden, mit welcher leidenschaftlichen Hingabe und welch taktischem Geschick Johnson seinen Briefverkehr abwickelte.

Zum jetzigen Zeitpunkt ist festzustellen, dass Johnsons Korrespondenzen überwiegend Sachverhalte beinhalten, die dem Literaturbetrieb zugeordnet werden können. Private Belange treten erst mit dem Herzinfarkt und der Trennung von seiner Frau in den Vordergrund, auch wenn Johnson grundsätzlich nur wenig von sich und seinen Gefühlen offenbarte. In Bezug auf die „Legende" um Johnsons Eheskandal konnte festgestellt werden, dass sich Johnson, im Rahmen der hier untersuchten Briefkorrespondenzen, nicht explizit über seine Ehefrau Elisabeth und das Scheitern der Ehe geäußert hat. Grundsätzlich erfährt man kaum Intimes oder Emotionales von Johnson. Die Briefe wirken inszeniert und geradezu durchdacht, was für Johnsons kontrollierte, nahezu zwanghafte Persönlichkeitsstruktur passend erscheint. Die Briefe spiegeln seine Verschleierungs- und Verhüllungsversuche wider und bilden Johnsons Bestreben ab, seine Realität derart darzustellen, dass sie kaum Angriffspunkte für die Nachwelt bietet und einen Schriftsteller zeigt, der sich leidenschaftlich dem Literaturbetrieb widmete und sein literarisches Schaffen in den Mittelpunkt seines Lebens stellte. Es ist außerdem immer wieder zu erkennen, dass Johnsons Briefe auch mit der Absicht verfasst wurden, später für den *Nach-Ruhm* publizierbar zu sein. Diese Intention führte zum Teil zu erheblichen Kommunikationsbarrieren, da sich nicht nur Johnson, sondern auch seine Briefpartner oftmals diplomatisch ausdrückten und ihre tatsächlichen Gedanken und Gefühle verborgen hielten. Die Problematik, dass bestimmte Aspekte verzerrt dargestellt wurden, muss bei der Auseinandersetzung mit Johnsons Briefen berücksichtigt werden. Die Interpretation der Briefe Johnsons ist immer eine Frage der Perspektive, von der aus man die Inhalte zu begreifen versucht.

Der Gewinn einer Darstellung, wie sie im Rahmen der Dissertation geschehen ist, besteht zuerst einmal darin, nachfolgenden Untersuchungen einen sachlich haltbaren Überblick geschaffen und Perspektiven angeboten zu haben. Sie bietet einen verlässlichen Ausgangspunkt. Die Möglichkeiten, Johnsons Briefwerk zu nutzen, sind damit nicht ausgeschöpft.

Die Analysen der Beziehungen Johnsons zu seinen jeweiligen Briefpartnern lieferten ein komplexes Bild von Johnsons Persönlichkeit und seinem Umgang mit emotionalen bzw. privaten Lebenssituationen. Es konnte gezeigt werden, welche Themen Johnson bevorzugt in seinen Briefen behandelte und wie er sie den entsprechenden Beziehungsverhältnissen angepasst darstellte. Die Techniken, die er dabei verwendete, wie die Gestaltung der äußeren Briefformalitäten, das

Einführen von sogenannten Insidern und seine spezifische Kommunikationsart beweisen, mit welchem Geschick Johnson die Interaktion zu lenken wusste. Johnson war sich darüber bewusst, welche Wirkung Worte erzielen konnten, und freilich hat er dieses Wissen auch für sich genutzt. Eine Sonderstellung nehmen hierbei die Briefe ein, die für Frauen bestimmt waren. Dort ist ein charmanter und ein emotional greifbarer Johnson zu spüren. Was seine Art zu schreiben angeht, verfolgte er jedoch eine einheitliche Linie, insofern er sich und seinen Maßstäben, die er in den Briefen zum Ausdruck bringt, treu blieb. Es bleibt abzuwarten, ob diese These sich bestätigen wird, wenn der Briefbestand weiter erforscht wurde, oder ob es Briefwechsel gibt, die ein anderes Bild von Johnson liefern. Festzuhalten bleibt jedoch, dass die hier eingesetzten Techniken und Verfahren der Analyse sich als eine sinnvolle Methode erwiesen haben, um Johnsons Briefgestaltung, und damit verbunden sein Interaktionsverhalten, zu erschließen.

Eine kommunikative Einschränkung wurde Johnson und seinen Briefpartnern wie beispielsweise Manfred Bierwisch von Staats wegen versucht aufzuerlegen, doch Johnson und auch Bierwisch ließen sich nicht von dem DDR-System einschüchtern und hielten an ihrem Recht auf uneingeschränkte Kommunikation und Meinungsäußerung fest. Die hier erstmals veröffentlichten Briefe mit Manfred Bierwisch liefern eine historisch wertvolle Quelle, die die zeitgenössischen Verhältnisse unter dem DDR-Überwachungsstaat dokumentiert. Sie zeigen, wie sich der Kreis um Johnson mit diesem Thema auseinandersetzte, welche Gefahren man im Einzelnen fürchtete und wie man ihnen trotzte. Dieser Teil der Dissertation berührt aktuelle Forschungsinteressen aus den Bereichen der Geschichte und Politik. Er verweist auf die naheliegende Nutzung der Briefbestände als historische Quelle. Aus diesem Betrachtungswinkel wird der Schriftsteller Johnson als Briefeschreiber für die Nachbarfächer der Germanistik zusehends relevanter und bekannter.

Zusammenfassend betrachtet, gibt die vorliegende Arbeit erste Einblicke in Johnsons Briefwerk. Mithilfe verschiedener Zugriffe und Methoden wurde versucht, der Fülle an Briefen gerecht zu werden und eine Struktur zu erarbeiten, die es ermöglicht, die Briefe in ihrer Gesamtheit zu betrachten. Es hat sich bewährt, die Briefe und Briefwechsel zuerst einmal von den äußeren Kriterien (Briefformalitäten, Material, Anzahl der Briefe etc.) her zu betrachten, um ausgehend davon die inhaltlichen Aspekte zu bewerten. Der Zusammenhang zwischen Briefgestaltung und Briefinhalt hat sich als zentrales Merkmal der Johnsonschen Briefe erwiesen.

Die Beschäftigung mit Johnsons Briefwechseln macht deutlich, wie Johnson mit emotionalen Ereignissen umging: Es konnte gezeigt werden, dass Johnson sich hierbei als geschickter Stratege erwies, der ein großes Repertoire an Techniken besaß, um auf Emotionen zu reagieren, aber auch um sie gezielt zu steuern. Zu diesen Techniken gehören zum einen das ‚Verschleiern' von emotionalen Ereignissen, die ‚kontrollierte Emotionalität' im Sinne von einer, der Situation angemessen, wenig emotionalen Botschaft, sowie die Technik des ‚Nähe-Distanz-Wechsels', der durch gezielte Begrüßungs- und Abschiedsformen Johnsons herbeigeführt wurde und den freundschaftlichen Status untereinander maßgeblich bestimmte. Grundsätzlich lässt sich erkennen, dass Johnson oftmals auf emotionale Geschichten wenig bis gar nicht reagierte und er dazu neigte, mit seinen Techniken die Briefpartner zu verunsichern, was teilweise entweder zu Spannungen und Missverständnissen führte oder zu angeregtem Nachfragen. Anhand Johnsons Taktik, emotionale Belange lenken zu wollen, wird deutlich, wie wichtig ihm sein Image gewesen sein muss, da er als bekannter Schriftsteller seine Biografie selbst darstellen wollte.

Daraus folgt, dass man als Leser ebenso sensibel wie kritisch mit Schriftstellerbriefen umgehen sollte, da die Tendenz der Autoren, die Sachverhalte zu ihren eigenen Gunsten darzustellen, relativ hoch ist. Zudem bieten Johnson und seine Briefpartner in den Briefen nur einen kleinen Ausschnitt von dem, was sich tatsächlich ereignete, an. Der Bedarf an Kontextualisierung ist dementsprechend hoch.

Die Briefe erfüllen für Johnson deutlich verschiedene Zwecke, sie sind Darstellung des Literaturbetriebes und Dokumentation der Zeitgeschichte gleichermaßen, und als solche sind sie vor allem auch Arbeit an der eigenen Biografie.

Dementsprechend lassen sich die Briefe aus verschiedensten Perspektiven betrachten. Dabei wird immer wieder sichtbar, wie ein genialer Schriftsteller sich Themen über seine Briefe hinaus zu eigen machte und wie er Menschen dazu brachte, an ihre persönlichen als auch beruflichen Grenzen zu stoßen. Erstaunlich bleibt, dass bei all den verschiedenen Mitteilungen Johnson dabei von sich selbst kaum etwas offenbarte. Trotzdem bringen die Briefe Johnson den Lesern näher. Das liegt nicht zuletzt daran, dass er es schaffte, in seinen Briefen eine kleine Welt zu entwerfen, die in vielen Fällen in seinen Werken ihre Fortsetzung findet. Es ist in diesem Sinne verführerisch, den Autor im Werk aufzusuchen; doch gehört das zu jenen Rätseln, deren Lösung selbst nur enigmatisch sein kann.

5. Literaturverzeichnis

Briefwechsel

Uwe Johnson, Siegfried Unseld. Der Briefwechsel. Hrsg. v. Eberhard Fahlke und Raimund Fellinger. Frankfurt am Main 1999.

Max Frisch, Uwe Johnson. Der Briefwechsel 1964–1983. Hrsg. v. Eberhard Fahlke. Frankfurt am Main 1999.

Lotte Köhler und Uwe Johnson. Briefwechsel 1971–1973. In: Uwe Johnson. Befreundungen. Gespräche, Dokumente, Essays. Hrsg. v. Roland Berbig, Thomas Herold, Gesine Treptow und Thomas Wild. Berlin 2002. S. 432–480.

Uwe Johnson. <<Leaving Leipsic next week>>. Briefe an Jochen Ziem/Texte von Jochen Ziem. Hrsg. v. Erdmut Wizisla. Berlin 2002.

Hannah Arendt, Uwe Johnson. Der Briefwechsel. Hrsg. v. Eberhard Fahlke und Thomas Wild. Frankfurt am Main 2004.

Uwe Johnson, Fritz J. Raddatz. „Liebes Fritzchen“ - „Lieber Groß-Uwe“. Uwe Johnson - Fritz J. Raddatz. Der Briefwechsel. Hrsg. v. Erdmut Wizisla. Frankfurt am Main 2006.

Uwe Johnson, Walter Kempowski. <<Kaum beweisbare Ähnlichkeiten>>. Der Briefwechsel. Hrsg. v. Eberhard Fahlke und Gesine Treptow. Frankfurt am Main 2006.

Uwe Johnson, Anna Grass, Günter Grass. Der Briefwechsel. Hrsg. v. Arno Barnert. Frankfurt am Main 2007.

Hans Magnus Enzensberger, Uwe Johnson. >>fuer Zwecke der brutalen Verstaendigung<<. Der Briefwechsel. Hrsg. v. Henning Marmulla und Claus Kröger. Frankfurt am Main 2009.

Werke

Johnson, Uwe: Ingrid Babendererde. Reifeprüfung 1953. Frankfurt am Main 1992.

Johnson, Uwe: Jahrestage. Aus dem Leben von Gesine Cresspahl. Frankfurt am Main 2000.

Johnson, Uwe: Begleitumstände. Frankfurt am Main 1996.

Johnson, Uwe: Skizze eines Verunglückten. Frankfurt am Main 1982.

Sekundärliteratur

Adorno, Theodor W.: Nachwort. In: Walter Benjamin. Briefe. Hrsg. v. Gershom Scholem und Theodor W. Adorno. Frankfurt am Main 1966. S. 14–21.

Ammer, Thomas: Universität zwischen Demokratie und Diktatur. Ein Beitrag zur Nachkriegsgeschichte der Universität Rostock. Köln 1969.

Anatomie der Staatssicherheit. Geschichte, Struktur und Methoden – MfS Handbuch. Hrsg. v. Siegfried Suckut, Ehrhart Neubert, Walter Süß, Roger Engelmann, Bernd Eisenfeld und Jens Gieseke. Berlin 2004.

Beyrer, Klaus: Der alte Weg eines Briefes. Von der Botenpost zum Postboten. In: Der Brief. Eine Kulturgeschichte der schriftlichen Kommunikation. Hrsg. v. Klaus Beyrer und Hans-Christian Täubrich. Heidelberg 1996. S. 11–27.

Bienek, Horst: Werkstattgespräch mit Uwe Johnson. In: Fahlke, Eberhard: >>Ich überlege mir die Geschichte…<<. Uwe Johnson im Gespräch. Frankfurt am Main 1988. S. 194–207.

Bormuth, Mathias: Ambivalenz und Selbstbildung. Uwe Johnson kritisiert die Psychoanalyse. In: Johnson-Jahrbuch. Bd. 13. Hrsg. v. Michael Hofmann. Göttingen 2006. S. 69–101.

Brenner, Peter J.: Neue deutsche Literaturgeschichte. Berlin, New York 2011. S. 299, 316 f.

Brunner, Detlev; Grashoff, Udo; Kötzing, Andreas: Asymmetrisch verflochten? Einleitung. In: Asymmetrisch verflochten? Neue Forschungen zur gesamtdeutschen Nachkriegsgeschichte. Hrsg. v. Peter, Brunner; Udo, Grashoff; Andreas, Kötzing. Berlin 2013. S. 11–21.

Brightman, Carol (Hg.): Hannah Arendt, Mary McCarthy. Im Vertrauen. Briefwechsel 1949–1975. München 1997.

Der Brockhaus: Psychologie. Fühlen, Denken und Verhalten verstehen. Hrsg. v. der Lexikonredaktion des Verlages F. A. Brockhaus. Mannheim, Leipzig 2001.

Dilling, Horst; Freyberger, Harald (Hg.): Taschenführer zur ICD-10-Klassifikation psychischer Störungen. Bern 2010.

Ebrecht, Angelika: Brieftheoretische Perspektiven von 1850 bis ins 20. Jahrhundert. In: Brieftheorie des 18. Jahrhunderts. Texte, Kommentare, Essays. Hrsg. v. Angelika Ebrecht, Regina Nörtemann und Herta Schwarz. Stuttgart 1990. S. 239–257.

Enzensberger, Ulrich: Die Jahre der Kommune I. Berlin 1967–1969. München 2006.

Fahlke, Eberhard; Gaines, Jeremy: Auskünfte für eine Übersetzerin. Zum Briefwechsel zwischen Uwe Johnson und Leila Vennewitz. In: >>Ich überlege mir die Geschichte...<<. Uwe Johnson im Gespräch. Hrsg. v. Eberhard Fahlke. Frankfurt am Main 1988. S. 315–351.

Fahlke, Eberhard (Hg.): Uwe Johnson. Inselgeschichten. Frankfurt am Main 1995.

Foschepoth, Josef: Postzensur und Telefonüberwachung in der Bundesrepublik Deutschland (1949–1968). In: ZfG Zeitschrift für Geschichtswissenschaft 57, 5/2009. S. 413–426.

Foucault, Michael: Was ist ein Autor? In: Texte zur Theorie der Autorschaft. Hrsg. v. Fotis, Jannidis; Gerhard, Lauer; Matias, Martinez; Simone Winko. Stuttgart 2000. S. 198–233.

Fries, Ulrich: Goin' Goin' Gone. Zu: Der Briefwechsel Max Frisch/Uwe Johnson. In: Johnson-Jahrbuch. Bd. 7. Hrsg. v. Ulrich Fries und Holger Helbig. Göttingen 2000. S. 237–265.

Gellert, Fürchtegott Christian: Gedanken von einem guten deutschen Brief. In: Christian Fürchtegott Gellerts sämtliche Schriften. Leipzig 1854. S. 548 f.

Gleichauf, Ingeborg: Jetzt nicht die Wut verlieren. Max Frisch – eine Biografie. München 2010.

Gotzmann, Werner: Uwe Johnsons Testamente oder Wie der Suhrkamp Verlag Erbe wird. Berlin 1996.

Grambow, Jürgen: Uwe Johnson. Reinbek bei Hamburg 1997.

Grass, Günter: Distanz, heftige Nähe, Fremdwerden und Fremdbleiben. Gespräche über Uwe Johnson. In: >>Wo ich her bin...<<. Uwe Johnson in der DDR. Hrgs. v. Roland Berbig und Erdmut Wizisla. Berlin 1993. S. 99–121.

Greiner, Bettina: Verdrängter Terror. Geschichte und Wahrnehmung sowjetischer Speziallager in Deutschland. Hamburg 2010.

Heller, Eva: Wie Farben auf Gefühle und Verstand wirken. Farbpsychologie, Farbsymbolik, Lieblingsfarben und Farbgestaltung. München 2000.

Hempel, Dirk: Walter Kempowski. Eine bürgerliche Biographie. München 2004.

Hermes, Daniela (Hg.): Günter Grass, Helen Wolff. Briefe 1959–1994. Göttingen 2003.

Hoffmann, Thorsten; Langer, Daniela: Autor. In: Handbuch Literarturwissenschaft. Gegenstände und Grundbegriffe. Hrsg. v. Thomas Anz. Stuttgart 2013. S. 131–165.

Hofmann, Michael: Uwe Johnson. Stuttgart 2001.

Jantz, Harold: The Myths About America: Origins and Extensions. In: Deutschlands literarisches Amerikabild. Neuere Forschungen zur Amerikarezeption der deutschen Literatur. Hrsg. v. Alexander Ritter. Hildesheim, New York 1977. S. 37–49.

Jens, Tilman: Unterwegs an den Ort wo die Toten sind. Auf der Suche nach Uwe Johnson in Sheerness. München 1984.

Johnson, Uwe: Über eine Haltung des Protestierens. In: Kursbuch. Bd. I/ Kursbuch 1–10. Hrsg. v. Hans Magnus Enzensberger. Frankfurt am Main 1965–1967. S. 177 f.

Johnson, Uwe: Ein Brief aus New York. In: Kursbuch. Bd. I/Kursbuch 1–10. Hrsg. v. Hans Magnus Enzensberger. Frankfurt am Main 1965–1967. S. 189–192.

Johnson, Uwe: >>…habe aber nie die Absicht gehabt, durch Partheischriften den Tageslärm zu vermehren<<. In: >>Ich überlege mir die Geschichte…<<. Uwe Johnson im Gespräch. Hrsg. v. Eberhard Fahlke. Frankfurt am Main 1988. S. 72–78.

Johnson, Uwe: Fünfundzwanzig Jahre mit Jake, auch unter dem Namen Bierwisch bekannt. In: >>Wo ich her bin…<<. Uwe Johnson in der DDR. Hrsg. v. Roland Berbig und Erdmut Wizisla. Berlin 1993. S. 51–68.

Kempowski, Walter: Sirius. Eine Art Tagebuch. München 1990.

Kempowski, Walter: Dankesrede – Über Uwe Johnson. In: Internationales Uwe-Johnson-Forum. Bd. 6. Hrsg. v. Carsten Gansel und Nicolai Riedel. Frankfurt am Main 1997. S. 185–189.

Kießling, Wolfgang: >>Leistner ist Mielke<<. Schatten einer Biographie. Berlin 1998.

Kluge, Friedrich: Etymologisches Wörterbuch der Deutschen Sprache. Berlin, New York 1995.

Krauße, Erika: Der Brief als wissenschaftshistorische Quelle. In: Dies. (Hg.). Der Brief als wissenschaftshistorische Quelle. Berlin 2005. S. 1–29.

Kording, Inka K.: „Wovon wir reden können, davon können wir auch schreiben." Briefsteller und Briefknigge. In: Der Brief. Eine Kulturgeschichte der schriftlichen Kommunikation. Hrsg. v. Klaus Beyrer und Hans-Christian Täubrich. Heidelberg 1996. S. 27–34.

Lau, Jörg: Hans Magnus Enzensberger. Ein öffentliches Leben. Regensburg 2001.

Letawe, Céline: Max Frisch – Uwe Johnson. Eine literarische Wechselbeziehung. St. Ingbert 2009.

Leuchtenberger, Katja: Spiel. Zwang. Flucht. Uwe Johnson und Fritz Rudolf Fries. Ein Rollenspiel in Briefen. In: Johnson-Jahrbuch. Bd. 13. Hrsg. v. Michael Hofmann. Göttingen 2006. S. 45–69.

Leuchtenberger, Katja: Uwe Johnson. Suhrkamp BasisBiographie 47. Berlin 2010.

Luckow, Ernst: Anschriften und Anreden. Heidelberg 1960.

Lübbert, Heinrich: Der Streit um das Erbe des Schriftstellers Uwe Johnson. Frankfurt am Main 1998.

Macrakis, Kristie: Die Stasi-Geheimnisse. Methoden und Technik der DDR-Spionage. München 2009.

Magenau, Jörg: Martin Walser. Eine Biographie. Reinbek bei Hamburg 2005.

Michalzik, Peter: Unseld. Eine Biographie. München 2003.

Mifflin, Houghten: The Houghton Mifflin dictionary of biography. The most comprehensive coverage, from ancient times to the present day. Boston 2003.

Morgan, Sabine: Wenn das Unfassbare geschieht – vom Umgang mit seelischen Traumatisierungen. Ein Ratgeber für Betroffene, Angehörige und ihr soziales Umfeld. Stuttgart 2003.

Müller, Petra; Wieland, Rainer (Hg.): Frauen schön und stark. Frauen von heute über die Schönen der Kunst. München 2009.

Neuhaus, Volker: Schreiben gegen die verstreichende Zeit. Zu Leben und Werk von Günter Grass. München 1997.

Neumann, Bernd: Uwe Johnson. Mit zwölf Porträts von Diether Ritzert – Studienausgabe. Hamburg 1996.

Opitz, Michael: Der Erzähler Uwe Johnson in seinen Briefen. In: Johnson-Jahrbuch. Bd. 18. Hrsg. v. Holger Helbig, Bernd Auerochs, Katja Leuchtenberger, Ulrich Fries. Göttingen 2011. S. 39–60.

Overlack, Anne: Was geschieht im Brief? Strukturen der Briefkommunikation bei Else Lasker-Schüler und Hugo von Hofmannsthal. Tübingen 1993.

Paasch-Beeck, Rainer: Bißchen viel Kirche, Marie? Bibelrezeption in Uwe Johnsons Jahrestage. In: Johnson-Jahrbuch. Bd. 4. Hrsg. v. Ulrich Fries und Holger Helbig. Göttingen 1997. S. 72–114.

Probst, Lothar: Hannah Arendt und Uwe Johnson. In: Politik und Zeitgeschichte. Nr. 39/2006. S. 27–33.

Raddatz, Fritz J.: Unruhestifter. Erinnerungen. München 2003.

Rost, Nico: Goethe in Dachau. Ein Tagebuch. München 2001.

Schickel, Joachim: Über Hans Magnus Enzensberger. Frankfurt am Main 1970.

Schlaffer, Hannelore: Glück und Ende des privaten Briefes. In: Der Brief. Eine Kulturgeschichte der schriftlichen Kommunikation. Hrsg. v. Klaus Beyrer und Hans-Christian Täubrich. Heidelberg 1997. S. 34–46.

Schöll, Franz (Hg.): Einheitsfarbe Ginstergelb. Die Postler in West und Ost als Praktiker der Einheit. Berlin 1995.

Schöttker, Detlev; Wizisla, Erdmut (Hg.): Arendt und Benjamin. Texte, Briefe, Dokumente. Frankfurt am Main 2006.

Schreckenberg, Heinz: Ideologie und Alltag im Dritten Reich. Frankfurt am Main 2003.

Schwarz, Wilhelm J.: Gespräche mit Uwe Johnson. In: >>Ich überlege mir die Geschichte…<<. Uwe Johnson im Gespräch. Hrsg. v. Eberhard Fahlke. Frankfurt am Main 1988. S. 234–246.

Seiler, Bernd W.: Johnsons Prager Geheimagent. Schluss-Strich unter eine Legende. In: Internationales Uwe-Johnson-Forum. Bd. 10. Hrsg. v. Carsten Gansel und Nicolai Riedel. Frankfurt am Main 2006. S. 25–55.

Täubrich, Hans-Christian: Wissen ist Macht. Der heimliche Griff nach Brief und Siegel. In: Der Brief. Eine Kulturgeschichte der schriftlichen Kommunikation. Hrsg. v. Klaus Beyrer und Hans-Christian Täubrich. Heidelberg 1997. S. 46–55.

Treptow, Gesine: >>Ruhe! Walter Kempowski soll weiterschreiben! <<. Wie zwei Mecklenburger Schriftsteller ein Auge aufeinander haben, sich lesen und lektorieren. In: Uwe Johnson. Befreundungen. Gespräche, Dokumente, Essays. Hrsg. v. Roland Berbig, Thomas Herold, Gesine Treptow und Thomas Wild. Berlin 2002. S. 345–391.

Unseld, Siegfried: Uwe Johnson. >Für wenn ich tot bin<. Frankfurt am Main 1997.

Van Mens-Verhulst, Janneke; Schreurs, Karlein; Woertman, Lisbeth (Hg.): Mütter und Töchter. Weibliche Identität, Sexualität und Individualität. Stuttgart, Berlin, Köln 1996.

Volz, Heinz (Hg.): D. Martin Luther. Die gantze Heilige Schrifft. Deudsch 1545/ Auffs new zugerichtet. München 1972.

Wiemers, Adalbert: Keine Mutmaßungen über Johnson mehr. In: >>Ich überlege mir die Geschichte…<<. Uwe Johnson im Gespräch. Hrsg. v. Eberhard Fahlke. Frankfurt am Main 1988. S. 217–233.

Wild, Thomas: Hannah Arendt. Leben, Werk, Wirken. Frankfurt am Main 2006.

Wilfried, Otto: Das Verschwinden des Willi Kreikemeyer. In: UTOPIE kreativ. Heft 100/2, 1999. S. 47–53.

Woesler, Winfried: Der Brief als Dokument. In: Kolloquium der Deutschen Forschungsgemeinschaft. Probleme der Brief-Edition. Hrsg. v. Wolfgang Frühwald, Hans-Joachim Mähl und Walter Müller-Seidel. Bonn, Bad Godesberg 1977. S. 41–61.

Wolff, Helen: Ich war für ihn >>die alte Dame<<. Ulrich Fries und Holger Helbig sprachen mit Helen Wolff über Uwe Johnson. In: Johnson-Jahrbuch. Bd. 2. Hrsg. v. Ulrich Fries und Holger Helbig. Göttingen 1995. S. 19–49.

Young-Bruehl, Elisabeth: Hannah Arendt. Leben, Werk und Zeit. Frankfurt am Main 1986.

Zeitschriften

„Autor braucht Gehirnwäsche". In: Der Spiegel, Nr. 2, 06.01.1992, S. 129.

Ach! Sie sind ein Deutscher? Von Uwe Johnson. In: Zeit-Online, Nr. 15, 03.02.1978, S. 1–4.

Bestseller-Autor Grass. In: Der Spiegel, Nr. 36, 04.09.1963, S. 77.

Drei Türen aus Stahl. Neuentdeckte Dokumente zeigen, wie der aus der DDR stammende Schriftsteller Uwe Johnson von der Stasi beobachtet wurde. In: Der Spiegel, Nr. 24, 13.06.1994, S. 196 ff.

Ein Schreibtisch in Moskau. Wie zwei deutsche Banken ihren Kunden das Ostgeschäft erleichtern. Von Kurt Wendt. In: Zeit-Online, Nr. 15, 06.04.1973, S. 1–4.

Formentor-Preis - Holzauktion auf Korfu. In: Der Spiegel, Nr. 20, 15.05.1963, S. 84.

Lesebücher deutscher Not und Schande. Uwe Johnsons ‚Frankfurter Vorlesung' und Stephan Hermlins ‚Aufsätze und Reden'. Von Fritz J. Raddatz. In: DIE ZEIT, Nr. 42, 10.10.1980, S. 8.

Nachruf. Uwe Johnson. In: Der Spiegel, Nr. 12, 19.03.1984, S. 210.

Tantalus oder Die Zurückweisung. Hier wächst nichts, aber auch gar nichts zusammen, und das Wort „Freundschaft" steht für eine Sehnsucht, die sich nie erfüllen wird: Der Briefwechsel zwischen Uwe Johnson und Fritz J. Raddatz. Von Helmut Böttiger. In: Süddeutsche Zeitung, München, 21.11.2006, S. V2/12.

Digitale Quellen

http://www.mfs-insider.de/jourfixe/JF0202.pdf; Stand: 06.12.2010.

http://www.bundestag.de/dokumente/rechtsgrundlagen/grundgesetz/gg.html; Stand: 13.01.2011.

http://beck-online.beck.de/; Stand: 13.01.2011.

http://www.uwe-johnson-gesellschaft.de/de/home138-loi; Stand: 04.10.2012.

6. Abbildungsverzeichnis

7. Siglenverzeichnis

UJB:	Briefwechsel zwischen Siegfried Unseld und Uwe Johnson
EJB:	Briefwechsel zwischen Hans Magnus Enzensberger und Uwe Johnson
GJB:	Briefwechsel zwischen Günter/Anna Grass und Uwe Johnson
FJB:	Briefwechsel zwischen Max Frisch und Uwe Johnson
RJB:	Briefwechsel zwischen Fritz J. Raddatz und Uwe Johnson
AJB:	Briefwechsel zwischen Hannah Arendt und Uwe Johnson
KJB:	Briefwechsel zwischen Walter Kempowski und Uwe Johnson
KÖJB:	Briefwechsel zwischen Lotte Köhler und Uwe Johnson
ZJB:	Briefe an Jochen Ziem von Uwe Johnson
BStU:	Bundesbehörde für die Stasi-Unterlagen
DLA-Marbach:	Deutsches Literaturarchiv Marbach

Uwe Johnson Archiv Rostock, UJA/H/ [Nr., Bl.]: Uwe Johnson Archiv (Depositum der Johannes und Annitta Fries Stiftung), Signatur, Blattnummer

8. Anhang

8.1 Literaturangaben zu Johnsons Briefen und Briefwechseln in der Sekundärliteratur

Monografien

Braun, Michael: >>Nach zwanzig Jahren einvernehmentlichen wie streitbaren Gesprächs<<. Zum Briefwechsel zwischen Uwe Johnson und Siegfried Unseld. In: Johnson-Jahrbuch. Bd. 8. Hrsg. v. Ulrich Fries, Holger Helbig und Irmgard Müller. Göttingen 2001. S. 231–238.

Davis, Liselotte M.: Die eigenen Erfahrungen spielen überall mit. Selbstaussagen Uwe Johnsons in seinem Briefwechsel mit Siegfried Unseld. In: Johnson-Jahrbuch. Bd. 17. Hrsg. v. Holger Helbig, Bernd Auerochs, Katja Leuchtenberger und Ulrich Fries. Göttingen 2011. S. 60–70.

Fahlke, Eberhard, Gaines, Jeremy: Auskünfte für eine Übersetzerin. Zum Briefwechsel zwischen Uwe Johnson und Leila Vennewitz. In: >>Ich überlege mir die Geschichte…<<. Uwe Johnson im Gespräch. Hrsg. v. Eberhard Fahlke. Frankfurt am Main 1988. S. 315–351.

Fries, Ulrich: Goin' Goin' Gone. Zu: Der Briefwechsel Max Frisch/Uwe Johnson. In: Johnson-Jahrbuch. Bd. 7. Hrsg. v. Ulrich Fries und Holger Helbig. Göttingen 2000. S. 237–265.

Fries, Ulrich: Brief an Raimund Fellinger. In: Johnson-Jahrbuch. Bd. 9. Hrsg. v. Ulrich Fries, Holger Helbig und Irmgard Müller. Göttingen 2002. S. 347–349.

Herold, Thomas: >>Liebes Fritzchen<< – >>Lieber Groß-Uwe<<. Zu: Uwe Johnson – Fritz J. Raddatz. Der Briefwechsel, hg. von Erdmut Wizisla, Frankfurt am Main 2006. In: Johnson-Jahrbuch. Bd. 16. Hrsg. v. Michael Hofmann und Mirjam Springer. Göttingen 2011. S. 127–135.

Johnsoniana: Brief von Uwe Johnson an Wolfgang Wicht vom 6. November 1973. In: Johnson-Jahrbuch. Bd. 18. Hrsg. v. Holger Helbig, Bernd Auerochs, Katja Leuchtenberger, Ulrich Fries. Göttingen 2011. S. 13.

Johnsoniana: Brief von Uwe Johnson an Wolfgang Wicht vom 9. November 1973. In: Johnson-Jahrbuch. Bd. 18. Hrsg. v. Holger Helbig, Bernd Auerochs, Katja Leuchtenberger, Ulrich Fries. Göttingen 2011. S. 14.

Johnsoniana: Zu Uwe Johnsons Briefen an Wolfgang Wicht. In: Johnson-Jahrbuch. Bd. 18. Hrsg. v. Holger Helbig, Bernd Auerochs, Katja Leuchtenberger, Ulrich Fries. Göttingen 2011. S. 15.

Johnsoniana: Briefwechsel Uwe Johnson – Gisela Lange. In: Johnson-Jahrbuch. Bd. 19. Hrsg. v. Holger Helbig, Bernd Auerochs, Katja Leuchtenberger, Ulrich Fries. Göttingen 2012. S. 11–16.

Johnsoniana: >>Mit Grüssen, denen von der langen Bank<<. Zu Uwe Johnsons Briefen an Gisela Lange. In: Johnson-Jahrbuch. Bd. 19. Hrsg. v. Holger Helbig, Bernd Auerochs, Katja Leuchtenberger, Ulrich Fries. Göttingen 2012. S. 17–22.

Kischel, André; Pautzke Antje: >>Wir laufen [...] irgendwie nebeneinander her<<. Zu: Uwe Johnson – Walter Kempowski. >>Kaum beweisbare Ähnlichkeiten<<. Der Briefwechsel, hg. von Eberhard Fahlke und Gesine Treptow, Berlin 2006. In: Johnson-Jahrbuch. Bd. 16. Hrsg. v. Michael Hofmann und Mirjam Springer. Göttingen 2011. S. 135–141.

Köhler, Lotte: Die Begabung zur Freundschaft. Aus dem Briefwechsel Uwe Johnsons – Lotte Köhler. In: Johnson-Jahrbuch. Bd. 8. Hrsg. v. Ulrich Fries, Holger Helbig und Irmgard Müller. Göttingen 2001. S. 9–15.

Leuchtenberg, Katja: Spiel. Zwang. Flucht. Uwe Johnson und Fritz Rudolf Fries. Ein Rollenspiel in Briefen. In: Johnson-Jahrbuch. Bd. 13. Hrsg. v. Michael Hofmann. Göttingen 2006. S. 45–69.

Opitz, Michael: Der Erzähler Uwe Johnson in seinen Briefen. In: Johnson-Jahrbuch. Bd. 18. Hrsg. v. Holger Helbig, Bernd Auerochs, Katja Leuchtenberger, Ulrich Fries. Göttingen 2011. S. 39–60.

Peters, Jürgen: Der Briefwechsel. In: Johnson-Jahrbuch. Bd. 9. Hrsg. v. Ulrich Fries, Holger Helbig und Irmgard Müller. Göttingen 2002. S. 47–58.

Treptow, Gesine: >>Ruhe! Walter Kempowski soll weiterschreiben! <<. Wie zwei Mecklenburger Schriftsteller ein Auge aufeinander haben, sich lesen und lektorieren. In: Uwe Johnson. Befreundungen. Gespräche, Dokumente, Essays. Hrsg. v. Roland Berbig, Thomas Herold, Gesine Treptow und Thomas Wild. Berlin 2002. S. 345–391.

Weber, Jasmin: Hinter den Kulissen. Ein Briefwechsel der ambivalenten Gefühle. Zum Verhältnis von Uwe Johnsons, Anna und Günter Grass. In: Johnson-Jahrbuch. Bd. 16. Hrsg. v. Michael Hofmann und Mirjam Springer. Göttingen 2011. S. 39–53.

Wizisla, Erdmut: Ossian an Béla: Über Benjamin und Bloch. Aus dem Briefwechsel zwischen Uwe Johnson und Eberhardt und Erika Klemm. In: Johnson-Jahrbuch. Bd. 11. Hrsg. v. Hoffmann Michael. Göttingen 2004. S. 11–29.

Wunsch, Beate: >>Mit den besten Wünschen für Ihre Arbeit<<. Inszenierungen im Briefwechsel zwischen Uwe Johnson und Walter Kempowski. In: Johnson-Jahrbuch. Bd. 19. Hrsg. v. Holger Helbig, Bernd Auerochs, Katja Leuchtenberger, Ulrich Fries. Göttingen 2012. S. 84–106.

Zeitschriften

Diener vor der Dame. Von Johannes Saltzwedel. In: Der Spiegel, Nr. 20, 10.05.2004, S. 160 f.

Eine spezielle Sackgasse. Der Briefwechsel zwischen Hans Magnus Enzensberger und Uwe Johnson dokumentiert eine literarische Freundschaft und ihr trauriges Ende. Von Lothar Müller. In: Süddeutsche Zeitung, 04.03.2010, S. 14.

Ihnen, lieber Uwe, geht es nicht gut. Die Helden der Suhrkamp-Kultur: Uwe Johnson und Max Frisch als Briefpartner. Von Ursula März. In: Zeit-Online, 02.06.1999, S. 1–4.

Probst, Lothar: Hannah Arendt und Uwe Johnson. In: Politik und Zeitgeschichte. Nr. 39/2006, S. 27–33.

Satzbau und Pudding-Attentat. Der Briefwechsel zwischen Uwe Johnson und Günter Grass. Von Helmut Böttiger. In: Süddeutsche Zeitung, 16.10.2007, S. 16.

Stünden Sie einmal vor dem Haus, ich freute mich sehr. Der Briefwechsel zwischen Max Frisch und Uwe Johnson 1964–1983. Von Katrin Hillgruber. In: Süddeutsche Zeitung, 26.06.1999, ROM4.

Tantalus oder Die Zurückweisung. Hier wächst nichts, aber auch gar nichts zusammen, und das Wort „Freundschaft" steht für eine Sehnsucht, die sich nie erfüllen wird: Der Briefwechsel zwischen Uwe Johnson und Fritz J. Raddatz. Von Helmut Böttiger. In: Süddeutsche Zeitung, 21.11.2006, S. V2/12.

Uwe Johnson: Toter Briefkasten. Von Hellmuth Karasek. In: Der Spiegel, Nr. 23, 04.06.1984, S. 189 f.

Verwandte Seelen. Hannah Arendt und Uwe Johnsons Freundschaft in Briefen. Von Ulrich Schacht. In: Merkur, Nr. 679, November 2005/59. Jg., S. 1089–1093.

8.2 Vorläufige Liste der Briefpartner[1092]

A
Achilles Gerrit
Améry Jean
Ansorge Ingeborg
Arendt Hannah
Arnim Bettina von
Arnim Dankwart von
Augstein Rudolf

B
Bahnemann Jörg*
Bars Jürgen
Baumgart Hildegard
Baumgart Reinhard
Baumgärtner Klaus, alias James*
Becker Jürgen
Becker Rolf
Beckett Samuel
Benaim S.
Bentley Eric
Beradt Charlotte
Bernitt Ingrid
Beuchert ?**
Bieler Manfred
Bachmann Ingeborg
Bierwisch Manfred, alias Jake*
Bloch Ernst
Bloch Karola
Bobek Karl
Bobrowski Johannes
Boehlich Walter
Böll Heinrich
Bond Margarete
Born Nicolas
Boveri Margret
Brandt Willy
Brockmüller Fritz
Bunge Hans

C
Cornips Thérèse
Curtius Mechthild E., geb. Wittig*

D
Demetz Peter
Denk Friedrich
Devaki M. A.
Dorst Tankred
Dowidat Hans-Jürgen
Drewitz Ingeborg
Düttmann Werner
Düttmann Martina

1092 Die Liste konnte durch Recherchearbeiten aus dem Archivbestand des Deutschen Literaturarchivs in Marbach (nach Übergabe des ehemaligen Uwe Johnson-Archivs in Frankfurt am Main) erarbeitet werden. Ergänzungen wurden mittels folgender Quellen vorgenommen: Literaturarchiv der Akademie der Künste; Eberhard Fahlkes Briefsammlung in *Uwe Johnson: Inselgeschichten*, Johnson-Jahrbuch 18/2011 und 19/2012.

* Außer dem Namen sind im Moment keine weiteren Angaben erhalten, somit konnten die von Johnson verfassten Briefe nicht mit in die Zählungen eingehen.

** Sonstige Anmerkungen: Die verwendeten Fragezeichen wurden bei unbekannten Angaben aus dem Original übernommen, teilweise bei unvollständigen Daten auch selbst eingefügt. Die Auflistung unter dem Buchstaben I wurde selbst vorgenommen und entspricht nicht dem archivarischen Ordnungssystem des DLA Marbach.

Düttmann Renate
Duve Freimut

E
Eich Günter
Eich Ilse
Eichholz Marianne
Emmel Hildegard
Enzensberger Dagrun
Enzensberger Hans Magnus
Enzensberger Ulrich

F
Fahlke Eberhard
Federspiel Jürg
Ficus André
Fischer Arnika
Franz Eckhardt G.
Friedrich Brigitte
Fries Fritz R.
Fries Michael
Frisch Marianne, geb. Oehlers
Frisch Max
Fühmann Franz

G
Ganz Gertrud, geb. Ebel
Ganz Judith
Ganz Robert
Gaudu Anne
Gieffers Franz-Jürgen
Gombrowicz Witold
Grass Anna, geb. Schwarz
Grass Günter
Gresch Wolfgang
Gruenter Rainer
Günther Joachim

H
Härter Herta
Härter Jonas
Härter Ulrich
Hamburger Anne
Hamburger Claire
Hamburger Michael
Hamkens Otto
Handke Peter
Hannam Joan
Hansen Kurt Heinrich
Harlan Gertrude
Hartung Rudolf
Henckel Volker
Hensan Dora E., alias Dorothy
Hensan Alice, alias Eule
Hermlin Stephan
Hesse Hermann
Hey Richard
Hilarius Öhmichen
Hildebrandt Dieter
Hildesheimer Wolfgang
Höller Renate
Höller Tobias
Höllerer Walter
Hoppenrath Kurt

I (Institut)**
I Internationale Zeitschrift
II Universität Cincinnati
III Institut für Politik und Zeitgeschichte

J
Janker Josef W.
Jansen Christiane
Jansen Elmar
Jansen Peter K.
Jones Stephanie D.
Jovanovich William

K
Kaempfer Wolfgang
Kästner Erhart
Kafkova Olga
Kaiser Joachim

Kalckreuth Anne-Marie von
Kaschnitz Marie Luise
Kaskell Joseph
Kempowski Walter
Kipphardt Heinar
Kissinger Henry A.
Kiwus Karin
Klasen Karl
Klemm Eberhard, alias Béla*
Klemm Erika
Köhler Bodo-Eberhard
Köhler Lotte
Koeppen Wolfgang
Körling Martha Ch.
Kolbe Jürgen
Kraft Steinhäuser
Krakow Christiane
Kroneberg Eckart
Kundera Ludvik
Kunze Reiner
Kunert Günter

L
Landgraf Antonie
Landgraf Felix
Landgraf Konstanze
Landgraf Kornelia*
Lang Eckhart
Lange Victor
Langen Eugen
Ledig-Rowohlt Heinrich Maria
Lehmann Joachim
Lehmbäcker Hanna
Lehmbäcker Heinz
Lenz Hermann
Lenz Siegfried
Leonhardt Rudolf Walter
Lettau Lene
Lettau Reinhard
Lindemann Gisela
Lobl Elizabeth F.
Luce Henriette
Luthe Charlotte
Lutz Charles
Lutz Katja
Lüpold Ingeborg

M
Marquardt Hans*
Mater Erich
Mayer Hans
Mayer Lisa M.
Mayntz Renate
Menzhausen Joachim, alias James*
Meuerer Kurt
Michaelis Rolf
Minder Robert
Mitscherlich Alexander
Mitscherlich-Nielsen Margarete
Moosdorf J.**
Müller Hans Dieter
Müller Wilhelm

N
Nachbar Herbert
Neekel Jochen
Neuss Magareta
Neuss Wolfgang
Nonnenmann Klaus
Nopens Manfred
Nossack Hans Erich

O
Ogrowski ?**
Opitz Peter

P
Paeschke Hans
Palitzsch Peter
Pascal Roy
Piontek Heinz
Piper Reinhard*
Pistorius Luise
Plerom ?**

Poelkow Liesel
Posener Julius

R
Raack R. C.
Raddatz Fritz J.
Reich-Ranicki Marcel
Reifferscheid Eduard
Richter Bernt
Richter Sonja
Richter Hans Werner
Rieck Heinrich
Riedel Nicolai
Risch Max*
Ritzerfeld Helene
Roehler Klaus
Romberg B.
Rossow Walter
Rühmkorf Peter

S
Sabais H. W.
Samarakis Antonis
Saueressig Heinz
Sauerländer Wolfgang
Saur Stephan
Scha…? Cornelia**
Schädlich Hans Joachim, alias Jochen
Schilling Wolfgang
Schließer Ursula
Schlittgen Hans
Schmidt Hans-Jürgen
Schnabel Ernst
Schnauber Cornelius*
Schneider Rolf
Schnell Robert Wolfgang
Schoenberner Gerhard
Scholem Gershom
Schult Friedrich
Schult Friedrich Ernst
Sch…? Heidi**
Schwab-Felisch Hans*
Seelig Günther F.
Seelig Hilla
Senzky Klaus
Simon Anette, geb. Wolf
Sinclair Andrew G.
Skreb Zdenko
Stadelmayer Peter
Steiner Jörg
Steinhäuser Maria
Stern Hildegard
Stoll Heinrich Alexander
Stüve Brigitte, geb. Martens
Sylvanus Erwin
Szondi Peter
Szymanski Rolf, alias Titus

T
Ta? Manfred**
Thoemmes Ulrich
Trahms Gisela, geb. Lange
Trier Hahn
Trier Marlene
Tumler Franz
Tyler William

U
Unseld Hildegard
Unseld Siegfried

V
Vennewitz Leila
Vietinghoff W.
Vilhjálmsson Thor
Vegesack Thomas von

W
Wagenbach Klaus
Walser Martin
Walter Otto
Wangerin Doreen, alias Tante Dot
Wapnewski Gertrud
Wapnewski Monika

Wapnewski Peter
Weichert Jürgen C.
Weigel Helene
Weiss Peter
Weller Friedrich
Werckmeister Erika
Werckmeister Peter
Wicht Wolfgang
Wiens Paul*
Willson A. Leslie
Winston Richard
Wittulsky Karin*
Wolf Christa
Wolff Christian
Wolff Helen
Wolff Holly
Wolken Karl Alfred

Z
Zimmer Dieter E.
Zimmermann Hans Dieter
Zeeh Burgel
Ziem Jochen

8.3 *Über eine Haltung des Protestierens*[1093]

Über eine Haltung des Protestierens
Einige gute Leute werden nicht müde, öffentlich zu erklären, daß sie die Beteiligung ihres Landes am Krieg in Vietnam verabscheuen; was mögen sie da im Sinn haben? Die guten Leute sagen sich den Ausspruch nach, es sei Krieg nicht mehr erlaubt unter zivilisierten Nationalstaaten; die guten Leute haben sich nicht gemuckst, als die Kolonialpolitik zivilisierter Nationalstaaten jene Leute in Vietnam bloß mit Polizei dabei störte, erst einmal eine Nation zu werden. Die guten Leute hört man klagen, es wende das mächtigste Land der Erde gegen ein kleines Land fortgeschrittene Waffensysteme an, zum Teil experimentell, gerade das Probieren mit tüchtigeren Vernichtungsmitteln erbittert die guten Leute; die guten Leute haben still in der Ecke gesessen, als die Armeen sich auswuchsen, noch die Diät der Manöver haben sie dem Militär gegönnt, nun schreien sie über die natürliche Gier der Maschine nach lebensechtem Futter. Die guten Leute haben es mit der Moral, die Einhaltung des Genfer Abkommens wünschen sie sich, Verhandlungen, faire Wahlen, Abzug der fremden Truppen, Anstand sagen sie und Würde des Menschen; sie sprechen zum übermenschlichen Egoismus eines Staatswesens wie zu einer Privatperson mit privaten Tugenden. Die guten Leute mögen am Krieg nicht, daß er sichtbar ist; die guten Leute essen von den Früchten, die ihre Regierung für sie in der Politik und auf den Märkten Asiens ernten. Die guten Leute wollen einen guten Kapitalismus, einen Verzicht auf Expansion durch Krieg, die guten Leute wollen das sprechende Pferd; was sie nicht wollen, ist der Kommunismus. Die guten Leute wollen eine gute Welt; die guten Leute tun nichts dazu. Die guten Leute hindern nicht die Arbeiter, mit der Herstellung des Kriegswerkzeugs ihr Leben zu verdienen, sie halten nicht die Wehrpflichtigen auf, die in diesem Krieg ihr Leben riskieren, die guten Leute stehen auf dem Markt und weisen auf sich hin als die besseren. Auch diese guten Leute werden demnächst ihre Proteste gegen diesen Krieg verlegen bezeichnen als ihre jugendliche Periode, wie die guten Leute vor ihnen jetzt sprechen über Hiroshima und Demokratie und Cuba. Die guten Leute sollen das Maul halten. Sollen sie gut sein zu ihren Kindern, auch fremden, zu ihren Katzen, auch fremden; sollen sie aufhören zu reden von einem Gutsein, zu dessen Unmöglichkeit sie beitragen.

1093 Johnson, Uwe: Über eine Haltung des Protestierens. S. 177 f. Der Aufsatz wurde, wie im Briefwechsel mit Enzensberger geschildert, als englischsprachiger Text veröffentlicht in Woolf, Cecil; Bagguley, John: Authors Take Sides on Vietnam. London 1967. Beide Texte finden sich zudem bei Fahlke, Eberhard: >>Ich überlege mir die Geschichte<<. Uwe Johnson im Gespräch. S. 123–125.

8.4 *Ein Brief aus New York*

8.4.1 Johnsons erster Entwurf aus dem Briefwechsel mit Enzensberger[1094]

[…] sondern wegen was hier anders ist
in New York im Staat New York
weisst du das gehoert zu jenen Staedten in die die westberliner Zeitungsverleger kleine Klingeln aus Porzellan an Familien schicken denen ein Angehoeriger umgebracht wurde beim Versuch Angehoerige anderer Familien umzubringen
in Viet Nam das ist noch hinter der Tuerkei
ein Brief ueber was hier anders ist ueber einen Unterschied
Ende der Ueberschrift
Gelb, zum Beispiel
Gelb ist hier anderswo
ich meine die ganze Farbenfamilie
was noch gelb ist oder so nahe an Gelb wie Ocker oder Kanarienvoegel oder einfach alles im Bereich zwischen Rot und Gruen
nicht nur any of the colors normally seen when the portion of the physical spectrum of wave lengths 571.5 to 578.5 millimicrons specif. 574.5 millimicrons is employed as a stimulus
sondern auch was mal gelb war
Gelb ist hier anderswo
nicht nur im Ei in den Mongolen in der Gelbsucht in
Schwaemmen Schmetterlingen Butterblumen
nie so viel Gelb gesehen wie hier
als ein Gelber gilt hier ein Eifersuechtiger ein Neidhammel ein Melancholiker ein Verraeter ein Abtruenniger einer wie Brutus weil er nicht ehrenwert war gelbe Leute sind hier welche zum Verachten gelb heissen die Boulevardblaetter so wie die gelbe Bildzeitung und Gelbeichen gibt es und Gelbe Baeren
die Gelben das sind die die einen unterbieten die gelbe Vertraege abschliessen was bedeutet dass sie keiner Gewerkschaft beitreten nicht einmal einer gelben
wenn hier einer gelbt heisst das er gibt an und womoeglich mit Gebruell hier glaubt die Sprache dass die Eingeborenen im Suedwesten des Landes gelbe Baeuche haben gelb wie Schwefel
gelb siehst du auf den Einwegavenuen Striche eine Wagenbreite reservieren fuer die Feuerwehr, mit gelber Schrift

---

1094 EJB. S. 136–140.

Gelb in zwei Strichen teilt die Avenuen mit zwei Fahrtrichtungen selbst wenn die Avenuen Drive heissen
Gelb in einem Strich auf zweibahnigen Strassen zweiter Ordnung
gelb die Eingrenzungen der Fussgaengerbereiche in den Kreuzungen breit hingeschmierte Striche
gelb sind die Gehaeuse von Verkehrsampeln die nicht sprechen koennen sondern nur runde Zeichen geben
gelb sind die Bahnsteigkanten der Fernbahn angestrichen
Gelb ist etwas Nationales denk an die einzige gelbe Bahnsteigkante ganz Westberlins auf dem amerikanischen Militaerbahnhof in Lichterfelde
gelb sind die Bahnsteigkanten in der Ubahn
auf Gelb sagt der Bahnsteig Vorsicht unterm Fuss des Reisenden
mit Gelb beschmiert sind in den Ubahnstationen die unteren Ansaetze der Treppen und Stufen vor Absaetzen und mitunter die Absaetze ganz und gar und die Senkrechte der obersten Stufe
gelb sind die Rinnsteinkanten von Feuerhydranten und Bushaltestellen, Parkverbot
zwar golden aber gelb weil nicht ganz so rot wie Gold sind die aufs Tuerglas gemalten Nummern und Namen und Eigentumsvermerke von Haeusern
und amtliche Aufforderungen wie Gehen Sie da nicht so dicht ran oder
An Rauchen ist in den oeffentlichen Verkehrsmitteln gar nicht zu denken oder
Beachten Sie dass dieser Waggon 3273 heisst
mehr und mehr gelbe Strassenschilder werden an die Stelle der traditionellen geschraubt
ernst blicken die Koepfe beruehmter Damen dich an von der Oberkante eines Bauwerks das gelb und golden auf schwarzem Grunde verkuendet Ich bin das Metropolitan Museum
Bei mir ist es frei und ich bin ganz selten zu, zum Beispiel
Gelb, wohin du blickst
gelb sind die Leuchtkoerper in den Fenstern der Telegraphengesellschaft Western Union
Western Union ist eine Telegraphengesellschaft was Johnson immer sagt ist great society
gelb sind die Regenhaeute der Arbeiter die unter die Strasse kriechen und die Loecher in den Glasleitungen suchen
gelb ist hier die Luft wenn sie im Schmutz erstickt
gelbe Zirkulare werden umhergetragen ungeheuer viele als Bleistifte verkleidete Kugelschreiber sind gelb manchmal ist es sogar Orangensaft

gelbgeputzt an den Aussentueren aufwendiger Hotels Apartmenthaeuser Museen sind die Fussbleche die Drehknoepfe die Spione die Handgriffe die Oberflaeche der edlen Schloesser

gelb sind da die meisten doppelhaelsigen Hydranten gewienert gelb sind die massiven Schilder der unerschwinglichen Aerzte poliert zu einer Zeile aus schierem Gold nur noch die Vernunft haelt das fuer Messing

gelb sind Briefumschlaege die Manila heissen die Butter ist ganz verdaechtig gelb

gelb sind die Schilder die hinweisen auf Raeume fuer Schutz gegen radioaktiven Ausfall fuer den Fall dass es mal hier entsprechend ernst wird so wie da hinter der Tuerkei prophetisch stehen darin die drei Dreiecke auf der Spitze ueber dem kleinen Kreis in dem Gelb die Anzahl der hier rettbaren Personen angegeben sein sollte aber regelmaessig fehlt wie etwas Unbekanntes

gelb sind die Wagen die die Strassen fegen die den Muell abfahren gelb sind die Wagen vieler Taxiflotten und gelb sind die Symbole Produkte Verpackungen Lieferwagen vieler anderer Unternehmen

und sie wissen es nicht

Gelb ist eine Farbe die Aufmerksamkeit erregt sagen sie

warum

das wissen sie nicht

nicht einmal ob der Neffe eines der ersten Praesidenten eine

Ockerfabrik besass

Gelb ist Gelb heisst es

und es sind die Autoritaeten die Bescheid geben

zwar es ist wahr und ich wuerde so weit gehen zuzugeben sagt

die Autoritaet auch wenn meine Lieblingstochter mich einen Gelben nennte wuerde ich ihr eine knallen

aber ich finde wir alle und ich meine die ganze Nation wenn ich sage wir alle koennen von Glueck reden dass wir diese Bauernbande in Viet Nam oder wie das heisst wenigstens nicht noch wegen ihrer gelben Hautfarbe umbringen muessen dafuer haben wir andere Gruende und es ist nur natuerlich dass die nur versteht wer dazugehoert und weiss was Gelb bedeutet

schließlich werden Sie zugeben dass in New York oder in einer beliebigen anderen Stadt des Landes niemand umgebracht wird weil er eine gelbe Hautfarbe hat erstens geht es da um dunklere Schattierungen und zweitens ist dies ein freies Land und nicht Viet Nam das ist wo anders das ist nicht hier

Sie muessen die Sache mehr gelb sehen

8.4.2 Johnsons zweiter Entwurf aus dem Briefwechsel mit Enzensberger[1095]

Ein Brief aus New York
ueber was hier anders ist in New York im Staat New York,
weisst du: es ist eine von jenen Staedten, in die die westberliner Zeitungsverleger kleine Klingeln aus Porzellan schicken an Familien, denen ein Angehoeriger umgebracht wurde bei dem Versuch, Angehoerige anderer Familien umzubringen, in Viet Nam, das ist noch hinter der Tuerkei; ein Brief ueber was hier anders ist, ueber einen Unterschied.

Gelb, zum Beispiel. Gelb ist hier anderswo. Ich meine die ganze Farbenfamilie, was noch gelb ist oder so nahe an Gelb wie Ocker oder Kanarienvoegel oder einfach alles im Bereich zwischen Rot und Gruen, nicht nur any of the colors normally seen when the portion of the physical spectrum of wave lengths 571.5 to 578.5 millimicrons specif. 574.5 millimicrons is employed as a stimulus, wie Webster sagt, sondern auch, was mal gelb war. Gelb ist hier anderswo.

Nicht nur im Ei, in den Mongolen, in der Gelbsucht, in Schwaemmen, Schmetterlingen, Butterblumen.

Nie so viel Gelb gesehen wie hier.

Als ein Gelber gilt hier ein Eifersuechtiger, ein Neidhammel, ein Melancholiker, ein Verraeter, ein Abtruenniger, einer wie Brutus, weil er nicht ehrenwert war. Gelbe Leute sind hier welche zum Verachten, gelb heissen die Boulevardblaetter so wie die gelbe Bildzeitung, und Gelbeichen gibt es hier, und Gelbe Barsche. Die Gelben, das sind die, die einen unterbieten, die gelbe Vertraege abschliessen, was bedeutet, dass sie keiner Gewerkschaft beitreten, nicht einmal einer gelben. Wenn einer hier gelbt, heisst das, er gibt an, und womoeglich mit Gejohle. Hier glaubt die Sprache, dass manche Eingeborene im Suedwesten des Landes gelbe Baeuche haben, gelb, wie Schwefel.

Gelb siehst du auf den Einwegsavenuen Striche eine Wagenbreite reservieren fuer die Feuerwehr, mit gelber Schrift. Gelb in zwei Strichen teilt die Avenuen mit zwei Fahrtrichtungen, Gelb in einem Strich auf zweibahnigen Strassen zweiter Ordnung, Gelb grenzt die Fussgaengerbereiche in den Kreuzungen ein, breit hingeschmierte Striche.

1095 Ebd. S. 140–144. Im Vergleich zum ersten Entwurf finden sich nur geringe inhaltliche Veränderungen wieder, aber dafür verzichtete Johnson bei der Präsentation des Textes auf die zuvor gestaltete Versform und verwendete Punkt und Kommata.

Gelb sind die Gehaeuse von Verkehrsampeln, die analphabetisch sind und nur runde Zeichen geben koennen, auf gelben Quadraten sagt die Polizei den Autofahrern Kurven oder Kinder voraus und raet ihnen zu Geschwindigkeiten.

Gelbe Schilder umgeben Strassenbauarbeiten, Gefahr, sagen sie. Gelb sind Sperren, Bretter auf vier Beinen, mit denen die Polizei ausgebrannte Haeuser umstellt oder Neugierige fernhaelt von festlichen Premieren und Paraden, mit einem Strich Orange gelegentlich, aber Gelb bleibt unbesiegt.

Gelb sind die Bahnsteigkanten der Fernbahn angestrichen.

Gelb ist etwas Nationales: denk an die einzige gelbe Bahnsteigkante ganz Westberlins auf dem amerikanischen Militaerbahnhof in Lichterfelde. Gelb sind die Bahnsteigkanten in der Ubahn, auf Gelb sagt der Bahnsteig Vorsicht unterm Fuss des Reisenden; mit Gelb beschmiert sind in den Ubahnstationen die unteren Ansaetze der Treppen und die Stufen vor Absaetzen und mitunter die Absaetze ganz und gar und noch die Senkrechte der obersten Stufe.

Gelb sind die Rinnsteinkanten vor Feuerhydranten und Bushaltestellen, Parkverbot, gelb die Torrahmen von Garagen und die Prellsteine; die Stufen zu Postaemtern sind markiert mit gelben Punkten.

Zwar golden, aber gelb, weil nicht ganz so rot wie Gold, sind die Nummern und Namen von Haeusern und Laeden und Bars, gemalt auf Glas von Tueren und Fenstern, auch amtliche Aufforderungen wie: Gehen Sie da nicht so dicht ran, oder: An Rauchen ist in den oeffentlichen Verkehrsmitteln gar nicht zu denken, oder: Beachten Sie, dass dieser Waggon 3273 heisst. In amtlichen Drehtueren findest du kleine Pfeile auf gelben Klebzetteln.

Mehr und mehr gelbe Strassenschilder werden an die Stelle der traditionellen geschraubt.

Ernst blicken die Koepfe beruehmter Damen dich an von der Oberkante eines Bauwerks, das gelb und golden auf schwarzem Grunde verkuendet: Ich bin das Metropolitan Museum, bei mir ist es frei, und ich bin ganz selten zu, zum Beispiel.

Gelb, wohin du blickst. Gelb sind die Leuchtkoerper in den Fenstern der Telegraphengesellschaft Western Union.

Western Union ist eine Telegraphengesellschaft. Was Johnson immer sagt ist Great Society.

Gelb, sagt Johnson eben zum Kleid der Frau eines Staatsbesuchers von den Philippinen, gelb ist auch meine liebste Farbe. Tatsaechlich, sagte sie spaeter im Vertrauen, Time Newsmagazine vom 23. September, ist meine liebste Farbe Rosa. Aber er ist der Praesident. Tatsaechlich, was vermoegen dagegen die Philippinen.

Gelb sind die Regenhaeute der Arbeiter, die unter die Strasse kriechen und die Loecher in den Glasleitungen suchen. Gelb ist hier die Luft, wenn sie erstickt.

Gelbe Zirkulare werden umhergetragen, ungeheuer viele, als Bleistifte verkleidete, Kugelschreiber sind gelb, manchmal ist es sogar Orangensaft.

Anlaufen, wie die Natur es wuenscht, darf das Messing hier nicht an den Aussentueren aufwendiger Hotels, Appartementhaeuser, Banken, gelbgeputzt sind da die Fussbleche, die Drehknoepfe, die Spione, die Handgriffe, die Oberflaeche der edlen Schloesser; gelb sind da die meisten doppelhaelsigen Hydranten gewienert, gelb sind die massiven Schilder der unerschwinglichen Aerzte poliert, zu einer Zeile aus schierem Gold, nur noch die Vernunft haelt das fuer Messing. Und gueldene Dreiecke auf den Glastueren vornehmer Haeuser sollen dich hindern, gegenzurennen.

Gelb sind die Briefumschlaege, die Manila heissen. Die Butter ist ganz verdaechtig gelb. Das Branchenfernsprechbuch heisst hier die Gelben Seiten.

Gelb sind die Schilder, die hinweisen auf Raeume fuer Schutz gegen radioaktiven Ausfall, in Erwaegung, dass es mal hier entsprechend ernst wird so wie da hinter der Tuerkei; prophetisch stehen darin die drei Dreiecke ueber dem kleinen Kreis, in dem auf Gelb die Zahl der hier rettbaren Personen angegeben sein sollte, aber regelmaessig fehlt, wie etwas Unbekanntes.

Gelb sind die Wagen zur Pflege des Brodway, gelb sind die Wagen, die die Strassen waschen und fegen, die den Muell abfahren, die Autos abschleppen aus polizeilichem Anlass, gelb sind die Wagen vieler Taxiflotten, und gelb sind die Symbole, Produkte, Verpackungen, Lieferwagen vieler anderer Unternehmen und Institute; und sie wissen nicht warum.

Gelb ist eine Farbe, die Aufmerksamkeit erregt, sagen sie, jedoch warum die ihre, das wissen sie nicht, nicht einmal ob der Neffe eines der ersten Praesidenten eine Ockerfabrik besass. Gelb ist gelb, heisst es.

Und es sind die Autoritaeten, die Bescheid geben. Zwar, es ist wahr, und ich wuerde so weit gehen, es zuzugeben, sagt die Autoritaet, auch wenn meine Lieblingstochter mich einen Gelben nennte, wuerde ich ihr eine knallen. Aber ich finde, wir, und ich meine die ganze Nation, wenn ich sage, wir alle koennen von Glueck reden, dass wir diese Bauernbande in Viet Nam, oder wie das heisst, wenigstens nicht noch wegen ihrer gelben Hautfarbe umbringen muessen. Dafuer haben wir andere, naemlich unsere Gruende, und es ist nur natuerlich, dass die nur versteht, wer dazugehoert und weiss, was Gelb bedeutet.

Schliesslich, sagt der Bescheidgeber noch, werden Sie zugeben, dass in New York oder in einer beliebigen anderen Stadt des Landes niemand umgebracht wird, weil er eine gelbe Hautfarbe hat, erstens geht es da um dunklere Schattierungen, und zweitens ist dies ein freies Land und nicht Viet Nam. Das ist wo anders, das ist nicht hier. Sie muessen die Sache mehr gelb sehen!

8.4.3 Johnsons Umsetzung der Entwürfe in den *Jahrestagen*[1096]

Wer viel fragt –

Über was hier anders ist in New York im Staat New York, wissen Sie: es ist eine von jenen Städten, in die die westberliner Zeitungsverleger kleine Klingeln aus Porzellan schicken an Familien, denen ein Angehöriger umgebracht wurde bei dem Versuch, Angehörige anderer Familien umzubringen, in Viet Nam, das ist noch hinter der Türkei; über einen Unterschied.

Gelb, zum Beispiel. Gelb ist hier anders wo. Ich meine die ganze Farbenfamilie, was noch gelb ist oder so nahe an Gelb oder Ocker oder Kanarienvögel oder einfach alles im Bereich zwischen Rot und Grün, nicht nur any of the colors normally seen when the portion of the physical spectrum of wave lengths 571.5 to 578.5 millimicrons specif. 574.5 millimicrons is employed as a stimulus: wie Webster sagt, sondern auch, was mal gelb war. Gelb ist hier anders wo.

Auch außerhalb des Eis, der Mongolen, der Gelbsucht, der Schwämme, Schmetterlinge, Butterblumen.

Nie so viel Gelb gesehen wie hier.

Als ein Gelber gilt hier ein Eifersüchtiger, ein Neidhammel, ein Melancholiker, ein Verräter, ein Abtrünniger, einer wie Brutus, weil er eines Ehrenwerts ermangelte. Gelbe Leute sind hier welche zum Verachten, gelb heißen die Boulevardblätter so wie die gelbe Bildzeitung, und Gelbeichen gibt es und Gelbe Barsche.

Die Gelben, das sind die, die unterbieten einen, die gehen gelbe Verträge ein; die treten keiner Gewerkschaft bei als einer gelben.

Wenn einer hier gelbt, so gibt er an, er markiert den starken Mann. Hier glaubt die Sprache, daß manche Eingeborene im Südwesten des Landes gelbe Bäuche haben, gelb wie Schwefel.

Gelb sehen Sie auf den Einwegavenuen Striche eine Wagenbreite reservieren, mit gelber Schrift.

Gelb in zwei Strichen teilt die Avenuen mit zwei Fahrtrichtungen.

Gelb in einem Strich auf zweibahnigen Straßen zweiter Ordnung.

Gelb grenzt die Fußgängerbereiche ein in den Kreuzungen, breit hingeschmierte Striche.

1096 Johnson, Uwe: Jahrestage. S. 1515–1518. Der Text erschien, wie schon erwähnt, unter dem Titel *Ein Brief aus New York* in der zehnten Ausgabe des *Kursbuchs*, weshalb der Titel auch hier beibehalten wurde, auch wenn der Text in den *Jahrestagen* keine Überschrift mehr trägt und etwas abgeändert dort unter dem Tageseintrag des 1. August 1968 vorzufinden ist.

Gelb sind die Gehäuse von Verkehrsampeln, die des Sprechens unkundig sind und nur zu runden Farbzeichen imstande.

Auf gelben Quadraten sagt die Polizei den Autofahrern Kurven oder Kinder voraus und rät ihnen zu Geschwindigkeiten.

Gelbe Schilder umgeben Arbeiten des Straßenbaus, sie sagen: Gefahr.

Gelb sind Sperren, Bretter auf vier schrägen Beinen, mit denen die Polizei ausgebrannte Häuser umstellt oder Neugierige fern hält von festlichen Premieren oder Paraden; mit einem Strich Orange gelegentlich, aber Gelb bleibt unbesiegt.

Gelb sind die Bahnsteigkanten der Fernbahn angestrichen.

Gelb ist etwas Nationales; denken Sie an die einzige gelbe Bahnsteigkante ganz Westberlins auf dem amerikanischen Militärbahnhof in Lichterfelde.

Gelb sind die Bahnsteigkanten in der Untergrundbahn, gelb sind da Handgeländer gestrichen, auf Gelb sagt der Bahnsteig Vorsicht unter dem Fuß des Reisenden.

Mit Gelb beschmiert sind in der Subway die unteren Ansätze der Treppen und Stufen vor Absätzen, noch die Senkrechte der obersten Stufe, mitunter die Absätze ganz und gar.

Gelb sind die Rinnsteinkanten vor Feuerhydranten und Bushaltestellen, Parkverbot; gelb die Torrahmen von Garagen, gelb die Prellsteine.

Die Stufen zu Postämtern sind markiert mit gelben Punkten.

Zwar golden aber gelb, weil nicht ganz so rot wie Gold, sind die aufs Türenglas gemalten Nummern und Namen und Eigentumsvermerke von Häusern und Läden und Trinkanstalten.

Auch amtliche Aufforderungen wie: Es wird abgeraten hier näher zu treten, oder: Von Rauchen in den öffentlichen Verkehrsmitteln kann keine Rede sein, oder: Beachten Sie, daß dieser Wagen 7493 heißt.

In amtlichen Drehtüren finden Sie kleine Pfeile auf gelben Klebzetteln. Mehr und mehr gelbe Straßenschilder werden an die Stelle der hergebrachten geschraubt.

Ernst blicken die Köpfe berühmter Damen Sie an der Oberkante eines Bauwerks, das gelb und golden verkündet: Ich bin das Metropolitan Museum; bei mir ist es frei; ich bin ganz selten zu.

Gelb, wohin Sie blicken.

Gelb sind die Leuchtkörper in den Fenstern der Telegraphengesellschaft Western Union.

Western Union ist eine Telegraphengesellschaft. Was Präsident Johnson immer sagt ist: Great Society.

Gelb: sagt Johnson vor zwei Jahren zum Kleid der Frau eines Staatsbesuchers von den Philippinen: Gelb ist auch meine liebste Farbe. Tatsächlich: sagte sie später im Vertrauen: Ist meine liebste Farbe Rosa.

Gelb sind die Regenhäute der Arbeiter, die unter die Straße kriechen und die Löcher in den Glasleitungen suchen.

Gelb ist hier die Luft, wenn sie erstickt.

Gelbe Zirkulare werden umhergetragen, auf gelbem Konzeptpapier überreiche ich Ihnen: viele als Bleistifte verkleidete Kugelschreiber sind gelb. Manchmal ist es sogar Orangensaft.

Anlaufen wie die Natur es wünscht, das möchte das Messing wohl an den Außentüren aufwendiger Hotels, Appartementhäuser, Banken; gelbgeputzt sind da die Fußbleche, die Drehknöpfe, die Spione, die Handgriffe, die Oberfläche der edlen Schlösser; gelb sind da die meisten doppelhälsigen Hydranten gewienert. Gelb sind die massiven Schilder der unerschwinglichen Ärzte poliert, zu einer Zeile aus schierem Gold, nur noch die Vernunft hält das für Messing.

Und güldne Dreiecke auf den Glastüren vornehmer Häuser sollen Sie hindern, gegenan zu rennen.

Gelb sind die Briefumschläge, die Manila heißen. Gelbe Seiten heißt hier, was Sie kennen als Branchenfernsprechbuch.

Die Butter ist verdächtig gelb.

Gelb sind die Schilder, die hinweisen auf Räume für Schutz gegen radioaktive Strahlung: in Erwägung daß es mal hier ernst wird so wie da hinter der Türkei. Prophetisch stehen darin die drei Dreiecke über dem kleinen Kreis, darin auf Gelb die Zahl der hier rettbaren Personen angegeben sein sollte, jedoch regelmäßig fehlt, wie etwas Unbekanntes.

Gelb sind die Wagen zur Pflege des Brodway, die die Straßen waschen und fegen, die den Müll abschleppen, darunter auch Autos. Gelb sind die Wagen vieler Taxiflotten. Gelb sind die Symbole, Produkte, Verpackungen, Lieferungen von reichlich Unternehmen und Instituten.

Aber warum, das ist Ihnen unerfindlich.

Gelb ist eine Farbe, die Aufmerksamkeit erregt: heißt es. Warum sie das tut, keiner weiß es.

Vielleicht weil ein Neffe des ersten Präsidenten eine Ockerfabrik sein eigen nannte?

Gelb ist gelb: lautet die Antwort.

Und es sind die Autoritäten, die Bescheid geben. Zwar ist es wahr und würde ich zugeben: sagt die Autorität: Auch wenn meine Lieblingstochter mich einen Gelben nennte, eine kleben würde ich ihr. Aber ich finde, und meine die ganze Nation wenn ich sage: Wir alle können von Glück reden, daß wir diese Bauernbande in Viet Nam oder wie das da genannt wird wenigstens aus anderen Gründen umbringen als wegen ihrer gelben Hautfarbe. Die versteht nur, wer dazu gehört und weiß: Was Gelb Bedeutet. Ende des Zitats.

Schließlich werden Sie zugeben, daß in New York oder in einer beliebigen anderen Stadt des Landes niemand umgebracht wird, weil er eine gelbe Haut am Leibe hat. Erstens geht es da um dunklere Schattierungen. Zum anderen ist dies ein freies Land. Sie müssen die Sache mehr gelb sehen.

– kriegt viel Antwort.

8.5 Offener Brief

8.5.1 Hans Magnus Enzenbergers Offener Brief[1097]

HANS MAGNUS ENZENSBERGER
OFFENER BRIEF

An den Präsidenten der Wesleyan University
Mr. Edwin D. Etherington
Middletown, Conn.
USA

Sehr geehrter Herr Präsident,
mit diesem Brief lege ich die mir verliehene Fellowship am Center or Advanced Studies der Wesleyan Universität in Ihre Hände zurück und verzichte auf das damit verbundene Stipendium. Für die Gastfreundschaft, die Sie mir erwiesen haben, bin ich Ihnen verbunden; schon deshalb bin ich es Ihnen, der Fakultät und den Studenten der Universität schuldig, die Gründe für meinen Schritt offenzulegen, und zwar so deutlich und genau wie nur möglich.

Lassen Sie mich mit einigen elementaren Überlegungen beginnen. Ich halte die Klasse, welche in den Vereinigten Staaten von Amerika an der Herrschaft ist, und die Regierung, welche die Geschäfte dieser Klasse führt, für gemeingefährlich. Es bedroht jene Klasse, auf verschiedene Weise und in verschiedenem Grad, jeden einzelnen von uns. Sie liegt mit über einer Milliarde von Menschen in einem ungeklärten Krieg; sie führt diesen Krieg mit allen Mitteln, vom Ausrottungs-Bombardement bis zu den ausgefeiltesten Techniken der Bewusstseins-Manipulation. Ihr Ziel ist die politische, ökonomische und militärische Weltherrschaft. Ihr Todfeind ist die Revolution.

Viele Amerikaner sind von der Lage, in der ihre Nation sich befindet, tief beunruhigt. Sie lehnen den Krieg ab, der in ihrem Namen gegen das Volk von Viet Nam geführt wird. Sie suchen nach Auswegen, um den latenten Bürgerkrieg in den amerikanischen Städten ein Ende zu machen. Doch halten sie an der Vorstellung fest, als wären diese Krisen bloße Unglücksfälle, die sich auf eine falsche Einschätzung der Lage oder auf ein momentanes Versagen im politischen Management zurückführen ließen – mit einem Wort: als handelte es sich um tra-

1097 Schickel, Joachim: Über Hans Magnus Enzensberger. Frankfurt am Main 1970. S. 233–238. Der am 31. Januar 1968 verfasste Offene Brief von Enzensberger lautet im englischen Originaltext *On Leaving America* und wurde in *The New York Review of Books* (Volume 10, Number 4, February 29, 1968) veröffentlicht.

gische Irrtümer, die einer ansonsten friedliebenden, vernünftigen und gutwilligen Nation unterlaufen wären.

Zu einer solchen Einschätzung der Sache kann ich mich nicht bereitfinden. Der Krieg in Viet Nam steht nicht vereinzelt da. Er ist nur die größte, blutigste und sichtbarste Probe auf ein Exempel, das die herrschende Klasse der USA auf fünf Kontinenten zu statuieren versucht. Er entspricht einer politischen Logik, die zu bewaffneten amerikanischen Eingriffen in Guatemala und Indonesien, in Laos und Bolivien, in Korea und Columbien, auf den Philippinen und in Venezuela, im Kongo und in der Dominikanischen Republik geführt hat. Die Liste ließe sich verlängern. In vielen anderen Ländern herrschen, gestützt auf die Macht Amerikas, Unterdrückung, Korruption und Hunger. Es kann sich niemand mehr sicher fühlen, auch in Europa nicht, und nicht einmal in den Vereinigten Staaten selbst.

Es ist nichts Überraschendes und Nichts Neues an den einfachen Wahrheiten, die ich Ihnen hier unterbreite. Es ist hier nicht der Ort, um sie wissenschaftlich zu belegen und zu differenzieren. Andere haben diese Arbeit auf sich genommen. Viele unter ihnen, wie Baran und Horowitz, Huberman und Sweezy, Zinn und Chomsky, sind amerikanische Gelehrte. Nach allem, was ich hier in Erfahrung bringen konnte, erfreuen sich diese Autoren bei ihren akademischen Kollegen keiner besonderen Wertschätzung. Vielen gilt ihr Werk als langweilig, altmodisch und triadenhaft, als Ausgeburt einer paranoiden Vorstellungskraft oder, noch schlichter, als bloße kommunistische Propaganda. Diese Abwehrmechanismen gehören heute zum intellektuellen Hausrat der westlichen Welt. Da ich ihnen auch an der hiesigen Universität oft genug begegnet bin, erlaube ich mir, etwas näher auf sie einzugehen.

Der erste Einwand beschränkt sich auf eine semantische Reflexbewegung. Die Gesellschaft, in der wir leben, hat die alten Tabu-Vokabeln, die berühmten four-letter-words, zum allgemeinen und öffentlichen Gebrauch freigegeben. Sie hat andere Wörter, wie *Imperialismus* oder *Ausbeutung*, mit einem Bann belegt, der ihren Gebrauch als obszön erscheinen läßt. Die politischen Wissenschaften operieren deshalb mit Umschreibungen, die an die neurotischen Euphemismen der viktorianischen Epoche gemahnen. Manche Soziologen gehen so weit, die Existenz einer herrschenden Klasse zu bestreiten. Schon das bloße Wort ist ihnen peinlich. Gewiß läßt sich das Wort *Ausbeutung* leichter als die Ausbeutung selber abschaffen; ich kann darin jedoch keine rechte Lösung des Problems sehen.

Ein zweiter Abwehrmechanismus bedient sich psychologischer Argumente. Ich habe mir sagen lassen, daß es paranoid und krankhaft sei, sich vorzustellen, daß die Welt von einer gefährlichen Gruppe mächtiger Leute bedroht sei. Es empfehle sich also, auf den Patienten zu achten und nicht auf das, was er vorbringe. Nun ist es keine leichte Sache, sich gegen Amateur-Psychiater zu verteidigen. Ich muß mich auf ein paar Hinweise beschränken. Einer Konspirations-Theorie hänge ich nicht an: sie ist überflüssig. Die Kohärenz einer Klasse, und einer herrschenden ganz besonders, wird durch gemeinsame, offen zutage liegende Interessen erzeugt, nicht durch geheime Absprachen und Verschwörungen. Ferner: Ich male mir und Ihnen keine Ungeheuer aus. Bankiers, Generäle und Aufsichtsräte sind, wie jedermann weiß, keine Comic-Helden à la Frankenstein, sondern wohlerzogene, liebenswürdige Herren, wie man sie auch im Deutschland der Dreißiger Jahre antreffen konnte. Weder klassische Kammermusiker noch karitative Neigungen sind ihnen fremd. Ihre *moral insanity* erklärt sich nicht aus ihrem individuellen Charakter, sondern aus ihrer gesellschaftlichen Funktion.

Der dritte, politische Abwehrmechanismus operiert mit dem schlichten Vorwurf, es werde hier kommunistische Propaganda betrieben. Ich fürchte diese moosige Anschuldigung nicht. Sie ist ungenau, unrichtig und irrational. Der Singular *Kommunismus* hat heute keinen Sinn mehr, der sich genau angeben ließe. Das Wort umschreibt einen breiten Vorrat widersprüchlicher Ideen, die sich zum Teil sogar gegenseitig ausschließen. Überdies wird meine Ansicht von der amerikanischen Politik in der Welt von griechischen Liberalen und lateinamerikanischen Erzbischöfen, von norwegischen Bauern und französischen Industriellen, kurzum von einer Menge von Leuten geteilt, in denen die Vorhut des >>Kommunismus<< zu sehen ziemlich schwer fallen dürfte.

Die Wahrheit ist: Es wissen die meisten Amerikaner nicht, wie sie aussehen. Sie wissen nicht, wie ihr Land sich ausnimmt aus einer Perspektive, die nicht amerikanisch ist. Sie wissen nicht, was das für ein Blick ist, der auf ihnen ruht: auf Touristen in Mexico, Soldaten auf Urlaub in fernöstlichen Städten, Geschäftsleuten in Schweden oder Italien. Derselbe Blick ruht heute auf Ihren Zerstörern, Ihren Botschaften, Ihren Leuchtreklamen überall auf der Welt. Es ist ein fürchterlicher Blick, denn er kennt keine Unterschiede und mildernden Umstände. Ich werde Ihnen sagen, woher ich diesen Blick kenne. Ich kenne ihn, weil ich ein Deutscher bin: weil er sich, Ende der Vierziger Jahre, auch auf mich gerichtet hat. Wenn Sie diesen Blick analysieren, werden Sie finden, daß er Mißtrauen und Widerwillen, Furcht und Neid, Verachtung und offenen Haß ausdrückt. Er trifft Ihren Präsidenten, dem kaum eine Hauptstadt auf der Welt geblieben ist, in der er sein Gesicht öffentlich zeigen könnte; aber er trifft auch die arglose alte Dame in der Touristenmaschine zwischen Delhi und Benares. Es ist ein rücksichtsloser, manichäischer Blick. Er freut mich nicht. Ich teile nicht den inständigen Glauben Ihres

Präsidenten an Kollektivgier und Kollektivschuld. >>Vergeßt das eine nicht<<, sagte er seinen Soldaten in Korea, >>wir sind ganze zweihundert Millionen. Fast drei Milliarden stehen uns gegenüber. Sie wollen das haben, was wir haben. Aber sie werden es nicht kriegen – nicht von uns!<< Nun ist daran soviel richtig, daß wir alle an der Ausplünderung der Dritten Welt teilhaben. Nationalökonomen wie Dobb und Bettelheim, Jalée und Robinson haben hinreichend bewiesen, daß die armen Länder, die wir unterentwickelt haben, faktisch unsere Wirtschaft subventionieren. Doch geht Mr. Johnson zweifellos zu weit, wenn er das amerikanische Volk als eine einzige, riesenhafte, einheitliche Aktiengesellschaft aufgefaßt wissen will, die sich um ihre Beute schlägt. Ich persönlich finde an Amerika mehr zu bewundern, als Mr. Johnson wahrhaben möchte. Dem Kampf, der von Gruppen wie SNCC, den Students for a Democratic Society und der Resistance geführt wird, haben wir in Europa nur wenig Vergleichbares zur Seite zu stellen. Und ich muß sagen, daß ich für die Selbstgerechtigkeit, die manche Europäer heute den USA gegenüber an den Tag legen, wenig übrig habe. Sie scheinen sich den Untergang ihrer eigenen kolonialen Herrschaft als moralisches Verdienst anzurechnen. Das ist natürlich reine Heuchelei.

Andererseits gibt es so etwas wie eine persönliche Haftung, die jeder einzelne für das, was sein Land in der Welt anrichtet, zu tragen hat. Die Deutschen haben sich an diesen Gedanken nach zwei verlorenen Kriegen gewöhnen zu müssen. Der Zustand der Vereinigten Staaten erinnert mich heute, in mehr als einer Hinsicht, an die deutsche Situation in den Dreißiger Jahren. Bevor Sie diesen Vergleich zurückweisen, bitte ich Sie zu bedenken, daß damals von Gaskammern keine Rede war; daß angesehene Staatsmänner Berlin besuchten und dem Führer die Hand schüttelten; und daß die meisten Leute sich weigerten zu glauben, daß die Deutschen es auf die Weltherrschaft abgesehen hatten. Immerhin lag es auf der Hand, daß eine rassische Minderheit ständigen Verfolgungen und Repressalien ausgesetzt war; daß das Rüstungsbudget bedrohlich anwuchs; und daß die Regierung sich zunehmend in einen konterrevolutionären Krieg einmischte.

An diesem Punkt bricht freilich meine Analogie zusammen. Denn den Herren der heutigen Welt steht nicht nur ein Vernichtungs-Potential zur Verfügung, von dem die Nazis sich nichts träumen ließen; auch die Methoden der Unterdrückung haben sich seit jenen primitiven Zeiten phantastisch verfeinert. Heute droht Opposition, soweit sie sich auf das geschrieben Wort beschränkt, zum harmlosen Zuschauersport zu verkommen, den die herrschenden Mächte erlauben, regulieren, ja bis zu einem gewissen Punkt sogar fördern. Die amerikanischen Universitäten sind zu einem bevorzugten Schauplatz für dieses zweideutige Spiel geworden. Statt mit offener Zensur und unverhüllter Repression haben wir es mit einer prekären und trügerischen Freiheit zu tun: und nur ein Dogmatiker von der abscheulichsten Sorte könnte das beklagen. Andererseits: Nur ein Dummkopf könnte übersehen, daß jene Freiheit neue Alibis, neue Fußangeln, neue Dilemmata für die Systemopposition geschaffen hat.

Es hat mich drei Monate gekostet, bis ich einsah, daß die Vergünstigungen, die Sie mir hier eingeräumt haben, darauf hinausliefen, mich zu entwaffnen; daß ich meine Glaubwürdigkeit einbüßte, indem ich Ihre Fellowship und Ihr Stipendium annahm; und daß die bloße Tatsache, daß ich hier war, als Ihr Gast, dem, was ich zu sagen hatte, die Spitze abbrach. >>Um einen Intellektuellen zu beurteilen, genügt es nicht, seine Gedanken zu prüfen: was den Ausschlag gibt, ist die Beziehung zwischen dem, was er denkt und dem was er tut.<< Dieser Ratschlag (er stammt von Régis Debray) ist mir in meiner gegenwärtigen Lage von Nutzen. Um Ihnen zu zeigen, daß ich meine, was ich sage, gibt es nur einen einzigen Weg: den der Abreise.

Es ist dies ein notwendiger, aber kaum ein hinreichender Schritt. Denn es ist eine Sache, den Imperialismus im Gehäuse zu studieren, und eine andere, ihm dort zu begegnen, wo er ein weniger wohlwollendes Gesicht zeigt. Ich bin eben von einer Reise nach Cuba zurückgekehrt. Ich sah die CIA-Agenten auf dem Flugplatz von México jeden Passagier nach Habana vor ihre Kameras kommandieren; ich sah die Silhouette der amerikanischen Kriegsschiffe vor der cubanischen Küste; ich sah die Spuren der amerikanischen Invasion in der Schweinebucht; ich sah die Hinterlassenschaft der imperialistischen Wirtschaft und die Narben, die davon in der Gesellschaft und im Bewußtsein eines kleinen Landes geblieben sind; ich sah die tägliche Belagerung, welche die Cubaner zwingt, jeden Löffel, mit dem sie essen, aus der Tschechoslowakei und jeden Liter Benzin, den sie verbrennen aus der Sowjetunion herbeizuschaffen, weil die Vereinigten Staaten seit sieben Jahren versuchen, die cubanische Revolution auszuhungern.

Ich möchte im Herbst dieses Jahres nach Cuba gehen, um dort für längere Zeit zu arbeiten. Dieser Entschluß ist kein Opfer; ich habe einfach den Eindruck, daß ich den Cubanern von größerem Nutzen sein kann als den Studenten der Wesleyan University, und daß ich mehr von ihnen zu lernen habe.

Ich weiß: dieser Brief ist ein magerer Dank für Ihre Gastfreundschaft; und es tut mir leid, daß ich Ihnen die drei ruhigen Monate, die ich hier zugebracht habe, nicht besser vergelten kann. Es ist selbstverständlich, daß mein Fall, für sich selbst betrachtet, für die Allgemeinheit ohne Bedeutung und ohne Interesse ist. Die Fragen hingegen, die er aufwirft, betreffen nicht mich allein. Erlauben Sie mir daher, sie, so gut ich kann, in aller Öffentlichkeit zu beantworten

Mit aufrichtigen Grüßen
31. Januar 1968 Hans Magnus Enzensberger

8.5.2 Johnsons Reaktion auf Enzensbergers Offenen Brief in den *Jahrestagen*[1098]

[...]

Es ist der Tag, an dem der deutsche Schriftsteller Hans Magnus Enzensberger in der New York Review of Books einen Offenen Brief veröffentlicht, >>Über das Verlassen Amerikas<<. Erklären Sie uns das, Mrs. Cresspahl. Sie sind doch eine von den Deutschen. Versuchen Sie, uns dies zu erklären.

Herr Enzensberger hat an den Präsidenten der Wesleyan University öffentlich geschrieben, daß er als Stipendiat beim dortigen Institut für fortgeschrittene Studien zurücktritt, und er beginnt mit grundsätzlichen Erwägungen.

Er bekennt öffentlich, daß die herrschende Klasse in den Vereinigten Staaten von Amerika (die Regierung eingeschlossen) in seinen Augen die gefährlichste Gruppe von Menschen auf Erden ist. The most dangerous body of men on earth. So hat es auch Paul Goodman im vorigen Oktober in einer Rede vor Rüstungsindustriellen gesagt: Sie sind, gegenwärtig, die gefährlichste Gruppe von Menschen in der Welt. Body of men. Wer wird denn pingelig sein wegen eines Zitats. In der Welt; es klingt so alltäglich. Nein: auf Erden. Feierlich, nachhallend. Biblisch allemal. Auf Erden.

Weil Herrn Enzensberger dies vor drei Monaten noch nicht bekannt war, will er das Land nach drei Monaten öffentlich verlassen.

Von vielen Amerikanern weiß der Westdeutsche, daß die Lage ihrer Nation sie beunruhigt. Wenn Mr. Gallup sich unter die Nation mischt, mag er viele Leute befragen können; wie viele Amerikaner hat der Westdeutsche kennen lernen können in zwölf Wochen? Zu welcher Klasse gehören sie?

Sein Ergebnis entspricht im übrigen dem Gallup-Bericht von gestern. Viel Kenntnisse setzt er nicht voraus bei denen, an die er schreibt.

Nur daß eben viele Amerikaner ihm gesagt haben, die Krisen des Landes, der unerklärte Krieg in Viet Nam nicht zuletzt, seien Zufälle, Ungeschicklichkeiten, Irrtümer. Dieser Ausdeutung kann Herr Enzensberger sich nicht anschließen. Offensichtlich nimmt das Offensichtliche zu an Offensichtlichkeit, wenn ein Enzensberger es sagt.

Die herrschende Klasse der U.S.A. habe so viele Länder verdorben; niemand könne sich noch sicher fühlen, weder in Europa noch in den Vereinigten Staaten

1098 Johnson, Uwe: Jahrestage. S. 710–718. Der Brief Enzensberger wurde, wie schon erwähnt, damals am 29. Februar 1968 in der *New York Review of Books* veröffentlicht. Deshalb findet sich Johnsons Reaktion auf den Brief unter dem Tageseintrag desselben Datums in den *Jahrestagen* wieder.

selbst. Es ist das Gegenteil davon nicht behauptet worden. Aber so kann er uns wenigstens mitteilen, daß er das Bedürfnis hat, sich sicher zu fühlen.

Herr Enzensberger gibt zu, daß er unsere Zeit verschwendet hat mit seinen Wahrheiten; er möchte es nun aber noch in einer wissenschaftlichen Manier tun. Er habe keinen Raum.

Es ist ganz hübsch grausam von der New York Review of Books, ihm den ausreichenden Zeilenraum zu verweigern. Dem Herausgeber der Zeitschrift Kursbuch, Herrn Hans Magnus Enzensberger, kann nicht ausgiebig genug die Grausamkeit verdacht werden, mit der er den Wahrheiten Herrn Enzensbergers seine Seiten versperrt.

Obendrein haben bereits andere diese Wahrheit ausgiebig besorgt; Herr Enzensberger bemerkt es selbst. Er nennt Namen dieser amerikanischen Gelehrten; er macht dem Publikum der New York Review of Books Vorschläge zur Lektüre. Es scheint, als habe es nach seiner Meinung noch einiges nachzuholen. Baran und Sweezy, in der Tat.

Die Arbeiten der anderen für das, wozu Herrn Enzensberger der Raum fehlt, gelten in der hiesigen Gelehrtenwelt als nicht erheblich, altmodisch, langweilig, rhetorisch; so ist es ihm gesagt worden, und wenigstens das will er in Ordnung bringen.

Er spricht von unserer Gesellschaft. Sie habe die alten Tabuwörter freigegeben, die uralten und unentbehrlichen Wörter mit den vier Buchstaben, fuck und shit und piss. Die ganze Gesellschaft hat es beschlossen, und Herr Enzensberger war dabei.

Nun gebe es noch eine andere Gesellschaft, die gebildete. Dort hat Herr Enzensberger seine 98 Millionen Amerikaner kennen gelernt. Die haben unter allgemeiner Zustimmung andere Worte mit dem Bann belegt. Ausbeutung und Imperialismus, das hat in der gebildeten Gesellschaft Herrn Enzensbergers einen Ruch von Obszönität. Freilich, wenn man so unter sich ist. Wer aber das Wort für ein Problem abschaffe, hat das Problem noch lange nicht aus der Welt. Wie wahr.

Herr Enzensberger wendet sich nun gegen die Auffassung, daß Bankpräsidenten, Generäle und Rüstungsindustrielle (siehe Paul Goodman) aussähen wie die Unholde in den Comic-Strips. Er möchte das richtigstellen. Sie haben gute Manieren, sind freundlich, lieben womöglich Kammermusik und haben philanthropische Neigungen; Leute wie es sie auch bei den Nazis gab. So sind sie also. Nun wissen wir es. Ihre moralischen Defekte rühren nicht aus ihrem Charakter, sondern aus ihrer gesellschaftlichen Funktion. Es wird nach diesen überraschenden und originellen Einsichten wohl Keiner mehr annehmen, daß der Präsident der U.S.A. als ein Privatmann handelt. Was gesagt werden muß, muß gesagt werden.

Und Kommunismus ist auch nicht, was aus Herrn Enzensbergers Analyse spricht. Er hat keinen Grund, diese bejahrte Verdächtigung zu fürchten. Furchtlos wie er ist. Denn der Singular Kommunismus ist ohne eine Bedeutung, hat viele, widersprüchliche, einander ausschließende. Da ist also nicht viel zu fürchten, und Herr Enzensberger tut es nicht. Wenn das aber noch nicht reicht als Rückendeckung, so hat er an seiner Seite noch griechische Liberale, lateinamerikanische Erzbischöfe, norwegische Bauern und französische Industrielle, die ganze gebildete Gesellschaft Herrn Enzensbergers. Amerikanische Rüstungsindustrielle sind the most dangerous body of men on earth, Paul Goodman sagt auch so; doch nicht französische. Und Kommunisten sind seine Nothelfer obendrein nicht, wenigstens gehören sie nicht zu der kommunistischen Vorhut. So kann Hans Magnus Enzensberger nichts passieren. Öffentlich hat er darauf Anspruch gemeldet; daß wir uns nun ja daran halten und ihm seine Sicherheit nicht wegnehmen. Sonst wäre es ja ein Scheißspiel (die Gesellschaft hat in allen Gliedern die Tabuwörter, weil unentbehrlich, freigegeben).

Daraus folgt, daran schließt logisch an, die Konsequenz davon ist: ein Faktum. Daß 125 Millionen nicht wissen, wie sie und ihr Land sich in der auswärtigen Welt ausnehmen.

Nein. Das darf nicht sein. Wie isses nu bloß möglich! Und wie sehen sie im Ausland aus, ohne es zu wissen? Ohne die leiseste Ahnung zu haben?

Herr Enzensberger hat es erkannt an dem Blick, der amerikanischen Touristen folgt in den Straßen von Mexico, Soldaten auf Urlaub in fernöstlichen Ländern, Geschäftsleuten aus Italien oder Schweden. Schweden scheint eine Alternative zu sein. Der selbe Blick trifft übrigens auch Botschaftsgebäude, Zerstörer, Anschlagtafeln mit amerikanischer Produktwerbung, von General Motors bis I.B.M. Ein internationaler Blick, gleich in jedem Land. Wo der Blick nicht auftritt, befindet sich das Territorium der Vereinigten Staaten von Amerika.

Enzensberger hat ihn leicht erkannt, diesen Blick. Er will damit nicht hinter dem Berg halten. Ein fürchterlicher Blick, der keine Unterschiede macht und keine Nachsicht übt. Er hat Herrn Enzensberger getroffen, weil er ein Deutscher ist.

Die Deutschen hatten sich 1945 vor der Welt zu verantworten für 55 000 000 Tote, die sechs Millionen Opfer in den Vernichtungslagern noch dazu.

In Herrn Enzensbergers Augen haben die Bürger der U.S.A. eine vergleichbare Schuld auf sich geladen.

Mag es da um Tote gehen. Die Toten halten zuverlässig das Maul. Es folgt die Analyse jenes internationalen Blicks. Der Versuch einer Analyse. Bescheiden die

Favorisierung ablehnen, und dann doch als Erster über die Ziellinie gehen. Dann kommen zum Kranz die Vorschußlorbeeren doch hinzu. Versuch einer Analyse.

Der bescheidene, zaghafte Schüler, der dann doch alles herauskriegt: Jener Blick besteht aus einer Mischung aus Mißtrauen und Widerwillen, Furcht und Neid, Verachtung und offenem Haß.

Und wer es nicht glaubt, ist freundlich eingeladen, sich sommers mit ihm in Rom zu treffen und an dem Brunnen auf dem Platz unterhalb der spanischen Treppe den Beweis abzuholen.

Denn die Passanten in mexicanischen, fernöstlichen, italienischen (oder schwedischen) Straßen haben die Außenpolitik der U.S.A. bereits analysiert. Nur in Amerika, und besonders bei der New York Review of Books und der Wesleyan University von Middletown weiß man noch nicht Bescheid. Aber nun ist endlich Herr Enzensberger gekommen.

Jener Blick trifft den Präsidenten Johnson. Der kann ja in kaum noch einer Hauptstadt sein Gesicht öffentlich zeigen. Hier werden manche Zuhörer Herrn Enzensbergers hörbar aufseufzen: Wär's doch wahr.

Denn von allen Staatsoberhäuptern der Welt ist der Präsident der U.S.A. das einzige, das bei Auftritten in der Öffentlichkeit durch Sicherheitsvorkehrungen geschützt wird.

Da es aber nicht wahr ist, spricht Herr Enzensberger lieber rasch von der netten alten Dame auf dem Flug von Delhi nach Benares, auf der anderen Seite des Gangs. Auch sie trifft der Blick. Das sind allerdings schlechte Nachrichten für die Fluggesellschaft. Riesige Summen für die Werbung ausgeben, und nun hält der Passagier Enzensberger sich nicht daran, womöglich nicht einmal das Flugpersonal.

Es ist ein wahlloser, blinder, nicht unterscheidender, kritikloser Blick. In Bausch und Bogen.

Es ist ein manichäischer Blick. Er kommt von den Anhängern der Lehre vom Dualismus zwischen dem Herrscher des Lichtreichs und dem König der Finsternis, zwischen Geist und Materie, aus welcher ungehörigen und tief bedauerlichen Mischung die Welt der Menschen entstanden. Nach dieser Lehre sind Welt und Mensch nur zu retten, wenn die Lichtteile wieder von der Materie getrennt werden und ins Lichtreich zurückgehen. Dieser Prozeß verläuft bis zur endgültigen Reinigung im Weltbrand. Der Wissende kann ihn fördern, indem er sich schlicht der Fortpflanzung enthält. Es ist auch viel geholfen, wenn die Auserwählten verzichten auf den Genuß von Fleisch und Wein. Es ist ihnen angeraten, auf Arbeit zu verzichten. Besitz soll möglichst abgestoßen werden. Wer aber solch erlesene Kenntnisse nicht hat, wer Kinder hat und Fleisch ißt und säuft und arbeitet und zur Arbeit seine eigenen Produktionsmittel benutzt, auf den richten die Manichäer ihren Blick: so. Manichäisch.

Mr. de Rosney, Vizepräsident seiner Bank, reist arglos durch die Welt, und in Mexico, in Bangkok, in Rom (oder Stockholm) blicken ihm die Einwohner nach, alles alte Leute ohne Kinder, Mönche und Landstreicher, sämtlich besitzlos, Vegetarier und Abstinenzler. Manichäer.

Herrn Enzensberger freut der Blick nicht.

Wenn er uns das alles sagen muß; er wird uns doch deswegen bedauern.

Herr Enzensberger sieht eine Verbindung zwischen dem blinden Blick der Manichäer und der Tatsache, daß er mit den Ansichten des Präsidenten Johnson nicht übereinstimmt. Es möchte ja Einer den Verdacht gehegt haben; dem sei ein Riegel vorgeschoben. Schlicht alles, was der Präsident äußert über kollektive Gaunerei und kollektive Schuld, es ist nicht im Sinne von Herrn Enzensberger.

Allerdings, er will es zugeben, auch die anderen Nationen plündern die dritte Welt aus. Für den Fall, daß der Vorgang seinem Publikum nicht bekannt ist, beschreibt er ihn.

Was Herr Enzensberger in den U.S.A. bewundert: die Arbeit dreier politischer Studentengruppen. Kaum ein Vergleich mit Europa. Und er kann nicht die moralische Überlegenheit leiden, die manche Europäer gegenüber den U.S.A. zur Schau tragen, bloß weil ihre eigenen Reiche kaputtgegangen sind. Er kennt solche Europäer, und er kann sie nicht ertragen. Als ob es deren persönliches Verdienst sei. Es gibt solche Europäer, und sie sind ihm arg zuwider.

Alles Quatsch und Heuchelei.

Aber persönliche Verantwortlichkeit für die Handlungen der eigenen Regierung, darauf möchte er bestehen. Das kann er uns nicht ersparen, da er es nicht sich erspart. So einen haben wir schon lange gesucht, der verantwortlich sein will für einen westdeutschen Staatspräsidenten, der einiger Baupläne für Konzentrationslager verdächtigt werden kann.

Wenn Herr Enzensberger sich erinnert, kommt ihm hier alles bekannt vor. So wie in den U.S.A. heutzutage war es in den mittleren dreißiger Jahren in Deutschland. Da kamen Staatsmänner und schüttelten dem Führer die Hand. Dergleichen geschieht auch in den U.S.A.

Zum Beispiel, daß die meisten Leute nicht glauben wollten, daß Deutschland sich auf die Erringung der Herrschaft über die Welt vorbereite.

Wie in den U.S.A. Dort haben Herrn Enzensbergers viele Amerikaner ihm gesagt, daß sie ihren Regierungen nicht die Absicht zutrauen, die ganze Welt zu beherrschen.

In Deutschland gab es Benachteiligung und Verfolgung einer Rasse.

Wie in den U.S.A.

Das ist jetzt so Stücker dreihundert Jahre her, da stießen die deutschen Koggen ab von der Küste Afrikas und waren bis an den Rand beladen mit schwarzen Menschen, die sie gedachten zu Markte zu bringen in Hamburg und wohlfeil zu verkaufen als eine Kebse oder ein billiges Tier zum Arbeiten. Wie in den U.S.A.

Wo man alle Naselang einen Neger mit geschorenem Kopf durch die Straßen führt, ein Schild um seinen Hals: er werde sich nie mehr bei der Polizei über die S.A. beschweren. Wie im Deutschland der mittleren dreißiger Jahre.

Und schließlich habe Deutschland sich in den Krieg gegen die spanische Revolution gemischt. Wie die U.S.A.

Viet Nam ist das Spanien unserer Generation! Das sagen solche Leute.

Aber sie bitten nicht ihre Freunde, die französischen Industriellen, um diskrete Geldspenden für die Partei im Krieg, der sie den Sieg wünschen.

Öffentliche Reden halten sie, daß doch Keiner dächte, sie seien insgeheim Anhänger der Amerikaner. Die Freunde der legalen spanischen Regierung schickten Schiffsladungen voll Sanitätszeug, sie brachten große Schecks mit, sie nahmen Gewehre in die Hand und kämpften in Brigaden gegen die Militärclique, und Einer sah es sich wenigstens an, ein Buch darüber zu schreiben.

Hier erst, nach dem spanischen Bürgerkrieg, der für den in Viet Nam steht, nunmehr sieht Herr Enzensberger seine Analogie zusammenbrechen. Da sei zum Beispiel die Vernichtungskraft von Herrn Enzensbergers gegenwärtiger Herrschaft. Davon hätten die Nazis nie träumen können.

Und wenn sie es doch taten und träumten von einer Rakete mit einer Reichweite bis New York, um so schlimmer für die Träume. Es gehe auch nicht mehr so grob zu: sagt Herr Enzensberger. Der Widerstand mit Worten sei heute lizenziert, wohlgeregelt und werde sogar von den Mächtigen ermutigt. Die sind es also, die ihn ermutigen.

Es ist eine mißliche und trügerische Freiheit für Herrn Enzensberger. Er stellt sich eine Zensur vor und offene Unterdrückung, hart und ehrlich; das will er aber auch nicht.

Lieber Herr Vorsitzender: sagt er.

Der Monate habe er gebraucht um einzusehen, daß er mit einer Vorzugsbehandlung habe entwaffnet werden sollen; daß er unglaubwürdig geworden sei, sobald er Einladungen und das ganze Geld angenommen hatte; und daß alles entwertet sei, was immer ihm aus dem Mund komme, einfach weil er zu solchen Bedingungen in Middeltown, Conn., anwesend war.

Gegen das westdeutsche Geld will er sich wohl verteidigen; dem Dollar fühlt er sich so nicht gewachsen.

Ihm ist ein Rat gegeben worden: einen Intellektuellen soll man nicht nur nach seinen Gedanken beurteilen; was den Ausschlag gebe, sei die Beziehung zwischen seinen Gedanken und seinen Handlungen. Jetzt handelt Herr Enzensberger. Jetzt verläßt er eine kleine Stadt nördlich von New York und fährt nach San Francisco zu und von da auf eine Reise rund um die Welt. Nicht doch. Rund um die Erde.

Denn es sei eine Sache, den Imperialismus (da ist es wieder, das obszöne Wort) in Ruhe zu studieren. Wenn man ihm anderswo ins weniger gutwillige Angesicht schaue – ja, Bauer, das ist ganz was anderes.

Er sei in Cuba gewesen. Die Agenten der C.I.A. auf dem Flugplatz von Mexico City hätten jeden Passagier nach Cuba fotografiert!

Das lassen andere Länder ihre Geheimdienste nicht tun: fotografieren.

Sie dringen auch nicht in kleinere Länder ein und hinterlassen dort Spuren; ihr wirtschaftliches System hinterläßt keine Narben auf Leib und Geist eines kleinen Landes. So ist es.

Herr Enzensberger hat es selbst gesehen.

Herr Enzensberger hat sich entschlossen, nach Cuba zu gehen und dort eine beträchtliche Zeit zu verbringen. Das dürften drei Jahre sein.

Es ist dies kaum ein Opfer.

Er hat eben einfach so den Gedanken, daß er von den Bewohnern Cubas mehr lernen kann (>>Freude<<), als Studenten der Wesleyan University an politischer Haltung beibringen.

Er will dem cubanischen Volke von Nutzen sein. Er selbst, in eigener Person, will einem ganzen Volk zu Nutzen sein.

Die Verwandlung des Herrn Enzensberger in den Nutzen des cubanischen Volkes, dargestellt auf offener Bühne. Keine Tricks, keine doppelten Vorhänge, keine Schleier!

Dieser Brief sei der magere Dank für drei friedvolle Monate.

Drei friedvolle Monate waren es immerhin.

Es sei ihm wohl klar, daß sein Fall als solcher von keiner Wichtigkeit, von keinem Interesse sei für die Welt jenseits der Universität.

Da geht er hin und veröffentlicht sich in der New York Review of Books.

Weil sein Fall doch immerhin Fragen aufwirft.

Das tut er.

Die ihn nicht allein angehen.

Gewiß.

Die er darum in der Öffentlichkeit beantworten will.

Nein, nicht so selbstsicher, so zuversichtlich. Die er versuchen will, zu beantworten.

So gut er kann.

So gut er kann. Und sind es auch die richtigen Fragen?

Nun wollen wir doch sehen, wie er sich dem Universitätspräsidenten unterschreibt, der ihn durch Privilegien entwaffnen wollte, ihn unglaubwürdig machen, ihm jedes Wort im Munde entwerten. Wie lehrt uns Hans Magnus Enzensberger einen Feind behandeln?

Als >>Ihr aufrichtig ergebener Hans Magnus Enzensberger, 31. Januar, 1968<<. >>Yours faithfully.<<

- War dieser Ihr Landsmann vorher nie in dem Land, das wir hier so haben?
- Er war mehrmals im Land, und länger.
- Mrs. Cresspahl, warum macht dieser Deutsche Klippschule mit uns?
- Er freut sich, daß er so schnell gelernt hat; er will uns lediglich von seinen Fortschritten unterrichten, Mr. Shuldiner.
- Sollten wir auch nach Cuba gehen? Hat er in Deutschland nichts zu tun?
- Man soll anderer Leute Post nicht lesen, und böten sie einem die an.
- Aber Ihnen, da Sie eine Deutsche sind, hat er gewiß ein Beispiel setzten wollen.
- Naomi, deswegen mag ich in Westdeutschland nicht leben.
- Weil solche Leute dort Wind machen?
- Ja. Solche guten Leute.

[…]

8.6 Vorfassung der *Skizze eines Verunglückten* im Briefwechsel mit Max Frisch[1099]

686

Mr. Hinterhand wird die Frau noch einmal los, durch den Tod, sie fehlt ihm unablässig. Er entbehrt ihr Dasein obendrein, weil er nicht fertig geworden ist mit dem Versuch, sie zu begreifen. Er findet versäumte Fragen an sie. Sie hat ihm versichert, seit 1942 sei es >>aus<< gewesen zwischen ihr und Mr. Bovine. Warum aber hat sie sich noch 1945 einen Ausflug schenken lassen in die nördlichen Wälder und ihn heimlich benutzt für Kontakte mit Mr. Bovine? Es kann doch nur eines gelten. (Mr. Hinterhand pflegt seit dem eine Abneigung gegen die Catskills). Ihn quält der Mangel an Vertrauen, mit dem sie sein Vertrauen vergolten hat. Er ist sicher, sie noch herausgeholt zu haben aus Deutschland, hätte er gewusst von ihren Nächten mit Mr. Bovine; warum hat sie das gemeinsame Leben nicht gerettet mit der Wahrheit? Das ist anfangs seine Beschäftigung: Lesen ihrer Briefe, seiner Briefe, Brüten über ihren Fotografien; gelegentlich Beratung von Kollegen, wenn sie durch die Post abgemacht werden kann. Allmähliche Verarmung; Vermietung der meisten Zimmer. Auf die Strasse geht er nicht gern; er kann keine Szene ehelicher Verständigung, insbesondere keine Liebespaare sehen, ohne dass ihm Tränen kämen. Deswegen sind ihm die vielen Kinotheater am Broadway verschlossen, hat er mit dem Fernsehen gar nicht erst angefangen. Auch mit den Bars muss er vorsichtig sein; einmal wurde ein Apparat im Dunkeln eingeschaltet und ein Schauspieler sagte zu einem anderen: It would be like paying a stranger for getting to bed with your wife. Sehen kann er es schlecht, auch hören bringt Missgeschick, so in einer Rundfunksendung von Jane Eyre der von Jane gesprochene Satz >>I do love you for my heart<<, im Lesen lernt er allmählich es zu ertragen. Allerdings gibt es ein Gedicht von Storm, das sollte Leuten wie ihm vorenthalten bleiben. Mit der Zeit legte er sich eine Sammlung von Zitaten an, die sich mit der Untreue zwischen Liebes- und Eheleuten befassen; recht ordentlich, auf Karteikarten in Kästen, mit verschieden farbigen Reitern. Da redete er mit Tolstoi wie Fontane, da suchte er Auskunft bei Saul Bellow oder bei Max Frisch. Auf diesen Max Frisch

687

hatte er seinen eigenen Zorn. Denn der lässt in einem Roman eine Ich-Person, einen Ehebrecher, von der Frau sagen: Es ist ihre Sache, wie sie es in ihre Ehe einbaut. Als ob es eine so beiläufige, eine so unumgängliche Sache sei, das Zu-

1099 FJB. S. 142–145.

sammenleben zweier Leute zu zerstören. Durch Einbau! Eines S-sprengsatzes! Spreng-reng-rengsatzes! (Manchmal war sein Sprechen gestört.) Eben dort der Satz, ungefähr: >>Warum soll die Frau, die man liebt, nicht andere Männer haben? Es liegt in der Natur der Sache.<< Wieso Sache. Wieso Natur. Das habe bei den Naturvölkern nicht als Betrug gegolten, in der zivilisierten Gesellschaft gelte es natürlich keineswegs. Warum dulde er in zivilisierter Gesellschaft die feierliche Zeremonie, in der die Frau das Gegenteil verspricht. Vom selben Max Frisch wusste er auswendig allgemeine Bemerkungen über die Eifersucht, und bestritt sie heftig. Was denn das schon für ein Wort sei, Eifersucht. Das bedeute die Sucht, Eifer zu zeigen, eifrig zu sein, aber es fehle der Inhalt, die Richtung, nämlich a) Unduldsamkeit gegenüber Rivalität oder Untreue; b) Verdacht, es gebe diese beiden; c) die Furcht, eine Zuneigung, eine Liebe zu verlieren; d) Hass auf den Einschleichdieb. Die vier dazugehörigen Gefühle beschreibt Max Frisch als die Angst vor dem Vergleich, nichts als das. Er, Mr. Hinterhand, verbitte es sich, verglichen zu werden (oder sich zu vergleichen) mit einem Fremden, und hierin! Er gebe zu, er sei ungern verwandt im Geschlecht seiner Frau mit jemandem, den er nur dem Namen nach kenne. Max Frisch möge recht haben mit den Provinzen des Geschlechts, wo einer nicht über seine eigenen Grenzen hinauskomme, wohl aber über die des anderen. Aber es sei nicht zu Ende mit dem Gefühl >>dass sie dich an den Pranger stellt<<. Sie tut es keineswegs, sie tut es heimlich, sie tut etwas anderes: sie liefert dich aus. Sie bringt dich mit in den Zärtlichkeiten, die sie von dir gelernt hat, die sie für dich erfunden hat, in eben dem Erlöschen des Gesichts, das sie dir gezeigt hat. Es gehe weiter hinaus, als das Sexuelle zu reichen vermöge. Andererseits weiss Max Frisch genau: >>Wäre sie nicht gewesen,

688

hättest du deine Liebe an einer anderen erfahren.<< Wenn wir lieben, so kann es aber nicht jedermann sein und beliebig; es muss diese Umgebung der Augen, diese Stimme, diese Blicke müssen es sein, die wir gesucht haben, die wir ertragen können, die wir brauchen für unser Leben. Wenn wir lieben, so wendet der eine sich vollständig dem anderen zu in Begehren, Schutz, Hilfe, unfähig zur Entbehrung; will von sich erreichen, was er im anderen liebt, durch ihn, aufgehen in ihm. Wenn wir einander unsere Kindheit anvertrauen, unsere Träume, unsere Wünsche, unsere Ängste, wenn unsere Erlebnisse in der Zeit von Trennung erst wirklich werden als dem anderen erzählt und einverleibt, was wollen wir denn, als aufgehen in dem anderen, was werden wir denn, als Teil des anderen, und er Teil des einen, einer abhängig von der Unabhängigkeit und dem Stolz des anderen, zwei Personen vereinigt. Wenn dann mein Mädchen, meine Frau, zu einem Dritten läuft und schenkt ihm den Genuss an ihrem Geschlecht und dazu ihre

Kindheit, ihre wie meine Heimat, mich selbst in Berichten vom Charakter meiner Kinder, so bin ich verraten in dem Geheimnis, ohne das ich nichts bin ausser in ihr, so bin ich hin als Person, so habe ich von zwanzig bis vierzig, von der Jugend bis zum Anfang des Alters vergebens gelebt, ins Leere, für nichts, umsonst. Sehr geehrter Herr Frisch, es ist das vielmehr das Gefühl des Verrats, des verschleuderten Selbstverständnisses, des Verlustes der eigenen Identität. Mr. Hinterhand versuchte sich an immer anderen Fassungen dieses Briefes an den Schriftsteller; er mag ihn abgeschickt haben. Das zu den Zuständen eines monogamen Menschen; ob das für Peter passt?

- Ja, du Dietrich Erichson. So kann ich ihn behalten. Und diesem alten Mann hast du das Warten auf den Tod ein wenig abgewöhnt.
- Ach was. Gelernt habe ich was von ihm.
- Geerbt?
- Nein. Gelernt. Ich möchte es aber ungern sagen.

8.7 Zitatensammlung zu Johnsons Abschiedsformen

Standard
▪ „Wollen Sie sich gefälligst wohl befinden! […]" (UJB 99) ▪ „Dies wüsste gern" (UJB 480) ▪ „Lebe gefälligst recht wohl." (UJB 823) ▪ „Dies wünscht dir nicht" (UJB 824) ▪ „Befinden Sie sich recht wohl. Ich habe Ihnen Grüsse auszurichten" (EJB 18) ▪ „Lebt recht wohl" beziehungsweise „Lebe gefälligst wohl!" (GJB 133/UJB 512) ▪ „Mit den schönsten Grüssen Ihr" (RJB 31/KJB 33/GJB 52/AJB 11) ▪ „Dies wünscht Ihnen mit schönen Grüssen" (RJB 95/UJB 646) ▪ „Ein frohes Fest" (RJB 34) ▪ „Leben Sie recht wohl." (RJB 76) ▪ „Leben Sie gefälligst wohl […]" (RJB 114) ▪ „Dies wünscht Ihnen, auf das schönste" (RJB 116) ▪ „Dies wünscht Ihnen nicht" (RJB 226/FJB 43) ▪ „Ihr (sehr) ergebener Uwe Johnson" (AJB 15) ▪ Empfehlungen (KJB 118/EJB 96)
spielerische Variationen
▪ „Allerschönste Grüsse!" (UJB 604) ▪ „Mit einem herzhaften Gutentag" (RJB 32) ▪ „Mit einem herzhaften Howdoyoulikeit?" (RJB 42) ▪ „Mit den Grüssen der Saison" (RJB 63/EJB 120) ▪ „Mit respektvollen Grüssen" (RJB 77) ▪ „Seien Sie aus diesem verrufenen Hause auf das schönste gegrüsst." (RJB 214)
englische Elemente
▪ „Wishing you a long life with hapiness & joy, California style" (UJB 917) ▪ „And according to your wishes, beneficical to your needs, that's how the world may be trating you, at home and abroad." (UJB 976) ▪ „[…] und einem herzhaften How Are You" (EJB 158) ▪ „Wishing you both a useful Valentine's Day, und mit verlagsgenossenhaften wie anderen Grüssen" (FJB 57) ▪ „[…] HAPPY BIRTHDAY TO YOU! sowie auch MANY HAPPY RETURNS!" (FJB 161)

Funktional – Grüsse an Dritte	
Freunde/Bekannte	▪ „Mit Grüssen an Herrn Boehlich mit Grüssen an dich" (UJB 272) ▪ „Mit den schönsten Grüssen (auch an Herrn Fleckhaus) (UJB 602) ▪ „Grüsse an D & T, und den Briefträger" (EJB 101) ▪ „[…] Grüssen lässt auch Frau Wolff. Grüssen tu ich selber." (GJB 75) ▪ „Und Herrn Ledig gruessen." (RJB 23)
Frau und/oder Familie des Briefpartners	▪ „Mögen Sie sich wohl befinden. Samt Ihrer Frau, die ich ja längst hätte grüssen können, nicht wahr, das findet sie auch. […]" (UJB 56) ▪ „Schöne Ostern und ebensolche Grüsse an deine Frau" (UJB 678) ▪ „Mit schönen Grüssen an deine Frau" (UJB 707) ▪ „Empfehlen Sie mich doch der Familie, die Sie haben." (EJB 19) ▪ „Mit Grüssen an die Damen" (EJB 92) ▪ „Mit herzlichen Grüssen an deine Frau, an euch alle," (GJB 20) ▪ „Mit den schönsten Grüssen an Günter, Raoul, Franz, Laura, Bruno und Laura und dich," (GJB 105) ▪ „Mit Grüssen an die ganze Familie" (GJB 126) ▪ „Mit den schönsten Grüssen, die Sie, bitte, auch Ihrer Frau ausrichten wollen," (KJB 52)
Grüsse von Uwe Johnsons Frau und/oder Tochter	▪ „Elisabeth, von einer Leiter herab malend, grüsst auf das schönste, und ich unterschreibe mich […]" (UJB 841) ▪ „Nur Katharina moechte zurueck. Und weiss aber noch wer ihr seid und gruesst wie wir." (EJB 133) ▪ „Die Person mit der Gärtnerschere gäbe Ihnen gern die Hand, wär die nicht so erdig, und ich grüsse Sie herzlich von einem Palaste zum anderen." (RJB 170) ▪ „Elisabeth schickt mich als Kundschafter, und Katherina käme am liebsten mit. Beide aber grüssen herzlich, […]" (AJB 57)

Funktional – speziell für Damen
▪ „Schöne Grüsse mit Verbeugung." (GJB 114) ▪ „Mit herzlichen Grüssen" (GJB 20/AJB 20/KÖJB 440) ▪ „herzlich grüssend" (AJB 99) ▪ „[…] ebenso aber gehorsam obendrein" (AJB 111)

Funktional – Insider
▪ „Treu und besorgt“ (UJB 79) ▪ „Ich bin den ganzen Tag lang Ihr ganz ergebener und soll einen lesbaren Roman schreiben gefälligst Johnson.“ (UJB 82) ▪ „Jetzt sitzen wir gleich im Garten, und von dir stelle ich mir vor du hättest die Füsse auf dem Schreibtisch. […]“ (UJB 213) ▪ „Treu & bieder“ (UJB 86/GJB 103) ▪ „Treu & gleichmaessig“ (EJB 149) ▪ „Es ist nass, die Vögel frieren. Das sagte ich schon: dass ich Ihr Andenken erhalte.“ (EJB 13) ▪ „Regnet doch alle drei nicht ein.“ (EJB 38) ▪ „Solltet ihr meinen Brief von vorgestern nicht bekommen haben, liest ihn jemand anders.“ (EJB 64) ▪ „Mit einer Serviette aus euren Beständen, mit dem artigsten Halten zu eurem Haus, euer ganz ergebener“ (EJB 72) ▪ „Glückwunsch auch zur Wahl Pauls VI. und mit den gehörigen Grüssen für Morgen und Abend“ (EJB 75) ▪ „So melden wir uns, Elisabeth kocht etwas Montägliches, das Kind sagt etwas Tibetisches auf, ich unterzeichne mich als yours, truly“ (EJB 81) ▪ „Mit ein paar Briefmarken. Und Grüssen ans ganze Haus. Vergesst Ostern nicht. Yours, truly,“ (EJB 109) ▪ „Wir werden euch mal zeigen was service ist! Allerhand Grüsse, eigens für Tanaquil, yours, truly,“ (EJB 115) ▪ „Vergiss nicht unseren chinesischen Plan. Yours, truly,“ (EJB 119) ▪ „Dank fuer das asiatische Blatt, und Gruesse von Elisabeth. Yours, truly,“ (EJB 145) ▪ „Dies wünscht dir mit weiss und gelben Gruessen“ (GJB 68) ▪ „Wir stellen uns vor: den Kindern geht es gut. Ist das alles so, und mit wem gehst du ins Kino? Mit herzlichen Grüssen,“ (GJB 116) ▪ „Mit einem blau und gelben Bande. Mit Grüssen an die nähere Familie. Mit eigener Hand unterschrieben.“ (GJB 134) ▪ „Wenn Sie auf der Rückkehr vorbeikommen, kriegen Sie Ente. Mit herzlichen Grüssen“ (FJB 103) ▪ „Mit herzlichen Grüssen aus dem Haus, in dem ein Zimmer nach Ihnen heisst“ (FJB 142) ▪ „Dies Hin- und Hergehen vor der Wand, mit den Händen in den Hosentaschen, wir stellen uns das gern vor. Mit herzlichen Grüssen“ (FJB 160) ▪ „Schuheputzen steht immer noch bei $.$_{35}$.“ (RJB 51) ▪ „So unentschieden also werde ich sein und tun, wenn ich Sie im nächsten Jahre wiedersehe und Ihnen für die falsche Vase die richtigen Blumen bringe. Darauf freut sich Ihr Uwe.“ (AJB 148) ▪ „Mit vielen Blumen, mit herzlichen Grüssen,“ (AJB 161)

Funktional – Glückwünsche	
Werke/Arbeiten	▪ „ICH GRATULIERE AUFS SCHÖNSTE“ (GJB 155) ▪ „Mit den besten Wünschen zum Erscheinen der Vier Könige,“ (RJB 41) ▪ „VIEL GLÜCK ZUR NEUEN ARBEIT WÜNSCHT“ (RJB 222) ▪ „In der Hoffnung, Sie könnten gut Arbeiten […]“ (KJB 24) ▪ „Mit den besten Wünschen für Ihre Arbeit, mit herzlichen Grüssen an Ihre Frau und Sie,“ (KJB 83) ▪ „Glückwunsch zur tenure, und herzliche Grüsse/deines“ (KÖJB 461)
Weihnachten	▪ „Ihnen und Ihrem ganzen Haus wünsche ich ein Fest. Ich habe es schon, denn in der Küche steht meine Schwester und backt Kartoffelpuffer. Mit herzlichen Grüssen“ (UJB 108) ▪ „Wenn Sie es haben wollen, wünschen wir Ihnen ein Fest. Wir sind Ihrer Familie ganz ergeben.“ (EJB 20) ▪ „Wir wünschen euch das Fest, das ihr feiert, und bitte lasst den Adventskranz nicht in Brand geraten.“ (GJB 77) ▪ „Es ist aber diesmal weniger die Autosteuer, die ihm sauer wird, es ist dieses Fest des Kaufens, auch Weihnachten genannt, das die Leute glücklich macht, was mich dennoch nicht abhalten wird, Ihnen ein frohes Fest zu wünschen, mit den schönsten Grüssen an Ihre Frau.“ (KJB 100)
Neujahr	▪ „Wir wünschen Ihnen allen: Dem Hausherrn, seiner Frau, dem Sohn und Anne-Marie: ein Fest und noch eins. Und dann noch eins. Und ein Neues Jahr wie jeder es möchte.“ (UJB 111) ▪ „Dein glueckliches neues Jahr nehmen wir gerne an, und senden dir umwendend eins von uns. Yours, truly,“ (EJB 165) ▪ „Mit festem Schritt voran ins neue Dezennium! Es ist Ihrs.“ (RJB 104) ▪ „Ein Anderes Jahr wünscht Ihnen“ (RJB 128) ▪ „Glückwunsch zum Knie! Und die Erfüllung der best ausgedachten Wünsche im Neuen Jahr“ (KÖJB 447) ▪ „Ein Neues Jahr! Ein neues Jahr wünscht dir, mit herzlichen Grüssen,“ (KÖJB 467)
Feierlichkeiten/ Feiertage	Geburtstag (UJB 927/KJB 84), Ferien (GJB 36), Geburt (EJB 32), Hochzeit (FJB 15), Ostern (UJB 678)

Reisen	▪ „Mit den schönsten Wünschen für deine Ferien“ (UJB 278) ▪ „Weiterhin schöne Ferien in Kampen wünscht“ (RJB 184)
Genesung	▪ „Ich wünschte, Sie befänden sich nun wieder wohl. […]“ (AJB 131) ▪ „Denn dann müsste es Ihnen gut gehen. Dies wünscht, darauf besteht, mit herzlichen Grüssen,“ (AJB 138)
Sonstiges	▪ „Mit einem ausgesuchten Glückwunsch zu Ihrer neuen Krawatte, und den schönsten Grüssen,“ (KJB 107)
Funktional – Danksagungen	
Briefe und Geschenke	▪ „Danke fuer die Buecher aus Ihrem Hause, danke fuer Ihren Brief. Und schreiben Sie wieder.“ (RJB 40) ▪ „Danke für Ihre Freundlichkeiten, Bitte sie nicht aufzugeben, zu fortgesetzten Antworten bereit“ (RJB 45) ▪ „Danke fuer Ihren vorigen Brief. Mit den schoensten Gruessen“ (RJB 54) ▪ „Danke für Ihren Brief […]“ (AJB 82)
Gastfreundschaft	▪ „[…] mit Dank für die Gastfreundschaft im Mai, yours, truly“ (UJB 1006) ▪ „Nochmals danke ich Ute und dir auf das schönste für die Gastfreundschaft in Wewelsfleht. Es hat mir wohl getan, so aufgenommen zu werden. […]“ (GJB 154)
Gespräche	▪ „Solche Gespräche mit dir wie das von vorgestern abend, was immer der Anlass, gefallen mir recht gut. Sincerely yours,“ (UJB 696)
Hilfe	▪ „Danke für die Mühe, die du dir mit dem Buch machen wirst. Sincerely yours,“ (UJB 618) ▪ „Sei von Herzen bedankt für deine Güte und dein Verständnis“ (UJB 892) ▪ „Dank für deine Mühe.“ (GJB 129) ▪ „Seien Sie auf das schönste bedankt für Ihre Ratschläge […]“ (FJB 236)
Besuch	▪ „Danke für deinen Besuch gestern abend“ (UJB 663) ▪ „Schönen Dank für den Besuch. Denkt an Ostern. Yours, turly,“ (EJB 103) ▪ „[…] und wiederholtem Dank für Ihren Besuch in dieser waldigen Gegend“ (FJB 188)
Anruf	▪ „Mit schönem Dank für den Anruf von gestern, und mit herzlichen Grüssen, sincerely“ (UJB 722)

Funktional – Aufforderungen	
Briefe schreiben	▪ „Nun schreib mir gleich. Yours, truly“ (UJB 486)
Zum Wohl ergehen lassen	▪ „Lieber Siegfried, lass es dir gut gehen, grüsse deine Frau.“ (UJB 882) ▪ „Lieber Herr Frisch, möchten Sie gut leben können. Herzliche Grüsse!“ (FJB 118) ▪ „Bitte, lassen Sie sich das so gut gehen, wie Sie es haben. Sie haben doch was. Mit herzlichen Grüssen,“ (RJB 200) ▪ „Und lassen Sie es sich gut gehen.“ (RJB 203)
Besuch	▪ „Ich lade Sie auf das herzlichste zu Neujahr nach Berlin.“ (UJB 110) ▪ „Komm doch mal her über anderthalb Wochenenden. Yours, Truly“ (UJB 224) ▪ „Und einmal solltest du auch bei uns essen. Yours, truly,“ (UJB 313) ▪ „Zwar habe ich kein Kalb zu schlachten, aber zu einem Huhn möchte es ja reichen. Yours, truly,“ (UJB 398) ▪ „Nun vergesst auch nicht zu kommen.“ (EJB 116) ▪ „Zu erzählen habe ich durchaus nichts Neues; es würde mich eben nur freuen, Sie einmal wieder zu sehen. Mit herzlichen Grüssen“ (FJB 203) ▪ „Stünden Sie einmal vor dem Haus, ich freute mich sehr.“ (FJB 209) ▪ „Ihr Zimmer wartet, Anfang August begeht die Insel Sheppey ihren jährlichen >>carnival<<, die Themse ist fast sauber genug zum Schwimmen – wenn Sie einmal vorbeikämen, würde ich mich sehr freuen. Mit herzlichen Grüssen“ (FJB 213) ▪ „In Sheerness bedarf ein verlegtes Gästezimmer, nach Ihnen benannt mit gutem Grund, der wiederholten Prüfung und Genehmigung. Mit herzlichen Grüssen.“ (FJB 229)
Verständnis	▪ „In der Hoffnung auf dein Verständnis, und mit herzlichen Grüssen“ (UJB 818) ▪ „Bitte, versuchst [du], dies auszuhalten? Sincerely yours,“ (UJB 826) ▪ „Indem ich dich nochmals um Deine Verschwiegenheit bitte, grüsse ich Dich herzlich.“ (UJB 865) ▪ „Bitte, entschuldige die Eile. Yours,“ (EJB 52)

Aufklärung	▪ „Ich bin ziemlich in Unruhe, und bitte dich um eine Aufklärung." (UJB 884)
Anruf	▪ „Fünftens, ruf mich an, wenn du in Westberlin bist. Yours, truly," (UJB 532) ▪ „Morgen abend gegen 6 werde ich zum ersten Mal versuchen euch anzurufen. Bis dahin, sincerely yours," (UJB 554) ▪ „Schreib mir öfters, telefonier mit mir, denn ich bin ein loyaler Vertreter der Hausinteressen." (UJB 168)
Funktional – Nähe und Distanz	
Nähe	▪ „Sincerely yours" (UJB 554 ff./EJB 153/GJB 140/FJB 23, 26/RJB 92/AJB 58) beziehungsweise „yours, sincerely" (AJB 57) ▪ „yours, truly" (UJB 42, 202, 208/EJB 38/GJB 16, 42, 40/KJB 96/KÖJB 466,471, 479) ▪ „Dein […]" (UJB 184/GJB 32, 37, 79) ▪ eingebauter Insider (vgl. oben) ▪ „Mit herzlichen Grüssen" (UJB 34, 178/GJB 97, 103/FJB 34)
Distanz	▪ nur „Ihr Uwe Johnson" (RJB 56, 101) ▪ „Mit artigen Grüssen" (EJB 205) ▪ „Mit herzlichen Grüssen" (RJB 88) ▪ „Mit Dank & Gruss" (RJB 121) ▪ „Mit freundlichen Grüssen" (RJB 256/KJB 59)
Funktional – Abschiedsformen des Bedauerns	
▪ „Sie kommen mich ja doch nicht besuchen." (UJB 96) ▪ „Entschuldige: der Zug fährt gleich. Herzliche Grüsse!" (UJB 652) ▪ „Mit betrübten Grüssen" (UJB 744) ▪ „Ende der Beschwerde" (UJB 849) ▪ „Lieber Herr Frisch, ich hätte Ihnen gern geschrieben, und will es gleich versuchen, sobald es möglich scheint. Vorläufig bitte ich um Ihre Entschuldigung. Mit herzlichen Grüssen" (FJB 217) ▪ „In der Hoffnung ich hätte mir den Besuch bei Ihnen in neunzehn Tagen nicht verdorben. Mit herzlichen Grüssen" (FJB 240) ▪ „Es tut mir leid. Ich hoffe jedoch, dass Sie in den nächsten Tagen des längeren von mir hören werden. Mit herzlichen Grüssen," (RJB 263) ▪ „Mit der Versicherung meines Bedauerns, Sie zu enttäuschen, […]" (KJB 126) ▪ „Sonst weiss ich nichts zu sagen. Mit herzlichen Grüssen" (KÖJB 462)	

Funktional – Reisen
▪ „Wollen Sie mir aber nicht schon nach New York etwas schreiben? Befinden Sie sich recht wohl.“ (UJB 123) ▪ „Mit schoenen Gruessen aus der Stadt des Poetry Festivals“ (UJB 493) ▪ „[…] denn inzwischen bin ich ja ein wenig auf Reisen.“ (UJB 965) ▪ „Ich hätte Sie gerne besucht, als Sie noch in Italien waren; es liess sich gar nicht einrichten.“ (EJB 9) ▪ „Mit vielen schönen Grüssen vom Lande.“ (GJB 137) ▪ „Diesmal freut mich die Reise nicht. Aber eine Ansichtenkarte sollst du doch bekommen! Dein Uwe“ (FJB 117) ▪ „In der Hoffnung, Sie seien wohlbehalten zurück aus Island, mit herzlichen Grüssen“ (FJB 199) ▪ „Ein erträgliches Tessin wünscht Ihnen, mit herzlichen Grüssen“ (FJB 201) ▪ „Wir waren aber an dem Nachmittag auf einem Flugplatz, jemanden abzuholen. Mit den schoensten Gruessen“ (RJB 12) ▪ „Nunmehr knoepfe ich erwaehnten Mantel zu, ergreife einen Flugschein und ziehe vor Ihnen den gleichfalls erwaehnten Hut.“ (RJB 48) ▪ „Mit gedämpften Grüssen vom Lande,“ (RJB 80) ▪ „Mit den schönsten Grüssen in den Garten, in den ich Ihnen nun ein gutgezapftes, kühles und nicht kleines Bier wünsche […]“ (KJB 43) ▪ „Mit herzlichen Grüssen, immer noch nicht ohne Neid auf Ihren Wohnsitz,“ (KÖJB 440)

8.8 Zitatensammlung zum Brief

Lob und Danksagungen für Johnsons Briefe
▪ „herzlichen Dank für Deinen freundlichen und endlich einmal ausführlichen Brief […]“ (UJB 180) ▪ „Du beschämst mich mit herrlichen Briefen! Schriftsteller müßte man sein! Und natürlich Uwe Johnson heißen! Mir bleibt das Diktiergerät!“ (UJB 728) ▪ „Schon seit einigen Tagen wollte ich an Elisabeth schreiben, aber nun hat mich dein schöner Brief so überrascht, dass ich zuerst dir schreiben muss.“ (GJB 69) ▪ „Ihr Brief macht mir Freude.“ (FJB 31) ▪ „fritzchen bedankt sich ganz lieb für den ermunterungsbrief.“ (RJB 215) ▪ „das war natürlich besonders nett, daß Sie trotz Ihrer Briefklappen-Diarrhöe gleich den Gänsekiel ergriffen und mir schrieben; […]“ (RJB 226) ▪ „wenn Sie weiter so schöne Briefe schreiben, werden sich die Grenzen dessen, was Sie dürfen, ganz erheblich erweitern.“ (AJB 39) ▪ „Ihr Brief klingt so strahlend beschäftigt. Er hat mich richtig gefreut, […]“ (AJB 39) ▪ „ein Brief von Ihnen ist immer eine Freude, und so war es auch Ihr letzter. Ein Ersatz für ein Gespräch ist es allerdings nicht.“ (AJB 139) ▪ „Ihr lieber Brief kam gerade zur rechten Zeit, ich hatte ein sogenanntes ‚Tief‘.“ (KJB 10) ▪ „Es ist selten, daß man mal einen Brief von einem Kollegen erhält,“ (KJB 79) ▪ „Herzlichen Dank für Ihren freundlichen Brief.“ (KJB 91, 116) ▪ „Sie haben mich wieder mit einem langen Brief sehr erfreut, ich möchte Ihnen sofort danken, sonst bleibt die Sache wieder liegen, und man bekommt ein schlechtes Gewissen usw.“ (KJB 101) ▪ „über Ihren Brief habe ich mich so gefreut wie schon lange nicht über einen und hätte sicher gleich geantwortet, wenn ich nicht physisch so reduziert gewesen wäre.“ (KÖJB 440)
Schreibmaschine
▪ „Deine Schreibmaschinentype sieht dermassen ewig, gedruckt aus, dass der Leser sich über jeden Tippfehler freut.“ (UJB 277) ▪ „TEXT FOLGT MASCHINE KAPUTT […]“ (UJB 791) ▪ „In die Stadt durfte ich, als die Schreibmaschine die Buchstaben nicht mehr nach einander setzte; […]“ (UJB 793) ▪ „Neulich aber hast du mir einen dicken Knüppel zwischen die Schreibmaschinentasten geworfen.“ (UJB 907) ▪ „Bitte, verzeih die Schreibfehler. Wenn man so schnell schreibt, wie diese Buchstabenschreiber mit elektrischem Antrieb es wollen, begehen sie ihre eigenen Fehler.“ (UJB 937) ▪ „Du bist ausführlich und zuverlässig gegenwärtig in dem Zimmer, in dem ich die Stunden des Tages verbringe. (Dein Bedürfnis nach Vergewisserung vorausahnend, antworte ich dir ungefragt: es ist das mit der Schreibmaschine.)“ (UJB 994) ▪ „Und weil die Maschine gelegentlich Papier frisst ohne es mit Abbild herzugeben […]“ (UJB 1041)

- „[…] würdest du da nicht auch Strom in deine Maschine lassen?" (EJB 74)
- „Mach den Mund auf und sags der Maschine" (EJB 145)
- „[…] und Günter lässt zu seinen Grüssen sagen, er würde dir – wenn er seine Schreibmaschine wiederhabe – separat schreiben." (GJB 81)
- „Neulich bekam ich einen Schreibmaschinen-Brief einer Familie Johnson." (GJB 117)
- „bitte, verzeihen Sie mir solche Sorte Papier und der Schreibmaschine die Fehler, die sei aus freien Stücken machen wird; es sind Umstände einer Vorlese-Reise […]" (FJB 35)
- „Diese Spruenge m acht solche Maschine von ganz allein; verzeihen Sie nicht mir." (FJB 117)
- „Bitte, würden Sie die unsaubere Schrift entschuldigen; es ist eine fremde Maschine, eine ungehorsame." (FJB 187)
- „Es tut mir leid, dass meine Tastatur nicht echte Umlaute erlaubt; meinetwegen koennen Sie oe und ae etc. stehen lassen." (RJB 23)
- „[…] da ich von Anfang an im Keller sass, an die Maschine gekettet." (RJB 165)
- „(entschuldigen sie den Reim. Hier ist die Maschine wild geworden)." (KJB 63)
- „Solche Fehler macht die Maschine ganz von allein. Bitte, verzeihen Sie nun auch noch die, die gewitzter waren als meine Absichten, und doch so taten, als seien sie wirklich." (AJB 63)
- „Da wird einem die Schreibmaschine nicht heiss." (AJB 82)
- „Die Erinnerung der Lebenden stellt sich zu oft als Gegenwart neben die Schreibmaschine; […]" (AJB 119)

Briefwechsel

- „An der schriftlichen würde mir insofern liegen, als eine Unterredung sich zu blossem Gerücht und zu Nachreden verflüchtigen kann, ein Briefwechsel aber ein Beweisdokument darstellen würde." (UJB 41)
- „[…] es sei denn wir teilten die reinen Technika an die Abteilung Ihres Hauses auf und behielten uns die besonderen Fragen der Lebenskunst, den Herbsthimmel und unsere guten Wünsche füreinander in einem persönlichen und herauszugebenden Briefwechsel vor. Es soll Herren Unseld nicht verbittern dass er der Verlag ist und Herr Unseld und beides in einem für mich […]." (UJB 59)
- „Die Regel ist in unserem Briefwechsel dass über technische Ja und Nein mit wendender Post entscheiden werden soll; […]." (UJB 478)
- „Mir liegt aber an einem solchen Siege überhaupt nicht, und ich habe unseren Briefwechsel bisher nicht als kriegähnliche Auseinandersetzung auffassen mögen." (UJB 633)
- „du siehst, ich scheue nicht einmal vor Firmenpapier zurueck, wenn ich dich nur erinnern kann daran dass du jetzt dran bist und dass meine Saumseligkeit im vorigen Monat dir weder fuer diesen noch ueberhaupt eine Ausrede bietet angesichts der Ueberlegung, dass die Gesamtausgabe unseres Briefwechsels auf mindestens zwei Baende angelegt ist, und zwar im Duenndruck." (EJB 134)
- „Jene fuenf Seiten ziehe ich also zurueck einschliesslich Anrede und Unterschrift. Mir gleichgueltig, ob in den Ofen oder den Zerreisswolf, aber wirf es weg, wo keiner es findet. Moegen doch die Herausgeber unseres Briefwechsels schon im ersten Halbband zu raetseln anfangen, was das nun wieder war." (EJB 144)

- „In aller Form stelle ich hiermit fest dass von deiner Seite der Vorschlag kommt, unsere Korrespondenz nicht mehr fuer eine kuenftige Edition und Altersvorsorge einzurichten sondern fuer Zwecke der brutalen Verstaendigung." (EJB 151)
- „lieber uwe, die spezielle sackgasse, in die unser briefwechsel geraten ist, bis in ihren tiefsten schlund zu verfolgen, schiene mir weder lustig noch nützlich." (EJB 158)
- „wenn ich dir zustimme darin dass meine harmlosen Erkundigungen unseren Briefwechsel in eine >>spezielle Sackgasse<< gefuehrt haben, so doch mit dem Vorbehalt dass eine deutsche Sackgasse nicht so ganz und gar aufhoert wie eine englische dead end street und dass ein Fussgaenger immer noch weiter kaeme, wo Autos aufzugeben haetten." (EJB 159 f.)
- „Aber warum sollten wir jemandem, der uns belügt, täuscht, ausnutzt, reinlegt, warum sollten wir so jemandem uns für eine Fortsetzung durch Lächeln zur Verfügung stellen? Und sei es zu einem Briefwechsel?" (EJB 198)
- „[…] müssen wir befürchten, dass auch Manuskripte und Briefwechsel von mir mitgenommen wurden. Trifft das zu?" (GJB 86)
- „Wie halten wir es nun mit unserem Briefwechsel? Die Briefe von Ihnen kommen ins Archiv; wer Zugang dazu haben wird, entscheidet der Stiftungsrat, und es wird kein Ort für Schnüffler sein. […] Für Briefwechsel mit Freunden habe ich keine Sperrfrist verfügt." (FJB 223)
- „Später werden alle Papiere inklusive der Briefe an die Library of Congress gehen. Einige Freunde haben schon darum gebeten, daß ihnen die ihren zurückgegeben werden. Möchtest Du Deine auch haben?" (KÖJB 465)
- „Meine Briefe an sie schmeiss man weg." (KÖJB 466)

Aussagen Johnsons zum Brief

- „es ist sehr nett, dass Sie mich auch einladen zu Briefen ohne besonderen Anlass; ich habe aber vorher nur gezögert, um Sie nicht aufzuhalten." (UJB 45)
- „Mit >>any mail<< meinte ich gewisse Briefe privaten Aussehens aus Berlin, aber eigentlich auch: Dass Herr Unseld mir any mail anfertigt, damit ich sehe wie es ihm geht: Wie geht es Ihnen denn?" (UJB 144)
- „ich bedanke mich herzlich für deinen Brief vom 27. März. Für den hättet ihr euch gar nicht ein neues Farbband anschaffen müssen […]." (UJB 183)
- „Entschuldige: früh am Morgen verschreibe ich mich ziemlich regelmässig." (UJB 190)
- „Da dir dies so eilig ist, lege ich eine Mark zu und schicke es dir express." (UJB 558)
- „hier bekommst du mit reitendem Boten die Ratschläge der Rezensenten an mich." (UJB 654)
- „Es ist auch so, dass ich zur Zeit nicht Briefe schreiben kann, bei einer Menge Jahrestage." (UJB 677)
- „Man schleppt mir Post an, als hätte ich so eine mittlere Drahtseilfabrik mit fünfzig Prozent Export, und weil ich durch vernachlässigte Antwortpflichten ziemlich gewissenlos geworden bin, will ich einmal einen Brief freiwillig schreiben, nämlich an dich, und du brauchst ihn nicht zu beantworten […]." (UJB 726)
- „Ich deute Ihnen meine Beschäftigung an und beziehe mich also auf die tägliche Benutzung jenes grobfaserigen Papiers, !das in treuherzigem Druck die Veränderungen der Welt rechtfertigt und betreibt." (EJB 17)

- „[…]wie Sie aus der Briefmarke ersehen, die ich Ihnen auf das angelegentlichste widme." (EJB 24)
- „Einmal sehen wir einander wieder und können die Unterschiede erzählen, genauer, mit mehr unmittelbarem Verständnis, als in Briefen." (EJB 85)
- „entschuldige; ich hatte mir vorgenommen die Postmappe nicht anzurühren bis […]" (EJB 108)
- „deinen Brief haben wir unverzueglich erkannt, noch ehe er offen war, denn wer sonst klaut den Palace Hotels, ob in Taormina oder Kerkyra, die Umschlaege, selbst wenn er sein Briefpapier geradezu knautschen muss um es in das kleine Format hineinzubringen, und wer sonst schreibt auch noch klein u.s.a. wie eine Abkuerzung fuer Unanstaendiges, nur dem Kundigen aufschlussreich?" (EJB 122 f.)
- „Ich weise vorsorglich darauf hin, dass die Verstopfung unseres Briefschachtes mit Weihnachtsdrucksachen nur zwei Tage dauerte […]" (EJB 165)
- „Vorgestern war die angesammelte Post wenigstens geordnet, und es hätte folgen können, was man in diesem Gewerbe so Arbeit nennt." (FJB 79)
- „Was hier wirklich los ist, losgelassen wie ein gefährliches Tier, sind Brief von westdeutschen Kulturanstalten […] Liebesschreiben vom Finanzamt […]." (RJB 165)
- „Sie sehen es, ich bin zurück in Sheerness, und erraten werden Sie , dass es mir jämmerlich ergeht. Denn ich war ganze acht Wochen nicht in der Nähe meiner Briefklappe, es haben sich Ströme durch selbe ergossen, und da ich immer noch die Gewohnheit habe, alle Post auch noch zu beantworten, dürfen Sie mich bis zum Anfang des Frühjahrs bei dieser Beschäftigung vermuten." (RJB 225)
- „Liebe Hannah, jetzt merke ich erst, und von selbst! dass ich etwas zu viel gequatscht habe, spreche auch dies noch aus, erhebe mich endlich und haue ab mit den Worten: Lassen Sie es sich nun gefälligst besser gehen![…]" (AJB 127)
- „du gehst [!] Schlicht vor nach deinem Grundsatz, einen Brief erst dann zu schreiben, wenn er bei dir dran ist; was soll an solchem Verfahren auszusetzen sein? (KÖJB 455 f.)
- „eben sehe ich an meinem vorletzten Brief, dass ich da mit einem ‚sie' so nachlässig umgegangen bin […]" (KÖJB 462)
- „bitte, nimm nicht übel: ich habe so gar nichts zum Schreiben." (KÖJB 466)

Aussagen der Briefpartner zum Brief

- „Es wäre schön, wenn Sie auch einmal einen privaten Bericht schrieben." (UJB 140)
- „vor einigen Tagen schickten wir Ihnen eine Ansichtskarte des Ortes, an dem ich immer war und gern immer sein möchte, die Absicht war Air Mail, aber die Briefmarke lautete anders, Sie werden sie also spät oder nie erhalten." (UJB 151)
- „Mein Lieber: brumme nicht. Schreib auch öfter." (UJB 192)
- „würdest Du die Güte haben, Deinen Brief vom 20. Juni in ein Niveau zurückzuübersetzten, das ich verstehe." (UJB 437)
- „es gelingt einfach nicht, wenn wir Briefe à la Johnson schreiben, ich meine, Briefe mit Enigmatischem." (UJB 884)
- „ich bin unterwegs, so kann ich Dir nur kursorisch danken für Deine Briefwerke." (UJB 930)
- „dies ist kein brief, sondern auf dem handtuch im sand geschrieben." (EJB 36)

- „dein maschinenschriftliches lese ich jetzt“ (EJB 40)
- „misch dich doch mal in meine dürftigen ideen ein. oder wenigstens in unseren briefkasten.“ (EJB 84)
- „ich liege mit ausklingender Grippe im Bett und schreibe deswegen kraxelig“ (GJB 26)
- „Ich weiss nicht, ob du das lesen kannst, es wackelt und ich muss kleiner schreiben, weil sich das Briefformat nicht dem meiner Schrift anpassen will. Ich sitze also im Zug.“ (GJB 69)
- „Und du brauchst keine Angst haben, so lange Briefe schreibe ich sonst nicht, die nächsten werden viel kürzer sein.“ (GJB 72)
- „Ich wollte euch gern eine Flaschenpost schicken, […]“ (GJB 80)
- „Ich grüsse euch sehr und wünsche mir ab und zu Briefe“ (GJB 112)
- „Es wird mir vielleicht bald einmal fehlen 1 ½ Pfund Post für dich zu sortieren, […]“ (GJB 130)
- „Dies soll also mein letzter Brief – vorläufig – an dich dorthin sein.“ (GJB 135)
- „[…] weil ich gerne Post von dir bekomme […]“ (GJB 135)
- „Man weiss, dass der andere in Briefen überspielt, was ihn am meisten bedrängt, und es entsteht etwas Unstimmiges, etwas Unhaltbares sozusagen Komisches, wenn ich versucht habe, Briefe zu schreiben, als bekümmere mich, Sie betreffend, keine Ahnung. Es geht nicht. Ich habe es dann und wann versucht und ich habe es gelassen. Ich hoffe, dass Sie das verstehen. Es ist nicht Gleichgültigkeit – […]“ (FJB 205)
- „Bald schreibe ich einen langen Quackelbrief. Bis dahin herzlich, wenn auch nicht ergebenst.“ (RJB 49)
- „bald kommt I schreibebrief.“ (RJB 50)
- „Endlos-Brief“ (RJB 63)
- „briefprosa“ (RJB 79)
- „Schreibebriefchen“ (RJB 84)
- Sie erwähnen ja diesen merkwürdigen zwang >>abschiedsbriefe<< zu schreiben.“ (RJB 102)
- „Zum Schreiben bin ich zu faul.“ (AJB 33)
- „P.S. Dies ist für meine Verhältnisse ein sehr langer Schreibebrief […]“ (AJB 68)
- „Nun bestrafen Sie mich bitte nicht damit, dass Sie sich nicht mehr bei mir melden.“ (AJB 98)
- „Lieber Uwe – ich schicke Karten, um gar nicht erst in Versuchung, zu kommen, mit Ihren Schreibkünsten zu konkurieren.“ (AJB 132)
- „So, das wäre der Brief eines Sympathisanten an Sie und die Ihren.“ (KJB 86)
- „Ich danke Dir schön und will Dir nun wenigstens etwas davon schreiben, was ich in nur gedachten Briefen in diesen drei Wochen an Dich gerichtet habe.“ (KÖJB 463)
- „Dein Brief war eine große Freude für mich, und jede Einzelheit darin hat mich entzückt. Aber, am antizipierten Ungenügen meiner Antwort leidend, habe ich das Schreiben immer wieder verschoben, was schlicht blöd ist. Doch zum Glück bist Du klug und weißt, daß Schweigen nicht Nicht-hindenken oder gar Vergessen bedeutet.“ (KÖJB 474)